철학

III

한국연구재단총서 Academic Library of NRF   학술명저번역   592

철학

III

형이상학

Metaphysik

칼 야스퍼스 지음 | 정영도 옮김

아카넷

차례

제3장 초월자에의 실존적 연관

제1장

초월자

존재[1]란 무엇인가라는 것은 철학함의 그치지 않는 물음이다. 규정된 존재로서 존재는 인식가능하다. 이 규정된 존재가 규정되어 있는 그 기초적 양태는 여러 **범주들**을 나타내 보인다. 이 범주들의 설정은 논리학에 있어 존재 양태를 명백히 의식시킨다. 즉 **인식되고 사유되는 존재**로서의 존재는 그 분기와 다양성에서 대상적으로 된다. 그러나 '존재 자체'는 이렇게 진술하는 것만으로 충분히 드러나지 않는다.

경험적 현실성으로서의 존재는 덧붙여 생각할 수 있는 것, 즉 생각으로 떠올려지는 것을 포함하고 있지만, 실제로 생각으로 들어오는 것을 포함하고 있지는 않다. 세계정위에서 나는 비로소 이 현실을 점유한다. 그러나 나는 이 현실을 전체로서 조망할 수는 없고, 그 개별적인 측면에서, 그 개

---

1) 야스퍼스에게 존재(Sein)란 근원이다. 근원이란 근본사상이 그것을 향해 사유하고자 하는 목표를 가리킨다. 이 근본사상의 출발점은 근본물음을 묻는 것이고, 이 근본물음은 '존재가 어떻게 우리에게 나타나는가'라는 물음이다. 유한하지만 오성적인 능력과 이성적인 능력, 그리고 정신적인 능력을 가진 본질적 존재자로서 우리 인간에게 존재가 어떻게 나타나는가라는 물음이다. 그렇다면 존재란 무엇인가? 존재는 모든 존재자를 초월해 있기 때문에 존재 자체는 분열(Spaltung) 속에 주관도 아니며 객관도 아니다. 존재는 분열이라는 용어 자체가 가리키는 바로 그곳을 포괄하는 것을 말한다. 그래서 존재는 포괄자(Umgreifende)이다. 이 논의는 그의 후기 저서 『진리에 관하여(*Von der Wahrheit, Philosophische Logik*)』(München 1974)에 상세히 논의되고 있다.

체적 사물의 특수한 존재에서만 알 수 있으며 상대적으로만 인식할 수 있을 뿐이다. **인식된 존재로서의 존재**는 언제나 동시에 인식 불가능한 것을 그 한계로 가진다. 그러나 인식된 것은 그것이 부딪히는 세계존재인 인식 불가능한 것과 더불어 다시금 존재를 다 길어내지 못한다.

세계존재로부터 세계존재를 돌파함으로써 나는 가능 **실존**으로서의 나 자신에게로 돌아온다. 나는 가능 실존에서 자유로 존재하고 상호소통에서 다른 자유를 지향한다. 존재가 존재하는지 어떤지 그리고 존재란 무엇인지를 결정하는 그러한 하나의 존재로서 내재적 존재는 자기 자신으로부터 나올 수도 없고 자기 자신을 바라볼 수도 없다. 그러나 이러한 존재 역시 일체를 다 드러내는 그러한 존재는 아니다. 이 존재는 다른 자유의 존재와 더불어 그리고 이러한 다른 자유의 존재를 통해서 존재한다. 그뿐만 아니라 이 존재는 실존이 아니고 실존의 **초월자**인 존재와 자기 스스로 관계한다.

내가 존재란 무엇인지를 알고자 가차 없이 물음을 진전시켜 나가면 나 갈수록, 그리고 존재의 구성적 형상이 나를 더 적게 속일수록 나에게 있어 존재의 분열은 더욱더 결정적으로 드러난다. 나는 어디에도 존재 자체를 가지지 않고, 항상 단지 하나의 존재자만을 가질 뿐이다. 존재는 전달이 가지는 규정 불가능한 다의적 기능으로서 '이다'라는 계사(繫辭)에서 나타나는 언표의 공허한 규정으로 환원된다. 그러나 존재는 모든 존재를 그 공통적인 것 가운데 총괄하는 **개념**을 안정된 방식으로 구성하는 것도 아니고, 모든 존재양태를 그것의 표현으로서 가지는 내면적인 것의 **전체**를 구성하는 것도 아니며, 더욱이 일체의 것의 근원이 되는 탁월을 소유한 **특별한 존재**를 구성하는 것도 아니다. 내가 존재를 존재로서 파악하고자 할 경우에 나는 언제든지 난파한다.

존재를 존재로서 묻는 **물음**은 의식일반으로서의 나에 의하여 본래적으로 이해될 수 없다. 의식일반의 강제적 통찰에 대해서 존재는 여러 양태들 간의 분열로 나타난다. 그러나 객관적 존재에의 도상에 있는 인식이 이러한 객관적 존재에 속하는 통일성을, 비록 그 통일성이 인식되지 않는다고 하더라도, 의심할 나위 없이 전제로 하기 때문에 존재의 분열은 여하튼 어떤 것에도 상관없이 존속한다. 존재 자체의 분열을 의식으로 가지고 오는 것은 자유의 행위이다. 내가 자기화할 것이냐 거부할 것이냐의 결단은 비로소 그것이 관계하고 그리고 한계상황(Grenzsituation)²⁾ 속에서 존재에의 물음을 본래적으로 제기할 것을 도발하는 그런 상황으로서 존재의 분열에 직면한다.

그러므로 생명력을 가진 존재로서 그리고 의식일반으로서 현존은 존재의 분열을 경험하지 못한다. 가능 실존만이 비로소 존재의 분열에 의하여 충격을 받고, 마치 존재가 상실되었다가 획득되는 것처럼 그 존재를 **탐구**한다. 가능 실존은 현존과 구별됨에 있어 이러한 존재의 탐구에서 본래적인 자기가 됨으로써 특정 지어진다. 가능 실존에게 다음과 같은 것은 불가피하다. 즉 나는 존재의 토대를 현존 가운데 가지는 것도 아니고, 알려진

---

2) 인간은 상황 내 존재이다. 인간은 운명적으로 상황 가운데로 던져진 채 살지 않으면 안 된다. 그러나 인간은 또한 자기 마음대로 이 상황을 변경하면서 살 수도 있다. 이처럼 내가 직면한 상황을 두고 나의 의지에 따라 변경할 수 있는 상황을 야스퍼스는 일반 상황 또는 상황 일반이라고 일컫는다. 그런데 이러한 일반 상황과는 반대로 인간의 의지나 능력으로서는 변경시킬 수 없는 상황이 있다. 예컨대 나는 죽지 않으면 안 된다라든지 나는 불가피하게 죄에 빠지지 않을 수 없다라는 것이 바로 변경 불가능한 상황이다. 야스퍼스는 이러한 상황을 한계상황이라고 일컫는다. 이 한계상황을 명시적으로 표현하자면 그것은 죽음, 투쟁, 우연, 죄책 등이다. 우리는 이 한계상황이 존재하지 않는 것처럼 눈을 감고 살아감으로써 이들 한계상황 앞에서 도피하여 단순한 일상생활을 무자각적으로 살아가곤 한다. 그러나 우리가 눈을 뜨고 한계상황에 들어감으로써 우리 자신이 된다.

것과 인식된 것으로서 특수한 존재의 다양한 규정성 가운데 가지는 것도 아니며, 나의 고립된 자아 가운데 가지는 것도 아니고, 하물며 상호소통 가운데 가지는 것도 아니다. 나는 '존재'를 그 어디에서도 가지지 않는다. 도처에서 나는 한계[3]에 직면하며, 나의 자유와 결부하여 움직인다. 왜냐하면 자유 그 자체는 존재의 탐구이기 때문이다. 내가 존재를 탐구하지 않을 경우 그것은 마치 나 자신이 존재하기를 그만두는 것과도 같다. 나는 존재를 나의 능동적 현존의 구체적 역사성 가운데서 발견한다고 생각하며, 내가 존재를 철학함을 하는 가운데 파악하고자 할 때 항상 존재가 나의 손에서 미끄러져 나가는 것을 보지 않으면 안 된다.

내가 이러한 초월자로서의 존재 앞에 설 때 나는 유일한 방식으로 최종적인 근거를 탐구한다. 이때 이러한 근거가 열리고 있는 것 같이 생각된다. 그러나 이 근거는 그것이 가시적이 되자마자 곧 사라진다. 만일 내가 이 근거를 포착하고자 한다면 나는 아무것도 파악하지 못한다. 만일 내가 존재의 원천으로 뚫고 들어가고자 한다면 나는 심연으로 떨어지고 말 것이다. 나는 존재하는 것을 결코 하나의 지식 내용으로서 획득하지 못한다. 그러나 이러한 심연성은 오성에게는 공허하지만 실존에게는 가득 채워지는 것일 수 있다. 이러한 심연이 열리고 시간적 현존에 있어 탐구 그 자체가 발견되는 곳에서 나는 초월함[4]을 한다. 왜냐하면 인간의 초월함을 하

---

3) 여기서 '한계(Grenze)'라는 말은 현존의 테두리를 말하는 것이 아니라 현존이 초월자를 향해 나가면서 투명해지는 자리를 말한다. 한계가 표현되는 것은 다른 어떤 것이 존재한다는 사실이다. 이러저러한 것을 경험하는 가운데 현존은 실존으로 전환된다. 한계상황을 경험한다는 것은 실존한다는 것과 동일한 것이다. 이러한 한계에 부딪칠 경우에 현존 속에 머무르는 그 모든 태도가 문제시되는 동시에 무한자 속에 머무르는 상태를 향하여 나아가게 된다.

4) 야스퍼스는 형식적 초월함(Transzendieren)과 실존적 초월함을 구분한다. 형식적 초월함은 난파하는 사상의 운동 속에서 개념적으로 초월의 존재를 현재화시키는 것이며, 실존적 초월함

는 시간적 현존, 즉 가능 실존은 **현재와 탐구의 통일**이 될 수 있기 때문이다: 즉 그것은 인간이 탐구하고 있는 것과 분리되지 않는 그런 탐구에 지나지 않는 현재가 될 수 있기 때문이다. 나는 발견해야 하는 것을 미리 포착함으로써만 탐구할 수 있다. 초월자는 내가 그것을 탐구하는 곳에 이미 현재하고 있음에 틀림없다. 초월함에 있어 나는 세계정위에서처럼 존재를 대상적으로 인식하는 것도 아니고, 또 실존조명에서 나 자신을 인지하는 것처럼 존재를 인지하는 것도 아니다. 오히려 나는 난파할 때조차 나를 이러한 본래적 존재로서 머무르게 하는 하나의 내적 행위에서 존재를 알게 된다. 존재는 객관적인 토대로서 발견됨이 없이 실존에 대하여 현존 가운데서는 자신을 자기에게로, 일자 가운데서는 초월자에게로 끌어올리는 힘이 되어 줄 수 있다.

가능 실존에 의한 이러한 존재 탐구의 여러 양태가 초월의 길이다. 이러한 길에 대한 **해명**이 철학적 **형이상학**이다.

초월자가 아닌 모든 존재에 대한 불만

사물에 대한 인식은 그 인식 자체의 한계를 파악하도록 해준다. 즉 사물에 대한 인식은 인식 자체와 인식의 내용이 존재 자체가 아니고, 오히려 의식 가운데 객체적 존립으로서 존재를 지향하는 존재에 불과하다는 것을

은 개별자가 자신의 경험적 개체성을 자기 자신, 즉 실존을 향하여 넘어서고 그 앞에서 책임을 지는 것이다. 그리고 존재의 암호를 해독하는 형이상학적 초월함을 이 둘과 구별하고 있다. 그런데 여기서 유의해야 할 것은 형식적 초월함도 단순히 의식일반의 운동이 아니고, 항상 나의 가능존재가 문제가 되는 수행이라는 것이다.

파악할 수 있도록 해준다. 이러한 존재는 세계존재였다.

철학적 세계정위[5]는 세계가 자신 가운데 어떤 근거도 가지고 있지 않다는 것을 나타내 보였다. 왜냐하면 세계가 폐쇄적이 아닌 것으로서 입증되었기 때문이다. 즉 세계를 그 자체에 근거하고 그 자체 가운데서 존립하는 자기충족적인 전체로서 인식하는 것이 불가능하게 되었기 때문이다.

이러한 한계 의식과 더불어 가능 실존에의 돌파와 철학함이 시작되었다. 지금 사유에 있어 나는 내가 인식에 의해서 파악하지는 못하지만, 가능 실존으로서는 포착하는 대립에 의해서, 즉 존립으로서의 존재와 자유로서 나 자신인바 존재의 대립에 의해서 충격받았다. 이러한 대립에서 존립의 측면은 항상 대상적으로 명료하고 보편타당적이었다. 그러나 자유의 측면은 비대상적 불확정적으로 존속했다. 즉 자유는 보편적 타당에의 요구없이 무제약적 타당을 지향했다. **실존조명**[6]에 있어 자유는 특별한 사유에서 깨

---

5) 세계정위(Weltorientierung)란 인간이 세계 안에 살면서 세계에 대하여 과학적 태도를 취하는 것을 뜻한다. 다시 말해서 세계정위란 세계 내에 존재하는 사물이나 사건을 과학적으로 인식함으로써 세계 내에서의 자기의 방위(方位)를 정하고 자연을 지배하면서 삶을 유지 신장시켜 나가는데 이바지하는 것을 의미한다. 과학은 인간의 이러한 목적을 달성하는 데 커다란 힘이 되고 있다. 인간은 과학적 인식에 근거하지 않고는 이 세계를 안전하고 안락하게 살아갈 수 없다. 다른 한편 현대에서 과학적 인식은 우리의 상상과 소원을 초월할만큼 전진에 전진을 거듭해왔다. 그러나 그것이 오히려 인간을 비인간화로 치닫게 했고, 드디어는 과학적 미신까지 야기시켰다. 그래서 야스퍼스는 과학의 비인간화를 인간화에로 복귀시키기 위해서 과학의 의의와 한계를 지적했다. 야스퍼스는 이러한 과학적 세계인식의 의의와 방법과 한계 등을 밝히고 확정하고자 시도했다. 이러한 시도를 야스퍼스는 '철학적 세계정위(philosophische Orientierung)'라고 일컫는다.

6) 실존조명(Existenzerhellung)은 야스퍼스 철학에서의 독특한 용어다. 사람들마다 실존해명이니 실존개명이니 하고 표현한다. 본 역서에서는 실존조명이라는 말로 옮겨 언표하기로 한다. 실존은 과학적 인식의 대상이 아니다. 실존은 주어진 대상을 과학적으로 분석하고 인식하는 것처럼 의식일반에 의해서는 인식될 수도 없고 규정될 수도 없다. 그러므로 실존은 언어로 직접 언표될 수도 없고 전달될 수도 없으며 다만 간접적으로 그리고 은유적으로 시사될

달음을 일으키는 호소로 전달가능하게 되었다. 일반적으로 **단순한 세계현존**에 대한 불만족은 실존조명으로 인도되었다. 그러나 실존조명에서도 역시 **어떤 궁극적인 만족**은 달성될 수 없었다. 그러나 실존은 자신을 자기의 자유 가운데서 포착하고 동시에 그 경우에만 이와 동일한 행위에서 자신과는 다른 타자를 지각한다. 실존이 결단할 때 그 실존은 자신을 현존으로서 창출할 수 없고 확실한 몰락에서 자신을 포기할 만큼 무력하다고 의식한다. 그뿐만 아니라 실존은 자유로서의 자기가 단지 자기 자신으로부터만 기인하지 않는다고 의식한다. 이러한 의식은 무제약적이다. 즉 이 무제약성은 어떤 방식으로든 초월자와의 관계에서만 실현된다.

초월자는 분명히 **부인되기도** 한다. 다시 말해서 초월자가 그 자신과 결부된 가능성으로서 실존에게 부단히 강제적으로 자신을 드러낼 때 이러한 부인은 능동적으로 반복되고, 그 때문에 초월자에 대한 부정적 태도로서 확고하게 유지될 수밖에 없다. 그리고 또한 실존은 초월자와의 투쟁에서 자기를 실현하기 위해 초월자에 **대립**하기도 한다. 또한 실존은 초월자와 **더불어** 세계 내에서 자기의 길을 걸어가고자 하기도 한다. 초월자 없이도, 초월자에 대항하여서든, 또는 초월자와 더불어서든 가능 실존에게 초월자는 그치지 않는 물음이다. 이러한 세 가지 가능성은 시간적 현존에 있어서 초월자에 대한 실존적 의식 운동의 여러 계기가 된다.

실존을 절대적 독립에 가져다 놓는 것은 실존에게는 실은 시간적 현존에 있어 그 무제약성의 진리이지만, 실존 자신에게는 절망이 된다.[7] 실존은 그것이 단순히 자립적인 것으로서 공허 속으로 가라앉지 않으면 안 된다

수 있을 뿐이다. 실존은 인간의 자기 내면에서 실현되고 이해될 뿐이다. 이러한 모습을 밝히는 실존적 조작(操作)이 곧 실존조명이다.

는 것을 의식한다. 실존이 자기 자신에 의하여 현실적이 되어야 할 경우 실존은 실존 자신이 나아가는 것으로서 자기를 실현시키는 것에 의존한다. 실존은 자기가 자기를 실현시키지 않을 때 실존 자신이 아니다. 실존은 마치 실존이 자신에게 주어졌던 것처럼 자신과 관계한다. 실존은 자기가 초월자에 기초되어 있음을 알 때에만 자기의 가능성을 확증한다. 실존은 자기가 본래적 존재라고 생각될 경우 실존 자신의 생성에 대한 개방성을 상실한다.

그러므로 자유는 세계 현존을 돌파할 때 자유 가운데서 존재 자체를 결정하고자 하는 정열로서 포착된다. 그러나 자유는 최종적인 것으로 생각될 수 없다. 왜냐하면 자유는 단지 시간 가운데서만 가능 실존이 자기를 실현하는 도상에 있기 때문이다. 자유는 존재 자체가 아니다. 자유는 초월에 있어 더 이상 결단하지 않기 때문에 중지한다. 즉 초월에 있어서는 자유도 부자유도 없다. 자유로서의 존재, 즉 우리인 것이 아직도 우리 자신에게 있는 한 우리에 대한 가장 심각한 호소는 초월적 존재가 아니다. 자유조차도 자기 자신에 제한될 경우에 위축된다. 자유에 대해서만 자기 자신을 열어주는 초월자 가운데서 자유는 충실을 구한다. 이러한 충실인 것은 초월적 존재에 있어 완성, 유화(宥和), 구제, 고통 등의 가능성이 된다. 이 모든 경우에 있어 **가능적 자기 충족의 지양**은 시간적 현존에서 최종적 **만족**이다.

초월자에 직면한 실존은 **유한성**의 본래적 의식을 가진다. 인간적 **인식**의

---

7) 실존으로서 나는 현존으로부터 벗어나서 절대적 자유 속에 존재하는 본래적 자기이다. 따라서 내가 실존으로서 본래적 자기가 된다는 것은 실존에게는 무제약적이지만 동시에 그것은 시간적 현존으로 하여금 절망으로 몰아넣는다. 이러한 절망은 현존재로서 나를 자기초월로 고양시키기도 한다.

유한성은 인식의 다른 여러 가능성의 구성에 의하여 대조적으로 통찰될 수 있다. 현존[8]의 유한성은 현존이 항상 자기의 외부에 타자를 가지고 있고, 또 여러 형태로 생겼다가는 사라져 버린다는 사실에 있다. 인식과 현존의 유한성은 무한에서의 확장을 구성함으로써 극복되는 것으로 사유된다.

이와 반대로 **실존**은 무제한한 것의 사유가능한 완성에 대립하는 유한한 것으로서 이해될 수도 없고 또 다른 유한자에 대립하는 유한한 것으로서 이해될 수도 없다. 그러나 실존은 그것이 모든 유한성과 무한성의 사상을 넘어서 자기 확신에의 비약에 이르게 될 때 자기 자신을 다른 실존과 불가분리적인 것으로서 그리고 실존 자신이, 비록 무한히 다르다고는 하더라도, 관계하는 (초월의) 심급(審級)으로부터 벗어나지 못하는 것으로서 인지한다.

만일 내가 이러한 관계를 유한성이라고 **일컫는다면** 실존의 이러한 유한성은 앞에서 진술한 유한성과 같이 사상적으로 구성될 수도 없고 지양될 수도 없고, 오히려 순수하고 단순할 뿐이라고 말할 수 있을 것이다. 이러한 유한성은 통찰될 수는 없고 자기를 자기 자신에로 지향하게 하고 그러한 가운데 자기를 초월자 앞에 가져다 놓는 자유의 행위에 의하여 파악될 수 있을 것이다. 통찰 가능한 유한성들은 상대화되고 그것이 초월자와 관계하는 실존의 의식에 의하여 도리어 고무될 때만 비로소 그것들 편에서 실존적 유용성을 획득하게 될 것이다.

---

8) 현존이란 독일어로 Dasein이라고 표기된다. 일반적으로 현존재라고 표기되기도 한다. 여기서는 야스퍼스의 철학함의 고유성을 고려하여 현존이라고 표기한다. "야스퍼스에 있어 실존이 본래적 자아인 것은 하이데거와 같지만 현존은 하이데거와는 달리 세상에 만족하고 그 유지와 보존과 확대에 관심을 가지고 있는 일상적 인간이다"(신옥희). 다시 말해서 야스퍼스에 있어 현존은 환경세계에서 생명과 행복과 힘을 추구하면서 지금 여기서 살아가는 직접적 인간이다. 현존은 실존을 실현하고 실존을 획득하는 신체적 공간이기도 하다.

그러나 초월자와 관계하는 것은 가령 그것이 유한하다고 한다면 초월자의 무한한 본질에 상응하는 것으로는 이해되지 않으며, 가령 그것이 무한하다고 한다면 초월자의 불만을 맞혀주지 못한다. 실존은 자기에 관하여 유한성으로도 언표할 수 없고 무한성으로도 언표할 수 없고 또는 양자 모두로도 언표할 수 없다. 실존은 무한한 **불만**이기 때문에 극복 불가능한 불만이며, 이 불만은 초월자에의 **탐구**와 하나됨이다. 실존은 초월자와의 관계에서만 존재하거나 또는 전혀 그렇게 존재하지 않거나 한다. 이러한 초월자와의 관계에서 실존은 불만을 가지거나 또는 시간적 현존을 지양함으로써 가능적 충족을 가진다.

형이상학적 사유의 현실성과 초월자의 현실성

1. 초월자의 대상화

초월적 존재는 여러 범주들로서도 규정되지 않고, 경험적 현실성으로서도 현존하지 않으며, 나의 자유 자체의 현재로서도 존재하지 않는다. 그러므로 초월적 존재는 일반적으로 내가 대상적으로 명료화시켜 사유하고, 내가 수용한 현존으로서 인식하며, 또 내가 나의 가능성에의 호소에서 밝히는 존재 양태에서는 결코 존재하지 않는다. 그러나 실존이 현존 가운데 나타나는 한 존재하는 것은 실존에게는 의식의 형태로서만 존재할 뿐이다. 그러므로 초월적 존재는 현존에 속박된 실존에게는 대상적 존재의 형식을 취한다.

형이상학적 대상성은 그때마다의 모든 한정성에 앞서서 특별한 성격을 가진다. 형이상학적 대상성은 초월자를 실존의 의식 가운데서 이해시키는 언어의 기능이다. 이러한 대상성의 언어를 통해서 실존이, 즉 의식일반으로서는 인식할 수 없는 것이 현현된다. 형이상학적 대상성의 언어는 이성적 존재들의 공동체로서 모든 실존의 일반적 언어가 아니고, 항상 역사적 언어이다. 형이상학적 대상성의 언어는 어떤 사람들을 결합시키며 다른 어떤 사람들에게는 가까이하기 어렵게 한다. 그것은 일반적인 것으로 희석되기도 하지만, 그것이 창조적이 되고 근원적으로 자기화될 경우에는 전적으로 달라진다.

초월자의 언어는 대상들의 두 **번째 세계**[9)]와 같이 현존 속에 머문다. 세계정위에 있어 모든 대상은 즉자적이고, 모든 사람에게 동일하며, 따라서 보편타당하게 연구가능한 데 반하여, 대상적 언어의 이러한 두 번째 세계는 가능 실존에게만 들릴 수 있을 뿐이다. 그러나 모든 대상성은 이 대상성이 초월적으로 자기화됨으로써 초월자가 이 대상성 가운데 나타나는 방식으로 현현(顯現)되는 한 가능적 암호이다.

형이상학적인 대상들은 외적으로 **의식일반에게도** 역시 역사적으로 주어지는 신화학, 형이상학, 종교적 교의학의 헤아리기 어려운 보고 가운데서 지각될 수 있다. 형이상학적 대상들의 세계는 그 자체에 있어 다양하고 많은 언어들로 분산된다. 그 때문에 이러한 대상들의 세계는 전체성을 결여하고 최초에 언어 혼란을 야기해 이해할 수 없는 소음과 같이 생각된다. 이러한 세계에 있어 형이상학적 대상의 왕국은 다른 왕국에 대해서 이질적인 것 같이 생각되지만, 절대적으로 괴리되어 있는 것 같이 생각되지 않는다. 왜냐하면 내가 아직 이해하지 못하지만, 나의 언어로써 그 언어에 들

---

9) 대상에 대한 개념의 세계를 말한다.

어가지 않아도 이해에 가깝게 다가갈 수 있는 것은 하나의 언어를 통해서처럼 서로에게 말을 건네는 일이 가능하기 때문이다. 초월자의 형이상학적 대상화는 확정적 한계가 없는 역사적 상호소통의 가능성 가운데 여러 확증들로서 서로 인접해 서 있다. 그러므로 형이상학적 대상성에 있어 하나의 보편타당한 형이상학을 연구에 의하여 확정하고 싶어 하는 관찰자에게 내용이 풍부한 동일성이란 존재하지 않는 데 반해서, 형이상학적 대상성에 있어―언어 이해에서 인간들이 상호결속되는바―이러한 언어에 의한 가능적, 역사적 공동체는 존재한다.

2. 현실성 일반의 여러 단계들

어떤 의미에서 언어로서의 형이상학적 대상성이 현실인지는 여기서 문제가 된다.

모든 현실은 우리에게 **능동적**으로 대상적인 것을 지향하는 주관과 **대상적인 것** 간의 상관관계에 있다. 그러므로 지식의 대상으로서 **경험적 현실**은 탐구하는 태도의 능동성에 의하여 비판적으로 포착된다. 연구하는 의식일반에게 경험적 현실은 강제적이다. 그러나 초월자는 강제적 현실이 아니다. 그렇지만 우리가 현존 가운데서의 가능 실존인 한 우리는 경험적인 것으로 확정은 했지만, 우리가 경험한 그런 것은 아닌 그 무엇을 현실 가운데 도처에서 인지한다. 그것은 **경험적 현실의 한계로서의 현실**, 즉 우리가 단지 경험적 현실의 한계로서만 파악할 수 있고, 그것이 저 현실을 넘어서 있기 때문에, 연구할 수는 없는 그 무엇이다.

여하튼 그래도 어떤 의식일반에 의해서도 부정적인 것과 다르게 인지되지 않는 그러한 현실성은 **실존**[10]이었다. 다른 인간이 객체로서 인식되고 이해될 수 있을 때, 즉 다른 인간이 여러 상황의 창출에 의하여 헤아릴 수 있는 방식으로 관리될 때 그래도 헤아릴 수 없는 것은 남는다. 이 헤아릴 수 없는 것은 문제가 되는 여러 무제한한 요인들에 의하여 단지 부정적인 것으로서만 파악될 뿐이다. 그러나 이 헤아릴 수 없는 것은 내가 서로 상호소통을 가지는 실존의 절대적인 일회성으로서 능동적 자기존재에게는 긍정적으로 드러나게 된다. 이러한 헤아릴 수 없는 것은 실존들 간에는 존재의 깊이로서 상호현실적이지만, 사상에 있어서는 애매하다. 다른 인간들과의 관계에서 무제한한 마찰, 기만, 불안, 여러 가능성—내가 이러한 곤란들을 통해서 나 자신을 처음으로 경험하는바—이러한 곤란들은 아주 생소한 타자로서의 단순한 자연의 귀결, 즉 실존 없는 현존의 완강한 상호저항이기도 하고 또 가능 실존의 어두움이기도 하다. 가능 실존의 어두움은 실존적 상호소통을 가질 준비가 되어 있는 상태에서 비로소 실존조명으로 인해 훤히 밝아진다. **실존의 이러한 현실**은 경험적 현실의 한계이고, 더욱이 가장 구신적(具身的)이면서 가장 현재적인 현실이다. 내가 경험적 현실을 유일한 현실이라고 생각할 때, 나는 나를 가장 구신적이면서 가장 현재적인 현실 가운데 폐쇄시킨다. 이때 나는 세계 내에서 외관상으로는 그렇게 명확한 예측을 항상 어긋나게 하는 장애를 경험한다. 나로 인해 의식되지 않은 비합리적 동기를 경험할 수 있고, 다른 사람으로 인해 기대하지 않았던 행위와 목표 설정을 경험할 수 있다. 나는 내가 객관적 명료만을 진리와 현실로서 간주하고자 하는 바로 그 이유 때문에 해소하기 어려운 암흑 속으로 빠져들어 간다.

가능 실존으로서 나는 비로소 '의식일반'에 의해 인식된 경험적인 현실

---

10) 실존은 의식일반에게는 공허이고 무로서 부정된다는 그런 의미이다.

의 한계와 상호소통에 있어 가능 실존에 대하여 드러날 수 있는 실존적인 현실의 한계에 직면하여 **초월의 현실적 존재**를 감지할 수 있다.

그러므로 상황에는 가끔 우리에게 바로 중요한 문제가 되는 우연이 존재한다. 이 경우에 우리가 여하튼 모든 것이 필연적, 법칙적 연관의 결합이라고 말할 때 보편타당한 지식에게는 실제로 이러한 결합 이외에 어떤 것도 존재하지 않는다. 그러나 구체적 상황에 있어 우리는 헤아릴 수 없음의 자극을 결정적인 현실로서 감지한다. 헤아릴 수 없는 것이 인식불가능하다면 그것이 어떻게 현실적일 수 있는가라고 우리는 묻는다. 일체의 인과관계를 총괄하는 기구에 관한 주장과 일체의 것을 원칙적으로 헤아릴 수 있음에도 아직도 헤아릴 수 없다고 하는 주장은 진실하지 못한 예상이다. 역사적 규정성의 한계상황에서만 가능 실존은 헤아릴 수 없는 우연 가운데 경험적 현실의 한계로서 결정적 현실을 파악할 수 있다.

모든 규정적인 현실개념은 현실적이지 않은 것에 대하여 경계를 긋는다. 가능 실존으로서 나는 과학적으로 연구함으로써가 아니라, 즉 현실을 규정함으로써가 아니라, 오히려 모든 특수성으로부터 나 자신을 불러들임으로써 **절대적 현실**에 대하여 묻는다. 절대적인 현실은 나에게는 초월적이다: 그러나 나는 경험적 현존과 실존의 내재[11]에서―절대적 현실이 나에게 현현하는바―여러 한계를 경험할 수 있다.

실존이 물음을 묻는 현실로서 초월자는 더 이상 보편타당적인 물음이 될 수 없다. 왜냐하면 초월자는 **가능성 없는 현실성**으로서, 그것의 저편에서는 아무것도 존재하지 않는 그러한 절대적 현실로서 나를 맞이하기 때문이다; 그리하여 나는 초월자 앞에서 말문이 막힌 채 선다. 내가 **경험적**

---

11) 실존의 내재적 영역을 말한다.

현실성으로서 인식하는 것을 나는 그 현실의 여러 조건을 통하여 **가능성**으로서 파악한다; 그래서 나는 나의 인식의 도움으로 구체적 현실적인 것을 합목적적으로 변경시키고자 시도한다. 내가 나 자신인 **자기존재**로서 포착하는 것은 나에게는 하나의 **가능성**으로서 의식되며, 이러한 가능성은 그 현실을 나의 자유에 의하여 결단한다; 이러한 가능성은 나에게 목표로서의 대상과 도정(道程)으로서의 계획을 창작하여 주지 않지만, 이 가능성은 내가 실현하는 자기존재로서 나에게 호소되는 실질적인 공간이다. 이와 반대로 **초월적 현실**은 가능성으로 되돌아가서 가까이 이르기에는 어렵다; 그러므로 초월적 현실은 경험적이 아니다; 즉 초월적 현실은 그것을 현실적이게 하는바 우리가 이해할 수 있는 가능성을 결여하고 있다. 그것은 결핍의 의미에서 그러한 것이 아니고, 가능성과 현실성의 분리가 항상 자신의 외부에 타자를 가지는 그런 경험적 현실의 결함이기 때문에 그러하다. 그러므로 더욱이 초월적 현실은 실존이 아니다. 즉 초월적 현실은 결단의 가능성을 결여하고 있다. 그것은 결핍 때문이 아니고, 역으로 말해서 결단의 가능성이 시간적 현존 내에서의 실존의 결함을 표현하고 있기 때문이다.

내가 **가능성** 속에서 **현실의 변화 없이 현실과 부딪히는 곳**에서 나는 **초월자**를 만난다.

초월적 현실이 경험적 현실로서 출현하지 않고 또 그것이 실존이 아니라면, 초월적 현실은 **피안적**일 것이라고 추론할 수밖에 없다. 형이상학은 현실 세계를 넘어서 접근할 수 없는 다른 곳에 존재하는 배후 세계에 대한 지식이다. 만일 내가 초월한다면 나는 이러한 다른 세계로 들어가는 길을 걸어갈 수 있을 것이다. 누군가는 언젠가 행운과 은총을 통해서 세계에 대하여 말할 수 있다고 생각한다.

세계의 이중화는 기만적인 것으로 입증된다. 이 세계에 존재하는 사물들과 사건들만이 다른 세계로 옮겨지고 상상적으로 확대되고, 축소되고, 결합된다. 저 세계로부터 비롯하는 형상들과 이야기들은―이야기하는 사람 또는 구성하는 오성의 상상으로부터 발원하는 것으로서―그것들이 다른 하나의 경험적 현실과도 같이 취급됨으로써 공포와 위로의 대상들이 된다. 단지 다른 또 하나의 현실로서의 피안은 환상으로 전락할 수밖에 없다.

그러나 이 경우 우리는 어떻게 초월적 현실을 향해 나아갈 수 있는가? 그것이 무엇인가를 자기 자신이, 말하자면 자력으로 착수하여 탐지한다는 것은 개인으로서는 불가능하다. 형이상학적 대상의 언어에서 헤아리기 어려운 전통은 개인으로 하여금 그가 전통과 결부할 수 있다는 것, 현실로서 자기 자신의 현현 가운데서 경험할 수 있는 것을 듣도록 해준다.

3. 전승된 형이상학에 대한 지식과 초월자의 실존적 현현 사이에 있는 형이상학

신화학, 형이상학, 신학에 있어 전승된 언어는 역사적 세계정위에서는 외면적으로 다양한 형이상학적 대상으로 인식될 수 있다. 그러나 인간 현존의 경험적 현실로서 형이상학에 관한 이러한 **지식**은 형이상학 자체가 아니다. 사람들은 이러한 지식이 인간적 오류들의 역사 지식이라고 하더라도 이 지식을 존중한다.

오히려 **초월적** 현실은 상황의 단순한 역사적 구체성에서만 진실로 현현될 수 있기 때문에 형이상학은 이러한 의심할 여지없는 현실과 관계하는 사유, 즉 들을 수 있는 일반적인 것을 매개로 하여 현실을 현전화하는 사유이다.

그러므로 철학적 형이상학은―그것의 언어를 이해하고 자기화하는 가능성으로서―전승된 형이상학과 그것이 가능적 사상의 영역에서 내가 믿는 초월자의 실존적, 현실적 현현 사이에 서 있다.

전승된 형이상학은 세계정위적 외적 견문의 전제일 뿐만 아니라 나로 하여금 초월적 현실에 의한 당혹으로서 암호언어의 내용을 들도록 하는 내적 자기화의 전제이다. 결국 역사에 있어 형이상학의 경험적 현실에 관한 지식은 탐구자가 전통의 근거에서 이해하는바 현현하는 형이상학의 근원으로부터 그것이 발원한다는 점에서 본래적으로 의미심장하다. 이러한 근원 없이는 형이상학의 역사는 골동품의 수집이 될 것이다. 즉 형이상학의 역사는 현존의 합리화라는 이러한 장애로부터 자유로워졌다고 생각하는 의식만을 만족시킬 수 있다. 전승된 형이상학은 그때마다 현현하는 형이상학에의 가능성이 된다.

초월적 현실은 어떤 방식으로든 형이상학적 사상 속으로 들어가지 않는다. 초월자에게서 받는 실존적 충격에 대하여 근원적으로 언어를 제공하는 사상은 물론 역사적 구체성으로 언표된다. 즉 이 사상은 초월적 현실을 알릴 때 진리의 힘에 의하여 그것을 드러내며 다른 양태로 존재할 수 있는 어떤 가능성도 허용하지 않는다. 사상이 그 현실의 근원으로부터 분리될 때 그 사상은 곧 실존에게는 가능성이 된다. 초월자와 관계하는 철학적 사유로서 형이상학은 그것의 전 내용을 초월적 경험의 여러 근원에서 가지고 그것의 진지함을 근원의 경험을 가능하게 하는 데서 가진다. 전승된 가능성으로서의 형이상학은 초월적 현실의 논리학적, 심리학적 가능성으로의 불합리한 되돌아감이 아니고, 오히려 형이상학을 통하여 절대적인 현실과의 접촉에서 조명될 수 있는 실존에의 가능성이다.

초월자에의 인간 자신의 실존적 접근을 가능하게 하는 전승의 자기화는 진리의 현전화가 아직 거기에서는 진리 현현의 현실이 아닌바 철학적 형이상학의 중간영역에서 발견된다. 그러므로 (여러 학설의 단순한 외적 역사적 지식과 구별되는) 이러한 철학함은 생소한 실존적 근원과의 소통에서 과거의 형이상학에 대립하고, 실존의 현실로부터 거리를 두는 것을 고려한다. 이 철학함은 그것이 현전화에 있어서의 가능성 대신에 초월적 현실을 확신하는지 어떤지를 실존함 속에서 확증하지 않으면 안 되는 실존의 결의로서 간주된다.

초월자의 절대적으로 현현하는 현실과 역사적으로 현존하는 형이상학의 경험적 현실 사이에 형이상학적 철학함의 현실이 있다. 즉 거기에는 초월적 진리를 알리는 것도 아니고, 초월적 현실 앞에 서 있는 것도 아닌, 다른 사람들이 믿는 것을 탐구하는 것도 아닌 그런 사유가 있다―이 사유는 오히려 모든 현존이 일반적으로 가능 실존을 매개로 하여 암호가 될 수 있는 가능성을 나타내 보인다.

다음과 같은 사실은 곤란한 점이다. 즉 형이상학이, 비록 그 근원이 적절한 방식으로 전달될 수 없다고 생각되는 절대적인 초월적 현실을 자기 면전에 가진다고 하더라도, 일반적인 것으로 **존재할 수 없는 것은** 아니지만, 순전히 일반적인 것만으로 존재할 경우에는 공허한 것이 되고 만다는 것이 바로 그것이다.

4. 초월자의 물질화와 초월자에 대한 부정

초월적 현실이 단지 초월자의 언어로서 대상성 가운데서만 내재적으로 나타나기 때문에―그러나 그것은 경험적 대상 자체로서는 현존하지 않기 때문에―현실을 혼동함으로써 초월자를 **물질화**하거나 또는 경험적 현실을 절대화함으로써 초월자를 부인하는 것은 가능한 일이다.

물질화는 초월자를 명백하고 특별한 현실의 형태로 드러내 보이는 가운데 기만적으로 현현시킨다. 즉 초월자는 경험적 현실 가운데서 보이는 대신 경험적 현실로서 보인다.[12] 초월자가 상실될 경우에 미신이 세계 내에서 물질화되고, 일반적으로 생각되고 있는 그러한 의미에서의, 비현실적인 현존을 절대화한다. 이러한 기만적 초감각성에서 시도하는 미신의 행위는 마술이다. 미신은 유한적인 것에 달라붙고, 유한적인 것을 초월자처럼 취급하면서도, 이 초월자를 한번도 유한적인 것으로서 자기 뜻대로 할 수 없다.

이와 반대로 **실증주의**는 단지 경험적인 현실만을 타당한 것으로 인정할 뿐이다. 실증주의는 인간에 있어 이러한 공상론의 현실을 결코 지배할 수 없거나 또는 근절할 수 없을 경우에 형이상학을 공상론으로서 거부한다. 실증주의는 인간의 현존 가운데서 형이상학의 역사적 현실을 탐색한다. 인간의 자연성향으로서의 형이상학적 갈망은 내용상의 형태들을 창작했고, 이러한 형태들을 통해서 인간의 현존에 영향을 미쳤다. 이러한 내용에의 신앙이 환상이든 아니든 간에 여하튼 무엇이 신앙되었다는 것과 어떤 사실상의 작용들을 이러한 신앙이 가졌다고 하는 것이 확정된다. 말하자면 사람들은 재산 목록을 작성하고 정리한다. 이 경우에 예배, 의식, 축제에서 그리고 이미 지나간 과거에 대한 성찰에서 형이상학적 내용들과의 사실상의 상호소통이 기술된다. 마지막으로 실제적 생활태도에서 이러한 상호소통의 결과는 경험적 세계에 대한 합리적 태도와 비합리적 태도에서 모두 파악된다.

미신은 초월자를 물질화하고, 실증주의적 불신앙은 초월자를 환상 속으로 용해해 버린다. 양자는 형이상학적 대상성을 불투명하게, 즉 투명하지

---

12) 우리는 미신이 우리로 하여금 세계 내에서 현존하는 것, 즉 물질적으로 아직도 우리가 의미하는 그러한 의미에서 비현실적으로 현존하는 것을 절대화하도록 할 때 초월자를 상실한다.

않게 본다. 이 양자는 초월자의 언어를 듣지 못한다. 즉 미신은 초월자를 세계현존으로 변화시키고 그것을 경험적 현실과 같이 취급하고, 불신앙은 초월자를 상상적으로 인식된 환영으로 변화시킨다. 이러한 환영은 세계정위의 현실에 비추어 볼 때 공허한 것이다.

물질화와 현존하는 피안은 **현존의 곤궁의 환상**이다. 이러한 곤궁에 있는 현존은 실존의 자유에의 돌파 없이 지식에 의하여 우려, 위험, 절대적 절멸에 대한 의식을 피하고 싶어 한다.

실증주의는 **의식일반의 입장을** 포기하지 않기 때문에 초월자에 관하여 본래적인 물음을 물을 수 없다. 초월자의 언어는 의식일반의 입장에서 언어의 현존으로서는 결코 인식될 수 없다. 초월자 없는 순수한 내재는 귀먹은 현존 이외에 아무것도 아니다.

초월적 현실은 물질화된 초월자로서의 경험적 현존도 아니고 피안적인 다른 세계도 아니기 때문에 초월자를 경험한다는 것은 거기에서 역사적 순간에 실존이 존재를 만나는바 **내재의 결렬에** 달려 있다. 초월자의 장소는 이승도 아니고 저승(피안)도 아니고, 한계이다. 그러나 그것은 내가 본래적으로 존재할 때 거기에서 내가 초월자에 직면하게 되는 그러한 한계이다.

미신과 실증주의는 동일한 평면상의 **적들이다.** 그러나 실증주의는 미신을 제친다. 객관적인 기적은 존재하지 않는다. 유령, 천리안, 마술은 존재하지 않는다. 현실 가운데 사실로서 존재하는 것은 규칙과 법칙 아래에 있고 방법적으로 확정될 수 있다. 언제나 선의로 보고되고, 기만적으로 또는 히스테리하게 기획된 현상들의 불가능성은 실은 논리적인 불가능성이 아니며, 지식의 전체에 그 근거를 가지는 특수한 확신에서의 불가능성으로서 파악된다. 다시 말해서 현실적 불가능성은 이와 같은 현상들이 경험적 인식 일반의 가능성의 조건들과 투쟁하는 데서 오는 결과이다. 그러나 이 불가능성 자체는 그렇게 함으로써 강제적으로 통찰되지 않는다. 오히려 불가능성의 확신은 논리적인 방법으로 해명된다고 하더라도 정확히 말해서 논리적이 아니라 실존적으로 기초된 확신이다. 현실로서 실재적으로 불가능한 현상들에 대한 고려는, 더욱이 현상들의 가능성의 진면목에 대한 적극적인 숙고는 불가능성의 확신에 의하여 고무되는 다른 인간들로부터 인간들을 완전히 떼어 놓는다. 왜냐하면 이러한 확신은 신중한 실증주의적 세계지에의 조건이기도 하기 때문이다. 거의 은폐된 증상에서와 같이 이러한 미신의 사물들에서 인간들 간의 실제적인 상호소통의 상실이 경험된다. 인간들은 현존의 사물들에서 아주 다양하게 서로 이해하고 연대적인 관계를 맺고 있는 것 같이 보인다.

5. 물음: 환영인가 현실인가?

사람들이 믿어 온 역사적인 사실들은 다음과 같은 피할 수 없는 물음으로 인해 가시로 찌르는 듯한 자극을 야기한다. 즉 인간들은 환영들을 정신병리학적인 현상으로 해석할 때 적절히 구명하려는 환영들에 의하여 수천 년 동안 오도되어 왔는가? (역사적 역할을 연출한—옮긴이)인간의 인격과 탁월한 (가치와 문화—옮긴이)창조의 근거였던 것이 오류인가? 오늘날 인간 영혼의 기묘한 동요가 단지 이러한 오류의 잔여에 지나지 않는 것인가? 이 오류는 지금 궁극적으로 근절될 시기에 직면하고 있는 것인가? 이러한 오류는 다른 어떤 점에서 볼 때 계몽적인 현존의 비본질적인 감정의 혼탁으로만 있는 것이거나 또는 우리들 내면에 있어 본래적 존재의 경험으로 돌아가고 싶어 하는 일종의 망아상태인가?

형이상학적 내용들에 대한 이러한 물음은 원시적 의식상태에서는 아직 제기되지 않는다. 우리가 현실과 꿈을 구별하고, 육체와 영혼을 구별하고, 범주들을 명백하게 구별하는 것은 이러한 상태에서는 아직 구분되지 않았다. 불을 지피기 위해 두 개의 막대기를 효과적으로 마찰하는 것과 비를 내리게 하기 위해 물을 인과적인 작용없이 쏟아붓는 것은 동일한 종류의 행위이다. 모든 것은 아직도 정신적이면서 동시에 신체적이고, 자연은 아직도 비생명화되지 않으며 정신은 아직도 비물질화되지 않는다. 직접적 현존 전체에는 아직 존재 양태의 차이는 없으며, 따라서 결정적인 지식은 존재하지 않는다. 연구하고, 사유하고, 분별을 통해서 방위를 결정한 인간은 비로소 본래적으로 현실에 대하여 물을 수 있다. 인간은 가능적 기만을 배재한 이후 경험적 지식의 불가피한 현실 개념을 소유한다. 즉 측정할 수 있는 것, 공간과 시간 가운데서 규칙에 따라 감성적으로 지각할 수 있는 것, 기획을 통해서 지배할 수 있거나 또는 적어도 계산할 수 있는 것은 현실적이다.

환영이냐 현실이냐의 물음은 비판적으로 발달한 이러한 의식에서만 비로소 제기된다. 그러나 여기 철학적 명백성에 있어 현실이냐 환영이냐라는 양자택일은 형이상학적 대상성에 대해서는 적용되지 않는다. 형이상학적 대상성은 그것이 물질화할 때 지식의 차원에서는 환영이 된다. 그러나 형이상학적 대상성은 실존에게는 현실이고, 실존은 이 형이상학적 대상성 가운데서 초월자의 언어를 듣는다. 초월자에 대한 물음이 가능 실존[13]에서만

---

13) 가능 실존이란 실존이 될 수 있는 인간을 가리키는 말이다. 즉 "가능 실존이란 역사적 상황 한가운데서 일정한 고정된 존재가 아니라, 본래적 자기를 얻을 수도 있고 잃을 수도 있는 존재 가능이라는 점에서 현실의 자기를 의미한다"(신옥희). 그러므로 인간은 현존재의 일상성 및 퇴폐성을 반성적으로 인식하며 그것을 초탈하고자 하는 가능 실존이기도 하다. 현존으로서 인간이 자기의 일상성 또는 유한성을 인식하고 있지 못하는 한 실존이 될 수 있는 가능성을 가지지 못한다. 인간이 가능 실존이 될 수 있는 요건은 현존적 삶의 태도에 대한 반성 또는 고뇌이다.

나오는 것처럼 그 해답 역시 단지 실존에게만 이해될 뿐이다.

　모든 존재가 세계정위에 의하여 인식된 것 가운데 나타나고, 이때 여기서 그 증거문서를 발견하지 못하는 모든 현실이 사라질 때 형이상학에의 권리는 미신적 물질화에의 가라앉음도 경험적 현실의 무신앙적 고집도 저지하는 바의 그러한 명료성에 의하여 탈환되지 않으면 안 된다. 이 형이상학은 가령 그것이 단순한 방법적 명료로서 아직도 공간을 가득 채울 수 없다면 그 공간을 비워 놓는다.

형이상학적 대상성의 비항존성

　의식에 대한 대상은 존립으로서의 존재[14]이다. 이러한 존재는 그 존재 자신의 현재 가운데서 주어진다. 대상은 우리에게 가까이 존재한다. 왜냐하면 대상은 육화되어 구체적으로 현존하거나 또는 필연적인 사유로서 현존하기 때문이다. 그러므로 대상은 경험적, 강제적으로 타당한 대상으로서 단지 이 대상에 불과하고 다른 어떤 것도 의미하지 않는다.

　그러나 대상은 동시에, 타자이기 때문에, 우리로부터 **멀리** 떨어져 있다. 이러한 멀리 떨어져 있음은 연구하는 사유에서 다음과 같은 물음을 한계에까지 이르게 한다. 즉 실제로 의식일반으로서 우리에 대하여 존재하는 대상이란 즉자적으로 존재하는 것(즉자존재—옮긴이)이다. 즉 대상은 **현상**으로서 사유된다. 지금 실존이 다른 근원으로부터 이미 자기를 넘어

---

14) 현존하는 존재를 말한다. 이러한 존재는 감각적 지각의 대상이면서 시간과 공간의 직관형식을 통해서 수용되는 현상적 존재 또는 이른바 즉자존재를 가리킨다.

초월적 존재를 바라볼 때 실존은 사유 가운데서 모든 대상성의 이러한 현상을 단순한 현존의 지양으로 포착한다. 초월자라는 명백한 절대적 타자는 의식일반에게는 즉자존재의 아직 지속적인 공허한 한계사상으로서만 존재했다. 이러한 의식은 단순한 대상의 지적 포착에서 자기를 유지한다. 그러나 나 자신은 초월자에 대한 파악에서 비로소 실존함으로써 본래적 자기가 된다. 나는 경험적으로 타당한 대상들의 다양성에 대한 사유에서는 아직 본래적 자기가 될 수 없다. 실존은 일체의 것의 현상성에 대한 일반적인 의식에 머물지 않지만, 대상들은 실존에 대해서 독자적인 형태로 초월자의 언어가 된다.

대상적인 것이 초월자의 현상이 될 때 그 대상적인 것은 다른 것과 구별되는 특성들을 나타낼 것이다. 초월자의 현상인 대상은 의식에게는 **사라지는 것**일 수밖에 없다. 왜냐하면 이러한 대상은 항존으로서의 존재가 아니고, 자유의 존재에 대한 초월적 존재의 언어이기 때문이다. 실존은 도처에서 단지 현존할 뿐, 실존하지는 않는 것이 사라질 때 자기에게 돌아온다. 그러므로 실존은 초월자를 지향할 경우에 의식에 대한 대상들로서 어떤 항존도 가지지 않는 대상들에 있어서만 자기에게 돌아온다. 따라서 **형이상학적 대상들의 비항존성의 세 가지 양태**가 방법적으로 파악된다.

첫째, 사상이든 직관이든 간에 대상으로서 형이상학적 대상은 대상 자체가 아니고 **상징**이다.

둘째, 형이상학적 대상에 대한 명료한 사유에 있어 이 사유는 오성에게는 그 자체 논리적으로 **붕괴된다**. 사상은 순환 내지 동어반복 또는 내적 모순으로서 입증된다.

셋째, 형이상학적 지향에 의하여 유한한 **경험적으로 현실적인 것** 가운데서 **절대적으로 현실적인 것**이 실존의 자유에서 포착된다. 경험적으로 현실적인 것은 절대적인 것 앞에서는 본래적으로 현실적인 것이 아닌 것으로 생각된다. 절대적으로 현실적인 것은 경험적으로 현실적인 것 앞에서는 이런 의미에서 비현실적이다. **존재와 비존재는 그것들의 관계를 부단한 교체에서 전도한다.**

1. 상징을 통한 사유

사람들은 기호와 형상, 비유, 비교, 우의(寓意), 은유 등의 의미에서의 의의에 대하여 말하곤 한다. 세계에 있어서의 의미와 형이상학적 의미 간의 근본적 구별은 다음과 같다. 즉 형상을 대리하는 것과 형상 간의 관계에 있어 이러한 대리되는 것 자체가 대상으로서 파악되는지 어떤지, 또는 형상이란 다른 어떤 방식으로서도 접근될 수 없는 단지 그 무엇에 대한 형상일 뿐인지 어떤지, 다시 말해서 형상적인 표현이란 직접 말할 수 있거나 나타날 수 있는지 어떤지 또는 형상적인 표현이란 그것이 단지 형상 가운데 존재하는 한에 있어서만 우리에 대해 존재하는 것인지 어떤지 하는 것이 그것이다. 오직 최후의 경우에서만 우리는 결코 형상에 있어 실존적으로 파악되지 않으면 안 되는, 즉 단지 객관적으로만 사유될 수 없는 형이상학적인 의미를 함축하고 있는 그러한 상징의 의미에 대하여 말한다. 세계 내에 머무르는 비유가 그 자체에 있어 한결같이 대상적인 것의, 즉 사유할 수 있는 것 또는 직관할 수 있는 것의 설명[15] 및 구상화인 데 반해서, 형이상학적 상징은 그 자체에 있어 비대상적인 것의 대상화이다. 비대상적인

---

15) 원문에는 Übersetzung으로 되어 있어 우리말로 옮기면 '번역'이라고 표현된다. 그러나 내용상 적절하지 않은 역어이기에 여기에서는 설명이라는 말로 옮긴다.

것 자체는 주어지지 않는다. 즉 상징의 대상적인 것은 그것 자신인 대상이라고는 생각되지 않는다. 상징은 다른 상징들에 의하지 않고는 해석될 수 없다. 그러므로 상징을 이해한다는 것은 상징의 의미를 합리적으로 안다는 것을, 즉 상징을 설명할 수 있다는 것을 의미하는 것이 아니고, 오히려 상징의 지향(志向)에 있어 실존하는 자가 초월적인 것과의 비교할 수 없는 이러한 연계를 한계에 직면하여 대상이 사라질 때 경험한다는 것을 의미한다.

상징인바 대상은 **초월자의** 현존하는 현실존재로서 확고하게 유지되는 것이 아니고, 단지 **초월자의 언어로서만** 들릴 뿐이다. 현존과 상징존재는 의식일반에게나 또는 가능 실존에게 나타나는, 한 세계 내에서의 두 가지 국면과 같다. 만일 세계가 아직 그 무엇으로 의미됨이 없이 보편타당적인 인식 가능한 경험적 소여성(所與性)으로서 보인다면 세계는 현존이다. 세계가 본래적 존재의 비유로서 파악된다면 세계는 상징이다. 보편타당하게 인식가능한 현존은 관계들에서의 한 존재로서 탐구될 수 있다. 상징존재는 실존으로 하여금 존재의 심저를 들여다 보게 하는 역사적, 구체적 언어이다. 상징존재는 타자와의 관계 없이 그 스스로 존재할 뿐이다. 단지 침잠에 의해서만 상징존재는 포착되거나 상실된다.

상징으로의 침잠은 대상이 없는, 그러므로 전달할 수 없는 합일(unio)에 의하여 초월자의 비대상성으로 들어가는 신비적 침잠이 아니다. 상징언어를 들을 때 오히려 **주·객분열로 유지되는** 명료한 의식을 매개로 하여 초월자의 현상이 실존에 대하여 **분명해진다**. 자아는 자기의 초월자에 직면하여 자기를 용해하는 대신에 자기존재의 유한성으로서 심화된다. 세계정위에서의 의식의 해명과 같이 상징에서의 해명은 객관성을 넘어서는 길로 나아간다. 즉 상징에서의 해명은 세계정위에서 무한히 분절되는 존립에서의 현존을 넘어, 상징의 심화에서 항존성을 결여한 경과음으로서의 언어를 넘어서 나아간다. 현상의 밝음과 가능 실존의 상호소통의 깊이는 결정적으로 발전되고, 분절되고, 부단히 사라진 상징의 세계를 표현한다.

2. 논리의 붕괴

제시될 수 있거나 또는 증명되는 것은 특수한 것에 대한 유한한 통찰이다. 실존과 초월자는 이러한 존재의 의미에서는 현존하지 않는다. 실존과 초월자가 사유될 때 사상은 사상 그것을 통찰로서 파멸시키는 논리적 형식들을 취한다. 사상의 유효성은 논리적인 표지와는 다른 표지에 의하여, 즉 자유에 호소함으로써 실존조명의 힘에 의하여 또는 대상으로서 사상이 유희적으로 붕괴할 때 초월자를 불러낼 수 있는 힘에 의하여 음미된다. 초월함의 표현으로서 논증이 증명으로 변장될 때 이 증명은 본래적 사념으로서 난파한다. 이러한 비본래적 증명은 비록 그것이 인식될 수 없다고 하더라도 초월함이 의존하는 것의 전달가능성에 의해서 확증된다.

철학함을 한다는 것이 초월자를 사유해 내는 것을 의미하는 한 그것은 결정적인 점에서 하나의 **순환**을 나타낸다. 이 순환은 그것이 사상을 증명된 통찰로서 파기한다고 하더라도 사상을 그 표현력과 범위에 의해서 철학적인 것으로 입증한다. 순환이 근본적으로 파악되고 객관적으로 무의미하지만, 가능 실존을 감동시키는 명제들에 있어 내용을 요약하여 진술할 때 이 순환은 **동어반복**으로 환원될 수 있다.

순환과 동어반복에 대하여 증명뿐만 아니라 [사상의][16] 존립까지도 파기

---

16) 내용 이해를 돕기 위해 옮긴이가 표기·삽입한 것이다.

하는 모순이 대립한다. 이러한 모순은 형이상학적 사상의 대상성의 본래적 파괴이다. 초월자의 심오한 표현은, 그것이 초월자를 상실함이 없이는 대상으로서 존립할 수 없기 때문에, 하나의 모순에 의하여 사라지지 않으면 안 된다. 순환과 동어반복이 자기 바깥의 다른 그 무엇을 가지는 것이 아니라, 자기 스스로 존재하는 그러한 자기 가운데서의 안정의 표현이었다면 모순은 본래적으로 존재하는 것의 현존적 변화무쌍의 표현이다.

3. 존재와 비존재의 교체

초월자의 현상은 존재와 비존재처럼 상호관계를 가지는 두 세계의 경계에 서 있다. 초월자의 현상이 가지는 대상성의 형식은 이러한 상황에 상응한다. 의식일반으로서 나에게 있어 경험적 대상은 현실적이고 다른 모든 대상들은 비현실적이다. 즉 실존으로서의 나에게 경험적인 것은 초월자의 본래적 현실에 대비한다면 비현실적이다. 그것은 해석된 자기 존재의 양태에 따르면 역전 가능한 하나의 관계이다. 즉 대상은 내가 실존할 때 그리고 내가 단순한 현존으로 돌아갈 때 그 본질에 있어서 변화된다.

그러므로 의식일반에게 일어나는 어떤 경험에 의해서도, 즉 경험적, 논리적 강제에 의해서 초월자가 존재한다는 객관적 확신은 창출될 수 없다. 이와 반대로 초월자가 그 존재에 있어 진실하게 파악되면 될수록 단순한 객관적인 지반은 더욱 결정적으로 파괴된다.

그러나 두 세계는 분리되지 않는다. 더욱이 순전히 경험적인 현존은 존재로부터 단순히 인식된 것으로의 기울어짐과 같지만, 초월자는 우리가 보는 것으로는 그것이 나타나는바 장소로서의 시간적 현실로부터 분리되지 않는다. 유한하고 경험적으로 현실적인 것은 유한성으로 존재하지 않고 절대적으로 현실적인 것이 된다. 즉 유한한 것 자체는 초월자의 파멸없이 사라질 수 있다.

상징의식에는 경험적으로 현재하는 현존의 지식과 본질적으로 다른 특이한 **현실의식**이 있다. 물론 관찰자는 현존의 감성적 속박을 현존에 있어 감성적 현실에의 관여로부터 객관적으로 구별할 수 없다. 내재적 현상 가운데서의 초월자에 대한 파악은 순간적으로 초월자의 물질화처럼 보일 수 있다. 그러나 갈등이 일어날 경우에 그리고 시간적 현존 과정의 전환점에서 이러한 초월자에 대한 파악은 성실했던 것으로 입증된다. 경험적 현실성이 사라지는 고통에서 초월자에의 비약은 초월자의 비물질화의 가장 확실한 개현이다.

형이상학의 역사성

1. 역사성의 본질로서의 소멸

형이상학적 대상성의 형식의 세 가지 양태들이 가지고 있는 공통점은 이 세 가지 양태들이 대상을 특별한 것으로 존립시키지 않고, 다시금 지양하고 있다는 점이다. 이러한 세 가지 양태들은 항존의 형식들이 아니고, 사라짐의 형식들이다. 왜 사라짐이 있어야 하는가 하는 것은 문제로 남는다.

세계정위의 한계에서 가능 실존은 초월자와 관계함으로써 자기에게로 초월했다. 초월자는 형이상학적 대상성의 형태를 취하는 가능 실존의 의식에게는 현상이 된다. 가능 실존은 초월한다. 왜냐하면 현존 자체의 내재적 만족은 불가능하지만, 현존 가운데서의 가능 실존의 만족은 내재적 만족 그 이상이기 때문이다. 그러나 이러한 만족은 시간적 현존에 있어 궁극 목표로서 본질인바 미래의 존재를 지향하지도 않고 또 우리의 세계로부터 벗어난 다른 세계에 불과한 피안의 존재를 지향하는 것도 아니며, 오히려 이러한 만족은 그 자체에 있어서 현재적으로 현상하는 존재 가운데 있다. 말하자면 초월자는 우리에게는 단지 **시간 내의 현재**로서만 현실적일 뿐이다.

역사적 형태의 현실로서 초월에 있어 존재의식은 반복될 수도 없고 모방될 수도 없으며 그때마다 자기 자신을 만족시킨다. 실존이 그 현상에 있어 일반적이지 않고 역사적일 때 그리고 실존이 비로소 생성되고 있지만, 아직은 존재하고 있지 않을 때, 그러나 현존의 수동적 생성과는 달리 존립을 매개로 한 자유로운 자기포착으로서 존재할 때 초월자의 현상도 역시 실존에게는 역사적이 될 수밖에 없다. 역사적 현상에서는 확신이 포착되고 확지(確知)는 포착되지 않는다. 초월자가 자신의 현상을 실존으로써 변화시킨다는 것은 그의 현실성과 진리에 반대하는 논거가 되지 못한다. 그러므로 초월자가 시간적 현존 가운데서 실존에게 언어가 될 경우 초월자의 변화는 오히려 필연적으로 초월자의 양상이 됨에 틀림없다.

이러한 역사적 변화는, 초월적 진리가 현존하는 대상성에 고정될 경우, 결코 가능하지 않을 것이다. 그러므로 모든 형이상학적 대상성의 소멸의 필연성은 시간적 현존에 있어 실존의 역사성에 속한다. 형이상학적 대상이 비진리를 희생으로 하여서만 존립을 획득할 수 있기 때문에 실존은 초월적 진리의 탐구에서 실존 자신이 수행하는 이러한 역사적 변화를 틀림없이 경험한다. 현존 가운데 현상하는 실존에게 있어 초월자의 현상은, 즉 고요한 자기충족의 모든 진실한 순간의 형태는 역사적으로 산출된 운동의 불안정 가운데 머무른다.

2. 사라진 것의 실체

사라진 것은 실체로서 남는다. 단지 대상성만이 그 내용을 새로운 형태로 부활시키기 위해 침몰했다. 또한 실존이 자신의 초월자로서 경험하는 것은 실존 자신의 과거로부터 듣는 것을 통하여 고유한 현재 속에서 실존을 해명한다. 나는 나의 언어를 발명하지도 않고, 제작하지도 않으며, 초월적 경험의 언어로서 형이상학적 상징성을 창출하지도 않는다.

만일 내가 절대적, 역사적 구체성에 있어 초월의 근원적인 경험을 제1 언어에 있어서 초월자 자체의 '듣기'라고 일컫는다면 사상, 형상, 상징에 있어서 형이상학적 대상성은 근원적인 제1 언어를 전달 가능하게 하는 제2 언어이다.

어린이로서 나는 이미 초월자의 언어로써 의식에 있어 깨달음을 가진다. 즉 나 자신이 초월자의 언어[17]를 경험하고 초월자의 언어에 대하여 물음을 묻기 전에 나는 초월자의 언어를 과거로부터 듣는다. 충분한 의식에 도달함으로써 나는 나 스스로 과거를 나에게 주어진 무의식적인 전통을 넘어서 보편적인 전통으로 고의로 확대한다. 역사는 나에게 말을 걸어오는 무진장의 가능성으로서 내 앞에 놓여 있다. 나는 망각된 것과 묻힌 것, 낯선 세계와 그곳에서 경험되는 초월자와의 소통으로 들어간다.

두 가지 길을 통하여 나는 이러한 과거에 접근한다.

---

17) 우리가 한계상황에 직면하여 난파함으로써 절망에 빠지고 그 절망을 피하지 않고 그 절망을 자기화(自己化)할 경우에 우리에게 나타나는 초월자의 암호(Chiffre)를 야스퍼스는 초월자의 언어라고 부른다. 우리가 한계상황 앞에서 난파할 때 가능 실존으로서 우리에게 암호를 통해서 걸어오는 초월자의 말을 우리는 듣는다. 초월자의 언어로서 암호를 해독할 때 우리는 초월자에로의 초월 또는 비약을 체험하고 동시에 본래적 자기로서 실존을 획득한다.

나의 세계정위를 위해 나는 종교, 철학, 신화, 계시, 교의, 신학, 형이상학의 역사를 알고자 한다. 이러한 것들은 일찍이 실존의 자유에게 본래적 존재의 현상이었던 것의 잔재(capita mortua)이다. 나는 시간의 연속에 있어 이러한 것들의 변천, 새로운 비약적 발아(發芽), 상호 독립적 세계의 다양성을 추적한다. 나는 논리학적, 유형학적, 심리학적, 사회학적 연관들과 의존성을 인식하고자 시도한다. 그러나 나는 이러한 방식으로 내가 본래적으로 이해하지 못하는 재료를 취급한다.

문서들과 기념비, 보고들과 이미 생기된 행동과 태도, 그리고 이러한 것들에 있어 수행되는 사유의 재생산되는 직관 등에 대한 지식은 제2의 길에의 전제이다. 말하자면 초월자에 의한 고유한 충격으로부터 나는 과거에 접근하고자 시도한다. 왜냐하면 내가 끌리어 당겨지든 내밀쳐지든 간에 과거에 의하여 깨우침으로써 과거를 이해하기 때문이다. 내가 제1의 길에서 소멸되는 객관성을 경험한다면 나는 제2의 길에서는 현재하는 나 자신의 역사성을 경험하며, 이 역사성에 의하여 타자가 나에게 동화되거나 또는 나를 수반하는 가능성으로 남는다.

3. 형이상학적 사유에 있어서 보편적인 것의 세 가지 의미

초월자의 언어가 과거로부터 그리고 실제적 현재에서 나에게 들릴 수 있다면 초월자의 언어는 어떤 의미에서는 보편적인 언어이다. 왜냐하면 보편성 없이 절대적 암흑 상태에 있는 존재의식의 경험은 자기 자신과의 소통 없이는 아무런 도움이 되지 않을 것이기 때문이다. 그러나 형이상학에 있어서 보편적인 것의 의미는 이질적이다. 이러한 의미를 구별한다는 것은 초월함에 있어서 일어나는 무제한한 자기기만과 그것의 실천적, 효과적인 결과들을 피하기 위한 조건이다.

형이상학의 역사에 대한 연구에서 **객관적으로 보편적인 것**이, 즉 '민족의 사상'으로 도처에서 근원적으로, 하물며 동일하게 나타나는 '**종교적 원형**'이 탐색된다; 심리학적으로 말해서 보편적, 인간적 무의식을 들여다 볼 때 **보편적인 형상들**이 발견되며, 이러한 형상들은 적당한 조건들에서는 여러 민족들의 신화적 표상들에 있어서와 마찬가지로 언제든지 어떤 사람에게 든지 공상, 꿈, 망상에서 나타날 수 있다. 그러나 이러한 보편적인 것은 —이것의 추상은 객체적 현존의 인식을 촉진하고 이러한 인식에 적합하 다—초월함에 대해서 공허한 것으로 입증되고 있다. 보편적인 것은 형이 상학적으로 본질의 결여이다. 왜냐하면 보편적인 것은 단순한 형식적 네 트워크(그물 세공) 또는 유형적 재료이기 때문이다. 내가 도처에서 들려오 는 소리들, 단어의 구성, 문법적 관계들을 연구할 경우에도 나는 언어들 을 이해하지 못한다. 내가 인간 일반적인 것, 인간의 여러 가지 근본상황 들, 추정상의 인간의 자연적 의식을 주시할 경우에도 나는 인간을 이해하 지 못한다. 그러므로 이러한 형이상학적 보편적인 것은 실질이[18] 되지 못 한다.

그러므로 형이상학의 역사는 그것 자체로 본다면 과학에서와 같이 그 역사적 현존의 일반적인 것을 알고자 하는 분야가 아니고, 자신의 고유한 가능성에 근거하여 그때마다의 유일한 역사적 실존 가운데로 밀고 들어가 고자 하는 분야이다. 역사적으로 결정된 것과 방금 논의한 의미에 있어 전 혀 보편적이지 않은 것은 보편적인 가능성의 경우로서 진리가 아니고, 지 금 나의 마음에 호소하고 나에게 요구하고 나에게 물음을 묻는 실존의 일

---

18) 역사적 실존의 존재의식의 내용을 의미한다.

회적 계시로서 진리이다. 진리의 새로운 형태는 변형되는 이러한 전환과 관련해 있다.

그러나 자기 고유한 가능성에 근거한 실질에의 이러한 침입은 다른 의미에 있어 **상대적으로 보편적인 것으로서** 실질에 대한 탐구이다. 초월함에서 마주치는 것이 언표될 수 없다면 대상성은 언표할 수 있는 것 가운데서의 초월자의 **반영**이다. 초월자가 현상 가운데서 대상적으로 된다는 것은 대상성 자체를 통해서 **보편적인 것의** 한 측면을 초월자에 대한 근원적인, 여전히 밝혀지지 않은 실존적 태도로 가지고 온다는 것이다.

보편적인 것의 형식 없이는 전달이 불가능하기 때문에 이 보편적인 것은 언어가 되지만, 바로 그 때문에 그것 자체는 이미 언어의 내용이 될 수는 없다. 실존조명에서 일반적인 것에 대한 사유가 그 진리를 개별자에 의한 실현에서만 가지는 것과 마찬가지로 형이상학적 대상성은 그 진리를 이 대상성에서 수행되는 초월자와의 관계의 현실성에서 가진다. 보편적인 것은 그것이 근원적으로 실존에 의하여 떠받쳐진 것처럼 다시금 새로이 현재하는 실존에 의한 보충을 필요로 한다. 진술된 것으로서의 형이상학이 보편적인 것의 형식을 취했다면 나는 형이상학을 그 진술의 근원으로 뚫고 들어가기 위해 이해하고 간파하지 않으면 안 된다. 객관적으로 언표된 사상(事象)은 형이상학에서는 공허한 표상이다. 이러한 사상의 근원들에의 접근과 그것들의 자기화로의 전환은 이 사상의 진리를 비로소 그때마다 그 자체에 있어 역사적인 실존에 대하여 계시한다. 단순한 오성으로서는 이것을 꿰뚫어 보지도 못하고 또 직접적으로 전달할 수도 없다.

초월자의 역사적 현상에는 이러한 역사적 현상이 결합시키는 인간들 간의 이 현상의 전달가능성으로 말미암아 상대적으로 보편적 측면이 있다는 것이 중요한 의미를 가진다. 비록 이러한 측면이 단지 각 개인에게서만 완수될 경우에 제2의 언어로서 이 측면은 많은 사람들에게 동일한 초월적 존재의 표현과 같이 생각된다. 이러한 표현 자체는 근원에 기초해 있다. 이러한 근원은 개별적인 인간에서는 시간적으로 규정 가능하기도 하고 공동체의 태고 이래의 전통에서는 규정 불가능하기도 하다.

그러므로 이러한 보편적인 것의 측면에 있어 형이상학적인 내용은 시간 가운데 여기저기서 출현되고 보이는 즉자적, 무시간적 존립으로서 포착될 수 없다. 이러한 형이상학적인 내용은 가령 형이상학의 역사로부터 모든 특수한 진리를 한데 모아 전체로 전환시키지 않을 경우 하나의 보편적인 초월자로 인식될 수 없다.

그럼에도 초월자에 대한 모든 진실한 태도에는 **나로부터 독립해 있는 초월적 존재에 대한 의식**이 있다. 나의 역사성은 초월자를 창출하지 않고, 오히려 내가 초월자를 깨달을 때 나 자신을 창출한다. 대상적인 것에 있어 모든 언표 가능성 이전에 언표 불가능성이 있는 것처럼 언어 이전에 초월적 현실이 있다.

왜냐하면 나는 실존함으로써 실로 나의 초월자를 포착하지만, 초월자를 단지 **나의 것으로서만 포착하지는 않기 때문이다.** 초월자는 그것이 내게 존재하는 것 그 이상이다. 비록 초월자가 단지 실존에게만 열려 있다고 하더라도 실존은 초월자에 대해서 이 초월자가 단지 실존에게만 본래적 존재인 듯한 그러한 태도를 취할 수는 없다.

그러므로 초월자가 보편적인 것이면서 일자로서 객관적으로 사유되거나 인식될 수 없다고 하더라도 그래도 역시 초월자는 존재함에 틀림없다. 초월자가 단지 **역사적으로만 포착될 뿐,** 그 자체로서는 **역사적으로** 적절히 사유될 수 없다는 바로 그 사실에 초월자의 역설이 있다.

초월자는 대상들과도 같이 의식일반에 대해서 보편적이지도 않고 실존과도 같이 역사성 가운데 그 자신으로 존재하는 것도 아니기 때문에 실존에게 초월적 현실은 유일보편적인 것으로 존재한다. 이러한 유일보편적인 것에 의해서는 특수한 것의 어떤 경우도, 즉 **보편적인 것과 특수한 것의 사유가능하지 않은 통일도**—이러한 통일은 자기의 안·밖에 구별 가능성이라곤 전혀 가지고 있지 않으며—더 이상 존재하지 않는다. 초월자가 구별하는 가운데 사유되거나 또는 형상으로 이해되는 곳에서 초월자는 이미 역사적인 현상이지만, 보편적인 것은 아니다.

보편적인 것은 첫째로 그 아래 특수한 것을 사례로서 **포섭하는** 객관적 형식이었고, 둘째로 보편적인 것 가운데서 초월자를 포착하는 실존의 현재에 의하여 **실현되는** 대상적인 것이었으며, 셋째로 유일한 현실적인 것으로서 **마주치는** 언표 불가능하고 형상화할 수 없는 유일무이의 것이었다.

인간에게 형이상학의 현존과 대상적 존재의 형식으로서 **제1의 보편적인 것**은 인식될 수 있지만, 제1의 보편적인 것에 관한 지식에는 동시에 이 보편적인 것을 근본적인 기만의 현존으로서 사유하려는 경향이 있다.

제2의 보편적인 것은 자기이해에서 그리고 공동적으로 신앙하는 자들 간의 전달의 영역으로서 확인하는 신앙 가운데서 나에게 맞서는 것이다.

제3의 보편적인 것은 초월적 존재이다. 이 초월적 존재는 보편적인 것에 대한 사유에서는 전혀 접근될 수 없고, 오히려 그 모든 사유불가능에도 보편적인 것과 특수한 것의 통일성의 역설에 의한 초월함에서 그 스스로 존재하며, 그러므로 나에 대해서 존재할 수 없는 바의 그러한 것으로서 사유된다. 형이상학에 있어 보편적인 것의 세 가지 의미는 다음과 같은 **타당성에 대한 요구**의 세 가지 양태를 그 결과로서 가진다.

형이상학의 현존(형태)에 있어 보편성은 그 자체가 형이상학적 타당성이 아니다. 모든 경험에 따르면 경험적인 것은 인간으로서의 인간에게 속하기 때문에 개인이 경험적인 것을 따르지 않으면 안 된다고 논증하는 것은 아무런 효과도 가지지 못한다. 형이상학적인 필요의 형태들이 현존하는지 어떤지에 대한 물음은 그 자체가 거기서는 찬·반에 관한 그 어떤 것도 결정될 수 없는 그러한 수위에 있다.

일반적, 초월적 언어는 역사적인 형태로서는 실로 **이양가능성**을 가지고 있지만, **보편적인 타당성**을 가지고 있지는 않다. 언어는 단지 이러한 실존의 신앙적 존재 의식으로서의 무제약성을 전달하는 상대적 보편적인 것으로서의 객관성에 불과하다.

초월자라는 접근 불가능한 유일무이의 것으로서의 보편적인 것은 초월적 현실이다. 이 초월적 현실은 비록 이 유일보편적인 것이 결코 그 자체에 있어 대상이 되지 못한다고 하더라도 역사적인 현상 가운데서 형이상학의 진리를 만난다. 모든 사람에게 타당한 초월적 존재라는 존재론적으로 개념화된 보편성은 불가능하다.

초월자의 역사적 현상 형태인 현존

1. 초월적 연계에 있어서의 협력과 투쟁

대상적이 된 상징 가운데 역사적으로 현상하는 초월자는 일종의 유일무이한 공동체를 창건한다. 나의 역사성은 상호소통적일 뿐만 아니라 실존이 확장된 역사성에 있어서는 그 실존이 거기에서 성장한바 전통의 실체를 따른다. 형이상학적인 내용의 역사성은 다음과 같은 사실을 **의미한다**. 즉 그것은 실존이 만났던 형태로 그리고 실존이 들었던 언어로 실존에게 주어진 초월자의 계시에 애착하고 있다면 실존은 이 계시가 다른 형태들 가운데 하나의 형태이기 때문에, 즉 하나의 진리이기 때문에 그렇게 하고 있는 것이 아니고, 오히려 이 진리가 실존 자신에게 실존의 자기존재가 그것으로 인해서 존립하기도 하고 무너지기도 하는 그러한 단순한 진리이기 때문에 그렇게 하고 있다는 것을 의미한다.

초월적 진리는 현존하는 실존에게 이성의 통찰들과 같이 포착되는, 무시간적으로 존립하는 진리로서 존재하는 것이 아니기 때문에 이러한 역사적인 형태를 가지고 있음에 틀림없다. 그러나 초월적 진리를 통해서 자유로운 실존의 공동체가 운동하고 있는 한 실존은 보편적인 것의 의미를 혼동하지 않음으로써 다른 진리를 향해서 자기를 열어 놓는다. 즉 실존이 자신의 진리에 애착할 때의 무제약성은 실존으로 하여금 자신의 역사성의 의식에 있어 다른 진리들에 대한 **배타성**과 **보편성에의 청구**를 피하게끔 하고, 실존으로 하여금 자신의 역사적 진리의 형태에 무시간적으로 타당한 이성적 진리들의 성격을 부여하는 것을 저지하도록 한다. 그러나 자기의 존재가 초월자와의 관계를 가짐에 있어 역사적, 우연적인 것에 기초될 수 있는지 어떤지 하는 물음에 대해서 실존은 긍정적으로 답할 것이다. 역사성은 **일체의 것**으로 존재하지 않고 자신을 **단독으로** 존재해야 하는 존재의 전형이라고 간주하려 하지 않는 그런 의향의 근원이 된다.

역사적인 현실은 다른 하나의 형상을 나타내 보인다. 상징들은 다른 것을 배제하거나 또는 절멸함으로써 유일한 진리라고 간주되는 공동체를 창건하는 힘들이 된다. 초월자의 암흑은 생명적 열정의 암흑과 서로 뒤섞인다. 밝음에 저항하고 맹목적인 자기현존으로서는 접촉할 수 없는 정열적 도취 가운데 살고자 하는 자는 이러한 길을 걸어가고자 한다. 지금 의문의 여지가 없는 것은 타당하다. 초월자를 지향하는 투쟁이 가장 엄청난 권리의 증명서를 주는 데 반해서 사람들은 폭력성의 난폭한 본능에 자신을 맡겨 버릴 수 있다. 상징은 상호소통 없는 공동체를 창립한다.

이러한 열광은 보편적인 것의 이질적인 의미가 **혼동되고** 동일한 것으로 수용될 때 일어날 수 있다. 그러나 초월자의 본래적 진리는 의식적으로 역사적인 것으로서 이해되고, 그 때문에 보편적인 것이 아니고 무제약적인 것으로서 이해된다. 그러므로 그것은 보편타당한 것으로서는 이해되지 않는다.

그러나 초월적 현상의 역사성은 하나의 역사성의 **현존**이 다른 역사성의 현존과, 그리고 이 양자가 거기에서 존재하는바 세계 상황에 의해서 **충돌할 때** 투쟁이 불가피적인 결과로서 생긴다. 그것은 마치 초월자가 그때마다의 특수한 역사성으로서의 그 현상을 투쟁 없이 포기하지 않으려고 하는 것과 같다. 역사적 존재의 실체를 수반하는 이러한 종류의 인간들이 지상에서 살아야 한다는 것은 이러한 인간들에게는 숨겨진 근원으로부터의 무제약적인 명령과 같이 느껴질 수 있다. 맹목적 현존의 자기보존의 의지는 투쟁할 뿐만 아니고 인간이 초월적인 의식의 이러한 역사성을 자기의 과거로서 인식하고 자기화하는 데 인간의 장래가 있도록 하는 것을 목표로 한다. 그리고 이러한 목표는 승리에서 도달될 수 있는 것이 아니고 진정한 난파에서만 도달될 수 있다.

실존적으로 뿌리를 내리고 있는 내용 사이의 이러한 가장 심각한 투쟁은 현존에서 중지되지 않고 지속된다. 세 개의 링(Ring)에 관한 이야기[19]는

---

19) 레싱의 『현자 나탄(*Nathan the wise*)』에서 인용한 종교적 우화를 가리킨다. 구체적으로 말하면 이슬람교, 유대교, 그리스도교─이 세 종교 간에는 우열이 없다는 것을 '반지'에 얽힌 설화에 비유해서 (현자 나탄이) 이야기하고 있다.

우리의 상황을 나타내 보이지 않는다. 왜냐하면 다양한 국면에 있어 한 진리는 단지 다양한 형태로서만 인식되지 않고, 오히려 초월자의 유일-보편적인 것이 서로 일치하지 않는 진리를 그때마다 역사적인 보편성의 형태로 세계 현존에서 투쟁하게끔 하기 때문이다. 이러한 투쟁의 정열은 생명적, 현존적 관심에 의한 정열보다 더 크다. 초월자에의 신앙에서는 모든 것이 중요한 것 같이 생각된다. 즉 신앙자의 존재뿐만 아니라 존재 자체까지도 중요하게 생각된다.

2. 형이상학적 대상성의 세 가지 구성 영역 사이의 긴장

신화학, 신학 그리고 철학은 초월적 존재를 명백하고 객관적으로 언표하고 묘사하고자 시도한다. 즉 신화학은 범람하고 부단히 변화하는 설화, 형태, 재해석으로 충만해 있다. 신화학은 세계지를 관통하고 세계지를 동반하고 나타나는 초월적 지식을 전개한다. 신학은 역사적으로 고정된 계시에 근거하여 합리적으로 기초 지어지고 체계적으로 완성된 진실한 것의 지식을 확립하고자 시도한다. 철학적 형이상학은 현존의 최종적인 근원들과 한계들에 다다르고, 자기 자신을 전변시키며, 그때마다 단지 역사적인 실존의 현재에 있어서만 실현되는 사상들에 의해서 현존 안에서 초월자를 생각하고자 한다. 철학적 형이상학은 도처에서 신화적 현실로서 존재하는 것을 포섭하여 자기화하고, 자기로부터 소원한 것을 신화학이나 계시로서 이해하고자 시도한다.

이러한 세 가지의 구성 영역은 서로 가깝고 서로 관통하면서도 동시에 더욱더 결정적으로 서로 반발한다. 그러나 이 세 가지 구성 영역은 적의를 가지고 있으면서도 서로 결부되어 있다. 이러한 세 가지 구성 영역의 구성들이 가지고 있는 비역사적이면서 여러 번 회귀하는 유형성은 어떤 명료한 전선배치가 형성되지 않는 한 이 세 가지 구성 영역 사이의 **투쟁**을 평안으로 가지고 올 수는 없다. 왜냐하면 투쟁은 개인의 영혼 가운데 지양 불가능한 운동으로서 숨겨져 있기 때문이다.

철학은 철학의 발원인 **신화**에 반발한다. 철학은 합리적으로 기초 지어진 통찰을 기만과 꿈에 불과한 여러 설화에 얽힌 이야기에 대치시킨다. 그러나 어느 날 철학은 자주적이 되면서 자기의 시선을 자기 자신에게 되던지고 신화를 진리로서 파악하고자 시도한다. 그때 철학은 어떤 경우에는 신화를 아직도 사상의 형식으로 이해하지 못한 사람들에 대하여 그리고 —철학함을 하는 자가 사유하면서가 아니라 이처럼 관조된 형태로 존재 확신을 인지하는 바로 그 순간에—철학함을 하는 사람들에 대하여 신화를 철학적 통찰의 **변장**으로 나타내 보여 주기도 한다. 그러나 다른 어떤 경우에는 철학은 신화 속에서 모든 사유로서는 접근 불가능한 **진리의 표현**까지도 들여다본다. 말하자면 철학적 사유는 접근 불가능한 것 같이 생각되는 것이, 즉 접근 불가능한 것을 신화 속에서 순수하게 파악하기 위해 신화를 향한 사유에의 길을 전제로 하는 것이 있다는 것을 겨우 인지할 수 있을 뿐이다. 철학적 진리는 그것이 신화의 핵심을 합리적으로 파악하고자 요구할 경우에 특이하게도 공허하게 되거나 또는 그것 속에는 있지 않은 그 무엇에 관한 단순한 사유로서 입증되기도 하지만, 다른 한편 철학은 이러한 경험에 의하여 충격을 받고, 가령 철학이 삶에서의, 즉 세계정위에서의 사유로서 진실하게 되는 것과도 같이 신화에 있어서의 사유로서 진실하게 된다면, 존재로 복귀하는 것이다.

또한 철학은 **신학**에 대해서도 그것이 계시에 속박되어 있기 때문에 반발한다. 그러나 철학은 계시가 초월자의 현상의 역사적 형태로 변할 경우에 다시 신학에 접근한다. 그러므로 신학은 그 진리가 보편성을 잃었다고 하더라도 철학이 주장하는 진리가 된다. 철학은 그것이 합리적인 것의 단순한 보편타당성 가운데 자신을 고정하고 폐쇄하고자 할 경우에 불면 날아가 버리는 그러한 경험을 하기 때문에 의식적으로 철학 자신의 그때마다의 역사적인 실체를, 철학이 변화시킬 수는 있지만, 부정할 수는 없는 신학적인 전승 가운데서 포착한다.

역으로 말해서 신학은 여러 신화를 이교로서 배척하기도 하지만, 그 신화들 가운데 상당한 부분을 신학 내부에 통합하고 동시에 변형함으로써 그 신화들을 신학 전체 가운데 약간의 부분들로 자기화한다. 신학은 철학을 절대적 진리의 독단적인 형태로서 배척하지만, 신학 고유의 진리의 전단계로 삼을 정도로, 즉 신학 자신의 계시의 내용을 표현하는 수단으로 삼을 정도로 철학을 자기화한다.

초월적 진리를 구성하는 영역들 사이의 투쟁은 영혼의 시간적 현존에 있어 투쟁으로서 지속한다. 왜냐하면 이 투쟁은 실존이 그의 자유 가운데 머무르는—대상으로서의 궁극적으로 확고한 지반을 그 어디에서도 획득할 수 없는—초월적 대상성의 운동을 매개하는 것이기 때문이다. 인간이 현재 신지학적(神智學的)인 물질화라는 미신화한 이교에 또는 한 종파의 독단적으로 고정된 신학에 또는 지식에 의해서 본래적 존재의 확인을 마련한다고 주장하는 순수한 합리적인 철학에 다시 빠져들어 갈 경우에 이러한 투쟁은 끝나고 부자유라고 하는 무덤과 같은 고요가 뒤에 남는다. 형태들 가운데 하나가 아무런 동요도 없이 죽어 사라지는 상태와 같이 이처럼 투쟁하지 않을 때 철학에 있어 신화는 꿈꾸는 환담의 시적인 임의성이 되기도 하고, 신학은 광신적인 목사의 (극복되어야만 했던) 미망이 될 수도 있다. 그러나 신학의 판단에 의하면 신화는 이교적인 악마성이 될 수도 있고, 철학은 인간의─주관성과 상대성에서의─자기신격화가 될 수도 있다.

3. 형이상학적인 의식의 단계들에 있어서의 초월자의 언어

형이상학의 역사성은 첫째로 그것의 **다양성**을 의미하지만, 이 다양성은 외부로부터 단지 죽은 존립으로서만 관찰되고 탐구될 수 있을 뿐이다. 형이상학의 역사성은 둘째로 그때마다 실존이 자기의 과거를 자기 자신과의 관계로서 보는 것을 의미한다.

역사성의 제2의 양태는 대상적인 여러 상징의 세 가지 구성 영역의 전통과 결부된 가능 실존의 유대이다. 이러한 유대는 전승된 형이상학의 실체와 그것을 **자기화한 자유** 간의 운동을 그 자체 속에 포함한다. 보편타당성으로 경직화되어 역사를 관통해서 전해지는 여러 상징은 그것들의 근원적인 소리를 되찾기 위해서 개별자마다 자기의 운명의 특유한 역사성 속에 혼을 불어넣는 것을 필요로 한다. 이러한 상징은 뒤에 성장한 자의 순종에 있어 견고한 질서에 따라 전달함으로써만 망각으로부터 지켜지지만, 단지 필요로 하는 복종으로부터의 해방에 있어서만 개별자 역시 자기 자신에게로 와서 자기의 초월자를 성실히 그 자신의 입장에서 중개없이 포착할 수 있다. 실존적인 구속성은 전통의 견고한 형태 없이도 존재를 위험에 빠뜨릴 수 있는 가운데 나 자신에 있어 존재의 현재로 전통의 실체를 바꾸어 놓음으로써 전통으로부터 자유로워지므로서만 존재한다. 그러나 전통의 객체성은 자유의 조건이다. 왜냐하면 자유 자체는 전통으로서 전파되지 않고, 단지 개인에 의해서만 취득되지 않으면 안 되기 때문이다. 전래되는 것으로서의 자유는 이미 자유가 아니다. 투쟁이 없는 소유로서 자유는 상실된다. 자유의 전통은 자유를 감행한 개인들이 그들의 소리를 들은 뒷

날의 사람들에게 호소할 경우에 단지 간접적으로만 존재할 뿐이다. 자유의 전통은 자기존재의 비밀스러운 공동체이다. 이 공동체는 객체적인 전통에 공헌하는 모든 것으로부터, 즉 여러 교회, 정당들, 합리적으로 정착된 철학의 학파들, 모든 사람이 서로 이해하고 있는 자명성으로서 그때마다의 공동의견(communis opinio)으로부터 가능한 한 배제되어 침묵을 지키도록 선고받는다.

형이상학적인 의식의 역사성은 이 역사성의 지식의 단계들과 비약을 통해서 성숙된다. 이러한 역사성은 자기 자신을 이해하면서 의식의 단계들을 앞서 나아감으로써 자기 자신을 들여다본다. 이러한 의식의 단계들에서 그 역사성은 그것 자신이었던 것을 생생하게 그려내고, 그 역사성이 자기 자신 속에 그것 자신을 함유하고 있기 때문에 자기를 파악한다. 지식에 있어 역사성은 그것 자신의 현재에의 길로서 이러한 단계들을 계획한다. 이 길은 동시에 자기화의 교육 방법이다. 그러나 이러한 계획도는 의식의 보편적인 행정에 관한 객관적인 지식의 타당성을 강요할 수 없고, 단지 그때마다 자신의 역사를 자신의 시대에서 경험하는 인간의 본래적인 존재 의식의 역사를 자기 자신에 대하여 해명하는 그런 의의를 가질 수 있을 뿐이다.

강제적인 사유가 하나의 평면상에 놓이고, 그로 말미암아 통찰가능한 것이 말하자면 의식의 다양한 단계들에 구애되지 않는 모든 사람들에 의해서 통찰될 수 있기 위해서 오성의 훈련만이 필요하지만, **형이상학의 내용들**은 상호대립하는 **이질적인** 가능성들에로 **균열**하고 있을 뿐만 아니라 **단계들을 이루어 서로 전후상응하는 상호귀속적인** 가능성으로 균열하고 있다. 형이상학의 내용의 진리는 의식의 단계들과 연결되어 있다. 이러한 의식의 단계들에 있어 이 진리는 이러한 언어로 들린다. 뒤 단계에 가로놓여 있는 것은 아직 이해될 수 없고 앞 단계에 가로놓여 있는 것은 현재 더 이상 적절하게 실현될 수는 없다. 형이상학적 사유의 실현은 그때그때마다의 의식의 단계들에 결부되어 있지만, 반면에 단순한 외적인 사상은 보편적으로 이양가능한 것 같이 생각된다.

그러나 **단계들을 안다는 것은 결코 성과가 되는 것이 아니고, 이념으로 남는다는 것이다.** 헤겔은 [단계들의] 최대 규모의 설계를 그의 현상학에서 만들었다. 단계의 도식들은 그 이후로 무수히 설계되었다. 이러한 도식들은 얼핏 보아서는 마치 하나의 보편적, 법칙적, 필연적 계열이 그 도식들 가운데서 파악되는 것처럼 보인다. 심리학적, 논리적, 변증법적 명증들과 역사학에 있어서의 이러한 도식들의 부분적 확증은 이 양자가 현실적으로 주는 것보다도 더 깊은 통찰을 암시하고 있다. 왜냐하면 단계들은 가시적 시원이나 가시적 목표가 없고 필연적으로 통찰되는 진행도 없으며, 전체적으로 멀리 내다볼 수도 없을 정도로 역사적이기 때문이다. 단계들은 단지 단선적인 계열만도 아니고 보편적이지도 않다. 형이상학적인 대상성을 역사적으로 자기화한다는 것은 말하자면 **형이상학적인 대상성을 자기 자신에 이르는 단계들에 있어 진리로서 파악하는 것을** 의미한다. 그러나 역사적인 정위를 매개로 삼으면서 그 자체가 형이상학인 것의 이러한 파악은 그것이 고유한 도식성을 충분히 꿰뚫어보고, 오직 실존적으로만 현실적인 것을 보편적인 형상 속에 고정시키지 않을 경우에만 진실할 뿐이다.

형이상학적인 대상성이 하나의 평면상에 가로놓여 있지 않다는 진리는 결정적인 의미를 가지고 있다. 내가 낯선 사람과의 가능적인 상호소통에 들어간다는 것 그리고 내가 나 자신의 본질을 혼동하지 않고 이해할 수 있다는 것은 이러한 통찰에 달려 있다.

이 통찰로부터, **그릇된 요구들의 가능성을** 인식하는, 타자에의 관점이 그 결과로 생긴다. 모든 것에 대해서 물음을 묻고자 하고 모든 개방성에 대해서 언어상의 표현을 찾고자 하는 의도는 실로 가능 실존에게는 무제한적이다. 그럼에도 불구하고 사상이 초월자 가운데로 뚫고 들어가는 경우에는 공포가 있기 마련이다. 사상은 신을 인식할 수 없고, 오히려 단지 어떻게 해서 우리들의 **상황**에서 초월자가 우리들의 영혼 속으로 들어오는가를 깨닫게 할 수 있을 뿐이다. 여기서 내가 경험하는 것을 말하는 것, 심연과 이율배반을 은폐하지 않는 것, 초월자 자체를 의심스러운 것에 비추어서 보는 것, 바로 이것이 요구되고 있다. 왜냐하면 나의 자유 의식이 성실을 내가 알지 못하면서 자유 의식에 기초하여 존재하는 그 근거의 표현으로서 요구하고 있기 때문이다. 신성 자체는 진리탐구의 어떤 양태조차도 또한 오류의 위험을 무릅쓰고 감행될 것을 바라고 있는 것 같이 생각된다. 우리는 신성을 은폐하고 싶다는 것을 드러내는 것을 두려워할 필요는 없고, 오히려 우리가 비진리로 빠져 들어가는 것을 두려워해야 한다. 모든 것을 감행하는 것과 모든 것을 말하는 것은 나의 의식의 단계에서는 그것의 한계를 깨닫게 한다.

모든 사상을 파악하고 성실하게 사유하는 것, 즉 어떤 사실에 의해서도 충격을 받고 이 사실 속에서 암호[20]를 예감하는 것은 어떤 의식의 단계에서도 각오되어 있는 것은 아니다. 어린이들에 대해서는 그때마다 말할 수 있는 것을 책임을 지고 결정하는 것이 교육자들의 일이지만, 이 경우에 위험은 남는다. 어른들에게 의식단계의 지식은 더욱 불가능하다. 침묵을 지

---

20) 가능 실존으로서의 인간이 여러 가지 현상이나 표상에서 읽고 듣는 초월자의 언어가 바로 암호(Chiffre)이다. 우리가 한계상황에 직면하여 난파할 때 우리는 초월자의 말을 듣는다. 우리가 그 경우에 초월자 자체를 경험하는 것이 아니다. 초월자의 말을 듣는다는 것은 암호를 경험한다는 것을 의미한다. 암호는 초월자의 언어이고, 문자이고, 나의 말걸음에 대한 응답이다. 암호는 주관적이고, 실존에게만 이해될 뿐이다. 현존으로서 인간에게 암호는 객관적인 대상에 불과하다.

키고 다른 사람들로 하여금 이것을 감지하지 못하도록 하는 것은 인간성의 문제이고, 따라서 성실성의 문제임에 틀림없다. 왜냐하면 개인이 무엇을 자기 자신에게 묻고자 하는가라는 것은 결국 모든 개인의 문제이기 때문이다. 어떤 사람에게 어떤 사상을 요구해서는 안 되고 또 그 어떤 사상을 그 어떤 사람에게 금지해서도 안 된다. 저서들에 있어 저자는 자기 자신의 의식단계에 의지하여 어떤 한계도 설정하지 못한다. 의식의 단계들에 관한 지식은 그 단계들을 특수한 것에서 인식하지도 않고 또 그 고유한 것을 객관적으로 인식할 수도 없지만, 구체적인 상황에서의 내향성을 강화한다. 모든 것에는 그 시기라고 하는 것이 있다. 커다란 위기와 비약은 인간의 전체를 변화시킨다. 그것은 마치 시력의 기관들이 형성되고 다른 기관들이 절멸하는 것과 같다. 본래적으로 상호귀속하는 인간들 간에는 아직 그들의 의식단계의 불일치가 존재할 수 있다. 어떤 사람은 다른 사람이 관여하지 않은 철저한 근본경험을 현존에서 가진다. 그 결과 어떤 형이상학적인 상징도 그것의 언어로 옮겨진다. 나에게 그 밝음에 있어 힘과 명료성을 주는 상징은 그것 자체가 객관적으로 명백한 것이 아니다. 그러므로 나는 그때마다 나 자신인 것을 통해서 상징을 보기도 하지만, 나는 그 경우 그 상징 가운데서 존재의 본래적 실체로 시선을 보내는 그러한 의식을 수반하기도 한다.

형이상학의 방법들

우리가 획득한 입장에 근거하여 형이상학을 연구한다는 것은 일정한 방법들이 그 입장에서 **배척된다**는 것, 과거의 형이상학에 대한 적극적인 태도가 **자기화**에서 수행된다는 것, 현재의 **방법들**이 규정 가능한 (방향)길에 한정한다는 것을 경험하고 동시에 자기화의 관건이 된다는 것을 의미한다.

1. 거부된 방법들

예언적인 형이상학은 근원적인 확신에 근거하여 그 내용을 알릴 수 있다. 예언적인 형이상학의 옹호자들은 그들이 본래적인 존재에 대한 인식을 향해 걸음을 내디뎠다고 믿고 있다. 인간이 철학함의 시원에 있어 성실하게 행할 수 있는 것은 반성, 세계지 그리고 자유 확인을 비추어 볼 때 상호소통이 없는 공동체를 암시하지만, 한 자기가 타인의 자기에게 말하는 것을 허용할 수 없는 일종의 맹목을 희생하는 경우에만 성공한다. 그러므로 예언적인 형이상학에 대해서는 다음과 같은 불신이 감지된다. 즉 예언적인 형이상학이 실존적인 순간에 역사적으로 개인에게 대상적 언어에 있어 초월자의 절대적 확신인 바를 보편타당한 진리와 같은 언어로서 강요하고자 한다는 것이 그것이다. 예언적 형이상학은 그것이 사상형성물을 형성하는 일을 수행하는 동안 이미 그 자신의 근거를 상실한다. 예언적 형이상학은 이러한 형성물에 대한 아이러니를 느낄 만한 능력 없이 이 형성물 가운데서 근원적인, 단지 소유하려고 하면 곧장 사라져 버리는 내용을 광범위하게 펼쳐 나간다. 예언적 형이상학은 다른 역사적인 상황들에서는 창조적 창작이고 초월적 경험의 표현이었다. 예언적 형이상학은 오늘날 단지 근원적인 실질을 가지고 있지 못한 외적인 형식의 알림을 미신에 의한 정신적인 압제에 봉사하는 가운데 불성실하게 반복할 수 있을 뿐이다.

초월적 존재를 **연구하는 탐색**[21]은 우리에게 있어서는 불가능하다. 세계정위에서 과학이 인지되고 인식된 것으로서 모든 대상을 그 내용으로 가지는 것처럼 여기서 형이상학은 초월자에 대한 타당한 지식의 사상(事象)이 되고 있는 것으로 생각된다. 경험과 추론의 방법들을 가진 자연과학 이론에 유추하여 사람들은 초월자를 의식일반이 설정하는 **세계 가설**에 의해서 인식으로 가지고 오고자 한다. 초월자는 소여의 한계에서 **기초가 되고 있는** 존재로서 사유된다. 세계정위의 사실들로부터 그리고 현존에 있어 만족과 불만족의 경험들로부터 모든 생기를 가능한 한 충분히 고려하는 도상에서 이러한 (세계의) 기초에 관한 가설이 작성된다. 현상을 존재로부터 구별하는 진실한 철학의 표현양식은 글자 그대로 받아들인다면 이러한 관계를 시사하고 있다. 그러나 이 불가피한 표현양식은 규정된 개체적 범주들인 '현상'과 '존재'의 의미에 있어 세계 내의 관계로 고정되어서는 안 된다. 즉 각각의 규정성을 가진 범주들 자체를 초월함으로써 존재가 실존의 결단에 대해서 적극적으로 자기 자신을 계시하지만, 지식으로서는 정복될 수 없는 것으로서, 범주들 가운데서 사유될 때에만 이러한 범주들은 형이상학적 사유의 표현 수단이 된다. 세계 가설로서 존재는 초월자인 대신에 세계의 근저에 놓인 것으로서 다소간에 개연적이 될 것이고 또 모든 본래적인 확신을 상실하게 될 것이다. 존재는 객관적이 될 것이며 확인의 기관으로서 자유를 더 이상 필요로 하지 않을 것이다. 가설이 우연히 경험적 연구의 의의를 획득하는 것이 아니고, 동시에 이 경험적 연구에 의해서 모든 초월에 대한 그 가설의 본질적 이질을 표시할 경우에 가설은 아무런 가치도 없는 것이다. 왜냐하면 초월자는 가설에 의해서 인식되지도 않고 가설에 의해서 드러나지도 않기 때문이다. 세계 가설은 초월자를—인식의 숙련[된 기

---

21) 과학적 탐구를 지칭한다.

량|에 의하여 그 배후에 이를 수 있을 것이라고 생각되는―가상적으로 현존하는 존재로서 취급한다. 세계 가설은 무모순의 척도에 의해 단지 자기 존재의 자유에서만 질문될 수 있고 또 파악될 수 있는 것을 증명하고자 한다. 수천 년에 걸친 모든 실존적 형이상학에 대한 이해 부족이 이와 같은 행위를 동반하여 필연적으로 나타나고 있다. 역사적으로 주어진 형이상학적 학설들은 외면적으로 수용되고, 그 학설들 자신의 척도들에 비추어서 그 정당성과 허위성을 검토받고, 수정받고, 변형되어 학설들 자신의 건축물 가운데로 수용된다. 이러한 시도는 추정상의 학문성을 즐기지만, 반면에 충실한 형이상학은 이러한 추정상의 학문성을 거부한다. 왜냐하면 고유한 자유와 위험의 조건 없이 순수한 이론에 의해서는 이러한 형이상학을 가지지 못하기 때문이다. 진정한 계통을 가진 신화도 아마 은밀히 몰래 들어갈 것이다. 그러므로 세계정위에 대한 연구이든 현실적인 형이상학이든 그 어떤 것도 아니라는 것은 어떤 의미에서든 공허하다.

2. 자기화와 현재

자유로부터 초월자를 탐구하는바 자기화의 형이상학은 다른 방도를 취한다. 이러한 형이상학은 초월자를 새롭게 고안하는 것을 착상하지 않고, 오히려 수천 년에 걸쳐서 자기화한 초월자의 언어를 매몰로부터 도로 찾아내고자 시도하지 않으면 안 된다. 그러나 이 초월자의 언어는 고유한 현재가 본래적인 현재성으로 자기화되는 그런 방식에서 자기화된다. 형이상학은 그때마다 고유한 현재로부터 자기화한 형이상학의 역사이고, 그것은 마찬가지로 형이상학의 역사로부터 드러나는 현재이다. 형이상학은 전승으로부터 개인의 자기로 되는 실존을 통해서 실현된다. 이때 개인은 자기에게 본질적이 되는 모든 존재가 걸어 들어가는 것의 헤아릴 수 없을 만큼 풍성하고 심원해진 세계의 언어를 듣는다.

자기화한 형이상학에 있어 성실성의 표준은 경험적 현실성과 실존적 가능을 지각할 수 있는 범위이다. 이 범위로부터 역사적인 전통이 자기의 것으로 전승된다. 예언적인 형이상학이 보통 몇몇 계열에 그 자신을 제한하기 마련인 데 반해서, 자기화한 형이상학은 그것이 곧바로 제한되어 있다는 사실에 대한 의식에 있어 어느 가능성에 대해서도 열려 있다. 예언적인 형이상학이 단순한 세계도식성을 위해서 세계를 외면하고, 자기 자신의 상호소통을 결여한 폭력적인 걸음을 위해서 실존을 외면하는 데 반해서, 자기화한 형이상학은 세계지와 실존적 상호소통으로부터 언제나 새롭게 창출된다.

3. 현재의 방법들

초월자는 우리가 맞이할 때 매일 우리를 둘러싸 버리는 것이다. 철학은 형이상학을 부여할 수 없지만, 형이상학을 깨닫게 하여 훤히 밝혀줄 수는 있다.

형이상학적인 내용을 방법적인 체계성에서 언표하고자 시도함에 있어 역사적 현재의 근원으로부터 **상대적인 보편성의 영역**으로 걸어나오고자 할 때 이러한 사유는 단지 근원과의 연계에 의해서만, 그리고 이 근원으로부터 나오는 충동들에 의해서만 의미를 유지한다. 즉 척도와 비판은 이러한 사유에게는 단지 근원으로부터만 결정적으로 가능할 뿐이다.

근원의 현실적인 현재가 없는 이 형이상학적인 사유로서의 철학은 **놀이**에 불과하다. 이 놀이는 실존에의 가능성을 전개하고 준비하지만, 단지 가능적일 뿐이기 때문에 물음 가운데 머무른다. 그러므로 이 놀이에 있어 아직 구속력 없이 현재하는 감동은 결단하는 실존의 현실과 혼동되어서는 안 된다. 형이상학적 놀이는 그 근거를 실존의 탐구 속에 가지고 그 내용을 가능성으로서 실존에 부합시키는 한 진지하다. 이 놀이는 현존에 있어 현상에 도달하는 실존적 무제약성의 진지함에서 성장한다. 경험적인 사물들에 합목적적으로 전념하는 단순한 현존의 진지함은 단지 인과적인 것, 법률적인 것, 명백한 것과 서로 관련하고 있을 뿐이다. 이 진지함은 대상적으로 강제적이지만, 그것의 근거는 일시적이면서 그때마다 전적으로 소멸된다. 예를 들어서 해방된 실존적 진지함은 놀이에 있어 대상적으로 사유함이지만, 그것의 근거는 무제약적이고, 그것이 사라질 경우 절대적이다. 이 진지함은 그것 자체로서는 현존의 물질주의적인 진지함과 철학함에 의해 사유된 것에 있어 모든 객관성을 부동상태에 가져다 놓는다.

놀이는 **가능성**과 관련하고 있다. 더욱이 초월자는 가능성으로 전화될 수 없는 존재이다. 그러나 모든 가능성을 뛰어넘어 존재하는 근거에 부합하는 것이 중요할 경우에 그 근거가 사유되는 방법이 바로 가능성이 된다. 세계지의 매체로서의 가능성은 다른 것일 수 있는 것에 대한 사유에 있어 통찰적 가능성이다. 말하자면 실존조명에 있어서의 가능성은 자기(존재)의 자유에의 호소이다. 그리고 철학적 형이상학에서의 가능성은 단지 역사적으로 구체적인 존재의식에 있어서만 초월자의 가능성 없는 현실성으로서 현현될 수 있는 것을 대상적인 형태에 있어 시도하고 상기하고 선취하는 놀이이다.

놀이는 그것이 가능 실존과의 관계로 인한 책임을 가지지 않을 때 자의로서의 놀이일 것이다. 이 놀이가 현실적으로 현재적 언어였던 그런 한순간이 일찍이 있었다는 것 또는 이와 같은 순간이 도래할 수 있었다는 것이

이 놀이의 성실성을 결정한다. 초월자의 진술된 언어로서 놀이가 강제성 없이 단순한 가능성으로서 제공되는 것은 자기 자신의 자유로부터 자기를 포착하는 개체적 실존의 진정성의 조건이다. 더욱이 실존은 놀이함에 있어 예측할 수 있지만, 단지 현실적으로 역사적 순간에 있어서만 그때까지 가능적 언어로서 알려진 것을 존재로서 감지할 수 있다.

유희적인 [놀이의—옮긴이] 형이상학의 체계성은 초월함의 세 가지 길 위에서 생긴다.

1. 사상은 범주들 가운데 규정된 존재를 뛰어넘어 규정된 것으로부터 규정불가능한 것으로 초월한다. 범주들의 사유에 있어 범주적으로 규정할 수 있는 것에 의해서 모든 존재가 다 길어내질 수 있는 데 반해서, 즉 각각의 범주 및 모든 범주의 절대화가 초월자의 규정으로 —즉 존재론으로—이끌려 가는 데 반해서, 이 **형식적 초월함**에 있어서는 초월의 길이 열려 있다. 범주적 초월함의 경험은 근원적으로 철학적인 경험이다. 그것은 아직 공허하지만, 사유 자체에서 현현하고 있다. 범주적 초월함의 경험에 있어 사유와 형이상학적인 확인은 일치한다.

2. 실존의 존재는 자기 자신에게 충족하는 대신 실존 자신의 자기존재와 하나가 되는 가운데 초월자를 감지할 수 있게 된다. 그러므로 실존조명에 있어 초월자는 분리되지 않는다. 형이상학적인 여러 대상성은 실존의 가능성들을 전개시키기 위해 나타난다. 초월자가 존재한다는 것과 초월자란 무엇인가라는 것은 실존 스스로 묻지 않으면 안 된다. 형이상학은 **초월자와의 실존적 관계**를 분명히 주제로 삼는다.

초월자 자체가 사유되는 것이 아니고, 초월자가 가능 실존에 대하여 그것의 자기존재 속으로 어떻게 해서 들어가는가가 사유된다.

3. 사상은 세계정위에서 파악되는 경험적 현실성과 실존조명에서 호소하는 자유의 현실성을 초월한다. 사상이 이처럼 초월할 수 있는 것은 사상이 모든 존재를 **초월자의 암호문자**로서—이 암호문자가 실존에게 해독되는 그대로—**해독함**으로써 가능하다. 암호문자에 대한 해독은 어떤 경우에는 예술과 시에서 수행되는 것처럼 사유에 의하여 파악하는 것이기도 하고, 다른 어떤 경우에는 사상에 있어 존재를 암호로서 해독하고자 하는 철학적인 언어를 창조하는 것이기도 하다. 철학적 형이상학은 여러 세계상의 형태에 있어 본래 이러한 세계상들을 사념하지 않고, 그 세계상들 가운데서 초월자를 진술한다. 철학적 형이상학은 바로 여기에 그 의미를 가진다.

초월자에 대한 **탐구**는 초월자와의 실존적 관계 가운데 있고, 초월자의 **현재**는 암호문자 가운데 있다. 말하자면 양자에 대하여 공간을 열어두는 것이 형식적 초월함이다. 그러나 철학함에 있어서는 형식적인 사유의 경험도 암호문자의 해독도 그 무게를 실존조명으로부터 비로소 받는다. 실존에 뿌리를 박지 않고서는 형식적인 사유의 경험과 암호문자에 대한 해독은 임의의 무한함 속으로 빠져든다.

제2장

형식적 초월

세계정위에 있어서 존재는 가장 자명한 것 같이 생각된다. 그 가장 자명한 것이 무엇인가라는 물음이 비로소 자명성을 지양했다.

그 첫째 결과는 존재란 모든 현존하는 것과 사유할 수 있는 것에서 동일한 것이 아니라는 그런 사실이었다. **존재하는 것을 존재양태에 따라 구분하는 데에는 범주표가** 기여한다. 모든 범주는 존재양태 및 종류를—예컨대 현실존재, 타당존재, 실체, 특성, 양, 질, 질료, 형상, 삶, 의식 등을 특징짓는다. 그 무엇이 존재한다는 진술은 어디에서나 동일한 의미를 가지지는 않는다.

둘째 결과는 존재란 존재에 대한 물음에 의해 분열됨으로써 하나인 존재로서 원상복구될 수 없다는 그런 사실이었다. 모든 존재양태란 존재 일반의 종류들과 형태들에 불과하며, 따라서 이 존재 일반에 대해서 물음을 묻고자 하는 시도는 더 이상 어떤 해답도 얻지 못한다. 존재는 용해되었고 존재의 분열은 내재적 사유의 영속적 결과이다.

모든 사유된 것과 사유가능한 것에 있어 단지 존재의 특수한 양태만이 파악된 이후 존재에의 물음에 대한 해답이 세계 내에서의 인식에 의해서는 주어질 수 없고, 단지 초월하는 존재조명의 도상에서만 새로운 대상 인식 없이 탐구될 수 있을 뿐이다.

그러므로 지금 초월함은 존재의 다양성으로서의 내재로부터 벗어나 하나이면서 유일한 존재로서의 본래적 존재를 확인하는 시도이다. 그러나 이러한 존재는 어떤 범주에도 들어맞지 않는다. 공통적, 내재적 존재의 범주가 없기 때문에 범주들에 있어 그때마다 특별한 것인 모든 존재로부터, 사유에 있어서의 난파의 길은 하나인 존재로서의 초월자에게로 인도한다. 내가 어떤 존재의 범주도 이 존재에게는 부적절하고 그 때문에 이 존재를 특수한 내재로 끌어내리는 것이라고 표현하고자 한다면 나는 이 존재를 초존재자라고 부를 수 있다. 하나의 존재를 의미하는 어떤 범주에도 이 존재는 존재하지 않는다고 표현하고자 한다면 나는 이 존재를 비존재자라고 부를 수 있다.

형식적인 초월은 존재 자체를 지향한다. 존재에 대한 물음, 즉 철학함의 모든 단계에서 제기되는 이 물음은 여기서 그 물음의 끄트머리에 도달하지만, 그 물음의 답에는 도달하지 못한다. 여기서는 단지 불가능할 뿐인 물음과 답 사이의 합리적인 적절성 대신에, 철학함에서 지속적으로 가능한 것은 언제나 현재적으로는 충실하지만, 대상적으로는 아직도 공허한 단지 그런 사상의 실존적인 적절성일 뿐이다.

형식적 초월의 원리들

1. 사유가능한 것에서 사유불가능한 것으로의 초월함

사유가능한 것의 보편적인 형식들은 범주들[22]이다. 즉자적으로 존재하는 절대자인 존재를 절대자 자체로서 사유하는 한 나는 불가피하게 범주들로 사유하는 것이다. 그러나 나는 그렇게 함으로써 절대자를 세계 내의 규정된 한 대상으로서, 즉 다른 대상들로부터 구별된 일정한 한 대상으로서 고려하는 것이고 내가 이미 절대자를 그렇게 있다고 상상한 것과 같은 그러한 것으로서 생각하는 것은 아니다.

내가 이러한 경험 이후 절대자를 전혀 사유하지 않으려고 시도하더라도 그것 또한 성공하지 못한다. 만일 내가 존재 아닌 것을 한 번 사유했다면 나는 존재 자체를 사유하는 것을 중지할 수 없다. 즉 절대적이 아닌 것을 사유함에 있어 나는 절대자의 존재를 간접적으로 접촉하는 것이다. 사유에 있어서는 그 무엇을 바로 절대적인 것으로서 가져다 놓는 그런 장소가 말하자면 도처에 존재한다. 왜냐하면 내가 의도하는 바 없이 특정한 것을 절대화하는 것에 있어서든 또는 나 자신의 자유로운 자기존재의 의식된 무제약성에 있어서든 절대적인 것이 나에게 현상되지 않고는 나는 사유하면서 존재할 수 없기 때문이다. 존재자의 무제한한 흐름 속에서 나는 존재를 불가피하게 탐구하지 않을 수 없고 나는 이 존재를 진실한 형태로 혹은 기만적인 형태로 포착한다.

그러므로 나는 이 절대적인 존재를 사유할 수도 없고 또 그것을 사유하고자 하는 것을 단념할 수도 없다. 이 존재가 초월자이다. 왜냐하면 나는

---

22) 범주란 일반적인 의미로 말하면 사물의 개념을 분류할 때 가장 기본적이고 보편적인 최고의 유개념(類槪念)을 뜻한다. 철학적인 의미의 범주는 주로 칸트의 인식론에서 논의된 개념이다. 칸트에 의하면 인식은 심성의 두 가지 원천에서 이루어진다. 하나는 감성적 직관이고 다른 하나는 오성의 종합이다. 인식은 무엇보다도 먼저 대상으로부터 감성에 대한 촉발(觸發)이 있고, 그 다음에 대상에 대한 감성의 직관이 이루어져야 한다. 감성적 직관은 여러 가지 자료들을, 즉 경험적 재료들을 오성에다 가져다 준다. 오성은 다양한 자료들을, 즉 경험적 재료들을 정리하고 종합한다. 이때 오성이 정리하고 종합하는 형식을 범주(Kategorie)라고 부른다.

이 존재를 파악할 수 없고, 오히려 이 존재를 향해서, 사유할 수 없는 것에서 완성되는 사유에서, 초월하지 않을 수 없기 때문이다.

그러므로 사유된 것으로서의 초월자를 고집할 수 없는 사유는 오히려 사유된 것을 사유에서 다시 지양하지 않으면 안 된다. 이것은 사유가능한 것으로부터 사유불가능한 것으로의 초월함에서 일어난다.

공간적인 세계에서 신성이 어디에 있을 수 있는지를 찾는 것은 무익한 일이다. 세계 내에서는 특정의 대상이 아닐지도 모르는 사유된 것을 사고할 수 있는 세계에서 찾는다는 것은 무익한 일이다.

볼 수 있는 것과 사유할 수 있는 것의 세계에서는 어떤 종결도 없고, 이러한 세계에서 사유는 제한되지 않는다. 사유는 대상에서 대상으로 나아간다. 그러나 이 과정에서 사유는 나 자신도 세계도 자기에 기초해서 존재하는 것으로 파악하지는 못한다. 오히려 사유는 "나 자신이 어디로부터 와서 존재하는가?"라고 묻는다. 그러나 모든 사유가능한 것은 초월되어야만 하는 세계에 곧바로 다시금 속하기 때문에 이 초월하는 물음은 의미에 맞는 어떤 사상도 답으로서 찾아내지 못한다. 사유는 그 최후의 초월하는 걸음을 단지 사유 자신을 지양하는 데서만 수행할 수 있을 뿐이다. **사유는 사유할 수 없는 것이 존재한다는 것을 사유할 수 있다.** 사유는 이처럼 사상을 파악한다. 이러한 사상은 사유가 그 걸음을 시도하자마자 그 즉시 사유하는 것을 중단하는 그런 사유의 걸음을 나타내는 표현이다. 이 사유는 사유 자신이 넘어설 수 없는 한계를 설정하고, 그 한계를 사유함으로써 그 한계를 넘어설 것을 호소한다.

사유가 초월자에 직면하여 자기 자신을 지양하는 사유의 열정이 될 경우 이 열정은 사유의 도상에서 단지 성실하게 그리고 필연적으로 난파할 뿐이기 때문에 나로 하여금 현실적으로 사유가능한 것에 가차 없이 꽉 매

달리게 한다. 왜냐하면 실존은 그 가운데서 자기를 이해하는바 그 사상의 명료함을 촉구하기 때문이다. 실존은 결코 진실로 초월할 수 없는 단순한 감정의 타성에 있어서의 무사상성으로 퇴락할 수도 없고, 또 지성의 포기 (sacrificio dell intelleto)—이 지성의 포기에 있어 사유는 초월에 의해서 지양하는 것이 아니고, 대체로 단념해 버린다—로 퇴락할 수도 없다.

이와 같은 초월함의 성과가 언표될 수 있는 명제는 부정에서 성립한다. 모든 사유가능한 것은 초월자에 의하여 타당하지 않은 것으로 거부되고 있다. 초월자는 어떤 술어에 의해서도 규정되어서는 안 되고, 어떤 표상에 있어서도 대상이 되어서는 안 되며, 어떤 추론에 있어서도 안출되어서는 안 되지만, 초월적인 것이 양도 아니고 질도 아니며, 관계도 아니고 근거도 아니며, 일자도 아니고, 다자도 아니며, 존재도 아니고, 무도 아니라고 말하기 위해서는 모든 범주가 사용되어야 한다.

모든 내재를 넘어서는 것, 하물며 가장 숭고한 내재를 넘어서는 것조차도 결코 자명하지 않다. 세계의 내부에서 그 어떤 형태로서 초월자의 확정을 저지하는 것은, 특히 일시적인 형식으로서의 형태가 초월자의 현상에게는 불가피하기 때문에, 비상한 노력이다. 초월자의 세속화를 어떤 은밀한 장소에서 추구하는 것은 결코 완성될 수 없고 또 언제나 반복되는 과제이다. 사유하면서의 초월함은 여기서는 부정에 의해서 그 깊이를 가진다.

초월자는 모든 형태를 넘어서 있다. 사유의 난파에서 확인되는 철학적 신의 사상은 이 난파에 있어 '신성이 있다'라는 것을 파악하는 것이고, '신성이 무엇인가'라는 것을 파악하는 것은 아니다. 난파하는 사유는 역사적 실존에 의하여 그리고 현존의 암호들에 대한 해독에 있어 항상 역사적으로 실현될 수 있는 공간을 창출한다. 난파하는 사유는 사유 자체로부터 비로소 현실적이 되지 않는 초월자의 확신을 조명하지만, 초월적 존재에 어떤 충실도 주지 않는다. 그러므로 이 신의 사상은 감수성과 이성에게는 무기력하지만, 실존에게는 강력하다. 여기서는 노여움과 은총을 나타내는 어떤 인격신도 발견되지 않는다. 종교적 행위로서의 기도생활은 여기서는 어떤 중요성도 가지지 못한다. 신앙의 대상이 되는 상징에서 신성의 어떠한 감성적 직관성도 여기서는 존립하지 못한다.

2. 초월하는 사유의 변증법

초월적 존재를 확신하고자 하는 초월하는 사유는 사유하지 못하는 것을 사유로서 수행하고자 한다. 초월하는 사유는 그것이 진실한 한, 그리고 초월적 존재를 사유된 것의 내재로 끌어들이지도 못하고 또 존재의 단순한 감정 속에서 나 자신을 무사려하게 상실하지 않는 한 이 변증법 가운데 유지된다. 초월하는 사유는 사유가 항상 갱신되어 불가사유로 넘어가는 것이고, 또 그것은 사유된 것이 사유불가능한 것으로 초월하는 것만이 아니며, 이러한 초월에 있어 자기를 지양하는 사유 자체이다. 즉 이 초월하는 사유는 그 무엇을 사유하는 것도 아니고 또 무를 사유하는 것도 아니라고 하는 사실에 의해서 조명하는 그런 사유하지 못함이다. 자기 자신을 무화(無化)하는 이 변증법은 대상성과 직관이 단지 의미의 조건인 한 나에게는 아무것도 말하지 않는 특수한 사유이다. 그러나 이 변증법은 존재에 관한 나의 철학적 의식의 조명에 대해서는 본질적이다.

이 변증법은 방법적으로 순수한 형식들을 수반하면서 범주들의 유비를, 즉 자기 자신과 모순되고 그 때문에 자기를 지양하는 범주들의 유비를 내세우는 것을 시도할 수 있다. 그러나 내재의 범주들 이외에 다른 어떤 범주도 존재하지 않는다. 사람들은 범주에 의해 초월하는 사상을 사유하거나 또는 전혀 사유하지 않거나 한다. 범주들에 의해서 범주들 자신을 초월하는 **방법들**은 다음과 같다.

　하나하나의 범주가 **절대화되고**, 그때마다 한순간 범주 가운데서 초월자가 대상적으로 사유된다. (예컨대 존재의 필연성.) 이 사유는 자기를 유비적인 사유로서 이해하고, 그와 동시에 범주로부터 독자성을 획득한다. (예컨대 필연성은 인과적인 것도 아니고 논리적인 것도 아니다.) 이 사유는 단순히 형식적인 사상의 놀이가 아니고, 실존으로부터의 **반향**에 의해서 내용을 가진다. 이 실존은 개별적인 범주를 실존 자신에게 대상적으로는 접근할 수 없는 순수한 의미로 심화시킨다. (예컨대 필연성이 가져다 주는 안정.) 다른 또 하나의 예를 든다면 근거의 범주는 나 자신 속의 나의 어두운 근거가 되고 또 초월하면서 존재 가운데로 가로지르는 존재의 근거가 된다. 모든 범주는 이러한 도상에서는 계기로서 실존의식의 형식으로 수용될 수 있다. 독일 관념론의 철학에서 **자아**에 의한 범주들의 체계적인 구성의 시도는 이 연관의 반영이다. 그러나 범주에 있어 초월자를 포착하고자 하는 실존의 유비와 반향이 범주의 의미를 변전시킨다. 출발점이 되었던 범주의 질적인 규정성, 즉 개별성은 실존과 초월에 있어서의 하나의 현실이 되는 것과 같고, 그 때문에 형식적 초월이 논리적 형식을 넘어선다. 그러나 그때 규정된 범주는 만물의 종국적인 근거와 근원으로서의 비규정적인 의미―이러한 의미는 모든 사상적인 실현을 취소하도록 강요한다―로의 전환에 의해서 지양된다. 이렇게 함으로써 이 사유의 제1의 변증법이 다음과 같이 정식화된다. 즉 범주가 초월자를 사유할 경우에 사용할 수 있다고 하더라도 이 범주는 **규정된 범주로서는 사용할 수 없고** 또 결국 비규정적인 범주로서도 더 이상 사유할 수 없다.

　제2의 변증법은 다음과 같다. 즉 범주는 그것이 객관적으로 사유된다면 규정된 범주로서 지속하고, 범주 자체는 그것이 단지 진실하지 않은 절대화에 지나지 않는다면 **내적 모순**(예컨대 무가 존재이다)이 그렇게 말한 것을 다시 지양하든가 또는 **동어반복**(예컨대 진실한 것이 진실한 것이다)이 그렇게 말한 것을 무효화하는 그런 하나의 형태를 취하지 않으면 안 된다. 모순은 상호대립되는 범주들을 동일하게 정립함으로써 획득된다. (반대의 일치 [coincidentia oppositorum])[23] 동어반복은 하나의 범주에 있어 진술된 초월자를 동일한 범주에 의해서 한정하고, 그 때문에 범주의 특수성이 단지 현상이 되고 존재의 자기와의 동일성이 남아 있게 된다.

제3의 변증법은 다른 것들에 대해서 전부 다 상대적으로 한정성을 가지는 **범주들을**, 그 범주들이 자기 자신에 의해서 규정되는 형식에 있어 **무제약적인** 것으로 변전시킨다. 이러한 범주들은 다른 것들과 관계하는 것 대신에 자기 자신에 관계되고 그와 동시에 본래적으로 무의미하게 되지만, 이 범주들이 사유하지 않음의 사유를 나타내는 표현이기 때문에 초월하는 사유에게 말을 걸 수 없게 된다. (예컨대 그것 자신의 원인, '자기원인[causa sui]', 존재의 존재.)

3. 주체와 객체를 초월함

내가 파악하는 존재는 하나의 규정된 존재이다. 내가 이 존재의 근거를

---

23) 유한적인 존재의 모순·대립은 무한자인 신(神) 안에서는 통일되고 일치된다는 입장을 말한다. 원호(圓弧)와 현(弦)에 의해 표현되는 곡선과 직선의 대립이 원의 반지름과 일치하는 것처럼 우리가 유한한 존재에서 보고 사유하는 모든 대립은 신의 무한성이 유한한 것의 모든 연계를 지양하기 때문에 신 가운데서 일치한다. 사유의 최고 대상인 신은 일체의 대립을 지양하는 절대자이고 일체의 대립과 우리의 인식 능력을 넘어 피안에 존재하는 숨은 신으로서 존재한다.

물을 때 나는 다른 또 하나의 존재를 발견한다. 내가 그 존재의 존재하는 것(Was-sein)이란 무엇인가라고 물을 때 존재하는 것과 나란히 대비적으로 다른 또 하나의 존재가 존재한다. 이 존재는 항상 세계 내의 다른 존재들 가운데 한 존재이다.

그러나 내가 자기의 외부에 그 어떤 것도 가지지 않는 존재 일반으로서 세계 전체를 나의 사유에서 얻고자 한다면 나는 난파한다. 물론 나는 "모든 존재"라고 말할 때 존재를 총괄하고 있다. 그러나 그것은 단지 현존과 사유된 존재의 총계로서 존재를 말하는 것에 불과하고, 이 총계는 미완결로서 무제한적인 것으로 녹아 들어가 버리고 만다. 그러므로 나는 이 총계를 결코 빠져나감에 의해서는 완성할 수 없고 또 그것을 완성된 것으로서 염두에 둘 수도 없다. 비록 이것이 가능할 것이라고 하더라도 그 경우의 존재는 그것이 **주관에게는 객관적 존재**로서 존재하기 때문에 내가 즉자존재(An-sich Sein)[24]로서는 사유할 수 없는 그런 존재로서 존재할 것이다. 이 존재가 어떻게 즉자적으로 존재하는가라는 것은 관통할 수 없는 것으로 남는다.

사유된 존재가 주관·존재를 전제로 한다면 주관 일반으로서 주체는 **자기 자신**을 전제로 한다. 객체는 자기 자신을 전제로 할 수 없지만, 다른 무엇을 전제로 하는 주체는 이것으로 말미암아 객체가 될 것이다. 또는 역으로 말해서 내가 주체를 객관화한다면 나는 주체의 근거들을 물을 수 있다.

---

24) 비반성적 의식이 지향하는 대상으로서 파악한 것을 즉자존재(即自存在)라고 한다. 즉자존재는 그저 있는 것이다. 그것은 만들어지지 않고, 능동성도 수동성도 아니다. 그것은 다른 존재와의 관계에 대하여 무관심하다. 그것은 어떤 다른 존재와는 다른 것으로서 자기를 세우는 일이 없다. 그것은 그저 무규정적으로 그 자체이고 그 자체임에 그친다. "그것인 바의 것이고, 그것이 아닌 바의 것이 아닌" 방식으로 존재한다. 사물을 즉자존재라고 한다면 인간은 대자존재(対自存在, Für-sich Sein)이다.

즉 주관에 대해서 그 무엇을 전제로 할 수 있다. 그러나 그때 하나의 주체가 자기 자신을 전제로 하는바 묻는 자로서 남는다.

본래적으로 무제약적인 것으로서 주체는 **자유로서의 존재**이고 자기의식에 있어 실존으로서 진실로 현현한다. 이 자유로서의 존재는 행동하면서 그 객체성에 있어 자기를 발견하지만, 그것은 객체적 존재로서의 존재로부터 이끌어 내어질 수는 없고, 마찬가지로 이 객체적 존재로서의 존재는 자유로서의 존재로부터 이끌어 내어질 수도 없다.

따라서 내가 존재로 나아가려고 하더라도 나는 존재의 곁에 존재할 수 없다. 다시 말해서 내가 객체적 존재 의미의 모든 존재를 생각할 때에도 또는 내가 주체적 존재를 생각할 때에도, 내가 자유의 존재로서의 실존적 주관을 지향할 때에도, 내가 존립으로서의 존재와 자유로서의 존재를 외면적으로 총괄할 때에도 (왜냐하면 이러한 것들은 내가 동일적인 것으로 사유할 수 있는, 그 어떤 현실적으로 공통된 것도 가지고 있지 못하기 때문이다) 나는 존재의 곁에 존재할 수 없다. **모든 존재를 포괄하는 존재는 초월적이다.**

내가 존재로 초월하고자 할 뿐만 아니라, 존재를 충실하게 사유하고자 시도한다면 나는 이 존재를 다른 어떤 존재와도 대립하지 않고, 자기 자신을 전제로 하고, 주체로서 자유하고, 그러면서도 객체가 되는 그러한 하나의 존재로서 사유하지 않으면 안 된다. 그러나 나는 이러한 사유들 가운데 그 어떤 것도 현실적으로 수행할 수 없다. 왜냐하면 자기 자신 이외 다른 그 무엇을 가지지 못하는 것은 나에게는 어떤 대상도 되지 못하기 때문이고, 자기 자신을 전제로 하는 것은 나에게는 한정되거나 한정할 수 있는 그 어떤 것도 아니기 때문이며, 자유한 것은 거기에 존재하지 않기 때문이고, 객체가 되는 것은 객체로서 이미 객관화될 수 있는 것으로서 존재하는 그러한 것은 이미 아니기 때문이다.

4. 세 가지 영역의 범주들을 길잡이로 하는 초월함

내가 초월적 존재를 사유하고자 한다면 나는 불가피하게 초월적 존재를 규정된 형식들 안에서 파악한다. 왜냐하면 사유불가능한 것으로의 초월은 그것의 진술에 있어 그때마다 개별적인 범주들에 구속되어 있기 때문이다. 진술은 범주들과 마찬가지로 아주 다양하다. 나는 나의 사유를 사유불가능한 것으로서의 존재의 심연으로 이끌기 위하여 동일한 변증법을 그때마다 특수한 형태에 있어 반복하면서 범주들을 통과하지 않으면 안 된다. 그러므로 이와 같은 사상들의 질서는 범주들의 질서에 연결될 수 있을 것이다. 우리는 범주의 세 가지 영역, 즉 대상성 일반, 현실성, 자유 등을 구별한다.

내가 **대상성**의 세계 가운데 설 때 나는 다음과 같은 물음을 할 수 있다. 즉 왜 일반적으로 주체들에 대해서 대상들이 존재하는가, 이 분열은 어디에서부터 비롯하는가, 왜 대상성의 이러한 양태들이 존재하고, 단지 이것들만이 존재하는가라고 말이다. 하나의 원리로부터 모든 범주를 필연적으로 연역하는 형이상학적 논리의 여러 가지 시도는 초월함으로써 이 물음들에 답하고자 했다.

내가 **현실**에 직면하여 이 현실을 세계 전체(우주)로서 사유할 때 나는 다음과 같이 물을 수 있다. 즉 왜 일반적으로 그 무엇이 존재하는가, 왜 아무것도 존재하지 않는가라는 것이 그것이다. 모든 시간 이전에 초월자 내에서의 사건들에 관한 신화적인 이야기들은 비유를 사용해서 이러한 물음들에 답하려고 하지만, 이 물음들을 본래적으로 사유하는 것은 이미 초월하는 것이 없고서는 불가능하다.

내가 나의 **자유** 의식 속에 있음으로써 자유의 객관화를 피할 때 나는 다음과 같이 의식이 현실화되는 한 점에 도달할 수 있다. 즉 나는 나 자신을 창조하지 않았다. 내가 본래적으로 나 자신일 경우에 나는 나 자신일 뿐만이 아니다. 어디로부터 나는 왔는가라는 물음은 근거로 이끌어 가고, 어떤 의미에서는 이 근거는 상기함으로써 답을 주기 위하여 내가 창조에 있어 그 자리에 있어야 한다는 것을 요구한다.

내가 대상성을 초월하고, 현실을 초월하고, 자유를 넘어서―이와 같은 물음들이 거기에서 좌초하는바―존재로 초월한다면 나는 충실한 사유 행위에 의해서 사유하는 것을 중단하지 않으면 안 된다. 또는 내가 초월적 존재를 대상화된 신의 존재에 있어 다시 사유한다면 초월적 존재는 칸트가 다음과 같이 말하고 있는 것과 동일한 심연의 고조된 형식으로 회귀하는 것이다. "사람들은 이러한 사상을 지키지 않을 수 없다. 그러나 사람들은 이러한 사상을 참아낼 수도 없다. 우리가 모든 가능적 존재들 가운데 최고의 것으로 생각하는 하나의 존재는 말하자면 자기에게 다음과 같이 말한다. 즉 나는 영원으로부터 영원에 이르기까지 존재한다. 단순히 나의 의지에 의해서만 그 무엇인 것 없이는, 나 이외에 아무것도 존재하지 않는다. 그러나 나는 도대체 어디로부터 왔는가? 여기 모든 것은 우리의 발 아래 가라앉는다…"

존재로 초월하는 사상에서 나는 현실적으로 난파하지 않을 수 없다. 그렇지 않으면 나는 내가 세계 내의 사물 곁에서 정당하게 행위하는 것―즉 나는 어디로 향해 나아가야 하는가, 다시금 존재의 규정성과 그 근거에 대해서 묻는다라고 하는 것―을 단지 외관상만의 초월자 속에서 속행할 때의 그런 계열을 무제한으로 만들어 낸다.

주체로서의 존재와 객체로서의 존재, 사유된 존재로서의 존재와 현실적 존재로서의 존재, 자유로서의 존재와 현존으로서의 존재 등의 대립들은 세계 내에서는 서로 연결될 수 없고 나의 사유로서도 또한 하나의 상념에 있어 가능적인 통일로서도 파악하지 못하는 것이지만, 모든 물음이 거기에서 그치는바 존재에 이르기 위해서는 극복해서 사유되지 않으면 안 된다. 그럼에도 이 대립은 현실적으로 극복될 수 없다. 사유의 이러한 한계는 사유의 난파로서 형식적 초월함이다. 이러한 상념을 추구해야 하는 필연성은 이 상념을 가지고 사유가능한 영역에 머무르는 것이 불가능한 것과 마찬가지로 불가피하다.

범주들에 있어 형식적 초월함의 특별한 국면은 교착공명(交錯共鳴)하는 여러 가능적 변이의 비완결적 충만 가운데 사상적인 난파로서 나타나며, 이 난파에 생기를 불어 넣어 주는 것은 존재에의 실존적 관심이 이 난파를 자기의 것으로 삼음으로써만 일어난다.

대상적인 것 일반의 범주들에서의 초월함

1. 존재와 무

나는 이미 규정된 존재로서 범주 가운데 있지 않은 존재를 사유한다. 이 경우에 나는 이 비규정성으로 인해 실제로 아무것도 사유하지 못한다.

내가 그 무엇을 사유하고자 한다면 나는 규정적인 그 무엇을 사유할 수밖에 없다. 규정된 존재로서의 존재는 사유된 존재이다. 초월적인 존재로서의 존재는 사유불가능하며 규정 불가능한 것으로서 아무것도 아니다.

나는 무를 단지 사유하지 않는 것에 의해서만 사유할 수 있었다. 내가 무를 사유한다면 그것은 내가 그 **무엇**을 무의 상관개념으로서 사유하고 있다는 사실에 의해서 그러하다.

이 경우에 무는 우선 규정된 그 무엇의 무로서 규정된 무이며, 여기서 무는 규정된 무엇의 비존재를 의미한다. 그러나 더욱이 무는 그것의 상관 개념이 **존재 자체**인 그러한 무이다. 그러나 이 존재는 규정된 것으로서 그 무엇에 대한 사유를 척도로 해서 헤아린다면 그것 자체가 사유되지 않는 것이고 그런 한에 있어 이 존재는 아무것도 아니다. 그러나 존재 자체는 비록 전적으로 무규정적이라고 하더라도 형식적으로 존재로서 사유되고 비로소 **절대적으로 아무것도 아닌 것**인 그런 무에 대립한다.

이러한 사유를 수행함에 있어 나는 어떻게 무를 사유하는가를 경험한다. 내가 어떤 무엇의 비존재를 이러한 무엇의 사유에 의해서 사유하려고 해도 나는 절대적인 의미에서의 비존재를 이러한 간접적인 방식으로는 결코 사유할 수 없다. 왜냐하면 나는 존재를 존재 자체로서 적극적으로 사유할 수 없기 때문이다.

내가 절대적인 무의 사유에 있어 초월한다면 이 무는 다음과 같이 상반된 의미를 취하게 된다.

즉 첫째, 무는 실제로 아무것도 없음이다. 나는 세계로부터 걸어 나와서 말하자면 현존의 공기를 상실하고 무에 떨어진다.

둘째, 무는 **모든 규정된 무엇의 비존재로서의 본래적 존재**이다. 왜냐하면 내가 현존으로부터 존재로 초월한다면 이 존재는 단지 존재가 아닌 현존에 대립해서만 진술될 수 있기 때문이다. 존재 자체는 항상 규정된 것의 비존재이다. 존재의 무가 절대적으로 아무것도 없는 것이라고 했다면 모든 비규정적인 것의 비존재는 바로 본래적인 존재로서의 모든 것이다.

우리는 이 본래적 존재를 향해 초월함에 있어 두 가지 단계로 접근할 수 있다.

첫 단계에서 모든 규정된 것의 비존재로서 무는 본래적 존재의 무극성(無極性)을 표현하는 관념이다. 존재와 무는 동일한 것이 된다.

무는 규정되지 않는 충만이다.

두 번째 단계에서 나는 절대적 비존재로서 무의 심연에까지 나아간다. 나는 대체로 존재도 아니고, 즉 현존도 아니고 본래적 존재도 아니라는 것을 사유하고자 시도한다. 그리고 나는 이것이 사유불가능할 뿐만 아니라 이것을 사유하고자 시도하는 데서 절대적 비존재의 불가능성에 대한 확신이 발원한다는 것을 경험한다. 말하자면 절대적인 무는 단지 존재의 가능성에 의해서만 존재할 수 있고, 이미 이 가능성은 내가 절대적인 무를 사유하고자 시도하지만 난파하고 만다는 그러한 것에 근거해서 그 앞에서 침묵하는 그런 존재이다. 나는 확실히 모든 현존을 계속 사유할 수 있지만, 그 모든 현존에 의해서 존재를 사유할 수는 없다. 그것은 아무것도 아닌 것은 아니지만, 그래도 가능성의 무한한 충만함으로 있는 여전히 전적으로 무규정적인 존재이다. 침묵 속에서 나는 이 절대적인 비존재가 불가능성이라는 독특한 방식으로 존재한다고 확신하고 있다.

무의 이중적인 의미—존재와 무의 동일성과 절대적 무라는 이중적인 의미—는 **초존재와 비존재**라는 대조적인 의미로서 진술될 수 있다.

초존재와 비존재는 사유로서는 **사유할 수 없다는** 경지에까지 나아가서 결국은 사유를 지양함으로써 사유를 초월하는 그런 사유에 의해서 도달된다. 초존재와 비존재는 전혀 사유로 돌진하도록 하지 못하고, 그럼으로써 난파조차도 경험하지 못하고 오히려 불명료한 고정된 사유에서 마치 무가 존재하는 것과도 같이 무에 착 달라붙는 그런 단순한 기분상태의 수동성에서는 도달되지 못한다. 무로서의 존재에 대한 사유에 있어 사유의 변증법은 **사유불가능**으로 전개된다. 그런데 이 사유불가능은 실은 무를 해명해 주고 또 그것은 그 무엇을 사유하지 않음으로써 아무것도 사유하지 않는 것이 아니고, 단지 존재적이지 않으면서 초존재적인 무를 사유할 수 있도록 해준다.

무의 이중적인 의미는 현존의 상황 내에서는 우리에게 다음과 같은 **상반된 방식으로 말을 걸어온다.**

즉 초월함에 있어 나에게 무가 **모든 규정적, 개별적 존재의 무가** 될 때 그 무는 나에게는 동시에 지극한 초존재로서 무한한 충실의 신호가 된다. 무는 초월자가 되고 무에의 열정은 본래적인 존재에의 의지가 된다. 이 열정은 세계의 현실 내에서 현존으로서 현재하고 행동함으로써 구체화될 경우 영원성의 평안으로 승화되고자 하는 열망의 표현이다. 그러나 현존에 있어서는 이 초월자의 현상은 단지 그 무엇의 무로서만 포착되기 때문에 초월적인 무의 충만은 이 무 가운데서 지양되는 실존적인 세계의 현존의 충만과 결부된다. 무는 존재한다. 그러나 무는 독특한 방식으로 존재한다. 무는 진술된 말로서, 세계 내에 현전하는 것으로서, 세계 전체로서 존재하는 것이 아니고, 오히려 무는—초월자로서의 존재가 세계로부터의 회귀에서, 그러나 부정된 것으로서의 세계의 현존을 보존하는 가운데 충만하는 것이기 때문에—존재한다.

이와 반대로 무가 나에게는 초월하면서 **절대적인 비존재가** 될 경우 그 비존재는 비로소 본래적으로 아무것도 아닌 것이다. 만일 내가 초존재의 존재로서의 무를 그 무극성 때문에 사유할 수 없다면 이 비존재는 그것 자체가 아무것도 아닌 것에 불과하기 때문에 나는 사유할 수 없다. 초존재로서 무를 상대로 할 때 이 비사유는 나의 초월하는 존재의 비약이 된다. 말하자면 절대적인 비존재로서 무를 상대할 때 이 비사유는 가능적인 초월적 심연 앞의 전율이 된다. 만일 내가 일차적으로 유한성으로서 소멸되어 본래성에 이르기 위해 무 가운데 들어갔다면 나는 이차적으로 무 가운데로 떨어져서 단지 사라질 뿐이다. '무'는 본래적 존재이든가 또는 소름끼치는 비존재이다.

초존재로서의 무와 비존재로서의 무 사이에는 범주들 가운데서 규정되는 존재의 현존이 가로놓여 있다. 이 현존에 있어서는 모든 것이 애매모호하다. 이 현존으로부터 벗어나서 그것의 초월자로서 본래적 존재의 눈이 뜨인다. 그러나 이 현존으로부터 벗어나서 본래적 무의 초월적인 심연 또한 입을 벌린다.

2. 단일성과 이원성

타자를 동시에 함께 사유하지 않고 그 무엇을 하나로서 사유하는 것은 논리적으로 불가능하다. 이원성에 있어 상호대립하는 것은 사유가능한 것이 가지고 있는 지양 불가능한 본질을 구성한다. 내가 일자로서 절대화하고 싶다고 생각한 것도 또한 사유된 것으로서 곧바로 타자와 결합되고 있다. 존재 자체는 왜 존재하고 존재하지 않지 않는가라는 물음으로 이끌어 간다. 말하자면 존재는 존재 가능을 전제로 한다―의식적인 현존의 시원은 절대적인 시원으로서 사유될 수 없다. 왜냐하면 의식적인 현존은 의식으로서 곧바로 그것에서 현존이 나오는바 과거를 어떤 형태로 설정하기 때문이다. 계시는 이미 있어 왔던 어두움을 밝힌다. 신성 또한 사유된 것으로서 동시에 그 실존의 근거와 함께 존재한다. 신성은 셸링이 표현하고 있는 바와 같이 자기 가운데 자연을 전제한다―그러므로 존재는 단일하면서 매개되지 않는 것으로서 결코 사유될 수 없고 또 의식의 시원도, 계시의 절대적 시원도, 단일한 신성도 결코 사유될 수 없다.

이리하여 순수한 일자로서의 존재는 존재하면서 동시에 존재하지 않는다. 존재는 타자를 향해 존재하면서 타자 내에 있다. 그러므로 존재는 현존에 있어서의 존재로서 대립들을 조명함으로써 우리에게 있어 사유될 수 있다. 플라톤은 「파르메니데스」라는 대화집에서 이것을 일자와 다자의 실례를 통해서 가장 추상적인 형태로 서술하고 있다. 즉 일자도 없고 다자도 없다. 오히려 모든 것은 대립에 의해서 존재하고, 일자는 그것이 다자와 결부되어 있는 한 존재하며, 다자는 일자가 존재하는 한 존재한다. 말하자면 나중에 셸링과 헤겔의 철학은 많은 변화에 직면하면서 어떤 것도 단순히 독립적으로 존재할 수 없다는 것을 보여 주었다. 단순히 자기 자신으로 존재하는 어떤 것은 개현성(開顯性)을 결여하고 있다. 그것은 본래적으로 존재하는 것이 아니다. 자기 자신으로 존재하는 어떤 것은 자기 자신으로 존재하지 않는 어떤 것에 의해서만 존재할 뿐이다. 이 대립성이 사유가능한 것의 논리적 형식으로서 또는 단일성을 이루지 못하는 모든 현존에 있어서의 부정적인 것의 고통으로서 또는 개현화를 동반하는 이중화의 필연성으로서 파악된다고 하더라도―거기에는 단일성 자체가 단지 한결같이 존재하지 않는다는 다양한 형태가 있을 뿐이다.

단일성의 실체적인 형태는 자기로 됨에 있다. 나는 나 자신을 하나로 경험하면서 동시에 하나로 경험하지 못한다. 왜냐하면 나는 형식적인 자아의식에서 자기 자신에 대립하고 있기 때문이다. 그러나 본래적인 자기로서 나는 나 자신을 나의 어두운 근거로서 가지지만 또한 내가 나 자신 속에서 그 근거를 극복할 때의 선명한 현재에 있어서도 가진다. 단일성에 있어 이 이중성은 비교할 수 없는 것이다. 그것은 다른 모든 분열이 서로 떨어져 있는 것처럼, 즉 물론 나 자신이 나의 내면 속에서 이 유대를 느슨하게 하여 나의 현존의 단순한 토대가 되든가 또는 공허한 자아의 단순한 밝음이 될 때 이것을 자기의 바깥에 있는 것이라고 말하는 것처럼 [그것은] 자기 가운데 있는 것이다. 단지 이중성에 있어서만 존재하는 자기의 단일성은 이해불가능한 것을 한계로서가 아니라, 고유한 근원으로서 가지는바 이해가능한 것이다. 생소한 의미는 해석에 의해서 이해가능한 의미로 바뀌고 정신적 연관 속에 수용된다. 즉 나의 존재와 나의 의욕, 내가 그렇게 존재할 수밖에 없다는 필연성과 이 존재에 책임을 지는 자유는 이원성을 지양하지 않고 하나로 받아들여진다. 우리가 여기서 보는 것은 한 평면상의 양극성이 아니고, 자기로 됨(자기생성)의 본질을 구성하는 그런 독특한 방식으로는 해결할 수 없는 이질성이다.

순수한 단일성은 그 자체로서는 사유불가능하고, 그럼에도 형식적으로, 즉 상념을 이행하지 않고서 사유할 경우 단적으로 알 수 없는 것이면서 자기 자신을 알지 못하는 것일 것이다. 즉 순수한 단일성은 그것이 자기에 대해서도 존재하지 않고 타자에 대해서도 존재하지 않기 때문에 존재하지 않는 그런 존재일 것이다.

그러나 이원성은 단일성을 지양하지 못한다. 이원성은 어떤 단일성 없이는 순수한 이원성으로서 그 자신 독립적으로는 사유불가능할 것이다. 현실적으로 사유된다면 그것은 절대적인 파괴일 것이다.

연관없는 분열성에서 비롯하는 와해에 대립해서 자기인바 모든 것은 생성과 의미로서 단일성으로 압박해 간다. 단지 하나인 것에 불과한 것을 완성하는 그런 죽음에 대립해서 그 모든 것은 이원성으로 압박해 가며, 따라서 이 이원성에 의해서 그 모든 것은 스스로 나타나게 된다. 요컨대 그 모든 것은 아픈 경험으로 압박해 가며, 이 경험에 의해서 모든 것이 비로소 현존에 있어서의 존재가 된다.

내가 단일성과 이원성을 넘어서 **초월한다면** 나는 단일성을 넘어서 초월자를 추구하든가 또는 이원성을 넘어서 초월자를 추구하든가 간에 하여간 이 양자의 사유불가능한 **동일성**으로 빠진다.

　단일성은 타자 없는 존재, 절대적 일자, 즉 단일성의 범주도 아니고, 질료라고 하는 타자에 대립하는 일자도 아니고, 수도 아니며, 오히려 사유가 능하지 않은 것(따라서 플로티노스가 비유라고 일컬은 것으로서 다른 한편으로는 질료와 같은 것)이다. 다시 말해서 단일성은 모든 사유와 사유가능한 것을 초월하기 때문에 그러한 것에 앞서 존재하고 이 모든 것의 근거가 되는 그런 절대적인 일자이다. 이 초월적 단일성은 전혀 존재하지 않는 단순한 단일성이 아니고, 비존재자의 사유형식에 있어 비사유에 의해서 포착되는 존재이며, 이 존재는 현존 가운데 탐구된다. 자기존재라는 단일성과 오직 현상에 있어 진실한 것의 형태로서만 포착되는 일자는 현존에 있어 존재의 가장 가까운 상징이다. 그러나 그것은 초월자라는 존재 자신은 아니다. 현존에 있어 균열되고 흩어지고, 오성으로서는 분리된 형태에서만 포착할 수 있는 것이 사유의 난파에 의한 철학적 초월함에서는 초월적 단일성의 의식 속에 현현된다.

　이원성은 내가 투쟁에 있어 존재로 초월할 때의 존재이다. 초월적 존재는 단순히 존재일 뿐만 아니라, 존재와 그 타자이다. 말하자면 타자는 암흑이고, 근거이고, 질료이고, 무이다. 이원성의 고통이 출발점이고, 내가 선·악 간의 투쟁에 있어 어느 한편에 선다고 할 경우에 나는 승패를 결정 짓지 않으면 안 되는 투쟁에서의 존재와 같은 그런 진실한 존재를 본다. 감성적, 구체적 초월함의 경우 우리는 신들의 투쟁에 관해서, 즉 신과 악마의 투쟁에 관해서 말한다. 그러나 단일성의 우월을 유지할 경우에 이원성은 영원한 존재로서의 본래적 존재가 아니든가―그러므로 투쟁은 신성의 나라의 절멸과 재건으로 끝나 버리며―또는 투쟁으로서 이원성 자체가 본래적인 단일성으로서 모든 것을 지배하는 그런 신성의 의지와 허용에 지나지 않든가이다.

사유가능성으로서 파악된 단일성과 이원성은 초월이 아니다. 단일성과 이원성은 초월의 상징에 의하지 않고는 초월로서 더 이상 사유될 수 없다. 초월의 상징은 상대적인 단일성과 이원성의 현상에 불과하다. 초월 가운데서의 단일성과 이원성은 동일한 것이다. 즉 "그리고 모든 열망, 모든 분투는 주(主)님이신 하느님 안에서의 영원한 평안이다."

3. 형식과 소재

형식과 소재의 관계는 입상의 형식과 대리석의 소재의 관계에서부터 범주적 형식과 형식을 실현한 직관의 소재의 관계에 이르기까지 다양한 변화를 보이면서 확대되고 있다.

형식과 소재의 관계는 그것의 논리적인 성격을 넘어서 **가능 실존의 반향**으로 부담 지어져 있다. 이 가능 실존은 소재에 대해서 첫째 그 소재의 깊이와 불가해성에 대한 의식, 둘째 그 소재의 무형태성에 대한 의식, 셋째 그 소재의 혼돈과 반형식성에 대한 의식으로 대립한다. 이 가능 실존은 형식에 대해서는 첫째 그 형식의 명확성과 명석성에 대한 의식, 그 형식의 형태가 가진 아름다움에 대한 의식, 그 형식의 질서와 합리성에 대한 의식, 둘째 그 형식의 경직성에 대한 의식, 셋째 그 형식의 배경 없는 표피에 대한 의식으로 대립한다. 소재에 대해서는 첫째 증여됨과 유혹됨의 의식이, 둘째 귀의의식이 유지되지만, 이 귀의는 무법칙인 것에 있어 파악할 수 없는 신적인 것으로의 귀의이기도 하고 또 소재가 유실되거나 감소되어 버린 것으로의 귀의이기도 하다.

존재는 형식과 소재의 대립을 넘어서 있다. 모든 사유가능한 것에서 상호결부되어 있음으로써 이 양자의 통일성이 현존으로 우리를 향해 존재하고 있는 데 반해서, 초월함으로의 길은 우선 근본적인 분열을 넘어서 순수한 형식과 순수한 소재로—양자에 도달할 수는 없지만—지향하고 있다. 이는 초월자를 더 이상 단순한 상호귀속성으로서가 아니라, 오히려 양자의 동일성으로서 사유불가능 안에서 사유하기 위함이다.

　실존적 반향의 애매성을 지양할 경우에, 즉 소재가 나쁜 것이 되고 형식이 좋은 것이 될 경우에 이러한 분열에 있어서의, 더 정확히 말하자면 양 측면을 절대화함에 있어서의 초월함은 비존재를 무로 떨어지도록 하고 초존재를 본래적 존재로 고양시키는 것을 지향한다. 소재는 본질 없는 무이고, 형식은 순수한 것으로서 초천상세계를 충만하게 한다. 말하자면 현존은 이 양자로 혼합된 복잡한 형성물이다. 그러나 이러한 명료함은 그 깊이와 가능성을 박탈당한 소재의 격하로 얻게 된다. 세계와 삶은 애매하게 되기보다는 더욱 조화롭고 투명하게 된다. 그러나 세계와 삶은 또한 힘이 빠지고 시시콜콜하게 된다. 모험을 지양하는 이 지식은 모든 사람에게는 여러 형식으로 나아가는 하나의 참된 길을 나타내는 위무의 철학이 된다.

　그렇지만 형식과 소재가 부정적으로나 긍정적으로나 평가가능하고 또 이 양자가 정도와 사도를 지시하는 것으로 주장된다면 초월함은 이 두 길을 넘어서 초월자의 저 사유불가능한 동일성을 구하는 것이다. 이 초월자에서 분열되어 있었던 것, 그리고 여전히 공속(共屬) 가운데 계속해서 분열된 채로 있는 것은 일자가 된다. 그러므로 본래적으로 형식인 것은 그것 자체가 소재가 되고, 본래적으로 소재인 것은 형식이 된다. 그리하여 형식과 소재는 동일한 것이다.

4. 가능성, 현실성, 필연성, 우연

세계에서 **가능적인 것**으로서의 사유가능한 것은 **현실적인 것**으로서의 지각된 것과는 구별된다. 경험적 현실은 인식된 것으로서 가능성이 되고, 단순히 지각되어 있는 것으로서는 아직 가능적인 것으로서 이해되지 않지만, 그것은 또한 불확정적이다. 규정된 존재로서 모든 존재는 그 가능성에 대한 물음을 요구한다. 가능성과 현실성은 서로 연계되어 있다.

가능성의 범주는 **불가능한 것과의 구별**에 있어 다음과 같은 세 가지의 변화를 보인다. 즉 먼저, 가능적인 것은 불가능적인 것과 대립해서, 양자가 서로 모순되기 때문에, **논리적으로** 가능한 것이다. 다음으로, 가능적인 것은 현실의 범주들에서는 대상적이 되지 못하기 때문에, 불가능한 것과 대립해서 대상적 현실존재의 범주에 따라서 **실재적으로 가능한** 것이다. 또한 가능적인 것은 그 가능적인 것을 위한 **힘과 조건**이 (이러한 힘과 조건이 현존하지 않기 때문에 불가능한 것과 대립해서) 현존한다는 의미에서 **실재적으로 가능한** 것이다. 현실적인 것은 또한 가능적인 것이기도 하지만, 모든 가능적인 것은 또한 현실적인 것이 아니기도 하다.

하나의 범주는 단지 어떤 규정된 존재 내용과 관계해서만 내재적인 의미를 가지지만, 내가 그 범주에 의해서 초월하는 것은 내가 그 범주를 존재의 전체 또는 총체와 관계할 때이고 가능성의 범주의 경우에는 다음과 같은 방식으로 초월한다.

a) 나는 **칸트**에 의해서 발견된 의미에서의 **존재의 가능성**에 대해서 묻는다, 즉 어떻게 해서 대상적인 것 일반의 경험은 가능한가? 어떻게 해서 이러한 경험의 체계적인 통일은 가능한가? 어떻게 해서 자율적

인 행위는 가능한가? 어떻게 해서 아름다운 것의 지각은 가능한가? 어떻게 해서 생명적인 존재는 가능한가?―이러한 물음들은 초월함으로 나아간다. 왜냐하면 이 물음들은 규정된 존재를 이와 다른 존재에 근거하여 파악하려고 하지 않고, 오히려 그때마다 현존의 한계에서 이 현존을 인식의 대상들로서 현존에 속하지 않는 원리들에 근거하여 파악하고 싶어 하기 때문이다. 그때마다의 **선험적 가능성**은 논리적이지도 않고 또 그 두 가지의 실재적인 가능성들 가운데 하나인 것도 아니다. 그것은 가능성이지만, 이미 가능성의 범주는 아니다. 오히려 가능성의 범주에 의하여 초월하면서 현존의 전체와의 연관이 세계 내의 어떤 대상적인 것을 유추하여 사유된다. 이 사상이 가능성 속에서 파악하는 것은 결코 절대적 존재가 아니다. 오히려 이 사상이 행하는 것은 우리들 현존 일반의 한 계기를 명료화하는 것이고, 따라서 그때마다 특별한 양태로 현존의 현상성을 조명하는 일이다. 그러므로 모든 가능성의 물음은 칸트의 해답에 의하면 초감성적인 것에 부딪힌다. 칸트에 있어 초감성적인 것이란 사물 자체로서, 이념의 객체성으로서, 예지적 성격으로서, 인간성의 초감성적 기체(基體)로서, 삶의 현존에 있어 기계론적, 목적론적 법칙성의 근원의 통일로서 이해되고 있다. 그러나 한계에 멈추어서는 칸트의 초월에서 초감성적인 것 자체는 파악되지 않는다. 가능성의 사상들에 있어 초월에 의하여 본래적 존재에 대한 확신의 표현으로서 현존의 현상성이 우리들의 현존의 양태와 더불어 동시에 명료화된다.

이 초월함에서는 내가 하나의 **범주(가능성)를 통해서 모든 범주의 제약을 사유하고자 함으로써** 이 순환이 이루어진다. 나는 규정된 범주가 존재할 수 있는 가능성을 포기하도록 해야만 한다―그리고 그 경우에 나의 규정된 사유는 멈춘다. 또한 나는 가능성을 다시금 규정된 범주가 되게 하지 않으면 안 된다―그 경우에 나는 모든 현존의 한계에서 더 이상 초월하지 않고, 다시금 현존 가운데 존재하는 것이다.

b) 둘째 **존재의 가능성**에 대한 물음은 **존재 자체에 대해 초월적으로** 제기될 수 있다. 즉 존재는 어떻게 해서 가능한가? 그러나 절대적 존재로서의 존재는 자기 자신 이외에 아무것도 가질 수 없다. 따라서 어떤 가능성도 그것에 선행될 수 없다. 그러므로 나는 초월하면서 가능성을 존재 자체 가운데 가져다 놓는다. 그러나 이러한 사유가능성에 의해서 나는 존재를 분열시킬 뿐만 아니라, 또한 그로 말미암아 그 즉시 다시금 현존 가운데 존재하면서 존재를 상실했다. 또한 나는 초월하면서 존재에 있어서의 가능적인 것과 현실적인 것을 동일한 것으로 이해한다. 왜냐하면 우리가 사유하면서 세계 내에서 분리하지 않으면 안 되는 것이란 절대적 존재에서는 분리될 수 없기 때문이다. 말하자면 절대적 존재에 있어 가능적인 것은 그 자체에 있어서도 또한 현실적이다. 현실적인 것 또한 가능적인 것이라고 하는 것, 이것 '역시' 우리들의 사유가능성에 있어 어떤 곤란도 수반하지 않는다. 그러나 가능적인 것 또한 항상 현실적인 것이라고 하는 것은 우리의 현존에서는 불가능하다. 우리가 초월하면서 이 사상을 수행하고자 한다면 우리는 '역시'라는 것에 매달릴 수 없다. 말하자면 우리는 가능적인 모든 것이 무한한 공간 그 어딘가에 자리를 가진다는 것 그리고 모든 가능적인 것이, 무한한 공간이 사용되고 있기 때문에, 그럼으로써 그 어딘가에서 현실적이지 않으면 안 된다는 것을 생각할 수 없다. 그럼으로써 우리는 분열을 유지하고, 비록 무제한으로 중첩

된다고 하더라도, 개별존재에 대해서 말하며, 초월자에는 전혀 도달하지 못하고, 실제로는 현존에 머물러 버렸다. 우리는 **가능성과 현실성이 동일하다**는, 즉 이 상반된 것이 분열될 수 없을 정도로 서로 묶여 있다는 그런 수행할 수 없는 사상에 의해서만 초월자에게로 나아갈 수 있을 뿐이다. 나는 이러한 동일성을 사유할 수 없다는 데서 근원으로서의 존재를 사유한다. 이 근원에 있어서는 가능적인 것과 현실적인 것은 분리될 수 없고, 오히려 하나이면서 타자이다. 가능성과 현실성은 그 경우에 이미 그것이 범주들로서 현존 가운데 있는 그런 것이 아니고, 상징들에 불과하다. 그것들의 동일성에 의하여 존재의 빛이 빛난다. 이와 같은 초월함에 직면하여 가능적 존재의 형태로서 세계들 중에서의 선택에 관하여 반성하는 것은 논의의 여지가 있다. 또한 다른 것도 가능하리라는 것은 이 경우에 타당하지 못하다. 왜냐하면 존재는 현실이고, 이 현실은 인식에 있어서는 경험적 현실과 같이 가능성으로 되돌아가질 수 없기 때문이다.[25)]

가능적인 것이 현존에 있어 현실적이 되는가 어떤가 하는 것은 **우연**들에 맡겨져 있다. 나는 이러한 우연을 공간에서 만나는 인과의 연쇄로서 해석하기도 하고 또는 자의의 작용들로서 이해하기도 한다. 이러한 양자에 대립해서 달리 존재할 수 없는 것은 **필연적**이다. 가능존재와 현실존재는 초월적 존재에서는 동일하며, 따라서 저 초월적 존재는 또한 그 때문에 필연적 존재라고 일컬어진다. 순수한 필연적 존재의 사상은 일반적으로 존재가 존재한다는 경탄에 대한 답인 것 같이 생각된다. 그러나 이 초월하는 사상은 필연성의 범주를 이용하며,

---

25) '역으로 전화될 수 없기 때문이다'라는 의미이다.

따라서 그것은 이 범주를 변용하고 지양한다. ─

　(범주적인) 규정된 사유에서는 타자에 의하여 근거의 (인과근거 또는 인식근거의) 규칙에 따라서 존재하지 않으면 안 되는 것은 필연적이다. 현실적인 것의 우연적 존재는 즉자적으로 단지 가능하기는 하지만, 주어진 조건들에서는 타자의 인과성에 의해서 필연적이다. 그러나 타자에 의하여 존재하는 것은 절대적인 의미에서 필연적이지는 않다.

　내가 필연적인 것으로서의 절대적인 존재로 초월한다면 이 절대적인 존재는 어떤 다른 것에 의하여 필연적이 아니고, 자기 자신에 의해서 필연적이다. 그러나 이것은 동시에 **절대적인 우연**임을 의미한다. 내가 초월자를 필연적인 것으로서 사유하고자 한다면 나는 초월자를 **필연성과 우연의 동일성** 속에서 사유하지 않으면 안 되지만, 나는 완수될 수 없는 동일성에서 다시금 난파한다.

　내가 "현실적 가능적인 것은 필연적이다"[26]라고 말한다면 현존에 있어 필연성은 그 무엇과 타자 간의 인과적 연관의 규정된 필연성이다. 그러나 존재로서의 절대적으로 현실적인 것은 현존과는 구별되는 것으로서 이전에 가능적이었다가 나중에 필연적인 것이 되는 그런 것이 아니고, 오히려 그 필연성은 타자 가운데 근거를 가지지 않는, 달리 존재할 수 없는 그런 것이다. 절대적 존재에 대한 진술로서 필연성은 우리가 거기에서는 선행하는 가능성에 대하여 더 이상 물을 수 없는 근원을 나타낸다. 이와 같은 필연성은 범주 내에서 사유

---

26) 가능적인 것이 현실화되었을 경우 그것은 필연적인 것일 수밖에 없다는 것을 뜻한다. 현존에 있어서 인과관계의 필연성은 그것의 좋은 실례이다.

된 현존에서의 필연성이 아니라, 초월적 필연성이며, 이 필연성이 현존에서는 우연일 것이라는 것과 동일함으로써 가능성에서 해방된다. 우연이라는 범주를 넘어서 필연성을 지향하는 이 초월함에서 우리는 이 필연성을 의문의 여지가 없을 정도로 완전히 통찰하지 못한다. 왜냐하면 내가 필연성과 우연을 실재적으로 동일한 것으로 사유할 수 있었다면 나는 초월적 존재를 대상으로서 가지게 되었을 것이기 때문이다. 내가 이렇게 할 수 없기 때문에 이 동일성은 사상의 난파로서 단지 사유에 있어 존재에 대한 가능적이며 초월적인 확신에 불과하다.

5. 근거

모든 특수한 현존에 있어 나는 근거에 대해서 묻고, 현존의 총체에 있어서도 나는 한 번 더 근거에 대해서 묻고자 한다. 이 물음에 의해서 나는 현존으로부터 존재로 초월한다(인과적 방법, via causalitatis). 그러나 이 길은 현존으로부터 존재를 추론하는 방법에 의하여 근거의 범주에서 답을 기대한다면 아무런 성과도 가져다 줄 수 없다. 나는 자연과학에서 나타나고 있고, 하나의 근저에 놓인 것의 순수한 내재적인 의미를 뛰어넘지 않고는 도달할 수 없는 것과 같은 그런 가설들에 도달할 수 있을 뿐이다.

근거의 범주에 있어 초월함은 오히려 내가 **근원**에 다가 갈 경우에는 **존재와 존재의 근거는 동일하다**는 답을 수반하고 존재의 근거를 묻는 물음이다. 일종의 자기원인을 말하는 이 사상을 나는 그것이 자기모순이기 때문에 사유할 수 없다. 내가 두 가지의 것을 생각했다면 그 경우에 양자 가운데 어느 것도 존재가 아니고, 양자와 함께 하나로서 생각되지도 않았다. 내가 하나의 것을 생각했다면 그 경우에 그 어떤 근거도 더 이상 생각될 수 없었다. 그러므로 존재 자신의 근거는 오성에게는 인식불가능하고 사상으로서는 대상이 공허한 것으로 생각된다. 존재의 근거는 궁극적인 존재의 경우에 '어디로부터?'와 '왜?'라는 물음을 중단하는 것을 의미한다. 오성은 이것을 결코 용인할 수 없다. 오성은 대상을 부인하든가 또는 대상이 현재할 경우에는 대상의 근거에 대해서 물음을 묻든가 한다. 존재와 존재의 근거의 동일성이라는 대상의 결여에 있어 사상의 난파는 새삼 이야기하자면 사유불가능한 것에 대한 사유에 있어서의 존재의 현상이다.

6. 일반자와 개체

존재가 일반적 그리고 전적으로 사유될 때 개체화는 어디로부터 유래하는 것일까? (개체화의 원리[principium individuationis]) 존재가 개체적 존재자의 다원성으로서 사유될 때 일반자는 어디로부터 유래하는 것일까?

개체화는 일반자의 존재 뒤에 제2의 원리에 의해서, 즉 시간과 공간 내의 질료에 의해서 생긴 것으로 사유된다. 또한 일반자는 단지 개인들의 추상적 사고에 있어서만 존재할 뿐 그 이외에는 전혀 존재하지 않는 비현실적인 것으로서 사유된다. 그러나 이 개체화는 일반자로부터는 파악되지 않으며, 이 일반자는 무시간적으로 타당한 것으로서 모든 개체성으로부터 해방되고 하나의 현존으로서 존재하지만, 일반자 자신 쪽에서 본다면 개체성으로부터는 파악될 수 없다.

세계에는 상호배척하는 특수한 범주들에 있어서의 일반자와 개체자라고 하는 분열이 존속하고 있다. 내가 그것에 있어서는 하나를 다른 것으로부터 파악할 수 없는바 이 내재적 존재를 초월할 경우에 나는 **일반자와**

동일적인 하나의 절대적 개체를 사유하지 않으면 안 된다. 이것은 동시에 개체성이라는 유일무이한 성격을 가진 일반자일 것이고, 또한 모든 규정성에 있어서도 동시에 일반적이라고 하는 종류의 개체일 것이다.

7. 의미

현존에는 의미가 있는 것 같이 생각된다. 그러나 이러한 의미는 인간 자신이 창조하고 의도하는 질서, 건설, 현실화된 전통, 현존 등에 단지 부분적으로 존재할 뿐이다. 현존으로서의 의미는 항상 상대적이고 종말을 가진다. 이것과는 반대쪽에 서 있는 것이 해체, 죽음, 무법칙성—범죄, 광기, 자살, 무관심, 제멋대로 함—이고, 더욱이 이것은 반의미적인 것일 뿐만 아니라 의미로부터 소원한 것이기도 하다.

그러니까 만일 내가 전체자의 의미란 항상 개개의 것으로서만 입증된 것으로 우리에 의하여 사유된 의미와 같은 그런 종류의 의미일 수 없다고 추론한다면, 하나의 가언적 물음이—즉 세계가 하나의 의미를 가진다면 그 세계는 어떻게 생각되어야 하는가라는 물음이—가능할 것으로 생각된다. 세계 내의 모든 반의미적인 것과 의미소원한 것은 그 경우에 하나의 사실로서 받아들여져야만 하고, 전체자의 의미는 각각의 사실이 의미를 얻는 것과 같은 그런 것이 아니면 안 된다고 하는 그런 요구를 수반한다.

이 물음에서는 의미가, 즉 개별적인 범주가 절대적인 것으로서 설정된다. 그러나 특수한 것으로서 현존하는 것이 세계 내의 규정적인 현존에 기초해서 이해되는 것은 항상 단지 세계 내에서만 가능할 뿐이다. 세계 전체의 의미에 대한 물음은 그 물음 속에서 초월자를 만나고자 하지만, 그것은 가설적이기 때문에 불가능하다. 왜냐하면 그 물음에 대한 해답이 의미로서 기대되는바 그 물음에서는 이미 초월자가 하나의 특수한 범주로 억지로 밀려들어감으로써 사실상 오인되기 때문이다. 의미가 있다고 하는 모든 것은 초월자 앞에서는 한계이고 좁음이다.

어떤 의미에 대해서도 결론을 내릴 수 없고 또한 세계 내의 현존처럼 존재를 탐구할 수는 없으며 그 대신 나는 초월하면서 단지 의미와 반의미적인 것의 동일성을 사유불가능한 초월적 존재로서 탐구할 수 있을 뿐이다. 사유에 의해서는 접근조차 하지 못하는 이 단일성은 이 불합리한 사유가 난파할 경우에만, 즉 이 불합리한 사유가 역사적 실존에 의해 실현될 경우에만 접근할 수 있다.

존재의 의미를 묻는 물음에 대한 거짓된 합리주의적 해답 대신에 우리에게 남는 것은 암호의 해독, 즉 '존재는 이 현존을 존재 가능하게 한다'는 것이다.

현실성의 범주들에서의 초월함

시간과 공간 내에서의 현실은 물질, 삶, 영혼으로서의 현존이다. 현실의 범주들에서 특유한 일은 그 범주들 안에서 주어진 현존이 의식일반으로서 그리고 단지 생명적 관심만을 가진 감성적 존재자로서 우리를 오도하고, 그 현존을 존재 자체인 것처럼 오인시킨다. 그러나 현실성의 절대화는 초월자를 폐기한다.

초월자가 타자로 사유되기는 하지만, 현실성의 범주들 내에서 사유된다면, 초월자는 그것이 단순히 현실성의 범주들로 전의된다는 점에서 사실제2의 현존으로서의 또 다른 현실성에 지나지 않는다. 이러한 통찰에 있어 세계의 이중화는 경험적 확증을 결여하고 있기 때문에 근거가 없고, 본래적 존재를 계시하지 않기 때문에 불필요하며, 우리에게 초월자를 은폐하기 때문에 기만적일지도 모른다.

역으로 말해서 마치 현실성이 아무것도 아니고 초월자만이 존재를 가진 것처럼 초월함에서 현실성이 무시된다면, 우리는 공허 가운데로 빠지고 말 것이다.

그렇기 때문에 모든 현실성의 범주에서 초월함은 모든 범주적 초월함과 마찬가지로 동일한 형식을 가진다. 즉 초월함이 사유로서 진정으로 난파(Scheitern)[27]한다면, 동일한 것으로서 동시에 사유하는 것이 불가능한 것을 동일한 것으로서 파악하지 않으면 안 된다. 현존의 견고함은 우회적으로 접근될 수 없고, 단지 이 현존의 견고함에서만 초월자가 파악될 수 있을 뿐이다.

1. 시간

시간은 그것 자체로는 아무것도 아니다. 시간은 모든 현실이 다음과 같은 상호도출 불가능한 변화의 모습으로 현존하는 형식이다. ―

---

27) 'Scheitern'을 '좌절'로도 번역할 수 있다. 그런데 굳이 '난파'로 번역한 이유는 이 개념을 야스퍼스가 한계상황을 설명하는 데 매우 고유한 개념으로 사용하고 있기 때문이다. 'Scheitern'은 배가 암초에 부딪쳐 산산이 조각나는 난파의 상황을 말하며, 인간의 삶에 적용한다면, 벗어날 수 없는 극한의 상황에서 좌절하는 모습을 표현하는 개념이다. 인간이 난파할 수밖에 없는 한계상황으로서는 죽음, 죄, 불안, 우연 등이 있다. 이 절망을 극단에까지 끌고 가서 고뇌할 때 인간은 초월자의 말을 듣고 그 순간 인간은 현존적 자기를 초월하여 본래적 자기를 획득한다. 야스퍼스에 있어서 인간의 본래적 자기로서 실존의 현실화는 한계상황 앞에서의 난파에 의해서만 가능하다.

물리적 시간으로서의 시간은 측정 가능한 시간 단위의 규정에 근거하고 다른 모든 현실적 시간의 토대로 지속하는 객관성이다.

심리적 시간으로서의 시간은 시간의식의 현상학에서 시간 체험의 근원적 특성을 기술함으로써 탐색된다. 이와 마찬가지로 이러한 시간은 시간평가와 시간 착각의 심리학에서는 주관적 시간해석과 객관적 시간을 비교함으로써 탐색된다.

실존적 시간으로서 시간은 결단과 순간에서, 이미 취소할 수 없다는 의식에서, 그리고 시원과 종말의 포착에서 조명된다.

역사적 시간으로서의 시간은 객관적으로 측정 가능한 시간을 토대로 하는 연대학(年代學)으로서의 시간이다. 이러한 의미의 시간에서는 결단, 시기, 위기, 실행에 의한 실존적 말겶의 가능성이다. 즉 시간은 시간 자체 안에서 그때마다 시원, 중간, 종말에 따라서 분절되고 단순히 양적 배열이 아닌 시간이다.

시간의 이러한 변화들은 그 단절에 의해서 거리를 두면서 서로 귀속한다. 왜냐하면 이 변화들은 바로 서로 스며들어 뒤섞여 있기 때문이다. 다시 말해 그 변화들은 서로 잇닿아 있어서 우리에게는 명백하게 된다. 그러나 이 변화들은 규정될 수 있고 그 변화들 가운데 그 어느 하나인바 시간 일반 속에 가두어지지 않는다. 일체를 아우르는 것 역시—현실형식과 실존형식으로서의 그 변화 속의 시간조차도—모든 존재를 포함하지 못한다. 내재적인 경험에서 이미 **시간은 그 한계를 가진다.** 더욱이 객관적으로 관찰할 경우에 나는 오직 시간적으로만 살고 있다. 그러나 나는 주관적으로는 내가 그 가운데서 '**시간을 잊는**' 명상 가운데서 무시간적으로 살 수 있다. 이때 나는 무시간의 세계를 염원하고 거기에서 자기 자신이 무시간적이 된다. 그러나 근원적인 자유로부터의 행동에 있어서, 절대적인 의식의 모든 형태에 있어서, 사랑의 모든 행위에 있어서, 말하자면 이러한 것에 있어서 잊혀지지 않고, 오히려 **강조되고 있는 시간성**이 결단과 선택으로서 동시에 영원성으로 돌파된다. 말하자면 본래적 존재의 현상으로서의 실존적인 시간은 가차없이 시간 자체가 되며, 영원성에서의 이 시간의 초월자가 된다.

시간을 넘어선 사상적 초월함은 이 영원성을 본래적 존재로서 탐구한다. 그것은 경험적인 시간에서 출발하여 오성으로서는 **통합할 수 없는 것을 동일적인 것으로** 다음과 같이 일컫는 **역설적인 명제들**에서 끝난다. ―

즉 시간은 지금이다. 내가 시간을 지금에서 포착하고자 한다면 다른 또하나의 지금이 있게 된다. 나는 과거로서 더 이상 존재하지 않는 것과 미래로서 아직 존재하지 않는 것을 들여다 보고 그 사이에 그곳으로부터 내가 주시하는 바의 장소를 바꾼 것이다. 멈추지 않고 끊임없이 앞으로 향해 미끄러져 나아가면서 나는 시원과 종말을 향한 무한정의 진행으로서의 시간의 표상을 가진다. 나는 이 표상에서 두 가지의 방향으로 점점 다른 또하나의 시간으로 나아간다. 모든 시원은 단지 계열상의 한 시원에 불과하고 다른 것을 선행하며, 모든 종말은 다른 종말을 자기의 배후에 따라오게끔 하고 있다. 그럼으로써 나는 미래의 종말을 사유할 수 없다. 시간을 통한 이 전진에서는, 즉 어떤 종말과 시원도 없고, 그럼에도 우리가 시원과 종말을 탐구하는 그런 단조로운 반복에서 다만 소극적으로만 경험하는 전진에 있어 오성은 그것이 시간의 무제한성을 수행할 수도 없으며 또 시간을 영원성으로 변화시킬 수도 없다는 것을 확신한다. 오성에게 나를 맡기고 나는 심연으로 침잠한다.

오성의 난파는 실존을 깨우치게 한다. 시간의 확장은 존재로 하여금 시간의 무제한성을 가로지르게 한다. 만일 실존이 의식의 내재를 관통해서 돌파한다면 실존은 시간을 극복한다. 순간에 서면서 시간의 원자로서 단지 활주(滑走)할 뿐인 지금에 대신하여 초월자로서 존재의 충만이 실존에게 자기를 계시한다.

이 초월자는 실존에게는 본래적 존재이다. 이 본래적 존재에 의하여 실존은 비로소 자기 자신이 된다. 이 초월자는 실존에게는 전·후를 가지지 않고, 그 과거와 미래를 자기 안에 포함하는 그런 지금이다. 더욱이 이 지금은 현실적이며, 그러므로 무시간적으로 생각되어서는 안 되고, 동시에 시간적으로 생각되지 않으면 안 된다. 초월자의 현재는 시간의 종말에는 존재하지 않는다. 초월자의 현재는 과거에서 한 번도 없었고 미래에도 없을 것이며, 오히려 그것은 그 어떤 것도 더 이상 흐르지 않고, 모든 것이 영원하기 때문에 결코 어떤 시간의 계열도 가지지 않는 그런 지금으로서 지금 존재한다.

형이상학적인 시간의 영원성은 단순한 지속으로서는 거짓되게 진술된다. 시간은 현존으로서는 자기 스스로 무제한으로 반복하는 생성과 소멸, 즉 생기와 절멸이고, 거기에는 결코 존재는 없다. 단지 시간적인 모든 것은 미완성이고 시간적이기 때문에 소멸하지 않으면 안 된다. 그것은 시간에 있어 그것 자신이었던 것으로서 더 이상 존속하지 않는다. 규정된 것으로서 끝을 가진 것은 그 끝을 넘어서 잔존하는 현존으로서는 요괴와 같다. 있는 것의 무제한한 지속은 상관없는 일일 수밖에 없다. 이러한 영속성에서는 과거도 미래도 존재하지 않고 사건도 결단도 존재하지 않는다. 이 무제한한 지속은 어떤 현실적인 시간이 아니고, 오히려 항상 현재하지 않는 것이며, 존재 없는 단순한 흩어져 없어짐이고, 항상 이미 지나갔거나 또는 아직 오지 않았기 때문에 결코 본래적으로 현현될 수 없는 시간이다. 그것은 마치 시간이 자기 자신에 있어서의 원인으로 사멸한 것과 같다. 왜냐하면 이 시간이 순간을 통한 시간 자신의 극복에서는 더 이상 현실적으로 존재하지 않기 때문이다.

시간과 무시간성의 사유불가능한 통일에서 초월적 존재로서의 영원한 현재와 무시간성의 형태에서 영원성에 대한 그릇된 탐구로의 사상의 일탈은 완전히 구별된다. 왜냐하면 이 무시간성이 올바른 것의 현존적 타당성에 있어 내재적으로 주어지고, 그 다음에는 항상 존재하는 것, 상시적인 것으로서 내재적으로 주어져 있기 때문이다. 여기서 상시적인 것이란 자연법칙들에서의 항존으로서 단지 양적 차원에 지나지 않는 시간과 함께 자연과학의 생명 없는 객체에 불과하다. 그러므로 형이상학적 시간의 영원성을 무시간성으로서 진술한다는 것은 그릇된 것이다. 시간을 배제한다는 것은 현실성이 없는 개념으로, 즉 현재가 없는 존재로 인도할 것이다. 실존에게 무시간적인 것은 단지 정위의 수단이고 조사의 척도에 지나지 않지만, 타당적 객체에 고착되는 가능적이기만 한 실존의 불명료함이 무시간적으로 알려진 것을 신성으로 덮어 가릴 수 있다. 무시간적 존재의 평온이 한순간 나를 유지시켜 주지만, 내가 현실을 떠나 버림으로써 나는 곧바로 공허하게 된다. 그리고 나는 새로이 초월의 진정한 길을 탐구한다. 시간을 사상적으로 초월하는 것은 무시간성을 탐구하는 것이 아니고, 실존의 역사적 시간성에서 이 시간성을 넘어섬으로써 영원성을 탐구하는 것이다.

초월자로서 영원성은 영원한 것으로서의 모든 시간을 포괄하면서 시간 속에 나타난다. 내가 이미 무제한한 생성과 소멸만을 볼 뿐만 아니라 일체의 것 속에서 자기존재로서의 존재를 볼 때 나는 이 영원성을 깨닫는다. 초월하는 비약(Sprung)[28]에서 나는 비현실적인 환시에 의하여 다른 세계를 보는 것이 아니고, 시간적인 실재로서의 영원성과 영원성으로서의 시간 자체를 본다. 나는 순간 속에서 영원성을 본다. 그 경우에 이 순간은 공허한 시간 원자가 아니고 실존적인 현재이다. 그러나 내가 실존하는 비약 가운데 현재하지 않고는 나는 아무것도 보지 못한다. 초월하는 사상은 단지 이 비약에 의해서만 시간과 무시간성이 영원성으로서 동일화되는 그런 의미를 가진다.

한순간 초월자를 제2의 세계로서 그 스스로 존립하는 **다른 무엇**으로 잘못 변화시키고, 그 초월자로 시간의 범주를 **양도하는** 그런 사상에서 영원성은 다음과 같이 간접적으로 진술된다.

a) 객체적인 실재로서 일체의 것은 마찬가지로 객체적인 과거에 의해서 규정된다. 하나의 보편적인 시간이 존재한다. 그러나 가능 실존인 인간은 **자기 자신의 시간**을 가지고 있다. 인간은 모든 시원에서도 한결같이 새로운 과거를 자기의 과거로서 설정하기 때문에 결코 파악할 수 없는 자기의 시원을 가지고 있다. 또한 인간은 그 배후에 다른 것을 두고 있는 한계로서 있는 것이 아니라, 그가 가까이 다가가도 항상 존속하는 지평인 자기의 종말을 가지고 있다. 인간이 생물학적인 존재로서의 자기에 관하여 출생과 죽음을 알 경우에 인간은 자기의 출생 이전의 과거를 자기 고유한 것으로서 그리고 미래를 자기에게 관계있는 것으로서 추론한다. 그러므로 인간은 자기에게 과거와 미래로서 보이는 것을 자기 고유한 시간 안으로 받아들인다. 인간의 생

---

28) '비약'은 야스퍼스 철학에서 매우 중요한 개념이다. 비약을 실존철학적 의미의 깊이와 구체성에서 해명하려는 야스퍼스는 '비약'이라는 방식을 논리적이고 인과론적인 법칙을 넘어서는 실존적 자각의 순간에 실존적 자기존재 및 진리에 도달하는 방식으로 이해한다. 그래서 '비약'은 현존에서 실존으로의 변화, 실존 대 실존의 상호소통, 최종적으로는 실존과 초월 자와의 관계를 가능하게 하는, 실존이 지닌 유일한 초월의 방식을 의미한다.

물학적인 한계들은 객체적, 외적인 것으로서 자기의 현존의 한계들이지만, 과거와 미래는 객관적으로 내다볼 수 없는 것으로서 자기의 의식을 충만시키는 자기의 현실적인 시간 영역이다. 개인의 고유한 시간으로서의 시간은 이 시간이 속하는 영원성으로서의 초월자와 결부되어 있다. 그러므로 영원성은 실존적으로 현실적인 존재의 모든 시간존재가 그 가운데 존재하는 예지적 공간으로서 **유추에 의해** 생각될 수 있다. **시간들의 총체**로서 이 **공간** 속에 각 시간은 그것이 속하는 영원한 장소를 가지고 있다.

b) 내가 영원성을 시간이라고 부르고 생성과 소멸의 단순한 무제한의 지속을 시간이라고 부른다면 나는 다음과 같이 생각할 수 있다. 즉 **시간의 앞**과 **시간의 뒤의 시간**, 그러니까 무제한적인 지속이라는 경험적인 시간이 일 주기(一週期)로서 그 일부를 이루는 하나의 포괄적인 시간이 존재한다고 말이다.

그때 하나의 영원한 과거는 이 영원한 현재에 기초해 있다고 생각되지만, 과거는 현재로 옮겨가기 위해서 있었던 것이 결코 아니다. 과거는 영원하기 때문에 현재적인 것과 동시에 있는 것이다. 나는 나의 의식의 형식을 초월자의 영원성으로 이양한다. 즉 초월자가 영원성으로서 자기 자신 속에 과거와 미래를 둘 때에만 초월자는 나의 관념에서 단지 그것 자체로서만 의식될 수 있다.

c) 현재로서의 경험적 시간은 **영원성의 가상**이라고 일컬을 수 있다. 말하자면 시간의 무제한성은 영원적인 것의 **무한성의 가상**이다. 내가 충만한 시간으로서의 포괄적인 시간을 사유함으로써 무제한한 시간

이 그 시간 가운데 하나의 시원을 가진다. 그러나 그 무제한한 시간은 현실적인 사물들과 같은 시간에서 그 시원을 가지지 않고, 세계 전체와 같은 영원성에서 그 시원을 가진다. 이 시원은 발단이 없는 시간의 무제한한 흐름이 함께 시작하는 사유불가능한 시원이다. ─

이 초월하는 사상은 두 가지의 세계를 가지고 조작한다. 이 초월하는 사상은 진정한 초월자에서는 결코 분리될 수 없는 것을 모순된 사상에서 다시금 하나로 두기 위하여 분리한다. 이 초월하는 사상은 내재로부터 범주적 소재를 취한다. 그리고 이 초월하는 사상은 가령 그것이 사유되는 것 속에서 용해되는 대신, 사유가능한 대상으로 고정화될 경우에는 초월자를 더 이상 정확히 조준하지 못할 것이다. 이 초월하는 사상은 실존이 자기의 고유한 존재에 대해서 느끼는 확신의 표현이다. 실존의 고유한 존재는 시간적으로 소멸하는 것도 아니고 무시간적으로 전혀 존재하지 않는 것도 아니고, 오히려 시간적 현상과 그 현상의 소멸에 있어 초월자의 영원한 존재에 속한다. 시간적인 현실에 있어 시간성 이상인 것에 의해서 이 초월자의 왕국은 접촉된다.

2. 공간

공간은 **현상학적으로** 살아 있는 존재자의 질적으로 쪼개지고 닫힌 **시야** (Sehraum)이다. 공간은 **추상화하는** 직관에서는─이러한 직관은 공간을 동질적으로, 순전히 양적으로, 그리고 무제한적으로 사유하지만, 이 사유하는 가운데 드러나는 현전화의 모든 걸음은 사실적인 내적 직관과 함께 걸어오며─**유클리드** 공간이라고 일컫는 합리적으로 지배가능한 3차원의 공간을 말한다. 더욱이 공간이란 잡다한 **비직관적, 수학적 공간** 개념들에서 사유된 구성물들을 뜻한다. 이 구성물들 가운데 단지 하나만이 유클리드 공간과 일치한다. 결국 공간은 물리학과 천문학의 **현실적 공간**을 뜻한다. 이 공간의 본질에 관해서 말하자면 공간은 아마도 우리들의 기술적 행동의 좁은 주변지역 내에서 결정된다. (여기서 공간은 유클리드 공간을 말한다.) 반면에 세계공간[29]의 현실은 아마도 다른 종류의 공간의 현실(휘어진 공간)이며, 이 현실의 본질은 단지 우리들 현존의 크기 비율[30]에 있어서의 무한히 작은 오류 때문에 인지되지 않을 뿐이다. 이러한 현실에 관해서는 **측정의 경험**이 결정하지 않으면 안 된다.

내가 **공간성에서의 현존을 절대적인 존재로서 받아들인다면** 나는 내가 살고 있는 직관적, 현실적인 공간 또는 유클리드 공간 또는 언젠가 발견하게 될 천문학적인 공간, 이 가운데 어느 공간이 절대적인 존재인가라는 물음에 곤란을 겪게 될 것이다. 공간이 무엇인가는 모든 공간의 양태가 그것으로부터 연역되는 그런 공통분모에서는 도출될 수 없다. 그러나 공간 자체가 아닌 그런 공간의 일정한 변화를 사유하기 위해서 선택하지 않으면 안 된다고 하는 곤란이 우리가 공간이라고 생각하는 것의 불명료성을 공간의 모든 절대화 속으로 가지고 온다―그러므로 공간이 공허한 것 또는 존재하지 않는 것으로서, 그러나 현존의 공간성이 본래적 존재로서 파악될 경우, 또는 이와는 반대로 사람들이 공간을 비물질적인 것으로서, 말하자면 그 공간 가운데 존재하는 물체들보다 더 정신적인 것으로서 간주하고, 그 공간을 신의 지각기관이라고 일컬을 경우, 또는 공간 가운데―인간들이

---

29) 우주를 말한다.
30) 양적 관계들을 뜻한다.

살고 있는 지상적인 공간들로서, 그리고 신성이 살고 있는 천상적인 공간들로서—공간들이 구별될 경우 그러하다.

역으로 말해서 만일 내가 **초월자를 공간이 없는 것으로** 포착하고자 한다면 나는 초월자가 존재하고 있지 않다고 부정적으로만 말하고 있는 것이다. 그러나 우리들에게 있어 모든 현존의 형식으로서 공간은 시간과 마찬가지로 뛰어넘어지지 않는다. 존재가 현존으로 들어가는 것이 존재의 공간화이다. 내가 공간을 초월할 때 나는 공간 자체를 초월함 가운데서 보존하지 않으면 안 된다.

난파의 운동에서 존재로 돌진하는 **형식적 초월함**은 아직 초월자의 표현으로서 **공간의 암호 해독이 아니다.** 암호 해독은 오히려 다음과 같은 방식으로 수행된다. 이미 현존에서도 공간이 없는 것이 공간적인 것에 대립하고 있다. (예컨대 육체에 대해서 영혼이 대립하고 상호외재(相互外在)에 대해서 자기내재(自己內在)가 대립하고 있다.) 그러나 이미 현존에서 양자는 영혼의 표현에서는 하나이다. 즉 영혼이 경험적으로 현실적인 곳에서는 공간적이 되고, 육체성으로서 가시적이 된다. 영혼의 표현에서 공간성과 공간이 없는 것의 통일과 유사하게 초월자는 공간이 그것에 대해서 현존의 현상이고, 더욱이 상징으로서 존재하는 그러한 존재이다. 무제한한 것으로서의 공간은 무한성의 비유이고 하나이며, 자기 이외에 아무것도 가지고 있지 않고, 아무것에도 의존하고 있지 않다. 상징으로서 비유에 모순이 없다는 것은 그것이 정밀하게 사유된 것의 영역 바깥에 있기 때문이다. 더욱이 이 비유 가운데는 이제 어떤 형식적 초월함도 존재하지 않지만, 공간성의 암호가 역사적으로 충실하게 해독될 가능성은 존재한다.

공간적 현존을 절대화하는 것이 초월자를 부정하는 것인 데 반해서, 즉 이 공간적 현존의 **암호화**가 명상적으로 관조하는 고요를 전개시키는 데 반해서,

형식적 초월함은 공간 가운데서 공간을 떠나지 못하지만, 공간을 초극하는 운동에서 공간과 공간이 없는 것의 통일을 탐구한다. 현존의 공간성이 나에게는 공간이 없이 실존적으로 존재하는, 즉 나 자신으로서 존재하는 그런 존재에 대립해서 가장 멀고 죽은 것이라면, 더욱이 외적인 것은 결코 부인되지 않는 것, 항상 현재하는 그런 것이다. 공간성과 공간이 없는 것 사이의 긴장은 현존에서는 그치지 않는다. 내가 양자를―고요로 가지고 와서 해결하는 관계로, 즉 타방에 대한 일방의 표현관계로 가지고 오지 않고―동일적인 것으로 설정한다면 나는 불가사유적인 것에서, 즉 **초월자의 편재**에서 초월한다.

내가 시간 가운데서, 영원성이 무시간의 시간성이기 때문에 시간 가운데서 시간을 근절하는, 사유불가능한 영원성으로 초월한다면 공간 가운데서는 나는 **사라지는 공간성**으로 초월한다. 이러한 **공간성이 공간과 무공간성의 사유불가능한 통일**로서 포착된다면 그것은 이미 경직상태에 있는 공간이 아니고, 오히려 단순히 공간이 아닌 그런 공간성이다. 이 경직상태에 있는 공간은 그것의 죽은 현존에서 단지 그 헤아릴 수 없음에 의해서만 초월함을 재촉한다. (위에 기술한) 이러한 사라지는 공간은 단지 공간성으로서만 현존하는 공간포괄자로 용해된다.

나는 시간을 **결단**에 의해서 포착하는 데 반해서, 공간을 포착하는 것은 순간에서의 결단이 그 자체에서 응축된 일점이라는 사실에 의해서가 아니고, 오히려 하나의 **세계**라는 사실에 의해서이다. 이 세계는 그것이 단순히 세계만이 아니고, 초월적 존재의 현재이기 때문에 내가 몰두하는 그런 세계이다.

3. 실체, 생명, 영혼

여러 가지 형태를 나타내 보이는 죽은 물질, 살아 있는 유기체, 의식 있는 개체는 경험적 현존의 세 가지 단계들이다. 이러한 세 가지 단계들은 물질, 생명, 정신의 범주들에서 그것들의 추상적, 일반적 형식을 가진다.

물질은 무제한하고 영속적인 존재로서, 그리고 공간적 현존에 있어서의 모든 형태화에 관계없이 잔존하는 기체로서 생각된다. 그러나 이 영속적인 존재가 모든 현존을 지니고 있는 기초존재자 일반이 될 경우에 그것은 **실체**라는 범주에서 그렇게 된다고 생각된다. 실체의 변화는 곧 현상들이다. 이 실체는 현실적인 것의 실질을 가지고 있고, 그것 자체에 있어 안정되어 있으면서 생성도 소멸도 하지 않을 뿐만 아니라 어떤 점에서 견고한 항존성을 가지고 있다. 따라서 실체는 긴밀함의 실질을 가지고 있다. 그러나 그 실체는 또한 자기 자신만으로 존재하는 것도 아니고 타자를 향해서 존재하는 것도 아닌, 단지 무활력적으로 존재하는 것에 불과하다.

생명은 유기체 그 자체에 있어 닫힌 개별적 현존, 즉 시원과 종말을 가진 하나의 과정이다. 이 과정에서 현존은 그의 세계로서 외적인 것과 관계하며, 이 관계에서 그의 형태와 기능의 일정한 변형들을 규칙에 따라서 겪는다. 범주로서의 생명은 그 자체의 내부에서 조직화된 것을 포괄한다. 이것은 무한히 자기 자신과 관계하면서 오성에 의하여 침투되지 않고 목적론적으로 움직이며 쉬지 않고 변화한다.

영혼은 개체로서 이와 같은 생명의 의식이다. 개체는 편안함과 궁핍을 느끼고, 충동들에 의해 조종되며, 노력해서 목적을 달성하고, 자기의 세계에서 자기를 실현한다. 범주로서 영혼은 자아존재의 불가해, 즉 내면성의 닫힌 체계를 포괄한다.

초월자를 절대화된 범주에서 사유한다면 초월자는 다음과 같은 전형적인 형태들을 보존한다. 즉 존재는 **실체**이고, 모든 현존은 냉담하고 덧없는 개체화에 있어 존재의 국면이거나 또는 단일한 양태에 불과하다. 운동과 대립들도 본래적으로는 존재하지 않는다. 존재는 존재하고, 그것이 전부이다―존재는 **생명**이다. 존재하는 일체의 것은 살아 있고 또는 만일 살아 있지 않다면 그것은 생명의 이반이다. 존재는 자기 자신 속에서 무한한 운동을 하는 하나의 거대한 유기체로서 존재한다―존재는 **영혼**이다. 일체의 것은 의식이고 개별적인 의식은 단지 그 전체로서의 의식의 특별한 좁혀진 부분적 형태에 불과하다.

그러나 초월자가 진정한 초월함에 있어 이러한 범주들을 넘어 포착될 경우에는 이들 절대화 가운데 그 어떤 것도 산산이 부서진다. 왜냐하면 이제 초월자는 그것 안에서는 실체, 생명, 영혼이 하나인 그러한 것이기 때문이다. 즉 **실체**는 그것의 **변화**들과, **생명**은 **죽음**과, **의식**은 **무의식**과 동일하게 되기 때문이다.

실체가 그것의 **변화**들 없이 절대화된다면 실체는 초월자가 아니고, 오히려 거기에서는 모든 것이 단지 소멸할 뿐인 그런 공허한 심연일 것이다. 그러나 현상들은 그것들이 초월하면서 포착될 경우 그 자체가 실체이다. 그러나 역으로 말해서 현상들 그 자체가 이미 존재라고 해석된다면 그것은 근거없고 존재하지도 못할 것이다. 실체와 그것의 변화들 간의 사유불가능한 동일성이―그것들의 분리는 우리들의 사유에 있어서는 결정적이다―그것 가운데서 난파하는 사유에 대해서는 초월자가 된다.

생명이 죽지 않고 절대화된다면 초월자는 현전하지 않고, 무제한성에까지 확대되어 사유되는 현존만이 현전할 뿐이다. **죽음**이 절대화될 경우 절멸만이 남기 때문에 초월자는 은폐된다. 그러나 삶과 죽음이 동일하게 된다면—이것은 우리의 사유로서 본다면 무의미하다—이 사유의 시도에서 초월함이 다음과 같이 수행된다. 즉 죽음은 아직 생명적이지 않은 죽은 물질과, 그리고 더 이상 살아 있지 않은 시체에서 볼 수 있는 그런 것이 아니다. 말하자면 생명은 경험적 현존으로서 볼 수 있는 바의 것이 아니다. 즉 삶과 죽음은 하나이면서 죽음 없는 삶, 삶 없는 죽음 그 이상의 것이다. 초월자에서 죽음은 죽음과 하나가 된 삶으로서 존재의 실현이다.

의식이 존재가 된다면 이 존재는 기반이 없는 것이고, 무의식이 존재가 된다면 무의식은 마치 그것이 존재하지 않는 것처럼 명백함을 결여한다. 우리는 의식과 무의식을 현존에 있어 분리해서 생각하기도 하고 단지 함께 (그 어떤 것에) 속하는 것으로서만 경험하곤 한다. 그러나 의식과 무의식은 사유불가능한 동일성에서는 초월자가 되며, 이 초월자는 총체적인 명백함을 가진 무의식의 충만으로서 일방이면서 동시에 타방이다.

우리에게 현상, 생명, 의식은 접근가능하다. 우리는 그것들을 실체, 죽음, 무의식 가운데로 소멸시켜 버린다. 우리에게 있어 모든 풍요가 존재하는 곳에서 그것은 소멸하지 않으면 안 된다. 존재가 존재하는 것 같이 생각되는 곳에서도 아무것도 존재하지 않는 것과 같은 단지 암흑만이 존재할 뿐이다. 그러나 우리가 단순히 분리한 것을 하나로 사유하고자 시도하고, 그렇게 함으로써 난파할 때 우리는 암흑 가운데로 초월하는 것이 아니고, 대립의 양 측면을 넘어 존재 자체로 초월한다.

자유의 범주들에서의 초월함

자유의 범주에서 초월자에 도달하고자 하는 사유는 초월자의 자연화와 다르게 대조된다. 그 결과 신성은 자연이 아니라 의식이고, 실체가 아니라 인격이며, 현존이 아니라 의지라는 것이다.

그러나 자유는 다른 범주와 마찬가지로 초월자에게 주어질 수 없다. 또한 자유도 사유불가능한 것으로 지향하는 하나의 길에 지나지 않는다.

자유, 즉 현존에서 실존의 본질은 실존의 선택 **가능성**이고, 세계 내에서 의존적이면서 동시에 우연에 의존하고 있고, 타자와 함께 있다. 그러나 **초월자**는 선택을 자유롭게 가능하도록 하는 규정된 의미의 가능성으로서가 아니라, 현실성 및 필연성과 동일한 가능성으로서 나타난다. 내가 초월자를 자유한 것으로서 생각한다면 나는 초월자를 상황들 속의 여러 제약 아래에 두는 것으로 사유함으로써 유한화하는 것이다.

자유는 **자연과 결합된** 인격으로서 현존에 존재한다. 인격에서는 자유와 자연의 동일성은 없고, 양자의 불가분리성이 있다. 이 양자 가운데 어느 한쪽이 인격의 계기인 한, 그 한쪽은 다른 쪽에 기초를 두고 있다. 그리고 한쪽은 다른 쪽을 방해하고, 시간 내에서 멈추지 않는 투쟁을 요구한다. 내가 **초월할 경우** 나는 자유와 자연의 동일성을 사유하지 않으면 안 되지만, 동시에 나는 그 동일성을 사유할 수도 없고 표상할 수도 없다는 것을 경험하지 않으면 안 된다. 완성된 자유라고 하는 이상으로 접근하는 도상에서 나오는 것 같이 생각되는 것은 하나의 단절에 의해서 나타나는, 단지 다른 어떤 것에 불과하다. 즉 이미 시간적 과정도 아니고 역사적 현상도 아니고―자유한 자아를 지니고, 그것에 동기를 부여하고, 자유한 자아가 극복하고 해명하는―자아의 어두운 근거로서의 자기 자신과 자유한 자아 간의 관계도 아니다. 이 타자는 자연과 동일한 것으로 사유되면서 사유에 대해서 결코 투명하게 되지 못하는, 오히려 사유불가능한 초월자일 것이다. 자기와―내가 (자기와) 동일적인 것으로 사유하고자 시도하지만, 그렇게 사유할 수 없는—자연 사이에 생기는 자유의 긴장에 의해서 존재의 빛이, 가령 내가 초월할 경우에, 빛날 수 있을 뿐이다.

자유는 타당하게 구별하고 인식하고 계획하고 행하는 **오성**으로서 존재한다. 말하자면 자유는 생성의 힘으로서 그리고 목표로서, 대상적으로는 원형으로서 그리고 과제로서 실질적인 무한의 전체성인 **이념**으로서 존재한다. 그리고 자유는 역사적인 응결 가운데 오성과 이념을 매개로 하여 개인마다 자기 고유한 존재에 관하여 내리는 결단인 **실존**으로서 존재한다.

이러한 범주들은 절대화되고, 초월자에 대한 진술들이 되지만, 이 진술들은 곧바로 붕괴되고, 사유불가능성에 있어 초월자를 본래적인 현상으로서 초래한다.

자유는 **오성**으로서 존재한다. 초월자는 일체를 질서정연하게 하고 규정하는 로고스가 되며, 세계를 건립하는 세계건축사가 된다. 그러나 로고스로서 초월자는 현존하는 일체를 접합시켜 표현하는 보편타당한 격자구조물(Gitterwerk)에 지나지 않을 것이다. 초월자는 모든 범주의 총계에 근거하여 현존이 일체를 관통하는 사유가능성과 질서의 성격을 가지는 것을 가능하게 하는 것으로서 하나의 범주적 총체성에까지 이르도록 사유하게 할 것이다. 세계건축사로서 초월자는 세계 내의 유한한 존재자와 같이 그것이 형성하는 질료를 향해서 마주 대하고 있을 것이다. 이처럼 초월자는 어떤 현실에도 대응하지 않는 하나의 표상에 지나지 않는다. 그러나 초월자는 유한적인 오성적 존재자에 의한 질료의 조형이라는 현실을 넘어서 이 현실의 근거로서 탐구된다.

자유는 **이념**으로서 존재한다. 초월자는 전체성의 정신으로서 일체를 하나로 모으는 것이 되며, 이것에 의하여 모든 존재가 무제한한 분산성에서 벗어나서 어떤 계획도 적합하지 않은 무한한 총체성이 된다. 로고스가 모든 범주를 하나로 포괄하는 것처럼 모든 이념을 하나로 포괄하는 전체성으로서의 정신은 사유불가능하다. 이념들은 그것이 생기를 불어넣어 주고 인도하는 유한한 존재자의 현실 가운데 존재한다. 이념들은 인간에 있어 본래적으로 정신이라고 일컫는 것이다. 그러나 이 정신은 절대적 정신으로 절대화되어 아마 초월자의 웅장한 상을 드러내 보일 것이다. 그러나 초월자는 내재적으로 사유되기 때문에 그 상 가운데서는 상실되어 버린다. 초월자는 현존에 있어 이념들의 전체성을 가능하게 하는 존재이지만, 이 경우 하나인 전체자의 이념이 가시적으로 또는 사유가능한 것으로 존립하는 것은 아니다.

자유는 **실존**으로서 존재한다. 그러나 초월자는 실존이 아니다. 왜냐하면 실존은 단지 상호소통(Kommnikation)[31]이 있는 한에서만 존재하지만, 초월자는 다른 그 어떤 것도 없이 자기 자신으로 존재하는 것이기 때문이다. 현존에 있어 실존에게 악의 표현이라는 것─나는 나 홀로 나 자신이라는 것─그것은 [타자와의] 연계 없이 자기 자신으로 존재하는 하나의 존재에 상응하는 것일 것이다. 현존에 있어 실존에 귀속하는 제한성과 제약성은 초월자의 자기 고유한 특성일 수 없다. 실존은 그 근저에서 자기 자신을 단순히 자기 스스로 존재하는 것이 아닌 것으로 포착함으로써 초월자와 관계한다. 이 초월자는, 가령 그것이 실존이었다고 한다면, 자기 자

---

31) Kommunikation은 통일되지 못한 채 가장 다양한 단어로 번역되는 대표적인 개념 중 하나이다. 이전에는 대부분 '교제'나 '사귐'으로 많이 번역되었고, 요즘 들어와 '소통', '상호소통' 등으로 번역되고 있다. 문맥상의 쓰임에 따라 각각 의미가 미묘하게 달라지기 때문에 이 개념을 하나의 통일된 단어로 번역하는 데 어려움이 있었다. 예를 들면, 한계상황으로서의 죽음 논의에서는 이 Kommunikation의 개념을 단순히 상호소통으로 번역하게 되면 그 의미를 제대로 살리지 못하는 경향이 있어 때때로 '교제'로 번역을 하기도 하지만, 한국야스퍼스학회에서 많은 논의를 거쳐 이 개념을 '상호소통'으로 번역하기로 잠정적인 결정을 내렸다.

신과 관계할 뿐만 아니라 다시금 실존의 초월자로서의 타자와도 관계하지 않으면 안 될 것이다. 실존이 신성에 직면하여 자기를 신성이 아닌 것으로 알기 때문에 초월자를 실존과 동일화할 수는 없다.

본래적 존재로서의 초월자는 실존과 같이 자유가 아니고 이 자유의 근거, 즉 이 실존의 자유를 오성이나 이념의 자유와도 같이 가능하게 하는 그런 존재이다. 초월자는 어떠한 것과도 동일하지 않기 때문에 모든 범주를 초월하지 않으면 안 되며, 결국은 사유불가능성에서 난파할 수밖에 없다. 실존은 가장 혼동되기 쉽지만, 이 실존이야말로 실로 가장 결정적으로 거리를 유지하고, 자기 자신에 있어서뿐만 아니라 역행해서 이념과 오성에 있어서도 자기 자신과 초월자와의 동일화를 저지하는 그런 현실이다. 왜냐하면 현존에서 자유로서 본래적 존재의 궁극적인 형태인 실존이 초월자로의 양도로 오도할 가능성이 가장 적기 때문이다. 여기 최대의 근접거리에 절대적 먼 거리가 가장 뚜렷하게 존재하고 있다.

실존조명에서 실존은 현존과 대상적으로 적합한 오성적 사유가능성을 넘어서 초월하는 가운데 가지는 존재 확신의 신호로서 사유된다. 이때 존재는 자기 자신으로서 동시에 자기의 초월자와 관계한다. 하나의 신호로서 실존을 사유한 뒤에 나는—사유가능성으로서 이미 난파했지만, 자기 자신에게 현현하고 있는 자기존재의 확신 가운데 머물고 있는—이 신호를 넘어 본래적 존재의 사유불가능성으로 초월한다. 이 본래적 존재는 나에게 난파 가운데 암호로서 돌아온다.

형식적 초월자로서의 신성

범주들을 넘어선 형식적 초월함에서 신성은 이 초월사상이 실존적으로 나에게 영향을 미치지 않으면 실질적인 사상도 되지 못하고 내가 관계하는 것도 되지 못한다.

사유불가능한 것이 신성이라는 것은 비사유에 있어 난파하는 사상에서는 이미 사유되지 않는다. 이러한 초월하는 사상들 가운데 약간의 사상은 대부분 수학적인 사상과 마찬가지로 수천 년 동안 동일한 것으로 존속해 왔다. 이와 같은 약간의 사상은 형식적인 것으로서 무시간적인 성격을 가지고 있으며, 그것이 현실적으로 사유된 것으로서 나타나는 경우에는 중량과 내실을 얻기 위해 그 역사적 실존에 의존한다. 그때마다 특수한 범주들이 사유불가능한 것에서의 난파라는 항상 유사한 사상의 표현으로 선택되어 나올 수 있다.

형식적 초월함은 초월자의 암호 언어를 위한 공간을 창출함으로써 동시에 의식적, 체계적으로 초월자의 물질화를 막는다. 우리는 신성을 형상이나 대상적인 상념으로 가지고자 하고, 이것들을 단순한 상징으로 소멸시키려고는 하지 않는다. 특히 인격으로서 신을 신 자신의 완성된 지혜와 선으로부터 나오는—계획하고 지도하는—의지에서 사유하는 것은 거의 피할 수 없다. 그러나 이 사유하는 것도 또한 상징으로서의 하나의 소멸하는 형상이고, 초월하는 사유에서 다시 지양되지 않으면 안 된다.

초월자는 세 가지 범주군에서의 절대화로부터 발원할 때 (대상적인 것 일반에서) 논리화되든가 또는 (현실의 범주들에서) 자연화되든가 또는 (자유의 범주들에서) 의인화된다. 인식불가능한 신성을 인식된 것으로 사유하는 방법들은 이것으로 말미암아 규정되고 있다. 신학은 이러한 세 가지 영역의 길잡이로서, 신은 우리들 인식의 빛이고, 현실의 근거이며, 최고선이라고 가르친다. 이 신으로부터 통찰의 명백한 언표, 현존의 원인, 삶의 올바른 질서가 나온다. 신은 인식, 존재, 행위; 지식, 현실, 사랑; 로고스, 자연, 인격; 예지, 전능, 선 등으로서의 진리이다.

그러나 가령 신학의 이러한 신 인식이 지식이 아니라면, 이 인식 속에는 형식적 초월함의 힘이 작용하고 있다. 이 형식적 초월함은 사유불가능성을 언표함으로써 이미 끝나는 것이 아니고, 오히려 충만한 신 인식의 길에 있어 비로소 그 본래적 사유불가능성을 발견하고, 모든 방법에 있어 이 사유불가능성을 확인한다.

내가 시원과 근원을 탐구하면서, 현존에 있어 어떤 것으로부터 다른 어떤 것으로, 사물로부터 그 근거로 움직일 때, 나는 결코 그 종국에는 이르지 못한다. 나는 자의적으로 궁극적인 것을 정착시키고, 나에게 지속적으로 묻는 물음을 금지시키지 않으면 안 되었을 것이다. 내가 대상적인 것으로부터 비대상적인 것으로, 사유가능한 것으로부터 사유불가능한 것으로의 초월함에 있어 비약을 감행할 경우에만, 나는 자의적으로 정착시킴이 없이는 실제로 근원을 인식할 수 없지만, 말하자면 근원을 향해 곰곰이 생각에 잠길 수는 있을 것이다. 근원은 현존의 연쇄에 있어 최초의 고리도 아니고 현존의 전체도 아니다. 근원은 전연 현존하지 않는다. 나는 현존의 완결불가능성을 넘어서는 도상에서 비사유에 의해 근원을 사유한다. 이 비사유를 나는 그때마다의 한정된 범주들에 의해 탐구하며, 이 범주들 가운데서 사유가 멈추는 곳을 향해서 비약을 수행한다.

이와 같이 나타나는 초월자는 규정없이 존재하며, 그렇지만 비록 인식가능성이나 사유가능성이 없음에도 초월자가 **무엇**일까라는 의미에서가 아니라, 초월자가 **존재한다는** 의미에서 사유 가운데 현현한다. 이 존재에 관해서는 "그것은 그것이 존재하는 것으로 존재한다"라는 형식적 동어반복적—가능적 충실에서—불가해한 명제로서만 진술될 수 있을 뿐 달리 진술될 수 없다. 그러므로 철학적 초월함에 있어 플로티노스는 어떤 모상과 직유도 만들고자 하지 않았던 구약시대의 유대인이 자기의 하느님으로 하여금 "나는 내가 존재하는 바의 것이다"라고 말하게 한 것을 표현했다. [양자의] 차이는 철학적 냉정과 종교적 격렬 간의 차이이다. 이 차이는 이러한 궁극적인 동어반복 가운데서조차 더욱더 다시금 범주들이—이 동어반복이 객체존재('그것')의 존재양태에서 언표되든가 아니면 자유존재('나')의 존재양태에서 언표됨으로써—잠입하는 것을 나타내고 있다.

그러므로 형식적 초월함에서 신성 자체는 숨어 있을 뿐이다. 신성은 역사성을 통해서 간접적으로만 자기를 계시하는 것 같이 생각되며, 여기서도 그 먼 곳에 숨어 있다. 역사성에서 실존은 그의 초월자를—이 초월자가 무엇인가를 보편타당적으로 그리고 영구적으로 포착함이 없이—현존의 암호해독 과정에서 그때마다 드러나도록 한다. 초월자는 그 수많은 흔적에서 보여진다. 즉 초월자는 자기 자신으로서가 아니라, 항상 애매하게 보여진다. 다시 말해 초월자는 세계 내에서는 현존하지 않지만, 실존에게 초월자는 지극한 존재이기 때문에 더 이상 어떤 종류의 규정된 존재도 아닌 존재의 완성된 평안을 의미할 수 있다.

제3장

초월자에의 실존적 연관

초월자는 실존이 한계상황 가운데서 고유한 근원으로부터 초월자를 지향하는 곳에서 비로소 현재하고, 모든 것을 빨아들이는 작열(Glut)일 수도 있고 또는 모든 것을 말하는, 반대로 마치 초월자가 전혀 존재하지 않는 것처럼 생각되는 것 같은 그런 고요일 수도 있다.

초월자는 나 자신의 존재의식과 결합되어 있기 때문에 초월자를 지향하는 나 자신의 태도에 의해서 자기를 드러낸다. 나는 초월적 존재를 단지 내가 어떻게 내면적으로 행동하면서 나 자신이 되는가에 의해서만 파악한다. 초월자는 내가 그 초월자를 포착하는 한 나에게 손을 내민다. 그러나 초월자는 강요하지 않는다. 어디에서 어떻게 초월자가 나에게 나타나는가 하는 것이 문제로 남는다. 무엇인가를 준비하고자 할 경우에 자기를—수동성이 아닌—억제하는 그런 능동성은 운명에서 현존을 격정적으로 껴안는 것과 마찬가지로 결정적일 수 있다.

그러나 나와 초월자의 연관은 결코 계획된 준비에 의해서 접근될 수 없다. 오히려 초월자 없이 사는 것은 내가 할 수 있는 일에—가장 본질적인 것조차도 정복하고 절멸해 버리는—목적 추구의 사업에 몰두하는 것을 의미한다. 존재의 투명성을 보지 않고 삶을 본래적 평범 속에서 현실적으로 영위하는 데 성공할 수 있다면 삶은 더 이상 문제되지 않을 것이다.

그러나 실존이 모든 현존을 뛰어넘어 본래적 존재를 내다볼 경우에 이 존재가 단지 소멸하는 암호 가운데서만 실존 앞에 다가온다. 이 암호에서 실존은 본래적 존재에 접근하고 진술하고자 한다.

그러므로 이러한 논의에서 **한계상황과 실존의 연관**이 현전될 것이다. 이 실존적 연관에서 경험되는 **초월자**가 **대상적으로 직시되고 사유**되었다가, 다시 용해되어 버린다.

내가 가능 실존으로서 존재와의 관계에 들어선다면 이 관계는 결코 어디에서도 명백하지 않다.

실존은 의심스러운 현존에 근거하여 **반항과 귀의**에서 초월자에 맞선다. 현존에 있어 파괴적으로 드러나는 한계상황에서 왜 현존은 그렇게 존재하는가라는 물음이 나온다. 이 물음은 현존의 기초에 대한 반항으로 인도하거나 또는 파악할 수 없는 것에 대한 신뢰에서의 귀의로 인도한다.

실존은 자기 자신을 **이반과 비약** 가운데서 이해하고, 그러한 도상에서 초월자에게로 지향하거나 또는 초월자를 떠난다. 침하와 상승으로서의 자기존재의 절대적 의식으로부터 존재 자체가 포착된다.

그러나 실존이 비약한다는 것은 현존에서는 불확실하다. 이 실존의 가능성 속에는 이성적 현존의 현상으로서 **낮의 법칙과 질서**로 향하는 길이 있다. 이와 반대로 보다 깊은 존재의 요구에 응하는 파괴적인 **밤으로의 정열**[32] 로서의 다른 또 하나의 길도 있다. 그것은 가장 무서운 터무니없는 것으로

---

32) 밤으로의 정열이란 일체의 상대적인 질서와 조화를 파괴하여 나가는 정열을 말한다. 인간의 한계에서는 낮의 법칙(das Gesetz des Tages)이 밤으로의 정열(die Leidenschaft zur Nachz)을 지배하지 못한다. 이 둘은 서로를 배척하며 양극적인 긴장관계를 이루고 있다. 그러나 깊은 곳에서는 서로에게 의존하고 있다. 이 양자의 관계는 초월자에의 실존적 관계의 하나가 되고 있다.

나타난다. 실존은 맹목적인, 단순히 생명적인 현존과도 같이 자기만족적으로 될 수 없다.

진리의 가능성은 **일자**로서 드러나며, 이 일자 가운데서 나는—그 일자가 나에게 나의 초월자로서 말을 걸어올 때—자기가 되며, 그 일자를 배반할 경우에 나는 무 속으로 떨어진다. 그러나 그 역사적 규정성에 있어 이 일자는 현존의 여러 가능성들의 **다양성**에 의하여 다시 문제 제기된다. 현존에서는 실존 일반의 유일하고 고정되고 객관적으로 확실하게 된 길이란 존재하지 않고, 오히려 불확실한 가능성이 있을 뿐이다. 그러므로 이 불확실한 가능성에서 초월자는 우리가 그 초월자를 알고자 할 때 애매하고 의문시된다.

이러한 네 가지의 실존적 연관은 실존이 현존 가운데 휴식을 취할 수 없도록 하기 위하여 서로가 서로를 몰아내도록 한다. **반항과 귀의**는 그것들 자체에 있어서는 하나가 되지 못함으로써 **비약**에서 그 대립이 해결되는 것같이 생각된다. 그러나 이 비약은 **이반**으로부터 벗어나서 그 이반의 현실 앞에서 비로소 자각되고, 그것 자체가 명백하지 않기 때문에 와해되어 **낮의 이성과 무로의 정열** 간의 대립을 이룬다. 이러한 양자에 있어 진실한 것이 **일자**로서 현현할 경우에 이 일자는 **다자**의 반대 가능성에 의하여 제약받는다. 모든 초월적 연관은 언어로 진술하자면 양자택일에, 사실적으로는 긴장에 놓여 있다. 이러한 긴장이 그때마다 하나됨이 실존적 현실이다. 이 현실을 그 긴장 가운데 사유함으로써 하나가 되는 것은 가능 실존에서 의식되는 그대로의 본래적 존재의 불가해성을 이해시킬 것이다—그러나 우리는 사상으로서는 접근하기 어려운 것을 사유함에 있어 단지 그 전체의 파편에서만 밝힐 수 있을 뿐이다.

이러한 네 가지 실존적 연관 가운데 그 어느 것에서도 초월자를 여러 가

지 신화와 사변적 사상의 암호 가운데 대상적으로 현전시킬 수 있는 가능성이 있다. ─

반항과 귀의로부터 나는 여러 변신론에서 사변적으로 초월자의 변호를 찾거나 또는 그 변신론에 대한 반박에서 반항할 수 있는 이유를 찾는다.

이반과 비약에 서 있는 개인만이 자기의 수호신으로서 그리고 자기의 불사성으로서 초월자의 소리를 듣는다. 자유의 과정은 신화적으로 가능성으로서 초감성적 존재 과정의 근원 가운데 고정된다.

이성적 질서의 법칙성으로서 삶과 마력적인 열정 간의 긴장은 두 가지의 초월적인 근원에 대해서 사유하도록 강요한다. 내가 선량한 의지로 복종함으로써 보호된다는 것을 알고 있는 신에 대항해서 지하의 신들과 같은 어두운 형상들이 맞서 있다. 이러한 신들을 따른다는 것은 이성을 잃은 죄과의 심연으로 끌어들여지는 것이지만, 이 신들을 거절할 경우 이 신들은 징벌을 명한다.

내가 현상에서 실존으로서의 존재를 다만 그때마다 나의 역사적 규정성이라는 일자와의 동일화에 의해서만 가지는 확신 가운데서 나는 신에 대한 사상을 포착한다. 그러나 현존의 그 가능성들에서의 풍요가 그것의 고유한 초월자를 유효하게 만든다. 즉 하나인 신에 반항해서 다수의 신들이 들고 일어난다.

여러 가지 실존적인 연관도 이 신들 가운데 나타나는 초월자의 암호도 이율배반적이다. 초월자라는 비대상적인 존재는 필연적으로 상호결부된 대립들로서 대상적이 될 때 파괴되는 여러 형태들에 있어 현존의 현재함에 이른다─이러한 형태들은 철학함의 가시이고, 이 철학함에서는 지식 가운데 해결을 구하지 않으며, 오히려 그 형태들이 새롭게 갑자기 나타나는 것을 물으면서 지켜본다. 그릇된 지식에 의한 기만을 거부함으로써 인간은 한계상황 가운데서와 같이 자기의 형이상학적인 시선의 여러 이율배반 가운데 실존한다. 이러한 여러 이율배반 가운데서 인간은 신화와 계시를 뛰어넘어 비약을 수행한다. 철학함은 신화 및 계시와는 두드러지게 대조적으로 수행된다. 그러므로 철학함은 그 내용을 보존하고자 하지만 이 내용의 타당형식은 철학함에 있어서는 존속하지 않는다.

그러나 우리가 이율배반의 한 측면을 독립화해서 사유한다면 이 측면은 심리적 체험으로서 존립하거나 또는 신화적인 객체로서 존립하게 되고, 그 생명을 잃어 버린다. 이율배반에 있어서의 긴장만이 초월자와 연관하는 실존의 참된 현상이다. 이 긴장을 사유하는 것은 형이상학으로서 초월하는 실존 조명의 길이고, 이 길이 이 장에서 논의될 것이다.

반항과 귀의

내가 한계상황을 나 자신으로부터 은폐시키고 습관에 근거하여 둔중한 삶을 지속적으로 살아간다면 그 삶은 단지 현존에 불과하다. 초월자는 맹목적인 영혼 속으로는 들어가지 않는다. 그러나 한계상황 가운데서 모든 기만이 종식할 때에는 나는 현존의 근원에 반항하는 반란에 근접한다. 그때 내가 존재로의 귀의를 향하는 귀로를 발견할 수 있을지 어떨지 하는 문제가 제기된다.

1. 반항

현존의 현실에 직면하여 그 현존의 현실을 음미하고 평가함으로써 이러한 현실이 존재하는 것이 좋은 것인지 또는 존재하지 않는 것이 더 좋은 것인지 하는 문제가 가능해진다. 일의 경과가 자의적인 것 같이 생각되기도 하고, 정의가 세계를 지배하지 않고, 선의의 사람과 악의의 사람에게도, 고귀한 사람과 비천한 사람에게도 무분별하게 일이 나쁘게 진행되기도 하고 좋게 진행되기도 한다. 한계상황 가운데서는 일체의 절멸이 훤히 드러난다.

현존은 토대가 없는 것 같이 보인다. 아무것도 존재하지 않는다―사람은 자기가 자기 자신에게 그 무엇인가 거짓말을 하는 동안 그것을 참아낼 수 있다. 그러나 아무것도 본래적으로 존재하는 것은 없다고 하는 것, 즉 사람은 자기의 현존을 단지 잠시 동안만 지연시키고 있다고 하는 것이 훤히 드러날 때 삶은 견디기 어렵게 된다―나는 아무것도 아닌 것으로서 현존하고 싶지 않다. 나는 행복을 행복으로 파악하는 것을 거부한다. 행복은 역시 파멸의 흐름 속에서의 무가치한 순간에 불과하다. 나는 나 자신의 현존을 증오하는 가운데 현존의 사실에 반항한다. 말하자면 나는 현존을 나의 것으로 넘겨받고 싶지 않고, 내가 거기로부터 왔는바 그 근거에 대해서 격분한다. 나는 나의 의지없이 나에게 주어진 것을 반항에 근거한 자살의 가능성 속에서 제멋대로 되돌려준다.

2. 지식욕으로 인한 결단의 중지

이 반항을 실현할 수 있는 나는 누구인가? 나는 이러한 현존을 바라지 않는 데서 자기의 존재를 가지고자 하는 그러한 자일까? 그러나 이처럼 현존을 바라지 않는 것의 의식에는 자기 자신의 **경솔**을 파악할 수 있는 자유가 있다. 자유는 근본적인 단념의 한계로부터 자기 자신을 전개시키는 방향으로 긴급히 밀고 나가면서 현존에서의 시도로 복귀할 수 있다. 그때 반항은 가차없이 연구하고, 묻고, 자기 자신의 답을 다시금 음미하는 근원적인 **지식욕의 형태**를 취한다. 현존은 전체로서는 평가되지 않지만, 그것을 경험하기 위해 고유의 본질에 경주하면서 부단히 빠져 나아간다. 나는 모든 수단을 다 동원해서 지식에 도달하고자 하고, 그리고 나는 현존으로서 인식하는 자이다. 현존을 거부하든가 또는 다시금 근원적인 동의를 품고 현존으로 발을 내딛든가의 가능성은 열린 채로 있다. 반항은 그것이 아주 빨리 궁극적인 답을 얻을 수 있다고 확신한 이후 이제 **부단한 물음**이 되었다.

지식욕의 이 태도는 인간 존재의 불가결한 조건이 된다. 묻는 자는 어떤 전체로부터 떼어 놓은 것과도 같이 나타나는 자기존재이다. 묻는 자의 자유는 연구능력이면서 자기 자신의 근거에서 행동하기로 결의할 수 있는 능력이다. 그로서는 전체에 접근하는 것이 불가능했다. 말하자면 묻는 자는 전체의 가능성조차 대상적으로 명료하고 유효하게 사유할 수 없다. 나의 지식욕과 행동의 **자유** 가운데 나의 본질로서 나에게 현현하고 있는 것을 나는 동시에 자신을 떼어 놓는 아집으로서 경험한다.

3. 지식욕으로 인해 우리들 인간존재는 이미 반항이다

프로메테우스는 제우스가 파멸시키고자 하는 타락한 인간들에게 의식, 지식, 기술을 가지고 왔기 때문에 죄를 짊어지게 된다. 발전의 무한한 가능성 속에서 인간을 인간이게끔 하는 것은 프로메테우스의 반란에서 유래하는 인간의 근원이다. 이 프로메테우스는 바위에 묶여 있으면서도 자기 자신으로 존재하고, 헤아릴 수 없는 무력(無力)의 고통 속에서 감동적인 목소리로 탄핵을 절규한다. 더욱이 이 무력한 탄핵자는 신성이 변하고, 자기가 귀의하여 화해할 준비가 될 때까지 폭력에 굴복하지 않는다.

그것은 인간이 된 것의 태곳적 죄에 얽힌 신화이다. 단지 이 근원에서만 이 신화에 비교할 수 있는 원죄가 있다. 인간으로 하여금 비로소 본래적으로 인간이 되게 하고, 인간에게 그의 활동적인 미래의 모든 가능성을 주는 지식이 아담을 낙원에서 내쫓았다. 구약의 신 또한 아담의 위험한 상승에 대해 경악하여 말한다. "아담은 우리들 가운데 한 사람과 같이 되고." 아담은 한 번 일으킨 일로 낙원에서 내쫓김을 당하고 계속해서 그 일로 영원히 영향을 받을 것이며, 더 이상 취소되는 일은 없을 것이다. 생성하는 자유의 원초적 죄과는 동시에 무법적인 신성의 원초적 죄과이다.

이처럼 인간은 신적인 세계로 들어갔다. 인간의 자유의식은 잃은 것이 아니고, 자기의 가능 실존의 유일한 진리이며, 그렇지만 단순히 진실한 것이 아니고 인간을 이해하기 어려운 방법으로 죄가 있도록 만든다. 그런데 인간은 이 자유의식을 여기서 신화로 이해했던 것이다. 인간의 가치와 위대는 자력적인 반항이다. 거의 대부분의 민족 종교에서는 신성의 강대함 앞에서의 무력과 불안이 복지와 구원을 갈망하는 인간의 굴복을 결정한다. 그러나 인간의 영웅적 정신이 인간의 본질의 비유로서 신적인 존재로 들어가는 경우는 드물다. 그것은 단지 원죄에서 암시되고 있을 뿐이다. 말하자면 그리스인들은 신들의 현실성에서 그들이 사실상 자기 자신인 것을 경건하게 경험하고 확고하게 표상할 수 있었다. 그러한 경험과 표상 가운데서 인간의 품위가 그리스인들에게 나타났다. 이 품위는 그 후 인간이 자기를 향해서 요구했고, 인간이 할 수 있었던 것에 대한 척도가 되었다. 더욱이 그리스인들은 초월자를, 그들의 신들을 뛰어넘어 선 저 편 모이라[33]에 있어, 그들이 거의 접촉하지 않았던바 새로운 한계에까지 전이시켰지만,

그리스인들은 반항과 귀의를 불멸의 징표로서 썼다.

자신으로부터 떨어져 나간 **아집**의 이 죄과는, 즉 무한한 가능성에 몰입하는 지식욕의 이 죄과는 근원에 있어 인간의 실존의 자유로운 자기존재를 신 바깥에서 그리고 신에 대립해서 발전시킨다. 그러나 자신으로부터 떨어져 나간 **의지**는 그 자체가 신적이다. 이 의지는 우연적인 길로 나아가는 것이 아니고, 자기 자신을 변화시키는 신성으로 복귀한다. 왜냐하면 신성에 대항하는 인간의 존재와 행위가 그 자체로서는 신적일 수 없다면 이 행위는—그 가운데 작용하거나 또는 그것을 허용하는 신성 자체가 어떤 의미로 존재하지 않고는—불안정하게 될 것이기 때문이다. 아니, 불가능하게 되기까지 할 것이기 때문이다. 그러나 우리의 표상에게 적당한 도량은 단지 신화적 세계에만 있다. 이 도량에서 신성의 의지에 역행하는 행동은 "신 자신이 아니라면 어떤 사람도 신에게 대항하지 못한다(nemo contra deum nisi deus ipse)"라는 원리에 따라서 불가능인 것으로 사유될 수 있다.

4. 진리에 대한 반항적 의지는 신성에 호소한다

지식에서는 현실성으로서 견디기 어려운 것이 인식된다. 그 경우에 진리는 가령 그것이 존재한다면 일체의 것을 파괴시켜 버리는 것일 수는 없다. 그러나 내가 기탄없는 진리에의 의지에서 현실성을 있는 그대로 승인하지 않을 수 없다고 하는 것은, 현실성을 궁극적, 전체적으로는 결코 알지 못하기 때문에, 나를 부단한 물음 속으로 몰아간다. **성실성의 가차없는 시종일관 그 자체가 초월자와의 본래적 관계**가 된다.

---

33) moira, 운명의 여신을 뜻한다.

그러나 만일 강제적, 경험적 현실성과 통찰력 있는 이성 앞에서 존립하지 않는 것이 신성의 이름으로 진리라고 주장된다면, 특히 모든 현존에 있어 부정 앞에 숨겨져 있지만, 사실적인 정의가 적극적으로 주장된다면 욥의 경우와 같이 성실성에의 의지가 이러한 형태의 신성과 싸움을 하게 된다. 왜냐하면 욥은 자기의 진리에의 열정이 자유 가운데 자기의 신으로부터 양해를 받고 수행된다는 것을 알고 있기 때문이다. 신성은 변증법적 운동 가운데서 이중화되고 있다. 욥은 자기가 진리에의 의지에서 귀의하는 신성에 대한 신뢰 속에 확신을 가지고 살고 있다. 다시 말해서 욥은 이러한 신성이 자기가 반항하는 신성임에도 권능을 자기에게 마련해 줄 것이라는 확신을 가지고 살고 있다.

5. 자기욕구에 있어서의 갈라진 틈

진리에의 자기욕구에는 갈라진 틈이 있다. 더욱이 단순한 현존의 아집은 충동적인 것과, 고의적으로 파악한다면, 악의 무가치성에 있어 격정이 없는 그러한 것이다. 그러나 자유가 감히 시도하는 자기존재에서의 갈라진 틈은 자립적, 본래적 존재의 격정을 제약한다. 갈라진 틈 가운데서의 반항은 무제약성의 가능성으로서 실존의 근원이다. 이 반항에서 자기 자신이 변하지 않고 불분명한 상태로 긴장이 높아간다. 이 긴장 아래에서는, 존재가 진지하게 받아들여졌기 때문에, 언젠가 초월자가 포착될 수 있을 것이다. 초월자에의 길은 아직까지 차단되어 있다. 반항은 말하자면 자기 자신 가운데 자기를 축적한다. 반항은 자기를 지양하여 초월자로 끌어올리는 비약의 상태에 있지만, 그것은 어디까지나 비약에 머무른다. 반항으로서 나는 가능성이다.

반항은 펴지지도 않고 때릴 수도 없는 불끈 쥔 주먹과 같은 것이다. 왜냐하면 가령 상호소통의 역사성이 현존에 있어 실존의 적극성이 되기 전에 이미 불끈 쥔 주먹이 **펴지면** 이것은 실존적 연관에서의 배반이기 때문이다. 이 실존적인 연관에서는 능동적인 존재와 행위에의 형태에서 현실적이 되는 것이 반항으로서 유지된다. 즉 반항의 가능성은 반항에의 단념에서 성실히 지양되는 것이 아니고, 현존에 있어 실존의 역사적 실현에서 비로소 지양된다. 그러나 가령 주먹을 마치 신성을 적중시키고자 하는 것과도 같이 **휘두를** 경우 단지 반항에서의 절망만이 있게 될 것이다. 이 절망에서 나는 무 속에서의 맹목적인 타격에 의해 가능성으로부터 벗어나고 부정적인 현실이 된다. 그 경우 더 이상 보존되지 않는 반항의 책무가 부정 가운데서 소모되고, 이 부정은 기만적으로 완결되는 지식 가운데서 파멸된다. 보존적인 반항의 부정은 긍정을 의지하고, 그 부정은 긴장이 성장함에 따라 모든 존재가 암흑화한다는 것을 무엇보다도 먼저 경험함으로써 이 긍정을 지향할 준비를 한다.

6. 귀의

결연한 반항에는 **회심의 가능성**이 있다. 그런데 그 어떤 것도 이 회심을 강요할 수 없다. 말하자면 회심의 필연성은 통찰불가능하다. 그러나 **자기 존재**는 그것과 대립되는 것 같이 생각되는 것과의 일치를 향해 나아가고자 한다. 내가 나의 자율적인 자유에 있어 망각할 수 없는 사상, 즉 나는 나를 스스로 창조하지 않았으므로 궁극적인 것일 수 없다는 사상은 불안한 사상이면서 그 반항이 주는 위협이다.

반항은 일반적인 근거들에 의해서는 지양될 수 없고 단지 **그것의 근거들**

에 있어서만 지양될 수 있을 뿐이다. 나를 나의 자유에서 나 자신이 되게 하는 신성만이 나로 하여금 자기존재에 의하여 반항을 극복하게 한다—그러나 이처럼 반항을 극복하게 하는 것은 어떤 경이적 초감성적 행위를 매개해서가 아니고, 내가 현존에 있어 나를—내가 역사적으로, 무제약적으로 결부된—일자에 결부시킴으로써 가능해진다. 내가 단지 나를 일자에 맡김으로써만 그 일자와 더불어 나 자신이 된다. 귀의는 세계 내에서 수행되고, 이 세계의 매개 없이는 어떠한 길도 초월자로 통하지 않는다.

왜냐하면 초월자는 현존의 현실 가운데서 나의 귀의를 바라기 때문이다. 만일 **반항**이 행복은 덧없고 기만과 결합되어 있다고 해서 **행복을 거절한다면** 귀의에서는 어떤 누구도 감히 내던져 버려서는 안 되는 것을 적절한 시기에 성취해야 한다는 의식이 생긴다. 반항에서 불행이 물리쳐지고 모든 현존에 대한 증오가 생겼다면, 귀의는 다음과 같이 요구한다. 즉 이것은 나에게 주어졌다. 나는 그것을 견디어내야 한다. 말하자면 나는 내가 몰락할 때까지 그것을 감수하지 않으면 안 되고 또 그것을 감수하고자 한다. 그러나 귀의에서는 현존의 맹목적인 행복이 더 이상 경험되지 않고, 극복된 반항으로부터 포착된 행복이 경험되는 것과도 같이—이 행복에는 가능적이면서 도래할 화(禍)의 베일이 뒤덮고, 그 때문에 그 행복은 단순한 현존과는 소원한 깊이를 가진다—그처럼 단지 비참할 뿐인 고뇌가 경험되는 것이 아니고, 극복된 반항이 가졌던 그런 깊이를 지닌 비통이 경험된다. 그러므로 이 비통에는 현존에 있어 보통 가능한 행복의 빛남이 나타날 수 있다. 존재하는 모든 것은 그것이 존재하는 장소에서는 현존이다. 나는 나를 나에게서 빼앗아서는 안 된다. 귀의는 삶이 어떠한 것이든 또 삶이 어떻게 이루어지든 그 삶을 떠맡고자 하는 삶에의 각오이다.

7. 변신론

귀의는 그 자체 기초를 짓고 싶어 한다. 지식욕의 반항에 하나의 근원을 가지고 있고 반항에 양분을 제공하는 지식이 모든 것을 신성에 근거하여 이해시키고 싶어 하는 귀의에 헌신해야 한다. 변신론은 현존의 해악, 불가피한 죄과, 악한 의지를 향한 다음과 같은 물음에 대한 답이다. 즉 어떻게 전지전능한 신이 해악과 부정을 허용하고 또 악이 존재하는 이 세계를 창조할 수 있었던가? 또는 넓은 의미에서 묻건대, 어떻게 현존에 있어 가치부정적인 것이 이해될 수 있는가? 만일 현재의 해악에 대한 보상으로서 (예컨대 유대인의 구세주 사상 또는 사회주의적 유토피아에서와도 같이) 자손의 행복이―모든 희망이 수포로 돌아갔기 때문에―자기기만으로 나타난다면, 더욱이 (예컨대 상을 주기도 하고 벌을 주기도 하는 초감성적인 법정에서와도 같이) 피안의 세계에서 보상이 상상적인 것이 된다면 보상의 필연성에 대한 저 물음이 항상 새로이 마음에 떠오른다. 이 물음에서는 한 사람의 관찰자를 만족시키는 보상이 목표가 아니고, 개개인이 일반자의 영상을 빌려 답을 찾음으로써 재인식하는, 말하자면 현존을 능가할 수 있는 귀의가 목표이다.

인도는 업(業)의 교설에서 비인격적 세계법칙을 안출했다. 인간의 영혼을, 살아 있는 존재의 단계적 질서로 이루어져 있는 왕국의 모든 형태로, 초래할 수 있는 영혼의 윤회에 있어 전생에서 행했던 선행과 악행이 재생과 특수한 운명의 양태로 보답되거나 또는 죄갚음을 받는다. 윤리적 인과응보의 빈틈없는 기구(메커니즘)가, 비록 전생의 현존에 대해서 어떤 의식적인 기억을 속박하지 않음에도 불구하고, 모든 현존을 지배한다. 모든 사람은 자기의 운명을 스스로 만들며, 자기의 앞으로 올 운명을 만들어 갈

것이다. 윤리적 행동의 의미는 더 좋은 재생을, 궁극적으로는 재생의 폐기를 통한 영혼의 윤회의 수레바퀴로부터의 해탈을 목표로 하고 있다.

이 교설은 시간적 연장의 표상을 통해서 모든 실존적 행위의 영원한 의미를 강조하고 있다. 이 교설은 두드러진 암호로서 모든 해악의 의미를 합리적 명료성으로 언표하고 있다. 이 교설에는 전능한 신성이 존재하지 않고, 단지 현존의 법칙과 비존재라는 존재를 추구하는 불가해한 노력만이 있기 때문에 변신론의 문제는 논의의 여지를 남기고 있다.

차라투스트라, 마니교도, 그노시스파는 **이원론**을 가르치고 있다. 즉 신은 전능하지 않고, 신은 악한 세력에 맞서고 있다. 두 가지의 원리가 서로 투쟁하고 있다. 해악과 악의는 빛나는 신성의 존재를 흐리게 하는 어두운 힘들의 부분적 승리의 결과이다. 세계는 전쟁터이거나 또는 그 세계 자체가 어떤 악한 세계창조자의 산물이다. 이 악한 세계창조자는 순수한 신성에 반역하여 불법을 감행했다. 선량한 신들의 최후의 승리가 확정되고 있음에도 세계과정은 비통과 무의미로 충만해 있다. 이 세계과정에서는 흩뿌려진 빛의 운반인들이 한 걸음 한 걸음 자기들의 은폐로부터 해방되고, 선한 힘들과 악한 힘들의 궁극적인 분리의 지점으로 돌아간다. 선과 악의 분열은 순수와 불순, 빛과 어둠에서, 즉 모든 가치 대립에서 재인식된다.

이원론은 현존의 궁극적인 근원에서의 이중화에 의한 지적으로 단순한 해결이다. 그 고정성과 비변증법적 생경성에 있어 이원론은 이 가운데 그 어떤 것에 의해서이든 현존을 계속해서 앞서 나아가며 숙고하는 것을 허용하지 않으며, 따라서 이원론은 모든 가능한 평가에 의하여 사물들을 항상 반복해서 포섭하여 사유하는 것만을 허용할 뿐이다. 그러나 이원론은 그 변증법적인 발전에서는 모든 현존의 투쟁의 초월적 기초에 대해서 그 단순성에 의하여 강렬한 암호가 된다. 반항과 귀의는 두 가지의 면으로 향할 수 있고, 그것들의 가능성이 전도된 경우 양자의 애매성을 낮의 법칙과 밤으로의 정열로 경험할 수 있다.

예정설에 있어 숨은 신(deus absconditus)은 인간의 모든 윤리적 요구와 인간의 모든 납득 가능한 일 저편에 존재하고 있다. 신의(神意)는 확정적이면서 탐구불가능하다. 신의는 모든 개인의 지상과 영원에서의 운명을 결정했다. 지상적인 정의의 척도는, 신의가 이와 같은 한정된 모든 의미를 무한히 뛰어넘어서 있기 때문에, 그 신의에 적용될 수 없다. 지상에서의 존재와 행위는 한 개인이 자기 자신의 어떤 공적에 의해서 신의를 변경시킬 수 있거나 또는 신의로 자기의 운명을 변경시킬 수 있다는 그런 의미를 가지고 있지는 않다. 그러나 그 존재와 행위는 그것 가운데 개인이 신의 은총으로부터 선택되어 있는가 아니면 버림을 받고 있는가라는 징후를 보고 알아차린다는 그런 의미를 가진다.

예정설은 그 근원에 있어 변신론 문제의 해결불가능성을 언표하고 있다. 그러나 예정설은 어떤 점에서는 그것이 가지고 있는 확정적인 지식에 의하여, 그리고 논증을 통해서 결론을 도출해 내는 방식의 합리적 정식에 의하여 이와 같은 언표를 능가한다. 여기서 말하는 합리적 공식은 방대한 신학에 있어 이해불가능한 것을 적극적인 이해로 전환시키기도 한다. 시간에 있어 결단의 폐기는 선택의 가능성을 절멸시킨다. 즉 자유는 이미 하나의 공식 가운데는 존재하지 않고, 단지 이러한 사상을 기초로 하여 취해지는 실제적 행동에서만 존재할 뿐이다.

이러한 세 가지 교설의 사변이 나타내는 것은 이성의 측면에서 보면 변신론의 물음에 대해서는 신의 존재에의 물음에 대해서와 마찬가지로 강제적인 답이 없다는 점이다. 이 공식을 보편타당한 것이 되도록 한다는 것도 헛수고로 끝난다. 이러한 합리적 형식들은 위대한 민족들에게는 삶을 각인하는 의의를 가진 것으로 받아들여졌고, 또한 우리에게는 아마도 어느 한순간에는 표현 형식으로도 사용될 수 있을 것이다. 그러므로 우리는 이제 알지 못하는 것에 대한 지식에 의해서 더욱더 깊이 역사적 상황 속으로 밀고 들어가고자 노력한다. 이러한 교설들의 내용에 대한 신앙을 가지고 살았던 인간들의 실존적인 중압은 자기들의 역사적 진리에 관해서 알리기도 하지만, 그 교설들이 진리임을 우리에게 증명해 보이지는 못하고 있다. 이 교설들이 난파된 이후 오히려 우리가 시도하지 않으면 안 되는 것은 이 **교설들의 불가해성을 이해하는** 일이다. 우리의 의식은 더 이상 의심할 여지가 없을 정도로 신화적인 신앙 내용을 가진 역사적 실체에 속하지 않는다. 즉 우리의 의식은 전체를 알지 못하는 깊이에 근거해서 더 이상 현재를 살아가지 못함으로써 물음을 던짐에 있어 한계를 알지 못한다. 우리의 의식 가운데 존재하는 자유한 가능 실존은 초월자와 함께 자기 자신에 대하여 물음을 제기한다. 그 결과 가능 실존은 반항과 귀의의 변증법적 비틀거림 가운데서 **지식에 의한 해결의 완전한 불가능성**을 반성하면서 경험한다. 이와 반대로 신화적 변신론에서는 해결은 알지 못한 채 믿어졌다.

만일 죄책, 투쟁, 모든 해악이 어디에서 유래하는가라는 물음에 대한 통찰력 있는 해결이 가능해졌다면 한계상황은 지양되었을 것이고 또 가능 실존에의 근원적인 경험도 상실했을 것이다. 단순한 지식에 의한 어떤 해결도 존재하지 않는다는 것이야말로 우리가 여러 가지 한계상황으로서 우리의 상황에서 출발하여 개개인의 그때마다의 역사적 비약을 상호소통 가운데서 포착하지 않으면 안 되는 이유이다. 모든 변신론의 실패는 반항과 귀의에의 가능성을 유지하는 우리들의 자유의 능동성에 대한 호소가 된다.

따라서 귀의는 지식을 단념한다. 즉 귀의에서 나는 존재의 근거를 신뢰한다. 귀의는 단지 알지 못하는 것에서만 진실하다. 귀의는, 비록 존재가 존재한다는 것을 알 수 없다고 하더라도, 현존을 존재에로 승화시킨다. 귀의가 지식에 의해서 정당화될 경우에 귀의는 진실하지 못한 것이 된다. 그러나 능동적인 신뢰로서의 순응은 알지 못하는 것 가운데 초월자를 주시한다.

만일 부정적인 것에 있어 드러나는 반항[하는 인간―옮긴이]이 연구하면서 길을 찾고, 그 길 위에 신은 존재하지 않고, 단지 예컨대 맹목적 자연법칙만이, 단지 유한적 사물들의 총계만이 존재한다고 확신한다면 아마도 그 반항[하는 인간―옮긴이]은 자기의 지식에 근거해서 다음과 같이 경멸적으로 말할 것이다. 즉 "너 자신을 도와라, 그러면 신도 또한 너를 도울 것이다." 그러나 귀의[하는 인간―옮긴이]은 다음과 같이 응답한다. 즉 나는 알지 못한다. 그러나 만일 신성이 주어진다면 신성은 물론 단지 자기 스스로 활동하는 자에게만 주어진다. 말하자면 자유를 경유하지 않고는 아무것도 증여[34]되지 않는다. 실제로 나는 나 자신을 도와야 하지만, 만일 내가 그렇게 할 경우에 나는 귀의를 감행하는 데서만 신뢰해야 할 것이다. 이 신뢰는, 비록 그것이 삶의 모험이라고 하더라도, 어떤 지식에도 기초하지 않는다.

그런데 만일 귀의[하는 인간―옮긴이]이 나로 하여금 계속해서 전체의 조화에 관하여 말하고 물리적 악과 도덕적 악을 정당화시키도록 한다면 나는 환상 속에서 길을 잃고 말 것이다. 나는 귀의가 어떤 지식도 거절하지

---

34) 인간은 자기와 관계하면서 자기가 된다는 자기의 자유 및 이 자유에 의해 생성되는 자기존재가 스스로 창조한 것이 아니라 객관적인 앎을 초월한 것(초월자, 힘, 운명)에서부터 증여된다는 것을 느끼지 않을 수 없다. 실존과 자유에는 초월적인 것에 의한 선물이라는 의식이 동반되지 않을 수 없다.

않는 진정한 귀의로 존속할 수도 있도록 하는 그런 반항이 어디에서 발원하는가를 이러한 환상으로 은폐시키기 십상이다.

8. 숨겨진 신성에서 오는 시간적 현존에서의 긴장

만일 신성이라는 초월자가 가시적인 언어로 말했다면 우리는 그 초월자 앞에서 단지 복종했거나 또는 사라졌거나 했을 것이다. 어떤 의문도 멈추어졌을 것이다. 은밀성으로부터 걸어 나와서 자기의 자태를 나타내 보이는 전능한 신 앞에 내던져졌을 경우에 나는 나의 자유를 상실하게 되었을 것이다. 반항도 귀의도 가능하지 않았을 것이다. 왜냐하면 반항과 귀의는 가능 실존의 모험이 바로 그 답이 되는바 그러한 물음에서 숨겨진 신성으로 지향하기 때문이다.

우리는 아직도 시간적 현존 가운데 있다. 신성이 숨겨진 채로 있고 아무런 답도 주어지지 않고, 모든 암호를 애매하게 해 버리는 한 신성은 인간을 그의 자유로 되던진다. 인간의 운명은 긴장이고, 이 긴장 속에서 인간은 자기가 목표하는 바를 향해서 살고 또 그 목표를 달성하기 위해서 감행하지 않으면 안 된다―진리의 탐구에서 인간에게 남는 것은 단지 이러한 도상에서 진리를 찾아내는 것뿐이다. 신성은 맹목적인 귀의를 바라는 것이 아니고, 반항함으로써 비로소 그 반항에 의해서 참된 귀의에 도달가능하게 하는 자유를 바란다.

그러므로 긴장은 해소되지 않는다. 귀의는 그 근원을 반항 가운데 보유한다. 말하자면 신뢰도 물음을 폐기시키지 못한다. 궁극적인 하나됨은 시간적 현존에서는 불가능하다. 즉 그것은 진실하지 못한 예상일 것이다. 실존은 단지 역사적 현상에 있어 실존의 진리를 이러한 긴장으로부터만 그 스스로 발견할 수 있을 뿐이다. 그때 실존은 존재에의 신뢰를 실존의 자기신뢰의 도상에서 가진다. 즉 실존은 그의 귀의를 그의 반항을 통하여 발견한다. 이와 마찬가지로 실존은 그의 자기신뢰를 그의 존재 신뢰의 도상에서 가진다. 즉 실존은 반항적 독립성을 귀의를 통하여 발견한다.

신을 부정한다는 것은, 반항이 그 부정성에 있어 처음부터 신을 지향하고 있기 때문에, 신에 대해 무관심하게 되는 것이 아니고, 초월자와의 관계의 소극적 표현이다. 반항은―신을 부정하거나 저주하거나 간에―그 자체가 초월자에 의한 사로잡힘이다. 반항은 의심 없는 신앙보다도 더 깊을 수 있다. 신과의 **싸움**은 일종의 신에의 탐구이다. 모든 부정은 긍정에의 탄원이다. 그러나 그것은 진실하고 정직한 긍정에의 탄원이다. 모든 귀의는 진실하게 말하자면 단지 극복된 반항에 의해서만 가능할 뿐이다.

9. 양극으로 고립되면서 파괴적으로 상승함

세계의 현존에서는 긴장의 어느 한 극의 상승이 완성되지만, 이 완성은 가령 그것이 웅대하다고 하더라도 시간 가운데 머무는 실존에 있어서는 불가능하다. ―

실존은 반항에 있어 고유의 자유로부터 신에 대립하거나 또는 신 없이 세계 내에서 실존의 의미를 자기 스스로 창조한 것으로서 실현하기 위하여 **거인적**으로 자립한다. 실존에게 이 세계가 다소 유용한가, 유용하지 못한가에 대한 어떤 의미심장한 물음도 더 이상 필요없다. 아주 중요한 것은 내가 의미를 창출함으로써 나는 다소 쓸모가 있다는 사실이다. 즉 나는 존재하고 있는 것이거나 또는 아무것도 아닌 것이거나이다

귀의의 영웅주의는 순교자의 자기절멸에서 그 진실성을 가진다. 이러한

절멸에의 의지에는 하나의 품위가 있다. 이 의지는 세계에 대해서 무관심한 삶이 삶 가운데서 포착되는 초월적 진리를 지향하는 무제약적인 귀의를 실현한다.

그러나 강력한 자력적 거인과 헌신적 성인은 세계의 현존으로부터 나와서 완성으로 들어간다. 이 완성은 거인과 성인으로 하여금 **상호소통에 의한 접근**을 어렵게 한다. 거인과 성인은 경탄의 가능적 대상 또는 가능적인 것의 정위(定位)가 된다.

10. 양극으로 고립되면서 허탈하게 일탈함

만일 내가 자기존재의 가능성들을 거부하고 단순한 현존이 되고자 함으로써 어느 한 극에서 고립화한다면 나는 아마도 틀림없이 허무로 일탈하고 말 것이다.

그때 반항은 어떻게 내가 나의 현존을 나의 것으로 의지하는가라는 하나의 방식으로 급변한다. 나는 삶이 지속하는 한 주저함이 없이 삶을 향유하고자 한다. 나는 파괴와 지배를 향유함에 있어, 즉 나의 현존을 침해하는 그런 현존에 대한 증오와 복수욕에서 권력을 욕구한다. 이 격앙은 이미 반항하는 자기존재의 자유가 아니고, 결연한 주체성의 자의이다— 허약한 형태들의 반항은 부동(Schweben)[35]의 상태에 머무는 대신에 말하자면 곤경에 빠질 수밖에 없다. 이 반항은 초월자의 순수한 형상으로서의 신성

---

35) 포괄자에 대한 지식도, 초월자의 확신도 만인에게 보편타당하게 획일적으로 확정된 것으로 얻어지는 것이 아니라 각자의 주체적 태도에 부합하는 암호해독을 통해 얻어지므로 부동적(浮動的)이다. 실제로 야스퍼스의 많은 저서에서 말하고 있는 포괄자의 여러 양태의 구별도 확정된 것이 아니라 부동적이다.

을 획득하고자 분투하는 대신에 공허한 허무주의의 종말 상태가 된다. 이 반항은 악의적인 즐거움이다. 즉 이 경우에 사람들은 세계가 존재하는 바 대로 본다. 사람들은 현존 일반으로서 자신의 현존에 있어서의 신성을 보여 주기 위하여 비속한 것에 빠진다. 이 격앙은 원한이다. 그것에는 깊이가 없다. 귀의는 수동성으로 일탈한다. 신과의 투쟁의 가능성은 이미 폐기되어 있고 실존의 시간적 현상에는 더 이상 힘이 없다. 실존은 시간 가운데서 현존으로서는 불가능한 항존적인 조화를 시간 가운데로 받아들였다. 이 수동성은 자유를 포기해 버렸다. 예를 들어 그것은 지상적인 권위들에의 순종인 경건한 굴복의 태도에서 발견된다.

11. 신뢰가 가지 않는 귀의, 신을 떠나 버림, 신의 부재

반항과 귀의는 초월자 앞에서 자기 자신이 절멸한다는 것을 아는 폐기 의식에서 자기존재가 상실될 때 서로 결합된다. 그것은 **신뢰가 없는 귀의**의 절망이다. 인간은 자기와 초월자 간의 관계에 있어 무서워서 벌벌 떨고 있다고 느낄 뿐만 아니라 희망조차 가지지 못한다. 인간은 영원성 가운데서 아무런 도움도 없이 자기가 분쇄되고 있다고 느낀다. 인간은 일체를 분쇄해 버리는 폭력에 직면하여 느끼는 불안 그 이외 아무것도 아니다. 결국 신뢰를 포함한 귀의는 철저한 의존성 가운데서 상실되었다. 이와 반대로 자기를 긍정하는 자기존재는 자기에게 적대하는 압도적인 초월자의 섬뜩한 느낌 앞에서 공포를 안고 서 있다.

반항은 **신을 떠나 버린 느낌** 속에는 없다. 이러한 느낌 속에 내재하고 있는 것은 반항도 할 수 없고 귀의도 할 수 없는 무신앙으로서의 먼 거리 의식이다. 신을 떠나 버린 느낌은 여러 가지 한계상황 가운데서 각성에 선행하는 무의식의 상태가 아니고, 반항과 귀의를 인식은 했지만 상실해 버린 의식된 상태이다. 만일 이러한 상태가 무관심—나에게는 어떤 진지한 것도 이미 존재하지 않기 때문에 나는 본래적으로 더 이상 아무것도 바라지 않으며, 또 기뻐할 수도 없고 괴로워할 수도 없는 그런 무관심—이 아니라고 한다면 이 상태는 초월자가 나에게 오기를 기다리는 것과도 같은 공허한 것이다. 신을 떠나 버린 느낌은 신은 죽었다는 의식에까지 오를 수 있다. 그것은 이미 반항이 아니고 오히려 반항과 같이 가능성을 자신 속에 가진 **경악**이다—한편 물음을 묻는 것도 없고 절망하는 것도 없이 둔감하고 무관심하게 계속 삶을 살아간다는 것은 모든 가능성을 조금씩 사라져 버리게 하는 것이다.

반항은, 가령 인간이 **현실적으로 분명히 신 없이** 존재할 수 있다면, 중지한다. 다음과 같은 보고가 있다. "스칸디나비아 지방에서 그리스도교의 전도를 담당한 자가 만났던 사람들 가운데서 상당히 많은 사람들이 신앙 없이 오직 자기들의 강력한 의지에만 의존하여 살고 있었다."

그것이 글자 그대로 바르다고 하는 한 그것에 의해서 무의식적인 현존이 특징지어진다. 예견도 반성도 없는 이 무의식적인 현존은 한계상황이 없기 때문에 반항도 없이 전적으로 단지 찰나 속에서만 살아간다. 그럼에도 불구하고 야성적인 독립성을 가진 이러한 현존은 다른 어떤 현존과도 달리 반항에의 가능성, 즉 신에 대한 열정적 탐구의 가능성을 자기 자신 속에 내포하고 있다.

12. 최후에 남는 물음

반항과 귀의의 긴장 해소를 위한 지식의 객관화는 실존의 역사적 자유를 교살시킨다. 실존은 시간적 현존 가운데 존재한다.

반항은 본래적으로 인간적인 것이다. 열린 눈초리로 사실을 보고 물음을 묻는 자는 부정에의 길을 발견할 것이다. 귀의의 신뢰는 내가 거기에서 이미 평안을 얻고 있는 마음을 어지럽힐 수 없는 선입견으로서 진실일 수 있는 것이 아니고, 단지 현실적 현존의 희망 없는 공포에 직면하여 취득하는 것으로서만 진실일 수 있는 것이다. 귀의의 신뢰는 고르고(Gorgo)[36]의 응고된 시선을 견디어내지 않으면 안 된다.

현실적으로 공포로 들어가지 않고 시련을 이겨내지 않는 자는 **귀의의 신뢰**를 알 수 없다. 귀의의 신뢰는 어떤 사람에게도 강요될 수 없다. 그것은 그것 자체에 있어서는 어떤 공로도 없다고 하는 의식을 수반하고 나타난다. 귀의의 신뢰를 가지고 있다는 것은 그 신뢰를 가진 자보다 더 높은 가치는 아니다. 귀의의 신뢰는 그것의 요구의 권리에 대한 근심과 결합되어 있다.

신뢰하지 못하는 자는 신뢰하는 자를 단지 기피하든지 또는 진지하게 신뢰하는 자로서 신뢰하는 자에게 가장 가깝게 서 있다. 신뢰하는 자는 그 자신이고, 현존적 운명과 그와의 실존적 공동성을 경험한다.

섭리는 존재하는 것인지? 또는 어떤 것인지? 내가 세계에 대해 물음으로써, 말하자면 초월자에게 **묻는다면** 나는 내가 성실하면 성실할수록 다음과 같이 **더욱더 어찌할 바를 모르게 된다**―무엇이 영속하고 영생해야만 하는가? 또 무엇이 멸망해야만 하는가를 나는 모르기 때문에―그리고 나의 지식에게는 어떤 것의 우선이란 존재하지 않기 때문에―그리고 영속하는

---

36) 그리스 신화에 나오는 세 자매 괴물. 머리가 뱀이며 그 눈을 본 사람은 무서운 나머지 돌로 변했다고 전해진다.

것이 반드시 더 좋은 것이 아니라는 것, 더욱이 단순히 영속한다는 것이란 가끔 가장 열악한 것이라는 점을 나는 일반적으로 알고 있기 때문에—나는 생기의 결말과 행동의 성과에서 나타난 신성의 답을 결코 알지 못한다. 몰락이 [신성의 손에 의한—옮긴이] 내던져 버림을 의미할 수도 있고 [경우에 따라서는—옮긴이] 축성을 의미할 수도 있으며, 승리가 신성으로부터 주어진 임무이거나 또는 저주일 수도 있다.

신성이 사물들을 일정한 방향으로 나아가게 할 것이라고—왜냐하면 단지 이렇게만 그리고 이렇게 하지 않고는 달리 이치에 닿지 않기 때문이다—내가 기대할 수 있거나 또는 이 고귀한 삶, 이 선량한 의지, 이 최선의 경주가 난파하거나 또는 내가 그 무엇에 가치를 두거나 또는 가치를 두지 않거나, 그리고 그것 때문에 내가 기대해도 좋거나 또는 두려워할 필요가 없는 이러한 모든 억견의 가장 하찮은 조짐도 나를 다음과 같은 혼란스러운 태도를 취하게끔 한다. 즉 나는 거기에서 섭리가 발원하는 그런 본래적 존재를 흘끗 보기 위하여 가까이 하기 어려운 것으로 밀고 나아가든가 또는 가령 어떤 공정한 사상에 의해서라고 하더라도 은밀하게 섭리에—이것을 강요하고 싶지는 않다고 하더라도—영향을 미치고 싶다. 이와 같은 사유에는 하나의 승화된 마법이 있다. 이 마법은 요술과 비슷한 것이 아니지만, 그것은 이미 인간의 존재와 행동으로써 신성을 조종하고자 한다.

단지 실존과 이념뿐만 아니라 전체의 거대하고 압도적인 세계와, 그것에 의하여 가능 실존이 내적으로는 위축될 수도 있고 외적으로는 절멸될 수도 있는 타자까지도 현존은 붙잡는다. 의미, 정의, 선의 관념들에서 측정해 볼 때 불가능할 것으로 생각되는 **모든 것**이 단적으로 말하면 **가능한 것**이기 때문에 반항과 귀의 가운데서의 긴장은 잔존한다. 그러므로 실존적 거부는 난파의 무의미성에 대한 절망에서와 마찬가지로 성공의 자부와 만족에도 있다. 그러나 행복과 난파, 무의미성과 의미심장에서도, 가령 이러한 양자를 묻는다면, 초월자에의 신뢰는 성실할 수 있다.

신성이 또한 자기만족, 오만, 불관용, 편협, 맹목에도 임재해 있는지 어떤지에 대해 묻는다면 나는 감히 아니라고는 말하지 못한다. 이러한 것들 가운데 나의 신성은 없다. 나의 여러 힘에 의하여 이러한 것들에 대한 투쟁이 간절히 요망된다는 것을 나는 알고 있다. 그러나 나는 내가 그것들에 대항하여 이긴다고는 기대할 수 없다. 숨은 신성이 나에게 간접적으로 말할 때 나에게 결코 전적으로 말하지는 않는다. 이 신성은 나에게는 신성 그 자체가 아닌 것 가운데서 나를 향해서 온다. 이 신성은 신성이 아닌 것을 현존하게 하고 자기주장을 하게 한다—신성은 내가 열악과 사악이라고 생각하는 것에 대항하여 투쟁하는 상대자의 승리와 존립을 볼 것을 나에게 바란다.

이반과 비약

나는 초월자를 사유하거나 또는 그 어떤 규칙에 의하여 반복할 수 있는 행위를 통해서 초월자와 관계하는 것으로는 결코 초월자를 포착하지 못한다. 나는 초월자에의 비약이나 또는 초월자로부터의 이반상태에 서 있다. 나는 이 양방 가운데 일방을 단지 타방을 통해서만 실존적으로 경험한다. 즉 비약은 가능적, 현실적 이반과 결부해 있고 그 반대도 마찬가지이다. 태고의 사상들은 수천 년 이래 인간의 낙하와 상승을 초월적으로 관계지었다.

1. 이반과 비약에 있어서의 나 자신

절대의식에서 나는 실은 존재를 확신하지만, 시간적으로 지속하는 고요한 완성에서는 그렇지 못하다. 오히려 나는 나를 항상 자기생성이나 또는 자기상실의 가능성 속에서 발견하기도 하고, 다양한 것 가운데서 흩어지기도 하며, 본질적인 것 가운데로 집중하기도 하고, 근심과 불안 속으로 잡아당기기도 하며, 환락 속에서 자기를 망각하거나 또는 자기현재적이기도 하다. 나는 본래적 자기가 존재하지 않는 황야, 그리고 존재하지 않는 이 현존으로부터의 비약을 인식하고 있다.

내가 끊임없이 나를 경험할 때의 위험의 의미는 다음과 같이 실존적 일탈의 모든 정식화에 들어맞는다.

a) 절대의식에 있어 근원은 자기생성에서의 능동적인 운동이다. 이반은 무시간적인 항존으로서이고 규제된 수동적인 운동으로서이며, 특히 **정착된 것으로서의 단지 객관적인 것**만을 지향하는 데서 일어난다.

근원은 충실한 실질이다. 이반은 **형식화와 기계화**에 있어 공허한 형식의 고착에 이른다.

근원은 실존의 역사적 연속성으로서 있다. 이반은 그것이 포괄하고 혼을 불어넣어 주는 그 무엇 가운데 그 근거를 더 이상 가지지 못하는 한 자의적인 것, 만들어진 것, 합목적적인 것을 향해서 나아간다.

어떤 경우에도 이반에 의하여 단지 객관적인 것만이 존재로 간주되었다. 다른 한편 이 객관적인 것은 실존의 기능으로서 비로소 진리를 가진다. 고정, 형식화, 만들어짐은 동일한 것이다.

b) 절대의식에 있어 근원은 실질의 **결정적 순위**에서 발견된다. 이반은 무제약적인 것에서 제약적인 것으로, 제약적인 것에서 무제약적인 것으로 이행되는 **전도**이다.

c) 절대의식에 있어 근원은 본질과 현상의 동일성에 있어 **진정하고**, 기초가 된 순간에 적합한 영향의 고집으로 이윽고 충실로서 나타난다. 이반은 단순한 주관성으로서의 **진정하지 못한** 체험과 몸짓으로 나아간다. 이 주관성은 실은 순간에 있어서는 현실적이지만, 그 주관성의 의미가 가상에 머물고 있기 때문에 진실하지 못하다. 말하자면 이반은 또한 내가 이미 나의 내면 가운데서 더 이상 작용하고 있지 않는 내용들을 타당하게 하는 것, 승인하는 것, 언표하는 것으로서는 진정하지 못한 것으로 나아간다.

d) 절대의식에 있어 근원은 현재하는 **무한성**으로서 자기와의 관계 속에 함유되어 있고 그것으로 인해서 충실하다. 이반은 단순한 반복으로서 **무제한성**에 이르지만, 이 반복은 끊임없이 새롭게 현재하는 자기 생산의 충실은 이미 아니다.

2. 나는 내가 가치평가하는 대로 된다

나의 낙하와 상승의 과정에 있어 그 어떤 것도 단순히 나를 향해서 현존하고 있는 것이 아니고, 모든 것은 가능적 평가에 종속되어 있다. 나는 나의 행동, 나의 내적인 태도, 타인과의 상호소통 속에서 나와 타인이 만나는 토대를 이루는 현존, 그리고 나에게 나타나는 모든 것을 가치판단한다.

내가 가치평가한 대로 나는 존재하고 나는 내가 된다. 만일 내가 나의 가치평가를 고집하고, 음미하고, 극복한다면 나는 상승에서 존속한다—그러나 만일 내가 지금까지 나에게 참이었던 가치평가와의 연결을 상실한다면 나는 침몰할 것이다.

가치평가들은 단지 정의 가능한 **규범 개념**들에서만 어떤 **명료한 규정성**을 획득하지만, 이러한 규범 개념들은 유한적인 척도로서 그때마다의 관점에서 우리들로 하여금 사물들에 대해 가치평가하는 것을 허용한다. 형편없는 재능과 질병에 있어 작업 능률의 저하, 생명적인 것의 모든 반목적론적인 구조는 합리적으로 명료하게 사유되고 구별된다. 일정한 목적 개념과 규범 개념을 척도로 해서 획득할 수 있는 이와 같은 강제적인 가치평가와 대립되는—우리가 역사적으로 경험하는—평가는 **불분명하고 비강제적이지만**, 모든 사물의 인상학적 본질에 있어 **위계에 대한** 명증한 **인식**이다. 이러한 인식은 과정적이지만 궁극적이지는 않다. 말하자면 그것은 포섭은 하지 않고, 근원적으로 밝힌다—그것은 지식을 결여하지만, 직관적인 친근을 가지고 있다—그것은 증명되지는 않지만, 명료해진다. 일정한 규범 개념으로부터 많은 관점하에서의 현존하는 것의 다양한 위계질서가 생겨난다. 그런데 이러한 많은 관점은 그 자체에서 상대적으로 그때마다 규정된 위계관계를 보편타당적으로 고정시킨다. 실존으로부터 각각 유일한 인상이 가지는 무제약적인, 결코 완결되지 않은 여러 가지 위계질서에의 시선이 발원한다.

이러한 실존적인 가치평가가 단지 시간 가운데서의 생성으로서만 존재한다면 그것 역시 객관화로 떠밀려 간다. 여러 역사적 상황과 선택작용에서 간파한 위계를 일반적인 가치들로 합리화하는 것은 우리에게는 본래적으로 행하는 바에 관한 개명된 지식에 이르는 유일한 길이다. 한없이 획득하고자 노력하는 이 합리화는 실존의 미래의 역사적인 것을 위한 근거를 그때마다 설치한다. 그러나 실은 이 합리화는 그것이 실존의 절대적, 역사적인 의식에 있어 실존 자체에까지는 결코 밀고 나아가지 못하는 한 여전히 상대적이다. 왜냐하면 객관화된 위계질서는 정의 가능한 목적으로부터의 가치평가와 마찬가지로 근원적으로 포착될 수 있는 위계질서와 동일화될 수 있는 것은 아니기 때문이다.

이와 같이 강제적인 것으로서 가치평가가 전제된 규범 개념들에 있어 단지 상대적으로만 가능하다면 이와는 다른 불확정적인—그러나 본래적인 본질을 사념하기 때문에 깊이로 다가오는—위계인식은, 가령 그것이 확정적인 객관화에 있어 모든 사람에게 객관적으로 타당한 것으로 가정된다면, 기만적이 된다. 위계인식은 이러한 평가작용의 능동성에 있어 표출을 보이는 자기의 상승과 낙하의 의식과 지극히 밀접한 연관을 가지고 있다. 내가 가치평가하면서 도처에서 낙하와 상승을 볼 때 나는 이미 낙하와 상승에 관여하고 있다. 여러 가지의 위계질서는 **자기의 본질에의 투입** 없이는 비진실하게 된다. **가치평가**의 형태에 있어 **이반**은 다음과 같은 방식으로 수행된다.

a) 내가 **성실하게 가치평가**한 것을 **사랑하거나 또는 증오하는 것은 내가 그것을 사랑하고 싶기 때문이다.** 왜냐하면 나는 그것에 대해서 가능적인 상호소통의 관계에 서 있기 때문이다. 나는 이 가치평가를 항존하는 존재로서가 아니고, 그것의 생성하는 가능성과 함께 비로소 공동으로 가치평가하고 있다. 참된 가치평가는 활력적으로 사랑하는 투쟁이고 단지 확정만이 아니기 때문에 내가 관여하고 있다.

이와 반대로 만일 내가 나를 고립화하면서 나와 무관계한 것과 같은 어떤 항존하는 것에 대해서 타당하다고 가상한 가치평가를 시도할 경우에는 나는 비진실하게 된다. 자기의 본질이 침몰해서―판정자로 자처하는―한 사람의 **경직된 관찰자**로 떨어질 때의 이 **진실하지 못한** 가치평가는 상호소통의 결여로의 이반을 의미한다.

b) 성실한 가치평가는 **연속성**에 있어 고유한 상승의 계기이다. 이 연속성은 가령 그것이 합리적인 일관성으로서 충분히 규정될 수 없다고 하더라도 망각할 수 없는 **확증과 충실**로서 나타난다. 그러나 단순히 합리적인 사상과 순간의 사라져 버리는 감동에 근거한 **가치평가와 악평의 자의**는 일탈이다. 이 자의에 대해서 인간은 책임을 지지 않으며, 그것을 망각하기도 하고 우연적인 것으로 생각하는 것 같기도 하다.

c) 가치평가가 진실하다는 것은 내가 **가치평가된 것 자체와 전적으로** 더불어 존재하는 경우이다. 그러나 내가 단지 다른 동기를 위하여서만 가치평가와 가치판단을 **구실로 삼는다면** 현실적인 목적들에 관하여 나 자신과 다른 사람을 기만함으로써 나는 이반한다. 내가 어떤 한 사람의 인간을 예를 들어 치켜 올리는 것은 내가 그를 사랑하기 때문이 아니고, 내가 그렇게 함으로써 다른 사람의 마음을 상하게 하고자 하기 때문이다. 내가 실존으로부터 현상으로 오는 것을 증오하고 배척하는 것은 내가 거기로부터 가능하게 되는 척도에 의하여 나 자신을 음미하고자 하지 않기 때문이다. 만일 내가 무엇인가를 저평가하거나 또는 찬미하고자 한다면 여러 가지 논증이 무제한으로 있게 된다. 이 논증은 어딘가에서 가능적인 가치판단인 것 같이 보인다. 그러나 이러한 가치판단은 부적합하다. 특히 그것은 투명하지는 않지

만, 외견상 일치해 보이는 듯한 인간 집단의 그때마다의 평균에 의하여 제공되는 그런 것이다.

d) 가치평가가 진리인 것은 **객체화에 있어** 자기 자신에 관해서 **명료성을** 추구하는 데 있다. 객체화는 언제나 자기조명의 필연적인 수단이다. 여러 가지 척도와 가치표는 실존의 공간에 속한다. 그러나 **가치의 질서 일반의 도식이 가지는 안정**은 일탈이 된다. 역사적으로 나에게 대립하고 있는 것 가운데로 무한히 심화되어 가고, 그것으로부터 그것의 가치들을 나 자신의 비약에 있어 그것과 함께 발견하는 대신에, 즉 공개적으로 무기를 사용하지 않는 투쟁에 있어 이 상호소통을 시도하는 대신에 모든 개인은 현존하는 일반적인 것의 구분 가운데 배열되고 그것으로서 정리 보존된다. 경직은 이반이다. 모든 사유된 위계질서의 역사적인 근원은 무제약적인 결단들을 타당한 객관성으로 전위시키는 것을 견디어 내지 못한다. 내가 모든 객관화를 포괄하고 어떤 안정도 얻을 수 없는 **이반과 비약의 가능성들** 가운데서 의식적으로 머무를 경우에만 참된 가치평가의 가능성이 존재한다.

3. 의존상태에서 자기가 됨

능동적인 자기반성에 있어 나는 이미 나로서 존재하는바 나의 존재에 끊임없이 부딪힌다. 나는 내가 존재하고 싶은 대로 곧바로 존재하고자 욕구할 수 없다.

나는 나의 신체의 **의존상태**에서 나를 본다. 그러나 만일 내가 신체의 탐구에서 포착한 것을 나 자신으로 간주한다면 나는 나를 하나의 사물로 만들어 버리고 있는 것이다. 나의 몽상적인 눈으로 본다면 사물은 인과과정의 결과로 분해되기도 한다. 이러한 인과과정은 내가 바라는 것을 기술적인 준비에 의해서 나 자신 가운데서 만드는 것을 가능하게 할 수도 있을 것이다. 본래적 존재 의식으로서 나의 내적 태도도 산출 가능할 수 있을 것이다.

이러한 사상의 무의미성은 자아에 대한 물음에서 해명된다. 이 자아는 이러한 준비를 시도하고, 이 자아가 달성하고 싶어 하는 자기존재의 양태에의 의지를 가지고 있다. 왜냐하면 그렇게 욕구하는 이 자아는 이미 산출 가능한 것이라고는 생각될 수 없기 때문이다. 그 이유는 탐구하고, 의욕하고 산출하는 것을 가능하도록 하는 근원이 파악될 수 있을 것이기 때문이다. 또한 적극적으로도 나는 무엇인가로부터 벗어나고자 하는 매일의 분투에서 나의 자유를 의식하고 있다. 물론 현존의 제약들은 존재하며, 따라서 그것 없이는 자유는 멈추어 버린다. 그러나 이 현존의 제약들에 의해서 이 자유 자체가 생성되거나 또는 자유의 내실이 조종될 수는 없을 것이다. 여기에 단순히 수동적인 어떤 경험으로서도 접근하기 어려운, 즉 내가 나 자신에 의존하는 점(Punkt)이 있다. 비약과 이반은 자유의 근원으로부터 나오는 과정들이다.

그러나 이반과 비약은 그것들에 **선행하는 것**과 **결부되어 있다**. 나는 나를 언제나 전제 없이는 변화시킬 수 없다. 항상 나는 기초를 세우고, 생성되고, 계속해서 도상에 있고, 그와 같이 해서 전진하기도 하고 또는 되돌아 가기도 하면서, 지속적인 능동성에 있어 단지 눈에 띄지 않게만 성장하기도 하고 또는 미끌어져 떨어지기도 하면서 그때마다 그 순간을 가진 비약에서 존재한다.

내가 나 자신에 의해서 이미 역사적으로 속박된 하나의 존재가 되고 있는 것과 같이 나는 내가 살고 있는 세계에 의지하고 있다. 그러나 나의 본래적인 자유는 나의 세계의 현전하는 사실적 현존이 포착되고, 자기화되고, 변화되는 그러한 곳의 깊이에 도달한다. 이 현현하고 있는 인간의 세계 현존의 규정성에 있어, 즉 특별한 정세와 상황에 있어 내가 부딪히는 것을 회피하기 위하여 하나의 무세계적인, 그러나 항상 타자에 의하여 어지럽혀지는 자유로 도피하고자 시도하든가 또는 내가 부딪히는 것을 나에게 귀속하는 것으로서, 즉 나 자신의 책임으로서 받아들일 수 있다.

고유의 기초와 세계에 결부된 자기의 의존성에 있어 나는 나 자신을 비약시키거나 또는 이반시킨다. 그러나 내가 이러한 자기의 의존성에 있어 일탈을 사유하는 가운데 형식적으로 조명하는 방향을 전적으로 확신하고 있지만, 나는 이 방향의 유래와 목표를 전연 알지 못한다. 내가 비약할 때 나는 지금 나 자신이 무엇을 하고자 하는가를 구체적으로 알 수 있다. 그러나 나는 그 하고자 하는 것의 방향이 일반적으로 무엇인지를 알 수 없다.

4. 초월자에서 유지되고 있는 진행과정의 방향은 어디로 향할지 정해지지 않았다

나는 이반이 어디로 가는지 그리고 상승이 어디로 가는지를 알지 못하기 때문에, 즉 이 두 가지의 경우에 있어 나의 폐쇄되지 않은 세계와 오히려 불가피하게 결합되어 있기 때문에 나는 나의 이반과 비약의 과정에서 감지하는 초월자 가운데서만 확고한 토대를 가진다. 이 과정은 단지 실존이 자기의 초월자 가운데 뿌리를 내리고 있다고 믿는 곳에서만 현존에 있어 존재의 본질을 근본적으로 드러낸다. 단지 그곳에서만 실존은 실존 자신인 바와는 다른 타자에 대한 열어젖힘을 보일 때 현실적으로 단호한 것이 된다. 숨은 존재인 초월자의 현재를 인식할 때의 절대의식이 흐릿하게 될 때 비로소 실존의 행동도 또한—부정직하게 무리한 행동을 감행할 경우이든 또는 정직하게도 어찌할 바를 모르는 혼란에 빠지는 경우이든—불확실하게 되고 그렇게 함으로써 자유롭지 못하게 된다. 실존은 초월자와의 연관을—실존은 그것을 의욕할 수 없기 때문에—일찍이 초월자가 실존에게 말을 걸었을 경우에 단지 마음으로 준비할 수 있을 뿐이다.

그러나 가령 나의 본래적인 목표들이 **초월적으로 연관되어 있다**고 하더라도 **초월적으로 규정되는 것은 아니다**. 만일 내가 목표들이라고 일컫는 것이 영혼의 순수, 나의 존재라는 실체의 역사적 현상, 나에 의해서 충실가능한 현존의 영역 전체에 있어 역사적 규정성에 기초한 책임 있는 행동이라면, 만일 이러한 목표들이 신호가 아니고, 그러한 목표들 자체라고 한다면 이러한 목표들은 모두 소멸되어 버린다. 왜냐하면 진술하자면 이러한 목표들은 마치 아무것도 말하지 않은 것과도 같기 때문이다. 나의 초월적 삶의 목표는 어떤 객관적인 형태에 있어서도 직관되는 것이 아니다. 이 목표는 영구히 그리고 어떤 누구에게도 동일하게 사유될 수는 없다.

내가—표상불가능한 것을 공허한 사상으로 사유하면서—어디로 비약할 것인가를 알고자 한다면 그리고 내가 행동을 개시하기 전에 **존재를 그 의미에 있어 꿰뚫어 볼 수 있다면** 나는 실존의 소원한 비역사성에 진입할 것이다. 모든 목적은 특수하고 그것만으로는 비약으로 이끌지 못한다. 그러나 알려진 궁극목적으로서 전체의 의미는 역사적 행위의 현실성을 지양할 것이다. 근본적으로 모든 것은 종말에 있을 것이고, 어떤 일도 더 이상 일어날 필요가 없으며, 시간성은 불필요할 것이다. 지식의 의미가 결국 궁극목적과 그와 동시에 전체를 최종적으로 인식할 수 있는 데까지 이끌어간다면 나는 가능할 수 있는 것, 인과적으로 현실화할 수 있는 것, 그리고 의미적으로 가능한 것에 관한 나의 지식의 증가에 힘입어 이 비현실성으로 가까이 가게 된다. 바로 그 역으로 말해서 내가 줄곧 탐구하고자 하는 지식욕에 의해서 역사적 경험의 진행을—한정되지 않는 것, 선취할 수 없는 것을—계속할 수는 없다. 그러나 만일 내가 나의 지식을 지적 배설에 있어 이미 완성한 것으로서 취급한다면 그 경우에는 다음과 같은 태도를 취할 것이다. 즉 무엇이 일어나더라도 매한가지이다. 모든 것이 가능하고 모든 것이 의미를 가진다—또는 역으로 말해서 모든 것이 기초 지어질 수 있기 때문에 모든 것은 본래 무의미하다. 말하자면 모든 규정은 기만이고, 모든 사상은 거짓말이고, 모든 결연한 의욕도 당파적이다. 즉 모든 것은 혼동 속에 존재하고 있다.

위의 논의와는 달리 비약이 어디로 진행할 것인가에 관한 지식은 다른 것을 배제하는 **비약의 한 길에 대한 가상적인 지식**에 있어서의 이반으로 나를 이끌어간다. 나는 나의 자기만족의 평안 속에서 나의 존재의 통일성을 획득한다. 그러나 나는 이율배반의 긴장을 상실한다. 실존적으로는 비약은 현실적, 가능적인 것으로서의 이반과 결부되어 있다. 시간적 현존이 존재하는 한 실존의 초월적 연관의 궁극적 점유는 존재하지 않는다. 만일 나의 자기만족이 동시에 나 자신에의 요구형태에 있어 그리고 난파의식으로서 있는 것이 아니라고 한다면 이 자기만족은 이미 습관화한 것으로서 현존의 무관심 속에서의 자기상실이다. 어쩌면 노인에게 허용된, 완료하려고 하는 삶의 명상이라는 것은 이전부터 매순간 긴장의 결여로 빠져들어 간다.

5. 과정과 전체성으로서의 나 자신

이반과 비약은 시간적 현존에서의 과정으로 있기 때문에 가령 내가 나를 과정으로부터 빼내어 항존적인 평안에 가져다 놓고, 더욱이 시간적 현존 가운데 머물고자 할 때는 실제로 이미 이반하고 있는 것이다. 그러나 그렇다고 해서 나의 전 존재가 아직 단적으로 단순한 과정을 위해서 배척되지는 않는다. 과정 가운데 나는 과정을 넘어 존재로 초월하며, 이 존재로부터 과정은 존재의 방향을 지시받는다. 단지 내가 토대를 획득할 수 있는바 초월자는 나를 위하여 또한 나 자신의 전체성을 포함한다. 현존 가운데서 나는 전체적이 되고자 하는 의욕으로서 존재한다. 즉 나는 단지 초월자 가운데서만 전체적일 수 있다.

죽음은 진정 사실로서는 나의 시간적 현존의 단순한 종료이다. 그러나 한계상황으로서의 죽음에 의해서 나는 내가 하나의 전체이고 단순히 종말에 직면하고 있는 것인지 아닌지를 나 자신에게 물을 것을 지시받는다. 죽음은 과정의 종말일 뿐만 아니라, 나의 죽음으로서 나의 전 존재에 대한 이 물음을 가차없이 불러내고 있다. 다시 말해서 죽음은 나의 삶이 형성되고 존재한 지금, 미래가 과정으로서 더 이상 존재하지 못한다면 나는 무엇인가라는 물음을 야기한다.

아무튼 시간적 현존에 있어 이반과 비약은 최종적으로 결말 지어지는 것이 아니고, 오히려 번갈아 나타난다. 나는 어떤 전체자도 되지 못하고, 모든 외관상의 완성은 난파된다. 제거할 수 없는 한계를 뛰어넘어 나는 내가 전적으로 존재하는 곳으로부터 해방시킬 수 있는 가능성을 향해서 초월한다. 나의 삶이 죄과와 피괴로 부서진 전체성으로 지속하는 데 반해서, 나의 죽음은 파멸을 알지 못하는 것으로 승화시킨다.

전체성을 결여한 시간적 현존에 있어 철학적으로 자기 자신이 위험을 범하며 산다는 것은 자기가 자유하다는 사실을 알고 있는 인간의 운명이다. 존재로부터 떨어져 나오는 것과도 같이 전체성을 결여한 현존의 공포가 인간을 엄습하는 것은 단적으로 어떤 것도 아닌 무의 **가능성 앞에서의 전율을 감히 언표하려는 물음**에 있어서이다. 나는 보호되지 않은 채 내가 알지 못하는 그 무엇의 손 안에 서 있다. 즉 나는 그것을 알지 못하고 나를 나 자신에게로 되던지는 것을 본다. 단지 나의 결의에 근거해서만 내가 가장 결정적인 나 자신이고, 더욱이 그때 단지 나 자신이 아닌 곳에서만 나는 나의 비약 또는 나의 타락의 가능성을 본다.

전체존재는 **신화적으로** 나를 지도하는 수호신으로서—내가 그 과정을 보다 결정적으로 포착하면 할수록 그것은 더욱더 명백히 감지된다—나의 현존 속으로 들어온다. 그리고 전체존재는 내가 본래적 존재로서 그 속으로 발을 내딛는바 불사성으로서 나의 현존 속으로 들어온다. 나의 수호신에 의해서 나는 전체적이 될 수 있는 자아로서의 나 자신과 화해한다. 나의 불사성의 사상에 있어 나는 현존으로서는 내가 던지는 그림자이고, 과정으로서는 이반과 비약에 있어 현상한다. 이처럼 나는 나로서 자기존재에서는 밝게 되고, 현존에서는 어둡게 되며, 초월하는 실존에서는 가능적 전체성이 된다.

6. 수호신과 마신(魔神)

인간들은 현존의 과정에서 획득되는 그들의 비약하는 존재의 현상을 통해서 서로에게 호소한다. 그러나 현존에 있어 존재와 마주치는 이 상호소통이 아무리 깊다고 하더라도 나는 역시 항상 나 홀로 존재한다. 엄격한 자기존재 없이는 나는 산만해지고, 그럼으로써 본래적 상호소통을 감행할 수 없게 된다. 나의 고독 속에서 나는 나 자신을 이중화하고 나 자신에게 말을 걸고, 나 자신의 말 소리를 듣는다. 나의 고독에 있어 나는 혼자가 아니다. 나는 다른 또 하나의 상호소통을 수행한다.

우리는 상호소통을 심리학적으로 해석할 수도 있고 또 평범화시킬 수도 있다. 그러나 이와 같은 접근에 있어 우리는 그 내용을 놓치지만, 이 내용에 의해서 혼잣말 속에 초월적 실재가 감지가능하며, 따라서 초월적 실재의 구속력은 신화적 객관성이 된다.

혼잣말의 운동에 있어 수호신 또는 마신은 마치 나의 본래적 자기의 형상과 같다. 수호신과 마신은 나와 함께 긴 역사를 공유하는 벗들과 같고, 그것들은 요구하거나 또는 마력으로 유혹하기도 하는 적들의 형상을 취한다. 수호신과 마신은 나에게는 어떤 평안도 허락하지 않는다. 내가 단지 투명함을 결여한 충동성과 합리성을 수반한 단순한 현존으로 퇴락할 경우에만 양자는 나를 버리고 떠나버린다.

수호신은 나를 밝음 가운데로 이끌어가고, 나의 충실의 근원, 즉 나의 내면 속에서 실현과 영속을 의지하는 것의 근원이다. 수호신은 창출된 세계의 밝은 공간에 있어 법칙과 질서를 알고 있다. 수호신은 이 세계를 드러내 보이고, 이 세계 속에서 나의 이성으로 하여금 지배하게 하며, 내가 이성에 따르지 않을 경우에는 나를 비난하고, 내가 이성의 한계에 직면하여 다른 하나의 영역으로 돌입하고자 할 경우에는 그렇게 하지 못하도록 충고한다.

마신은 나를 불안 속으로 옮겨 놓는 깊이를 나타내 보인다. 마신은 나를 무세계(無世界)의 존재로 이끌려고 하고, 파괴를 권고할 수 있으며, 나로 하여금 난파를 파악하게 할 뿐만 아니라 그 난파를 곧바로 실행하게 할 수 있다. 마신은 소극적이었던 것을 가능적인 적극성으로서 인식한다. 그러므로 마신은 충실, 법칙 그리고 밝음을 파멸시킬 수 있다.

수호신은 하나인 신일 수 있다. 이 하나인 신은 그 신 자신으로서는 일반적으로 내가 신뢰할 수 없을 정도로 그 본질에서 멀리 떨어져 있기 때문에 아직도 이러한 수호신의 형상으로 나에게 현현될 수 있다. 마신은 그의 어두움 속에서 어떤 규정성도 감수하지 않는 신적이면서 반신적인 세력과 같은 것이다. 마신은 악이 아니고 수호신에 의하여 이끌어지고 있는 도상에서는 불가시적인 가능성이다. 수호신이 나에게 확신을 주는 데 반해서, 마신은 불가해한 애매성을 준다. 수호신은 단호하면서 확정적으로 말하는 것 같이 생각되지만, 마신은 그의 불확정성을 은밀하게 강요하면서 동시에 그것이 현존하지 않는 것처럼 느끼게 한다.

수호신과 마신은 하나이면서 동일한 것, 즉 내 자신의 **전체성**의 분열과 같다. 이 전체성은 나의 현존에 있어서는 미완성적이고, 단지 그것의 신화적인 객체화에 있어서만 나에게 말할 뿐이다. 수호신과 마신은 현존에 있어 실존의 자기개현[37]의 도상에 있는 영혼의 인도자이고 자기를 은폐시킨 채로 있는 이정표이거나 또는 내가 신뢰할 필요가 없는 예측들이다. 이러한 도상에서 나는 투명성의 한계에, 즉 결코 고정된 것이 아니지만, 항상 반복해서 다른 형상으로 나타나는 한계에 대항한다. 이러한 한계에 직면하여 수호신과 마신은 시간적 현존 가운데 있는 나에게 그 전체성에 있어 궁극적으로 드러남이 없이 그것들의 소리를 듣게 한다.

---

37) 실존의 자기개현(das Sichoffenbarwerden der Existenz)이란 현존이라는 신체적 공간 속에서 실존 자신이 다른 실존 또는 초월자를 향해서 자기 자신을 열어젖혀 드러낸다는 것을 의미한다.

신화적인 것에 있어서와도 같이 항상 여기서도 또한 상상적인 미신으로부터 이중신[38]이라고 하는 환각적인 망상에 이르기까지의 **존립화**는 비진리이다. 만일 내가 빈둥거리며 산다면 이러한 종류의 삶 자체는 현존하지 못한다. 수호신과 마신은—현존 없이—실존의 순간에 있어, 존재 확신화의 구분으로서 자기 조명의 형식이고, 모든 실존이 단지 투쟁하는 상호소통에서만, 역시 자기 자신과의 상호소통에서만 존재한다는 것의 신화적 객체화이다.

7. 불사성

이반은 무 속으로 미끄러져 들어가는 어두운 의식과 함께 생기한다. 즉 비약은 존재의 깨달음을 동반하고 나타난다.

시간적인 삶의 필연적인 결과가 아닌 불사성은 형이상학적인 확신으로서 미래에 있어 다른 어떤 존재로서 있는 것이 아니고, 이미 영원성 가운데 현재하는 존재로서 있는 것이다. 불사성은 현존하는 것이 아니고, 오히려 내가 그 불사성 속으로 실존하는 자로서 들어가는 것이다. 비약을 획득하는 자기존재는 통찰에 의해서가 아니고, 비약에 의해서 불사성을 확인한다. 불사성은 어떠한 방법으로도 증명되지 않는다. 왜냐하면 모든 일반적인 성찰이 그 불사성의 주장을 단지 논박할 수 있을 뿐이기 때문이다.

만일 실존이 한계상황 가운데서 용기를 내고, 한계를 하나의 심연으로 변전시킨다면 사후의 생명에 대한 신앙을 대신해서 비약에서의 불사성의 의식이 실존으로 발을 내딛는다. 감성적, 생명적 충동은 항상 오래 살고자

---

38) '동일인으로서 동시에 다른 장소에 나타나는 사람'을 말한다.

하지만, 바로 이것이야말로 희망도 없이 죽지 않으면 안 된다. 시간 내의 지속이 그 충동에 있어서는 불사성의 의미이다. 그러나 불사성은 이와 같은 충동에게는 없고 가능 실존에게만 있으며, 이 가능 실존의 존재 확신은 시간 내의 무제한한 지속의 의식은 이미 아니다.

그러나 만일 이 존재 확신이 감성적, 시간적인 불사성의 표상들과 동일한 표상들 가운데서 조명된다면 단순한 현존의 불신앙에서 발원하는 이와 같은 표상들의 고정화가 아마도 임박할 것이다. 이와 같은 표상들은 그 진리를 부동하는 상징적 대리 가운데 가질 수 있고, 이 상징적 대리의 의미는 강력하고 현실적이지만, 그것이 나타내는 현상은 소멸함으로써 공허한 것이다. 예를 들면 완성된 명료성에 있어 영혼의 영원한 사랑의 자기관조, 새로운 형태들을 목표로 해서 한계가 없는 세계로 진입하는 활동의 계속적 생존, 죽음의 표상과 부활 간의 결합 등의 표상이 그러한 것이다.

시간 내의 지속의 현실성이라는 의미에서 이 상징성을 용인한다는 것은 철학적 사유에서는 불가능하다. 그러나 이 상징성을 승인하는 것은 이 상징성에 의하여 감성적인 삶의 의욕을 위로하는 것이 아니고, 실존적인 실질을 확인하는 한 의미심장한 것이다. 물음과 회의가 일어날 때 비로소 철학적 사상은 가차없이 정당화된다. 그때 존재는 죽음 저편 시간 내에 존재하는 것이 아니고, 현재의 현존의 심저에 영원으로서 존재한다.

만일 불사성이 실존의 비약을 나타내는 형이상학적 표현이고, 한편 이반이 본래적인 죽음을 의미한다면 다음과 같이 말할 수 있다. 즉 만일 실존이 공허한 것이 아니라면 실존이 단지 현존만일 수 없는 것이라고 말이다.

나는 진실로 현존으로서는 나의 현존을 도외시할 수 없다. 즉 나로서는 무로서의 죽음이 두렵다. 그러나 만일 내가 실존으로서 비약에 있어 존재를 확인한다면 나는 무 앞에서 경직됨이 없이 현존을 도외시할 수 있다.

그러므로 인간은 자기의 감성적, 시·공간적인 현존이 죽지 않으면 안 된다는 것을 확실히 알고 있음에도 불구하고 숭고한 순간들의 열광 속에서 죽음을 향하여 갈 수 있었던 것이다. 젊음은 아직 유한성의 심려로 말미암아 심각한 죄의 연루에 빠져들지 않은 자기의 실존의 비약에 의해서 노령보다도 가끔 용이하게 죽는다. 살아남아 있는 사람들에게서 감성적 분리의 아픔은 불멸의 영혼의 광휘에 의하여 극복됨으로써 평안을 초래할 수도 있다. 이 평안은 잃었던 사람의 현재를 원하는 무한한 동경을 중지시키지 못한다. 그 이유는 현존이 상기에 의하여 나타나는 초월적 환영에 있어서도 역시 결코 완전한 것일 수 없기 때문이다.

그러나 내가 불사성에 관해서 말한다면―오히려 내가 침묵하지 않는 것이 좋다면―나는 불사성을 객체화하지 않으면 안 되고, 이것을 단지 시간 내에서만―내가 현존으로서 죽지 않으면 안 되는 것임에도 불구하고―마치 내가 시간 내에서 지속하는 것과도 같이, 객체화할 수 있을 뿐이다. 이 경우에 내가 이 객체화를 상징 가운데서 사라지게 할 때 불사성의 현실성은―가령 그것이 또한 현존으로서 와해될 경우에―종식되지 않는다. 왜냐하면 나는 실존이―실존이 현존이기를 중지하기 때문에―최후의 순간에 죽음 가운데서 사라진다고는 주장할 수 없기 때문이다. 그러므로 나는 영원을 객체화할 수도 없고 부인할 수도 없다. 만일 내가 나는 단지 현존일 뿐이라고 말한다면, 나는 역시 현존으로서만 생각할 수 있는 그런 다른 어떤 것이 존재한다고 말할 수도 없고 또 내가 죽음과 함께 아무것도 아닌 것이 된다고 말할 수도 없다. 더욱이 형이상학적 불사성의 사상의 대상성이 항상 시간 내의 현존으로서 표상될 경우에 이 암호는 불사성의 의식 속에서 소멸하고, 그리하여 현현하는 현실적인 것의 확신이 된다.

죽음의 고통이 죽는 자와 살아남은 자에 있어 지양될 수 없다면 그것은 단지 실존적 비약의 현실에 의하여서만, 즉 행동의 모험에 의하여, 도박의 영웅주의에 의하여, 이별의 의기양양한 백조의 노래에 의하여—그리고 소박한 충실 등에 의하여서만 극복될 수 있을 뿐이다.

비약에서는—모든 지식이 침몰할 때—다음과 같은 요구가 들린다. "모든 것이 죽음으로 끝나게 될 경우에 이 한계를 견디어 내고, 이 모든 것이 이제는 더 이상 존재하지 않는다는 것이 너의 초월자의 절대적 근거에 있어 지양되고 있다는 것을 너의 사랑 속에서 포착하라!" 결국 침묵이 불사성 의식의 진리를 견고함 가운데 숨기고 있다.

8. 나 자신과 세계 전체

실존이 그 역사성에 있어 전체로서 자기 자신을 보지 못하는 것과도 같이 실존은 그것이 현존으로서 속하는바 그 전체자의 길을 보지 못한다. 그러나 실존 자신의 비약 또는 몰락의 가능성은 실존으로 하여금 전체자의 길에 대해 물음을 묻도록 한다. 실존은 그 스스로 고립한 단독자로서 존재하지 않고 실존을 포괄하는 것 가운데 존재한다. 이 포괄자는 실존의 의식에 있어—실존 자신이 이제 한계를 자기 자신 쪽으로 가까이 오게 하는 것과도 같이—무제한으로 확장됨으로써, 결국 이 포괄자가 세계 전체에 있어—만일 그것이 가까이 할 수 있는 것이 된다면—비로소 성취될 것이다. 근원과 최종적인 사물에 관한, 즉 세계의 진행과정과 인류의 역사에 관한 신화적인 표상들이 그 원천을 바로 여기에 두고 있다.

현존으로서 실존이 현존에 구속되어 있기 때문에 **현존하는 그 어떤 것도 실존에게 상관하지 않을 수 없다.** 세계가 소재로서, 조건으로서, 결정적이면서 시간 내에서 결국 승리하는 실재로서 실존의 무대이기 때문에 세계존재는 마치 실존 고유의 존재인 것과 같다.

그럼에도 도처에서 나와 관계하는 세계현존과 나는 **결코 동일화될 수는 없다**. 나는 나를 위협하는 소원한 것으로서 세계현존에 대항하여 투쟁한다. 그러나 세계현존은 또한 나에게 봉사할 수도 있다. 세계현존은 자기 자신의 고유한 존재이다. 나는 나를 세계현존의 일부로부터 분리하며, 이와 동시에 나 자신을 현존으로서 그 속에 포함시키는바 세계현존의 다른 한 부분을 포착한다. 나는 나 자신의 객체성으로서 이러한 세계현존의 다른 한 부분과 하나가 되었다. 그러나 나는 나에게 속한 것을 뛰어넘어 나와서, 나의 실존의 마음이 현존을 자기화함에 있어, 더욱 넓게 열릴 때 타자와 더 밀접하게 결부되고 있음을 느낀다. 내가 좀 더 깊이 들어가면 갈수록 나는 또한 당초의 소원했던 것과 더욱더 연대적이 된다. 왜냐하면 나는 소원한 것이 나에게 절대적, 필연적인 소원으로 생각되지 않을수록 나의 고립화를 더욱 죄책으로서 느끼기 때문이다. 몽상적인 청랑(淸朗)에 **빠질 경우 나는 아마도 모든 것 가운데서 나 자신을 재발견할 것이고, 세계가 존재할 것이라는 것** 역시 나의 운명일 것이다.

단지 나의 현존과 더불어서만 세계는 나를 향해서 존재하고, 세계현존 없이는 나도 존재하지 않는다. 내가 모든 특수한 세계상과 원근법적 조망을 뛰어넘어 나와서 현존을 의식할 때 나는 한계상황 가운데 실존하면서 **이 현존에 대한 물음**을 제기할 수 있고, 따라서 그 물음은 동시에 한계상황에 있어 나의 고유한 현존에 대한 물음이 된다. 허무주의적 무력(無力)으로서는 세계를 사상 가운데서 때려부술 수도 없고, 말하자면 세계를 시험적으로 역전시킬 수도 없으며 또 나 자신을 절멸시킬 수도 없으므로 나는 현존과 그 현존 가운데 나의 현존을 문제 삼는다. 그렇게 함으로써 나는 전체를 하나의 과정으로 보지만, 이 과정은 수동적으로 달려나가는 것이 아니고, 내가 이 과정에 능동적으로 관여하고 있는 것이다. 현존을 문제화하는 것은 현존 자체로부터는 가능하지 않다. 그러므로 그것은 현존의 내재 바깥 실존 가운데 그 문제화의 근원을 가진다. 그곳으로부터 이 물음은 비로소 현존 속으로의 능동적 발들여놓음의 표현으로서 나온다. 근원에서 움켜잡으려고 함이 없이는 이 과정은—그것이 단지 움켜잡힐 경우에만 경험되고—정지하게 될 것이다. 가능 실존은 이 실존의 고유한 **이반과 비약을 근거로** 해서 이 실존이 그 현존과 철두철미하게 엮어진바 **전체를 바라보는 통찰력**을 획득한다. 나는 이러한 전체를 마치 그것 자체가 이반과 비약 가운데 있는 것처럼 포착한다. 내가 모든 사물들의 평가될 수 있는 가능성을 나 자신에게 천명하는 한 나는 나 자신의 존재로부터 현존의 가능적 이반과 비약을 들여다 본다.

9. 세계의 진행과정

그럼에도 현존 전체는 도달 불가능하다. 그것의 이반과 비약을 인식으로서 확정한다는 것은 불가능하다. 단지 신화와 사변에 있어서만, 실존에서의 세계의 진행과정에 관한 표상들이 농축되어 있다.

의식 일반을 매개해서는 실존은 단지 세계정위에만 도달했지만, 이 세계정위는 모든 예상된 세계 전체를 포기하여 강제적 인식의—특수한 것으로서의 가장 구체적인 지식을 하나의 비완결적인 현존에서 획득하는—근본태도를 실현하는 가운데 수행된다. 실존이 성실한 즉물성을 잃지 않는 태도를 넘어서서 세계 전체를 탐구한다면, 항상 하나의 신화적인 전체에 관한 암호의 사상들은 실은 어떤 종류의 세계 인식도 증진시키지 못하지만—초월자가 인도하는 것 같이 생각될 때—현존에 있어 실존적으로 경험 가능한 것을 표현한다. 비약과 이반은 그때 단지 나 자신에 있어서만 가능한 것으로 생각될 수 없다.

세계정위에 있어 최후의 지평이 무제한에서 나와 무제한 속으로 운동하고 특수한 현존의 모든 시원에 선행하는 질료라고 한다면, 다른 한편으로 현존을 지향하는 실존적인 시선에 있어 이 특수한 현존은 그 근원과 근거에 대해서 묻는다. 세계의 발생이 이야기될 수 있을까? 거기에 몇 가지의 가능성들이 있다.

나는 세계가 항상 반복되는 여러 가지의 순환에서 성장하고, 다시 혼돈 속으로 가라앉았다가 계속해서 거기에서 새로이 발생하는 것을 본다. 세계는 항상 존재했기 때문에 근거를 가지고 있지 않다―또는 나는 세계를 발생할 필요가 없는 그런 현존으로서 표상한다. 이 현존은 초월자의 잘못된 결의에 의하여 존재한다. 세계는 존재하지 않는 것이 더 좋을 것이다. 그러나 고유한 근거로부터의 이반이, 즉 생성의 열락이 세계현존(성립의 결과―옮긴이)으로 이끌어갔지만, 세계현존으로부터 바라는 것은 세계현존이 역행될 수 있더라도 그 결과 그 자체에 있어 황홀한 초월자가 홀로 존재하는 것이라는 점이다―또는 그 결의는 신성의 창조의지이고, 이 신성은 그 자신을 권력, 자비 그리고 사랑 가운데 계시하고자 했다. 신성은 부정적인 것을 지양함으로써 신성의 본질을 최대한으로 실현하기 위하여 부정적인 것을 필요로 했다―또는 세계현존은, 항상 이반이면서 동시에 비약이고, 언제나 생성하면서 영원히 목표로서 존재하는 하나인 존재의 영원한 현재의 원환에 있어 하나의 고리이다.

이러한 신화들은 그것들의 구상화에 있어 의문의 여지가 많기 때문에 우리는 곧 그 신화들에 싫증을 느끼게 된다. 더욱이 이 신화들은 우리와 아주 먼 관계에 있는 것이 아니다. 왜냐하면 현존의 불가해성이 여러 가지의 사물들에 대한 우리의 가까움과 멂 가운데, 즉 우리의 삶의 환호와 현존의 두려움 가운데 우리와 결정적인 관계를 맺는 어떤 것으로서의 신화에 의하여 상징적 표현을 시도하는 언어가 되기 때문이다.

이러한 사상들 가운데 그 어떤 것도 이와 같은 내용적 규정성을 가진 통찰 또는 신앙으로서 우리에게는 아직도 가능하지 않다.

실존적으로 세계 전체에 관한 이러한 사상들은 **정반대의 의미를** 가지고 있다. 생기하는 것에 의하여 **결정되는바** 하나의 세계의 진행과정이 사유될 때 순간의 강조는 선택하는 자기 존재의 최고의 긴장이 된다. 즉 어떤 것도 역행하지 않는다. 말하자면 나에게는 단지 가능성이 한 번만 있다. 즉 일자만이 결정한다. 다시 말해 단지 하나의 신만이 존재한다. 말하자면 윤회는 존재하지 않고, 불사성과 죽음만이 있을 뿐이다. 그리고 비약과 이반이 궁극적으로 결정한다.

이와 반대로 항상 **이미 목표에** 도달하고 있는 존재의 영원한 현재를 포괄자(das Umgreifende)[39]로서 사유하는 사상들은 긴장을 상실해 가는 신뢰에 있어 명상의 평안을 준다.

순간에서 행해지는 결단과 잃을 수 없는 영원한 현재 간의 이 이율배반을 실존이 뛰어넘는 것은 실존이 그의 현존에서 비약하는 가운데 생기는

---

39) 철학의 영원한 주제인 존재를 표현하는 말로, 『이성과 실존(*Vernunft und Existenz, Fünf Vorlesungen*)』(Berlin, 1938) 이래 야스퍼스 철학의 기반이 된 개념이다. 일반적으로 인간존재와 인간에게 있어서의 일체의 존재를 일자인 존재와의 관련에서 방법적으로, 조직적으로 해명하기 위해 구성된 것으로 보고 있는 개념이다. 야스퍼스에게 포괄자는 모든 지평을 포괄하고 주객분열을 넘는 일자로서 본래적으로 유일한 존재이다. 이 포괄자는 주객을 넘고 우리의 모든 시점을 포괄하는 일자로서 우리의 지적 대상이 되지 않고 늘 객관적 진술을 넘는 존재이다. 포괄자 자체는 우리의 의식에게는 파악되지 않는 비대상적 존재이다. 이 점에서 일자로서의 포괄자는 우리에게 드러나는 포괄자의 일곱 양태(현존, 의식일반, 정신, 실존, 세계, 초월자, 이성)와는 구별된다.

결단의 긴장을, 이 긴장 자체가 영원한 존재의 현상이라는, 평정심과 통일할 수 있을 때이다. 모순되는 것도 실존적으로는 가능하게 된다. 그러나 이 통일에 관한 그리고 그때 초월적 존재에 관한 무모순적인 형태의 지식은 곧바로 그 때문에 배제된다.

초월자의 이 태도에 있어 나는 **세계 전체의 역사성을 향해서 열려** 있다. 세계는 물론 마치 그것이 전체에 있어 또한 다른 모습일 수도 있는 것처럼 몇 가지의 가능성들 가운데 하나가 아니다. 세계는 확실히 가능성을 동시에 포함하고 있지만, 의식일반이나 실존에게 이해가능한 양태에 있어 이 가능성 자체는 아니다. 세계의 역사성은 불가해하고, 어떤 지식도 그 근거를 찾아낼 수 없으며, 어떤 실존도 그 근거를 파악할 수 없다. "어느 누구도 태초에 설정된 근거와는 다른 하나의 근거를 설정할 수는 없다." 그러므로 셸링은 현실로서의 실재와 실재의 생기에 대한 경의를—이는 도처에서 현실의 초월적 역사성에 그 감사를 드리려고 하는 것이며—우리의 가능적 비약과 이반의 실존적 긴장을 완화시키지 않고 논리적으로 신화화하면서 언표할 수 있었다.

10. 역사에 있어서의 이반과 비약

세계 전체를 바라봄에 있어 내가 그 가운데서 가능 실존으로서 **작용할** 수 있는 현존의 공간은 그 범위에 있어서뿐만 아니라 그 성질에 있어서도 초월된다.

역사적 존재로서 나는 단지 나의 제한된 세계의 상황에 있어서만 현실적이다. 나는 나의 지식을 기초해서 비로소 이와 같은 것의 가능성들을 본다. 내가 이 지식에 기초하여 보다 더 단호하게 행동하면 할수록 그 지식의 한계에 직면하여 계산불가능성이 더욱더 명료하게 드러난다. 나는 다른 개인들과 함께 열어젖혀짐의 운동 가운데 서 있다. 말하자면 내가 이러한 상호소통 가운데로 보다 더 결정적으로 들어가면 갈수록 나는 외부에 있는 모든 것과의 상호소통의 압도적인 결여를 더욱더 느낀다. 나의 이해가 능한 세계를 충실하게 하면서 나는 일체를 포괄하는 것으로서 아직 이해되지 않은 것과 이해불가능한 것 가운데 존재한다.

그러나 나의 지식과 탐구는 나의 이해와 개입에 의하여 접근할 수 있는 세계의 한계를 뛰어넘어 넓어진다. 말하자면 더욱이 **세계 전체**로 넓어지는 나의 지식과 탐구의 방법은 **역사로**, 즉 나와 밀접한 관계를 가지는 인간적 현존으로 넓어지는 방법과는 다르다. 왜냐하면 인간적 현존은 나의 현존을 야기시켰고, 지금도 야기시키고 있으며 그것의 실재와 결정은 동시에 나 자신의 가능성들을 드러내 보이고 있기 때문이다.

세계 전체에 있어 신화적으로 사유되는 것은 단지 타자로서의 자연의 존재이거나 또는 처음부터 인간의 역사와 관계하고 있다. 그때 의식과 지식의 발생, 즉 인간이 자기 스스로 가택으로서, 자기의 언어와 자기의 활동 영역으로서 창출하는 인간 세계의 생성은 세계의—우리가 그 가운데 존재하는 우리의 세계의—시원이다. 그러므로 신화적으로 세계 전체로서 표상된 것은, 비록 그것이 우리와 가까이 하기 어렵고, 게다가 존재로서 불확정적으로 우리에게 말을 거는 타자를 알기 쉽게 하는 것임에도, **우리들의 영향력과 책임이 다다르지 못하는 영역의**—가령 그것이 그 존재의 권력과 무한한 부에 있어 우리와 관계를 가지고 우리를 속박한다고 하더라도—현현(顯現)이다.

이와 반대로 **역사**에 있어 나는 나 **자신의 활동가능성의 공간** 가운데 존재한다. 여기서 이반과 비약은 나 자신인바 현실의 존재 양태이다. 그러나 내가 나 자신을 단지 인간 쇠사슬 가운데서 소멸하는 고리로서만 보고, 이미 나 자신 가운데서 비약을 명백히 보지 못하기 때문에 나와 전체에 있어 비약과 이반은 동시에 생기와 같은 것이다. 이 생기에 나는 확실히 무력하게 내맡겨지지만, 자연에는 내맡겨지지 않고, 오히려 항상 인간이 또한 직면하는, 따라서 내가 직면하는 현실에 내맡겨진다.

인간이 **역사적으로 행위할 때**, 인간은 단지 자기의 절대적인 의식이 사건들을 관통하고, 사건들을 **초월적으로 계류**(繫留)할 때만이 자기가 의지하는 것을 명백히 알고, 단지 그때야말로 무제약적으로 의지한다. 다른 점에서 본다면 인간은 찰나적 목표들을 향해서 자의적 또는 불확실하게, 그리고 합리적 궁극 목표들을 향해서는 강제적으로, 다분히 파멸적 결과를 초래하는 것 같이 행위한다. 또한 인간에게 지속적으로 남아 있는 것은 단지 생명적 본능의 확실성뿐이고, 이로 말미암아 인간은 이 개별자로서 여하튼 가능한 한 오랫동안 무수히 일어난 일들의 바다 표면에 머무르게 될 것이다.

단지 인간만이―여하튼 어떤 일인가가 **결단되지** 않으면 안 되기 때문에―갈등에 빠질 때 대담하게 행동하고 현존으로 하여금 몰락할 수 있게 하는 것은 초월자와의 연관에 의해서만 가능하다. 왜냐하면 그 본질에 있어 단지 타협에 의해서만 살아가는 불명료한 항존자는 몰락하는 것이기 때문이다. 불명료한 항존자는 현실을 위하여, 즉 단순한 현존의 이와 같은 비현실로부터 비약의 가능성을 위하여 **자기의 한계로 내몰리고**, 자기가 본래적으로 무엇인지를 말하지 않으면 안 된다. 그러나 모든 현존이 타협에 의하여 상대적인 것 가운데서 살지 않으면 안 되기 때문에 어디에서 결단되어야 하고 어디에서 결단되어서는 안 되는가 하는 것이 객관적으로는 인식될 수 없다. 결단에의 의지는 실존적이다. 말하자면 이 의지를 재촉하는 것은 단지 운동, 흥분, 다른 것이 되는 것, 자기파괴만을 추구하는 자들의 성급함과 불만족이 아니고. 오히려 **현실이야말로 진실해야 한다**라는 의식[40]이다. 하나의 사회적 개인적인 존립자가 보호되어야 하는지 어떤지. 진리를 사유하는 방법이 공격받지 않아야 하는 것인지 어떤지 하는 것은 최종적으로 단지 결단하는 실존들의 **초월적 연관으로부터서만** 드러난다. 다음과 같은 말은 진실하지 못한 말이다. 즉 때때로 모든 것은 회복되기도 하지만, 일단 절멸되어 처음부터 시작하지 않으면 안 된다는 말이다. 역사적인 현존에서는 어떤 존립의 전승적인 보존과 파괴의 한없는 모험 간의 긴장에 머무는 것은 성실성이다. 그러나 단순한 경험과 정의가능한 목적들만으로서는 어떤 결단도 찾을 수 없다. 모든 근원적인 결단은 이반과 비약의 현재로서의 초월자 가운데 뿌리를 내리고 있다. 그러므로 내가 역사적, 현재적 현존을 단순히 경험적 현실의 무제한한 평면에서뿐만 아니라 투명하게 되는 것 가운데서 보는 각 순간에 이 현존은 이반하는 존재와 비약하는 존재로 분류된다.

역사에 있어 이반과 비약은 우리에게 있어서는 **역사의 철학적 해독**에 있어 감지가능한 것과 마찬가지로 공동적인 것으로서 정치적이 되는 **우리들 자신의 행동**에 있어 현실적이다.

초월자의 **암호로서 역사의 해독**은 현재의 행동의 능동성에 대한 명상적인 보충이다. 감동하는 철학자는 경험적 현실의 요소들에 의하여 인류사의 신화로서 이야기하는 것을 초감성적인 것의 암호로서 해독한다. 최후의 신화는 헤겔의 신화였다. 그러나 그렇게 보인다면 역사는 여러 가지의 우주진화론의 초감성적인 신화와는 구별되고 **현실 속의 한 신화**가 된다. 세계

---

40) 기분을 말한다.

바깥의 한 진행과정의 안출에 의해서가 아니라, 현실에의 침잠에 의해서 나는 그 신화를 경험한다. 마치 내가 스스로 역사 속에 살고 있는 것처럼 생각될 정도로 현실에 접근한다면 나는, 가령 일방적이라고 하더라도, 여하튼 현실적인 상호소통에서 포착된다. 그때 역사는 과거의 것이 마치 미래가 있는 것과도 같이 될 수 있다는 의미에서 현재가 된다. 이 과거의 것은 한 번 더 가능적인 것으로서 부동하게 되고, 이것으로 인해서 그 경우 더욱 단호하게 최종결정적인 것이 절대적으로 역사적인 것으로서 떠맡는 것이다. 여기서 초월자와의 연관에서 깊이를 가지는 현실 자체에 대한 존경이 발원한다. 역사의 이 해독은 역사철학이고, 이 역사철학은 시간 내에서 시간을 지양한다.

이와 같이 이해된 역사에 있어 이반과 비약은 불확정적이다. 직접적인 해독에 있어 이 양자는 항상 다른 방식으로 반복해서 행해지는 것 같이 보인다. 즉 역사는 양자를 지시하는 나에의 호소이다. 그러나 그 다음에 또 역사는 애매하고 계열을 이루는 여러 시대에 있어 모든 것이 비약이고 하강인 것으로 보인다.

이반과 비약의 의식은 가능 실존을 그것의 현재의 행동으로 되던지만, 이 행동은 그것이 나의 내면에 있어 과거의 모든 반향이 현재의 단호한 행동에 영향을 미치고 저 의식을 확실하게 할 때 관조되고 자기화된 역사의 공간 속에서 실현된다. 그러나 거기에는 역사의 해독과 현재의 상황으로의 되튀어 나옴 사이의 긴장이 존재한다. 양자는 초월적 일자가 다른 근원에 의거하여 이 양자를 결합시키지 못한다면 한 시점(視點)에 있지 못한다. 해독은 내가 한순간 현재에 대해서 눈을 가림으로써 실현된다. 다시 말해서 이 현재는 내가 과거를 잊어 버릴 수 있음으로 해서 존재한다. 왜냐하면 아직도 간섭을 받는 현재는 역사로부터 분리된 채 그대로 있기 때문이다. 현실적 상황으로 발을 들여 놓는 것은 감동의 권화(權化)이다. 이와 반대로 과거 상황에 대한 가장 철저한 이해는 항상 가능성의 공간에서만 생각된다.

목적이 있는 행동은 단지 세계 內에서의 행동에 불과하다. 이러한 행동은 마치 이 세계 자체가 계획의 대상이나 또는 목표인 것처럼 창조도 아니고 변화도 아니다. 어떤 유일한 의식이 그 특유의 우주적인 힘의 일시적인 가상에 의해서 마치 세계가 전체로서 구성되는 것처럼 세계를 총괄하는 것은 어떤 순간에도 가능하지 않다. 그러므로 가장 단호한 행동도 아직은 이 전체에 대한 소심한 두려움과 일치한다. 가장 구체적으로 역사적인 지식의 곁에는 세계 경과의 전체에 관한 추상적인 주장들을 반대하는 혐오가 나타나 있다. 인간은 역사에 관여하지만, 역사를 만들지는 못한다. 인간은 자기의 무력함 가운데서도 모든 것이 생기하는 그대로 있지 않으면 안 될 필요는 없다는 그런 의식을 유지하고 있다. 그리고 이 모든 것은 다른 것으로 될 수 있지만―그러나 현실 자체인바 그 근거에 있어서는 이해하기 어렵다.

그러나 전체자는 과거였던 것의 총계도 아니고 미래도 아니다. 이반과 비약은 언제나 현재적인 것으로서 현실적이다. 초월자와의 연관은 암호로서의 역사를 영원한 현재로 만들 뿐만 아니라, 단순한 미래와 단순한 과거에는 반대하여 순수한 현재를 보증한다. 어떤 시간도 어떤 다른 시간을 위하여 상대화시킬 수 없고 어떤 시간도 그 가운데서 단지 영원한 것이 실현된바 그러한 시간으로서 절대화될 수 없다. 그러므로 능동적 실존에게는 그때마다의 현재만이 본래적 존재의 가능적 현상이다. 진실한 것은 실존에게는 과거에 있어 시선을 끄는 어느 한 지점에 가로놓여 있는 것도 아니고 또 궁극목표로서의 미래에―이 궁극목표를 초래하기도 하고 기대하기도

하는 것이 현재를 공허한 이행(점)으로 삼으며―가로놓여 있는 것도 아니다. 오히려 이 진실한 것은 현재의 순간적 실현 내에 가로놓여 있다. 이 순간적 실현에 의하여 단지 실존은 또한 주어진 시간적 간격에 있어 장래적 실재일 수도 있다. 더 좋은 장래가 초래될 것이라고 위로함으로써 현재의 난파를 정당화하는 것은 기만적이다. 장래와의 관계는 진정 개별적인 현존을 유지하고 확장하는 기술적인 방책(훈련, 습득, 절약, 건설)을 강구함에 있어 상대적인 효력을 가진다. 그러나 만일 이와 같은 장래와의 관계가 현존의 전체에까지 미치는 것으로 추정된다면 그것은 자기 존재의 현실을 회피하는 것이 된다. 현재는 그것이 모든 역사를 자기 자신 속에 수용하는바 영원한 것일 경우에 현재 그 자신인 것이다.

이반과 비약은 이 본래적 존재의 길들이다. 그것들은 실질적인 현재로서 존재했던 역사로부터의 반향을 받음으로써 나 자신의 책임 안에서 경험되고 실행된다. 내가 하나의 세계 계획을 알지 못한다는 사실은 나의 행위의 무게를 증가시킨다. 나는 나의 행위들을 어떤 일반적인 지식으로부터서도 올바른 것으로 추론할 수 없지만, 나의 행위들은 내가 자유로이 나의 역사성에 있어 실현하지 않으면 안 되는 존재를 취득하거나 상실할 때 나를 세계 계획에 참여시킨다.

11. 전체에서 완성되는 이반과 비약

세계의 진행과정과 인류의 역사에 직면하여 종말에 대한 물음이 강요된다. 최종적인 사물에 관한, 현존의 완성 또는 궁극적 절멸에 관한 학설에 있어 신화적인 답들이 주어진다.

종말에 대한 물음은 **비신화적으로** 제기될 수 있다. 우리는 미래에 대해서 그것이 어떻게 존재할 수 있으며 다분히 어떻게 존재할 것인가에 대해서 묻는다. 우리가 시간의 길이를 꽤 길게 취급한다면 시간 내의 모든 종말은 그 모든 것의 멸망일 것이라고 하는 것이 발단을 가진 것에 타당하다. 이 종말 이전에는 헤아릴 수 없는 가능성들이 가로놓여 있다. 우리가 인류의 생성에 있어 불확정적인 진보를 믿을 것인지 믿지 않을 것인지, 평화롭게 된 유성에 존재하는 인간적 현존 질서의 궁극목표를 안출할 것인지 안출하지 않을 것인지, 또는 목표가 없는 무한한 자기 운동을 불확정적으로 포착하고 욕구하고자 할 것인지 또는 그렇게 하지 않을 것인지, ─여하튼 우리는 종말 또는 무제한성을 후세대에 의하여 체험되는 세계 내의 미래의 실재라고 생각한다. 우리는 초월하면서 모든 사물의 종말을 탐구하지는 않는다.

이 탐구는 시간적 실재를 초감성적인 상상과 하나로 결합시킨 **신화** 속에서 일어난다. 이와 같은 신화의 내용은 단순히 시간적으로 사유된 생기를 뛰어넘어서 나온다. 우리가 이러한 신화를 경험적인 예측과도 같이 받아들이고 시간적으로 규정된 세계의 멸망을 기다렸다면 우리는 그 멸망이 일어나지 않는 것에 대하여 실망하지 않을 수 없었을 것이다. 그러나 이 표상의 감성적, 시간적 측면의 불가능성이 인식된다면 가장 중요한 것은 이미 종말을 시간 안으로 끌어들일 수 없고, 오히려 초월하면서 그것을 움켜쥐는 것이다. 즉 종말론적인 신화가 퇴색하더라도 거기에는 본래적 존재로의 지향이 남는다. 이 본래적 존재는 비약에 있어 종말에의 완성의 암호로서, 이반에서는 총체적 절멸의 암호로서 현전한다.

왜냐하면 시간 내에서는 비약과 이반의 이율배반을 통해서 접근불가능한 존재가 현상하기 때문이다. 영원한 것은 결단에 의해서 시간적 현존으로서 자기 자신에게 돌아온다. 이 결단 자체가 시간적인 한 종말은 미래에 있다. 결단이 존재의 현상인 한 종말은 영원한 현재에서의 완성이다. 그러 므로 나는 시간적 현존에 있어 결코 곧바로 초월자와 함께 있을 수 없다. 오히려 나는 단지 비약할 때만 초월자에 접근할 수 있고, 이반할 때는 초 월자를 상실할 수 있을 뿐이다. 만일 내가 초월자와 함께 있다면 운동은 중지하고, 종말로서의 완성은 달성될 것이며, 시간은 더 이상 존재하지 않 을 것이다. 시간 내에서 완성되는 절대적 의식의 순간은 즉시 다시금 긴장 되는 운동으로 옮아간다.

낮의 법칙과 밤에의 열정[41]

반항과 이반에 있어서는 부정적인 것이 긍정적인 것과 대립하고 있었 다. 즉 이 부정적인 것은 어떤 때는 비존재로 녹아 버리는 길로서의 허무 성인 것 같이 생각되기도 했고, 어떤 때는 초월자와 연계가 그 긴장 속에 서 실현되는 운동에 있어 접합(接合)으로서 긍정적인 것의 조건인 것 같이 생각되기도 했다. 그러나 부정적인 것은 이율배반에 있어 마침내 그 자체 가 적극성인 그런 하나의 절멸이 될 수 있다. 즉 이전에는 단지 부정적으 로만 생각된 것이 진리가 되고, 혼란이 되면서도 지금은 단순히 유혹이 될 뿐만 아니라 요구가 된다. 그리고 이 진리를 회피하는 것이 새로운 이반이

---

41) 인간 정신 안에 있는 낮과 밤의 이율배반적이고 변증법적인 운동에 대한 야스퍼스의 비유적 인 설명은 초월자와의 관련성을 제외하고 볼 때 그 표현방식과 내용에 있어서 니체를 연상 시킨다. 이처럼 니체 사상이 야스퍼스 철학에 미친 영향력은 청년시절부터 야스퍼스가 니체 철학을 독일 대학에 부흥시키는 데 하이데거와 함께 선구적 역할을 한 데서도 짐작할 수 있 다. 야스퍼스 사유의 변증법적 성격과 니체적 관점에 대해서는 이 번역본 3장 7항 '두 세계 종합의 문제'에서도 확인할 수 있다.

된다. 우리의 존재는 현존에 있어 두 가지 세력들과 관계하고 있는 것 같이 보인다. 우리는 이 세력들의 실존적인 현상을 낮의 법칙과 밤으로의 열정이라고 일컫는다.

1. 낮과 밤의 이율배반

낮의 법칙은 우리의 현존을 질서 짓고, 현존에게 명료성, 시종일관, 성실을 요구하고, 현존을 이성과 이념에, 즉 일자와 우리 자신에 묶고 있다. 낮의 법칙은 세계 내에서 실현하고, 시간 내에서 건설하고, 무한한 도상에서 현존을 완성할 것을 요구한다—그러나 낮의 한계에 임해서는 다른 것이 발언한다. 이것을 거절할 경우 우리는 어떤 평안도 얻을 수 없다. **밤에의 열정**이 모든 질서를 돌파한다. 밤에의 열정은 모든 것을 그 소용돌이 속으로 끌어들이는 무의 무시간적인 심연으로 빠져든다. 역사적 현상으로서 시간 내의 모든 구축은 이 열정에게는 피상적인 기만처럼 보인다. 명료성은 이 밤에의 열정의 어떤 본질적인 부분으로도 밀고 들어갈 수 없다. 오히려 밤에의 열정은 자기를 망각함으로써 불명료성을 본래적인 것의 무시간적인 어두움으로 포착한다. 자기를 변명하는 가능성을 전혀 추구하지 않는 파악하기 어려운 필연성에 기초해서 밤에의 열정은 낮에 대해서 불신앙적이며 불성실하게 된다. 여러 가지의 임무와 목표는 이 밤에의 열정을 향해서 말을 걸지 못한다. 말하자면 밤에의 열정은 세계 내에서 자기 자신을 파멸시켜 무세계성의 깊이에서 완성에 이르고자 하는 충동이다.

낮의 법칙은 한계로서 **죽음**을 인지하고 있지만, 실존이 비약에 있어 자신의 불사성을 확인할 때에는 죽음을 근원에 있어 믿지 않는다. 행동하면서 나는 삶을 생각하고, 죽음을 생각하지는 않는다. 현존에 있어 존재의 역사적, 연속적 건설을 지향함으로써 나는 죽음에 있어 현존과 현존에 있어서의 활동을, 마치 죽음이 내 앞에 서 있지 않는 것처럼, 생각한다. 낮의 법칙은 나로 하여금 죽음의 모험을 감행하도록 하지만 죽음을 추구하지는 않는다. 나는 죽음에의 용기를 가지고 있지만, 죽음은 나에게는 벗도 아니고 적도 아니다. 그러나 밤에의 열정은 벗이면서 적으로서의 죽음과 사랑하기도 하고 전율하기도 하는 관계를 가진다. 밤에의 열정은 죽음을 저지하려고 노력하는 것과 마찬가지로 죽음을 동경한다. 다시 말해서 죽음은 밤에의 열정에게 말을 걸고 밤에의 열정은 죽음과 교제한다. 현존에 있어 가능성 없이 사는 고통과 세계를 버린 삶의 환호, 이 양자는 그들의 밤으로의 열정에 근거하여 죽음을 사랑한다. 열정은 죽음에 있어서의 충일을 인식하고 있다. 그리하여 이 충일이 최후에 흘러가 버린 흔적에는 모든 미혹과 번뇌 끝에 애타게 열망했던 무덤의 고요의 의식이 남는다. 어떤 경우에도 이 열정은 삶에의 반역, 즉 모든 현실과 명료성에 대한 불성실이다. 그림자의 나라는 이 열정이 본래적으로 살아가는 열정의 고향이 된다.

만일 내가 이미 근원적으로 현존에 소원해서 이성과 건설을 싫어하지 않는다면, 내가 낮을 포착할 때, 나에게 밤의 나라는 삶의 경과에서 성장하는 세계가 된다. 나는, 가령 지금 아직도 멀리 떨어져 있다고 하더라도, 세계 속에서는 마음 편하게 된다. 그리고 결국 내가 늙어서 소원하게 된 현존 세계로부터 배제될 때 밤의 세계는 나를 삶의 추억으로서 받아들인다. 낮의 법칙은 내가 그것을 고갈시켜 버림으로써 나에 대한 그 실질을 상실할 수 있다. 현존에 있어 나의 존재는 지칠 수 있고 밤으로의 열정은 종식될 수 있다.

현존에서의 역사적 존재의 확실한 걸음에 있어 나는 (마음을) 열어젖힘에의 의지에 의하여 이끌린다. 자기폐쇄적인 반항은 열어젖힘에 거역한다.

그러나 밤에의 열정은 비록 그것이 의지한다고 하더라도 **자기를 열어젖힐** **수 없다.** 밤에의 열정은 운명을 포착하고, 운명을 보면서 운명을 의지하기도 하고 의지하지 않기도 하고, 그 때문에 이 운명은 필연적으로 자유하게 나타난다. 밤에의 열정은 다음과 같이 말할 수 있다. 즉 "나 자신이 그것을 한 것과 마찬가지로 신도 그것을 했다." 밤에의 열정은 모든 것을 감행한다. 즉 그것은 여러 가지의 현존적 목적의 세계에서뿐만 아니라 질서, 성실, 자기존재를 훼손함으로써 실존 자체까지도 파멸시키는 것으로 생각되는 바로 그런 곳에서조차도 그 모든 것을 감행한다. 인간을 현존 바깥에 두고 파멸시켜 버리는 존재의 깊이가 목표이다. 이것은 무의미한 것으로의 추락이다. 자기 자신의 숙명으로 달려가고 있는 불안에는 숙고와 선택이 중지하는 것 같이 보이지만, 그럼에도 그 모든 것이 비할 데 없는 탁월한 방법으로 선택되고 숙고되고 있는 듯하다. 다른 것에게는 보이지 않는 채로 있으면서 모든 운동을 자기 자신 속에 집어넣어 폐쇄시키는 이 열정의 결의에 필적하는 것은 아무것도 없는 것 같이 생각된다. 파괴에의 의지가 인간의 모든 것을 점유한다. 아직 잔존하는 건설에의 의지조차도 그것이 스스로 의욕하는 것 같이 생각되는 것의 반대물을 야기하는 것 같이 보일 때 파괴에의 의지에[42] 봉사하는 지위에 놓인다.

이 열정은 근원적으로 **불명료한** 채로 있다. 불명료성은 열정의 고통이지만, 금지된 것과 숨겨진 것의 모든 매혹을 뛰어넘어서 있는 비밀이기도 하다. 열정은 진실하고 폭로할 수 없는 비밀을 순수하게 인지하기 위하여 모든 폭로와 명료성을 추구하지만, 이 점은 인위적인 비밀을 산출하고 그리고 욕망의 구름에 의해서 평범한 경험적 사실성의 노출을 저지하는 아집과

---

42) 옮긴이가 문맥에 상응하여 첨가한 것이다.

는 구별된다. 열정은 불명료성으로 있으면서 아주 확신적이고 특히 불안을 가지고 있지만, 운명의 필연성에 놓일 때에는 무한한 불안을 가지게 되며, 성실을 파괴하고 절대적인 비밀에 의하여 불명료한 채로 죽음으로 몰린다.

그러므로 열정은 그 자체를 포착하고 그 존재를 무 속에서 확신하고, 행복하기도 하고 불행하기도 하면서 그것이 배반하고 파괴하는 것을 현존에서는 그 죽음으로써 보상한다. 열정은 단지 죽고자 할 때에만 자기 자신을 동시에 진리로서 알고, 자기의 손으로 초월자에게로 끌어들이지지 못한 자에게 진실한 것으로 존속한다.

2. 구체적으로 묘사하고자 하는 시도

밤에의 열정의 현상을 더 구체적으로 기술하는 것은 실패한다. 왜냐하면 확정적으로 말한 모든 것이 낮의 밝음 속으로 옮겨지고, 이것으로 말미암아 낮에 직속하고 낮의 법칙에 종속되기 때문이다. 성찰에서는 낮이 우위를 가진다. 불명료성을 명료화하는 것은 그 스스로가 근원으로서 존재하는 열정을 지양한다. 그러므로 밤에의 열정의 어떤 구체적 현상도 서술한다면, 즉 인위적이면서 평범하게, 그 현상의[43] 가능적 정당화의 영역으로 끌어들인다면 외견상 용해된 것 같이 보인다. 왜냐하면 낮이 저 밤의 세계를 승인하고 싶지 않기 때문이다. 낮은 밤의 세계를 욕구할 수 없고 또 결코 가능적인 것으로서 인정할 수도 없다. 밤이 초월적 실체로서 간주하는 것을 낮이 단적으로 무가치, 무의미, 비진실이라고 선언할 정도로 밤

---

43) "그 현상의"는 문맥에 맞추어 옮긴이가 첨가한 것이다.

은 강제적인 통찰가능성으로부터 멀리 떨어져 있다.

　밤으로부터 나는 나 자신에게 왔다. 대지의 속박, 어머니, 혈연, 종족은 나를 둘러싸는 근저이며, 이 근저를 낮의 밝음이 변화시킨다. 이러한 것들은 모성애와 어머니에 대한 사랑으로서, 애향심, 가족의식, 그리고 자기 민족에 대한 사랑으로서 낮의 역사적 의식 속에 수용된다. 그러나 그 근저는 어두운 권력으로 존속한다. 말하자면 이러한 지하적인 친밀존재의 오만과 고집은 서로 간에 만난 실존들의 상호대타존재(相互對他存在)에 있어 우정의 정신적 과제에 역행될 수 있다. 지하적인 권력은 자기 자신을 상대화시키는 것을 허용하지 않으며, 결국은 자기 자신을 자랑한다. 나는 그 권력을 기초로 해서 수행되는 낮의 실존적 상호소통에서 진리를 포착하는 대신에 태어나게 한 것 속으로 나를 회수해야만 한다.

　성애는 그 자체로는 파악될 수 없는 질곡으로서 존재한다. 낮의 법칙은 성애의 현실을 그 현실이 가진 감성적인 상징성으로서의 실존적인 가까움으로 언표하고, 그렇게 함으로써 그것을 상대화한다. 그러나 자기의 몸을 다 불태워 실행하는 열정에의 헌신은 모든 것을 배반하면서 오직 열정 자신만을 의지한다. 어두운 에로스는 절대적인 것으로서 승인되지만 현존 그 자체에 대해서는 무가치한 것으로서 간주된다. 이러한 에로스는 맹목적인 성욕이 아니고―맹목적인 성욕은 오히려 일부다처적인 충동성으로서 열정을 결여하고 있고, 따라서 실존적으로 힘이 없다―에로스 자신의 본래적 존재라고 하는 의미의 유일성을 가진바 현재의 성적 존재자와의 실존적 상호소통 없이 관철하고자 하는 유착이다. 나는 현실과 실존을 마치 자기존재가 거기에서 해소되는바 만남이 곧바로 초월자 가운데서만 있는 것처럼 뛰어넘는다. 이해의 길이 없는 이 열정은 여하튼 무제약적이다. 서로 만난 자들이 이성적인 존재자라는 것을 해명함이 없이 그 만난 자들 가운데 한 사람 또는 두 사람 모두는 그들을 절멸시키는 초월자 속으로 뛰어든다. 실존의 진리를 개현하는 상호소통의 과정은—실현에 관한 그것의 임무를 띠고 있다—서로 만난 그들에게는 하나의 비진실한 서로를 제한하는 절대화가 된다. 자기 자신의 침잠이야말로 비록 죄책으로서 경험된다고 하더라도 더욱 깊은 진리이다.

성애의 열정이 사랑과 성실에 대한 그 열정의 실존적 결속에 의해서 낮으로 들어오게 된다면 역으로 말해서 그 열정은—낮의 사랑으로서 또 성실로서 그들의 사랑을 죽음에 팔아넘기고 이것들에 의해서 본래적 자기로서의 자기 자신을 팔아넘기는바—사랑하는 자들을 지배하는 그 폭력에서 자기 자신을 완성할 수 있다. 그들은 이유와 원인을 알지 못한 채 열정적으로 포착된 영원성을 의식하고, 이 영원성은 낮의 사랑을 배반한 것이기 때문에 이 세계 내에 있으면서 즉시 죽음을 열망한다. 만일 실존이 죽음을 찾아내지 못한다면—그러나 배반을 범한다면—이 세계에서 현존은 이제부터 폐기되고 황량한 것이 된다.

정사(情死)에서는 두 가지 가능성—열어젖힘에 있어 자기가 되는 과정으로서의 사랑과 어두운 무현상의 완성으로서의 사랑—사이에서 선택이 수행될 것이다. 열정의 가능성 앞에 섰다는 것이 다른 모든 것을 의문시했지만, 그 열정을 위한 (낮의 사랑으로의—옮긴이) 배반은 그때 윤리적인 과오로서가 아니고, 그 자체로 영원한 배반으로서 나타난다. 그러나 이 영원한 배반 앞에서—이 배반이 현실적으로 보일 때—단순히 충격에서 오는 침묵뿐만 아니라 파악 불가능한 것 앞에서의 존경이 나타난다. 그 이유는 이러한 배반 자체가 그것의 초월자를 가진 듯 보이고, 이 초월자의 가능성이 세계 내에서 행복하게 완성되는 모든 사랑의 자족을 배제하기 때문이다.

왜냐하면 우선 낮의 법칙이 상호소통에 있어, 이념에 의한 생활에 있어, 그리고 임무, 이념 및 실현에 있어 비할 데 없는 행복감을 준다면 이 명료한 세계의 최후에 진실한 밝음이 주어지면서 격퇴된 마신들이 우리를 부른다.

내가 깨달은 눈으로 몸을 맡긴 밤은 아무것도 아닌 것이 아니고 악 그 자체도 아니다. 결단이 존재하는 곳에서 가치 있는 선·악의 저편에서 밤은 단지 낮에게만 악이다. 그러나 낮은 그것이 모든 것은 아니라고 느낀다. 내가 낮을 신뢰하고 밤을 멀리함으로써 나는 순진무구한 진리에 대한 절대적인 의식을 가지는 것이 아니고, 요구한 하나의 청구를 회피했다는 것을 알고 있다. 낮이, 그리고 성실이 포착되었을 때 나는 초월자—밤으로의 열정—에 따르지 않았다.

낮에는 과정으로서의 밝은 상호소통이 있고, 밤에는 공동적인 파괴 속에서의 순간적인 하나됨이 있다. 이러한 파괴에서는 어두움은 그때 자기의 날개를 접고 자신 속으로 우리를 끌어들이기 위해서 자신의 가면을 벗는다. 생기한 것은 그것을 집어 삼킨 밤 속으로 감싸져 있는 채로 존속한다. 만일 이 가능성 속에서 서로 마주 보고 있고 마신을 따르지 않는 사랑하는 사람들이 있다면—그들은 있었던 일을, 그것을 말로 표현할 수 없기 때문에, 알지 못 할 것이다. 그들은 낮의 법칙과 자기 자신을 따랐다. 그러나 그들의 세계에 있어 이제 의식의 동요는 멈추지 않는다. 올바른 길에 대한 가장 단호한 확신이 자기 스스로 언표하고자 한 것을 피하고 있다. 그것은 마치 질서 가운데 있지 않은 것이 결코 질서 지어질 수 없는 것과도 같다. 선한 것조차도 단지 다른 어떤 세계에 대해서 저지른 죄과를 다루듯이 취급되었을 뿐이다.

밤의 요구들은 결코 충분한 이유를 가지고 낮 속으로 들어갈 수 없지만 사방으로 넓어진다. 조국을 위하여 거짓말하는 것, 즉 어떤 부인을 위하여 위증하는 것은 도덕과 법률의 특별한 질서들에 대한 위반이면서 아직 조망 가능한 행위들이다. 그러나 괴테가 프리데리케에 대해서 행한 것과 같이 자기 자신의 창조적인 삶을 확장하기 위하여 이미 깊숙이 들어간 속박을 해결하는 것은 당사자 자신에게는 결코 분명하게 되지도 못했고 정당화되지도 못했다. 그러므로 크롬웰은 그의 국가 권력을 위하여 어떤 완전한 평안을 찾지 못했던 양심으로써 비인간성을 떠맡았다. 이와 같은 상황 속에서 역사적 실현이, 즉 낮 그 자체가 그것의 질서들의 위반 위에 기초하고 있다. 정치적으로 행동하는 인간들의 의지에 있어 밤의 요구가―그들이 실패의 경우에 그들 자신의 몰락을 선택할 때―어떤 영역을 차지하는가가 나타나게 된다. 그들이 거기에서 그리고 그것 때문에 행동했던바 그것에 속박된 가운데 자기 자신의 현존을 다 써 버린 것으로 스스로 생각될 정도로 그들은 많은 현실적이고 역사적인 현존을 가지고 모험하고, 그 정도로 많은 인간의 삶을 희생시켜 밤의 요구에 바친다.

3. 여러 가지 혼동

충동, 쾌락, 정욕, 도취는 밤의 현상 형태일 수 있지만, 밤의 깊이는 아니다. 다시 말해서 밤의 깊이는 반항으로부터의 자기파괴의 충동이 아니고 타인으로부터 자기를 격리시키는 자기폐쇄에 있어 열어젖힘의 용의가 없는 것도 아니다. 또한 밤의 깊이는 보편적인 것이나 전체자에 반대하여 나를 고립시키는 아집도 아니고, 모든 것을 절멸시키는 가치판단으로 실질을 결여하면서 스스로에게 무게를 주고 싶은 허무주의도 아니다. 실체가 없는 부정적인 것으로서의 이러한 일탈은 현존에 있어 그것의 대량성에 의해 밤의 진실한 세계를 덮어 숨기거나 또는 단지 악한 것으로서, 흩어져 사라지는 산일성(散逸性) 그리고 특수한 찰나적 열정 및 단순한 자의로서 거기에 존재하게 한다. 그러나 실체적인 것으로서의 밤은 단지 아무것도 아닌 것에 불과한 심연에서의 소멸의 길이다. 죽음은 낮의 세계를 와해시켜 아무것도 아닌 것으로 만들어 버리는 밤의 법칙이다. 밤을 위하여 낮의 법칙을 원칙적, 근본적으로 위반하는 자는 본래적으로, 즉 건설적으로 행복의 가능성 속에서 더 이상 살 수가 없다. 스스로 범한 배반에 의하여 영구히 부서짐으로써 그는 다시 계속 살아남고자 했다고 하더라도 어떠한 절대성도 붙잡을 힘을 가지고 있지 않다. 참된 열정은 그것이 때려 부수는 모든 질서와 밀접한 관계에 있다. 열정이 죽음으로 직행하지 않을 때 따라서 그 열정은 계속 살아가는 것으로서 죽음의 살아 있는 비유이고, 삶의 선택에 있어 성실을 무색하게 만든 퇴폐상태와 같은 것이다. 열정은 자기에 대해서 알지 못하지만, 사랑하는 접근은 그 열정에 대해서 알 수 있다. 열정은 답이 없는 채로 지속하는 물음의 과정에 있어 자기 자신에 대해서 무반성으로 고민하는 실존으로서 밤에의 성실이다. 이 열정은 실존의 전도와 같이 보이지만, 쾌락이나 도취에 의한 자기상실과는 거리가 멀다. 자의와 반항 또는 자발적 헌신. 이것들은 열정에 찬 과도기적 매체일 수도 있다. 그러나 이것들은 부서진 것들의 경계에 보전된 것 같은 부서질 수 없는 중심과 함께 있다.

인간이 죽음으로 나아가든지 또는 죽음과 유사한 것에 있어 모든 현실 가운데 비현실적인 실존으로서 살아가든지 간에 밤의 세계가 무시간적인 데 반해서 낮의 세계는 역사적으로 건설적이고 자기생산적이기 때문에 시간적이다. 그러므로 **밤에 대한 단순한 반격**은 밤을 절멸시키기 위해 자기 자신을 방어하면서, 가령 그 반격이 밤 그 자신과 마찬가지로 무시간적이 될 경우 그 반격이 역사적 실존들의 (세계인) 낮에는 도달하지 못하고 밤의 고유한 법칙에 압도된다는 것을 나타내고 있다. 그러한 것으로서는 예를 들면 **금욕**이 있다. 이 금욕은 모든 인연으로부터, 즉 양친, 현세, 재산으로부터 해방시키고 모든 삶의 환호와 성애를 저주하여, 어떤 것에도, 요컨대 낮의 세계에 결부되어 있지 않다는 단지 그런 의미에서만 정신적이 된다. 금욕은 실존의 정신적 현존의 건설에 있어 역사성을 파괴한다. 왜냐하면 금욕이 밤 속에서 현존의 고유한 근거를 파괴하고자 하고 또 추상적으로 전부이냐 무이냐 하는 가운데 단지 그 어느 것만이라도 인식할 수 없기 때문이다. 금욕의 영성은 현세를 결여하고 있고, 게다가 세계 내에서 진실한 존재를 보편적이면서 정당한 것으로서 전적으로 즉시 실현하고자 한다. 역사성이 관통하기 어려운 질료 속에서 자유로부터의 엄격한 생성인 데 반해서, 금욕은 진실한 것을 무시간적으로 현현해서 가지기 때문에 그 역사성을 그것의 근거로부터 잘라낸다. 그러므로 이 반격은 단순한 파괴가 되고 그것이 투쟁하고자 했던 밤으로 낙하된다. 현존을 파멸시킴에 있어 다음과 같은 것이 이 반격에 일어날 수 있다. 즉 돌연한 격변에 있어 이 반격은 그것의 목표였던 근거를 향해서 다시금 맹목적으로 봉사한다. 그때 그 반격은 현세에 퇴락하고 가장 혼란한 자기기만이 된다. —

사려가 없는 생적 현존의 의지는 다른 수평면에 있다. 그러나 이 세상에서 권력, 명망, 향락을 마련해 주는 것을 바라볼 수 있게 하는 좁은 시야로써 이 의지는 단지 자기 자신만을 의지한다. 이 의지는 자기가 걷는 길목을 가로막아 서 있는 것을 난폭하게 측면으로 밀어내어 없앤다. 이 의지가 자기의 목표를 달성했다면 이 의지는 해석을 바꾼다. 잔혹했던 것과 그 의지의 현존을 기초짓고 있었던 것은 침묵으로 처리되고 망각된다. 어머니의 아이들에 대한, 부부의 서로에 대한 인간의 자기의 적나라한 현존과 자기의 성애적 만족에 대한 맹목적 충동은 불투명한 야만 가운데 있는—그것에 부딪히면 어떤 상호소통의 의지도 산산조각이 나는—강고한 벽일 수도 있고, 초월자를 결여하고 있기 때문에 결코 밤이 아닌 광폭한—어떤 것에도 귀를 기울이지 않는—폭력일 수도 있다.

현존의 맹목적인 의지에 대립해서 자기의 세계에 있어 자기 자신에게 투명하게 되는 인간의 밝은 공간이 존재한다. 이러한 공간에서 인간이 열정에 사로잡혀 있을 때에는 아직도 명료성과 전망이 있을 법하다. 이 공간으로부터 '나'라는 자아가 발언하며 이 자아와의 상호소통의 가능성은 결코 중지되지 않는다. 이 자아 속에는 언제나 나와 만났던 자로서 자아 자신이 또다시 거기에 현재하고 있음을 의미하는 확실성이 있다. 다시 말해 이 자아는 이반과 비약의 위험 속에서 부단히 자기를 빼앗길 수 있는 긴장이다. 그러나 그 자아 속에는 토대가 튼튼하게 기초 지어진 자기의식의 평안한 명랑함도 또한 있다. 자아는 물음과 논의에 귀를 기울이고 이러한 것들을 매개로 하여—가령 무제약적인 법칙이 내용상 궁극적인 정식화를 기피할 경우에—하나의 무제약적인 법칙을 승인한다. 자아는 부수어 버릴 수 있는 것 같지는 않고 오히려 무한히 부드러운 듯하다. 자아 속에는 접촉불가능한 점은 결코 없고, 오히려 기탄없는 마음의 준비가 있다. 자아에게는 낮의 법칙이 밝혀지고, 자아는 타자의 밤 가운데 포함되어 있는 진리의 가능성을 파악한다.

4. 낮에 대한 의심스러운 근본전제들

낮에 있어 삶의 근본전제는 다음과 같은 것으로 보인다. 즉 한계가 없는 (마음의) 열어젖힘에 있어 정직한 의지에게 초월적 충실과 순수한 존재의식이 주어진다고 하는 것이 그것이다. 그러나 이 전제는 가령 밤의 세계가 눈에 보였다면 의심스럽게 된다.

선한 의지는 낮에 있어 현존의 궁극 목적이다. 그리하여 다른 모든 것은 단지 이 의지와 관계해서만 가치를 가진다. 그러나 선한 의지는 무엇인가를 손상시키지 않고는 행위할 수 없다. 선한 의지는 불가피하게 죄책이라는 한계상황에 넘겨진다. 선한 의지가 구체적, 역사적 상황에 있어 무엇을 의지하는가 하는 것이 항상 문제이다. 선한 의지는 일반적 형식으로서 있는 것이 아니고, 내용상 충실성을 지니고 있다. 이 충실에 있어 선한 의지는 스스로를 보다 깊게 이해하는 경우에 타인의 세계에 접촉한다. 선한 의지가 자기 자신에 있어 완성되고 싶다고 생각할 때 선한 의지로서는 한계가 느껴질 수 있다. 선한 의지가 이 한계에 직면하여 초월하면서 자기 자신을 문제화할 때 선한 의지는 밤의 경계에 접하고 있는 낮의 법칙으로서 단지 그것의 현존의 현상에서만 절대적이다. 낮의 존재자로서 나는 올바른 일을 행하는 선한 양심을 가진다. 그러나 이 양심은 밤과 결부하는 죄책 앞에서는 난파한다.

낮에 있어 나는 **아름다운 세계의 부로서의 현존**을 보고, 나의 현존의 형상에 있어, 세계의 건설에 있어, 고전적 완성과 비극적 절멸의 위대함에 있어, 형상화된 현상의 충만에 있어 비추어지는 삶의 향락을 인식한다. 그러나 단지 내가 그것들의 거울일 경우에만 자연과 인간이 이러한 웅대함을 가진다. 조망하면서 축제를 거행하는 인간의 입장에 나타나는 것과 같은 아름다운 표면이 있다. 세계는, 그것이 이와 같이 보인다면, 하나의 부동적(浮動的)인 상상이다. 전적으로 그리고 결정적으로 이 상상에 몸을 맡기는 것은 구상적인 조형을 위해 실존의 현실로부터 (인간을) 해방시키고, 급격한 변동이 일어남에 있어 관찰자 자신을 자기의 배후에 있는 것으로 보았던 밤의 절망으로 떠넘긴다.

낮은 **결국에 가서 진실하게 난파**할 때에만 단지 그 스스로 존재하는 것이기 때문에 밤과 결부되어 있다. 과연 낮의 전제는 존립하는 것이 상대적 영속으로 그 가운데서 의욕되는바 역사적 생성에 있어서의 적극적 건설의 이념이다. 그러나 밤은 생성하는 모든 것은 절멸되지 않을 수 없다고 가르친다. 그 무엇도 존속할 수 없다는 것은 단순히 시간 내에서의 세계 경과일 뿐만 아니라, 본래적인 무엇도 항존으로서 오래 존속하지 못한다는 그런 어떤 의지와 같은 것이다. 난파는 완성이 곧 소멸이라는, 예상되지는 않지만 필연적으로 수행되는 경험이다. 현실적이 됨에 있어 진정으로 난파하는 것은 시간적 현존의 최종적인 가능성이다. 시간적 현존은 그것을 기초 짓는 밤 속으로 가라앉는다.

낮이 자족적이라면 난파하지 않는 것은 결국 난파가 바깥으로부터 생소한 것으로서 낮에게 다가올 때까지 나날이 증대하는 무내용의 것이 된다. 더욱이 낮은 난파를 욕구할 수 없다. 그러나 낮이 하고자 하지 않는 것을 내적 필연성 속에서 알게 된 것으로서 자기 자신 속에 받아들일 경우에만 낮 자신은 충실해진다.

내가 낮의 **한계**를 밤에 직면해서 붙잡을 때 나는 법칙성의 단순한 질서와 형식적인 성실에 있어 역사적 실존의 실질을 실현할 수 없고 또 밤의 세계—밤의 세계의 한계에 서 있는 것이 초월자의 경험을 위한 조건이다—에 추락할 수도 없다. 밤의 비밀에 직면하여 희망을 잃는 것이 비로소 최종적인 초월자를 영혼에 가지고 오는 것이 아닌지 어떤지 하는 것은 끊임없이 문제로 남는다. 어떤 사상도 이 문제점을 결정하지 못하고 개인은 결코 일반적으로도 타인을 위하여 이것을 결정하지 못한다. 그러나 낮의 실존은 두려운 마음으로 그 문제점에 접근하고자 한다. 이 실존은 자랑스러운 자기확신과 자기 행복의 과시를 피한다. 이 실존은 (밤에 직면하여―옮긴이) 파악불가능한 일을 묵묵히 수행하는―모든 해명에 의하여 그 몽롱함을 깊게 하는―절대적인 현존의 아픔에 관하여 알고 있다.

5. 죄의 가능성

실존은 그것의 가능성을 유지하고 싶어 한다. 실현에 대한 실존의 자기 억제는 그것이 적절한 순간을 위한 자기보존을 의미하는 경우에는 근원적인 강함이다. 그러나 그것이 감히 움켜잡아 쥐지 못할 경우에는 약함이다. 그러므로 단지 청년기에 있어서만 나는 순수한 가능성 속에서 참되게 산다. 실존은 자기 자신을 아무렇게나 낭비하는 것이 아니라 그것의 현존을 본래적인 것을 위하여 탕진하고 싶어 한다. 결단이 무르익고 내가 역사적인 파악에서 나를 실현시킬 수 있고, 그럼에도 지금 의심스럽게 된 나의 일반적 가능성에 불안하게 달라붙는다면 나는 나의 낮의 운명으로 들어가는 것을 거부함으로써 나 자신으로부터 미끄러져 떨어진다. 직업, 결혼, 계약에 있어 모든 고정화에 대한, 즉 모든 취소하기 어려운 결속에 대한 혐오가 내가 현실적이 되는 것을 방해하고, 따라서 내가 드디어 나의 내면에서 근원일 수 있을 것이라는 것을 단지 가능 실존으로서만 공허 속으로 흩어져 빠져버리게 한다. 그러므로 시간이 헛되게 지나가더라도 나는 또한 밤의 심연으로 추락하지 않는다. 내가 나를 억제할 경우에 나는 밤에 대해서와 마찬가지로 낮에 대해서도 거부하고, 삶을 사는 것도 죽음을 죽는 것도 하지 않는다.

나는 내가 실현 이전의 한계가 없는 가능성 속에 관대하게, 인정 많게, 자유롭게 그리고 모든 편협한 것에 대해 초연하게 살고 있다고 단지 가상하며 살고 있을 뿐이다. 그러나 실제로 나는 공허하게, 잘난 체 뽐내고, 놀이의 형식을 띤 고찰을 하며 살고 있다. 실존적인 것은 현존에 있어 제한과 결속을 의지하는 것이다. 즉 이 의지는 그것 앞에서 결정되지 않으면 안 되는 상황 속으로 돌입한다. 다시 말해서 모든 것에의 가능성으로부터 유일한 일자가 발원한다. 이러한 돌입에는 명백한 능동성은 없다. 나의 가능성들을 제한하면서 나 자신을 실현하는 것은 하나의 투쟁이다. 이 투쟁 속에서 나는 나의 자기가 됨에 대해서 마치 그것이 나에게 적대적인 것처럼 거리를 유지한다. 내가 이제 낮으로 발을 들여놓든가 또는 밤으로 나를 인도하든가에 관해서 나는 나의 운명으로 하여금 나로부터 싸워서 쟁취하도록 한다. 그러나 현실을 기피하는 것은 죄책이다.

그러나 그때그때의 다른 가능성을 거부하는 것도 더 깊은 죄책이다. 열정에 자기를 기증하는 데 몰두하는 것은 몰락에의 길을 향해서 나아가고, 이 길을 가는 자는 건설적이면서 삶을 감동시키는 사랑을 거부한다. 그러나 건설에 있어 그는 죽음에 몸을 맡기지 않는다.

실존 자체가 죄책의식이다. 낮의 법칙에 있어 죄책은 기각될 가능성으로서 문제를 근본적으로 제기하는 어떤 타자가 나타나는 그 한계를 접하면서 존재한다. 열정에 있어 죄책은 근원적으로 열정에 속하는 것으로서 존재한다. 열정은 그것의 깊이에 있어 말로서 언표할 수 없는 죄책과 규정가능한 행위가 아닌 참회를 알고 있다.

죄책의 조명은 열정과 낮의 진실하지 않은 정당화에의 길이 아니다—왜냐하면 모든 정당화를 넘어선 곳에 양자는 무제약자에 있어서의 원리들로서 존속하고 있기 때문이다—그것은 하물며 살고 고뇌하는 모든 것을 가치 있게 하려는 감상이 아니다. 오히려 죄책의 조명은 열정에 대한 두려움에서 발원하고 그것의 가능성에 대한 지식이다. 따라서 이 조명은 자기 자신을 제한하고 방어하는 낮의 세계의 죄책의식과 어울린다. 그러나 밤에 있어 철학함은 행하여지지 않는다.

6. 실존을 위한 투쟁에 있어서의 수호신과 마신

마신에 매혹되어 나는 밤과 지극히 인연을 맺은 사랑에 마음을 빼앗긴다. 이 사랑에 감히 접할 수 있는 것은 아니지만, 나는 비약의 밝음 속에 수호신에 의하여 열광으로 이끌린다. 매혹된 사랑은 어찌할 바를 모르고, 지상의 모든 매체를 잃어버리고 전적으로 초월적이 된다. 다시 말해서 그것은 절멸 가운데서 수행하려 의지한다. **수호신의 명료한 인도 아래 사랑은 스스로를 도상에 있는 것으로 알고, 타인의 이성적 본질과 상호소통에서 신뢰할 만한 합의를 가지고, 세계 내에서 살고자 한다.**

마신은 실존의 현상을 실존의 초월자 가운데 용해시킨다. 실존은 그것의 운명을 구하지 않는다. 이미 어린아이는 고통에 찬 마력을 지각할 수 있고 또 그 스스로 발산할 수 있지만, 그는 이윽고 변화들을 경험하지 않으면 안 되고, 성숙 도상에서 그 변화들을 부정도 긍정도 하지 못하므로 파악할 수 없는 마음으로 감수하지 않으면 안 된다. 운명의 걸음은 마신을 따르는 실존으로 하여금 그 도상에서 알려고도 하지 않고 욕구하는 바도 없이 잔인함과 냉혹함에 빠지게 한다. 이 실존은 가차 없는 필연성을 경험한다. 이 실존은 이 필연성의 강요에 의하여 행동하는 것과 마찬가지로 그 필연성을 감수하지 않으면 안 된다. 이 실존은 타인을 사랑하면서 보호함에 있어 그리고 질서들의 유지에 있어 현존의 형태로서의 자기에게 되돌아올 수가 있지만, 그럼에도 이러한 질서들 밖에는 실존이 따르지 않으면 안 될 마신이 존재하고 있다. 운명에 직면한 마력은 어린아이에게는 투박함과 놀이 가운데 은폐되어 있다. 다시 말하자면 이 마신은 언젠가 수호신이 지켜보고 마신에 대해서 한계를 설정할 때에는 저 온화함으로 급변하는 것이지만, 이 온화함도 명시적인 사랑으로서 본다면 지극히 가깝게 접근하면서도 아직까지는 멀리 떨어져 있는 것이다.

이와 반대로 낮의 열린 실존은 그 실존의 **수호신**의 인도 아래 실존의 현상에 있어 그 실존의 시간적 현실의 명료한 표현에, 즉 실존의 내부와 외부의 동일성에 도달한다. 이 실존은 그것이 말하는 바를 생각하고 있고, 자기 자신과 일치하고 있다. 왜냐하면 실존은 그것의 밝음의 이 도상에서 자기 자신을 사랑하기 때문이다. 이 실존은 자기와 반목하고 있다. 왜냐하면 실존은 모든 것을 물음과 비판에 맡김으로써 그 모든 것을 의심하지 않으면 안 되기 때문이다. 즉 이 실존은 모든 것에 귀를 기울이고 자기를 다른 누구로도 바꾸어 놓을 수 있기 때문이다. 이 실존은 인간 자신에게 전달되는 모든 것에 있어서의 타당한 것, 형태를 가지고 있는 것, 일반적으로 말로 언표가능한 것을 구한다. 이 실존은 자기를 자유하다고 인식하고, 그것의 운명을 파악할 수 있는 기능적 길이 있다는 이념과 함께 능동적으로 포착한다. 이와 같은 실존은 명료성에 의하여 냉엄하고, 구조에 의하여 부드럽다. 이 실존은 투쟁을 추구한다. 왜냐하면 투쟁은 실존이 자기 자신에게 되돌아오는 매개물이기 때문이다. 이 실존은 자기 자신에 의해서 존재하고 그런 점에서 자기가 강하다고 느낀다. 가령 이 실존은 어떤 타자에 의해서 존재하고 수호신을 부르면서—마신이 이 실존의 영역에 발을 내디딜 때—마신에 직면하여 전율을 느낀다. 이 실존은 신용할 만한 것이고 이 세계 내의 사는 것으로서 타인과 운명을 함께하는 실존의 진정한 반려가 된다. 성실은 실존의 본질이고 이 성실과 함께 실존은 자기 자신을 상실한다. 이 실존은 그것이 세계 가운데서 활동적으로 여러 임무들을 단지 실존 자신의 본질적인 것으로 포착함으로써만 삶을 산다.

낮과 밤의 양극성이 아무리 도식화된다고 하더라도 그것이 사유될 경우에는 현존이 그의 초월자와의 관계에 있어 가지는 의심스러움은 가능적 한계에까지 높아진다. 나는 무엇이 존재하는지를 알지 못한다. 낮의 존재로서 나는 나의 신을 신뢰하지만, 나의 이해의 저편에 있는 생소한 힘에 대한 불안을 동반하고 있다. 밤에 퇴락해서 나는 깊이에 몸을 헌신하지만, 이 깊이 속에서 밤은 나를 절멸시키면서 소진시키지만, 또한 충실로 충만한 진리로 전화시키기도 한다.

7. 두 세계 종합의 문제

낮과 밤, 두 세계는 서로를 향해서 관계하고 있다. 이 두 세계의 분리는 단순히 조명을 위한 도식에 지나지 않지만, 이 도식 자체는 변증법적 운동에 빠진다. 낮에게 아주 중요한 일자가 일반자의 밝음에 반항해서 일어나고, 무법칙성이 될 때에는 낮의 법칙인 것 같이 보이는 것이 밤의 심연으로 역전한다. 밤을 향한 황량함이 어떤 건축물—이 건축물은 자기의 어두운 근거를 알고 있지만, 지금은 그것을 내던지고 이전에는 자기의 고유한 근원이었던 것과 투쟁하고 있지만—로 완전히 변할 때에는 밤이라고 보인 것이 낮의 근거가 된다.

사람들은 두 세계의 종합을 사유하고 싶어 한다. 그러나 이 종합은 어떠한 실존에 있어서도 수행되지 않는다. 그때마다 역사적 일회성에 있어 성공하는 것은 객관적으로 어떤 완성도 아닐 뿐만 아니라 주관적으로 부수어진 것이다. 종합의 이념조차 불가능하다. 왜냐하면 실존의 현상에 있어 현존으로서의 존재는 다양한 것의 세계에서는 개인의 규정성이며, 이 개인의 의미는 결국 진술할 수 없고 모방할 수도 없는 것이기 때문이다. 종합은 일반적으로 가능적인 것으로서 사유될 경우에는 물음이지 과제가 아니다. 단지 무제약적인 것으로서만 두 세계는 그것 자체이다. 내가 그것들 가운데 어느 쪽에 헌신할 것인가는 구체적인 행위의 연속성에서 나에게 나타나지만, 그것은 이 행위의 연속성이 두 세계 가운데 어느 쪽에 내가 절대적인 우위를 부여하는가 그리고 내가 타방에 대해서만 상대적으로 허용하는 것에 관해서 결정으로서 해석하는 한 나타난다. 밤은 자기 자신이 침해받는 것을 허용하지 않는 동안 상대적 합목적성과 질서를 견디고 준수할 수 있다. 낮은 모험을 용인하고, 무제약적인 진지성을 결여한 구속력이 없는 시도로서의 제한적이고 훈련된 도취를 용인하며, 심연에의 시선을 용인한다―종합의 가상적 행운도 결함이 없는 것이 아니고 배반이 없는 것도 아니다. 심연을 회피함으로써 야기되는 결함은 낮의 어딘가에 둔 실존의 기반을 박탈한다. 낮의 법칙, 개별적인 인간, 현존의 건조, 모든 성실 등을 배반하는 것은 현현되지 않는 죄과 때문에 밤을 불명료하게 만든다. 이와 반대로 표면에 있어서는 모순이―가상적으로 모든 것을 실현하고, 진실로 어떤 것도 존재하지 않는 모순이―잔존한다. 실존의 깊이는 단지 실존이 그것의 운명을 아는 경우에만 있다; 내가 내막을 알고 있는 자가 아니라고 하는 것은 내가 죽음의 입구와 밤의 법칙에 접촉할 수 없기 때문이든가 또는 내가 삶을 잃어 버렸다고 하는 것은 내가 밤을 따르고 낮의 법칙을 때려 부수었기 때문이든가이다. 낮의 삶이면서 동시에 밤의 깊이이기를 바라는 것은 하나의 기만이다. 최종적인 진리는 타자에 대한 내적 성향의 존경이고 죄책의 고통이다.

단지 실존의 위기들에 있어서만 결단된다. 이러한 위기에 있어서는 정반대의 것이 가능하다. 즉 하나는 낮을 내버리고 삶과 사업에 대한 의지를 대신해서 죽음에 대한 사랑을 대치하는 것이고, 다른 하나는 밤으로부터 낮으로 귀환하고, 그런 가운데 밤 자체를 기초 짓는 것이다. 그러나 언제 어떻게 그것이 가능한가, 어디에서 이미 영원한 결단이 단행되고, 어디에서 가능적인 귀환이 있는가─이러한 것들은 어떠한 지식에 의해서도 알려지지 않으며, 단지 그의 역사성에 있어 개인만이 알 뿐이고, 궁극적으로 그것들 자체로는 말해질 수 없다. 왜냐하면 내가 인식할 수 있고, 그 둘 사이에서 선택해야 하는 그런 두 길조차 아직 존재하지 않았기 때문이다. 해명하는 논의로부터 도식의 대상적 정착으로의 이반이 있고, 이 이반이 더 이상 실존적인 것이 아닌 이와 같은 선택을 가능하게 한다. 이러한 두 세계는 명료화되지 않는 양극성이고 서로 간에 한쪽은 다른 한쪽을 점화시킨다. 나는 그 두 세계를 해명하는 가운데 대립시킬 수 있지만, 사유에 의해서는 그것들의 존재를 인식할 수 없다.

8. 신화적 해명

신화적 해명도 역시 두 가지 힘들의 형상적 대상화를 통해 수행된다. 그러나 저 이해불가능한 대상적 형태는 두 가지 힘들의 단순화한 양극성에 결부되지 않는다. 오히려 그것은 먼저 많은 **신들** 자신에게로 향해 나아가고, 그 다음에 신성과 반신적 힘의 이원성에 집중하며, 드디어는 **신성 자신** 속으로 들어앉고, 그리하여 반신적 힘이 신성의 **분노**로서 경험되기도 한다.

다신교는 일자가 거기에서는 배경 속에 머물고 있는 그런 세계이다. 내가 많은 신들에게 봉사함으로써 나는 모든 삶의 힘에 권리를 부여할 수 있다. 모든 것이 적시(適時) 적소(適所)에 있어 행해진다는 것은 그 모든 것이 공존할 수 있는지에 대한 물음 없이 그 각각에게 그 특유의 신적인 영력

(靈力)을 주어 모든 가능성의 실현을 허용하지만, 영원한 결단에 대해서는 알지 못한다. 여기서 밤에의 열정은 그것의 적극적인, 그러나 한정된 실현을 발견할 수 있다. 과연 낮의 힘들과의 투쟁은 가시적이 될 수 있을지 모르지만, 그 투쟁은 초월자에 있어서의 영원한 투쟁과 같이 원리적이 되지는 않는다. 저승의 신들은 천국의 신들 곁에 서 있다. 장소에 얽매이고, 저승의 신들의 심연에는 어둡고, 그 신들에 있어서는 그때마다 한순간 지상이 절대적이 된다. 도취의 신들은 망아를 신성화하고, 밤의 봉사는 신비적인 황홀 또는 진탕 퍼마시며 떠드는 광란에 있어 일시적으로 실현된다. 춤추면서 파괴하는 시바도 존재하고, 이 시바의 예배에 있어 밤에의 열정은 자기 자신에게 진리 의식을 부여하고 있는 것 같이 보인다.

밤의 적극성은 다신교에서는 말하자면 천진난만하게 받아들여지고 있다. 그러나 낮과 밤의 양자 대립이 초월하는 의식의 형식이 된다면 밤은 반신적인 힘, 즉 신이긴 하지만 진실하지 않은 신이 될 뿐이다. 초월자의 이원론은 사유가능한 모든 대립의 어느 한쪽을 부정적으로 설정한다. 인간은 이러한 대립들의 투쟁에 있어 한쪽 측면에 서서 신에 대해 반신을 대립시키고 빛, 하늘, 선, 활동적인 건설에 대해 밤, 땅, 악, 파괴를 대립시킨다. 밤은 그것이 절대적인 원리로서 더 이상 신앙되지 않을 경우에는 악마로서 존속한다.

그러나 이원론적인 사유는 그것이 초월자 가운데서는 어떠한 대립도 고집할 수 없다는 것을 경험한다. 어떤 경우에는 대립들은 뚜렷하게 사유되고, 선과 악 같은 낮의 세계 내부에서의 대립들이 되며, 타자를 어떤 새로운 반정립에 의해서 움켜쥔다는 과제가 남지만, 이 반정립이 이와 동일한 방법으로 다시금 그것의 명백성 때문에 미끄러져 돌아온다. 다른 어떤 경우에는 대립들은 그것들의 의미(자기주장과 자기헌신, 정신과 심령, 존재와 비존재)

를 역전시킨다. 밤을 표시해야 하는 것이 낮이 되고, 그 반대의 경우에도 또한 같다.

초월하는 구상화의 최후의 양태는 그 때문에 밤을 신성 자신 속으로 들여 놓는다. 신성은 변함없이 일자로 영속하지만, 그것은 이해불가능한 채로 신의를 수행하고, 이 신의의 의미는 불가해하며, 결코 우리들 인간의 것이 아닌 길을 걸어간다. 단지 외관상으로만 '신의 노여움'은 보복으로서 이해될 수 있을 뿐이다. 신의 노여움은 신을 모독하는 행위를 자자손손(子子孫孫)에 걸쳐 벌하고, 전 민족과 세계의 대참사는 신의 노여움을 나타내는 신성의 폭발로서 간주된다. 인간은 여러 가지의 마술적인 수단에 의하여, 그 다음에 반마술적으로는 죄가 없는 생활에 의해서 신의 노여움을 진정시키는 여러 가지의 길을 생각해 낸다. 그러나 인간은 이 생활을 실행할 수 없다거나 또는 비록 그가 자각적으로는 어떤 확고한 과실도 없다고 믿고 있음에도 불구하고 신의 노여움이 자기에게 떨어진다는 것을 경험한다. 그 때문에 신적 노여움의 구체화는 소멸되지 않으면 안 된다. 폭군의 기분도 신의 노여움에는 적합하지 않고 또 눈에는 눈, 이에는 이를 갈망하는 재판관의 법률상의 정의도 적합하지 않다. 이러한 형상들은 그 가장 깊은 의미에서 신성에 대한 불가해성의 단순한 징표로 퇴색한다. 이 불가해성은 초월하는 의식이 확립한 징표이기도 하지만, 신이 그의 노여움의 '그릇'을 창조하여 예정해 놓고 있다는 사상에 의해서도 해명될 수 없었다. 나는 밤의 존재로서 존재하는 것이다. 즉 신은 이러한 나를 그의 노여움에서 창조했다. 내가 밤에의 열정을 따르는 곳에서 신의 노여움은 그것을 원했다. 이 사상은 그 자체에 있어 붕괴하고 거기에 남는 것은 단지 '신의 노여움'이라는 언어가 가진 힘뿐이다.

다자의 풍요와 일자

일자는 다양한 의미를 가지고 있다.[44] 일자는 논리적인 것에서는 **사유가능성**으로서의 통일이다. 일자는 세계에서, 자연에서 그리고 역사에서도 **현실적인 것의 통일**이다. 일자는 실존이―일자야말로 실존에게는 **전부**이기 때문에―거기에서 자기의 존재를 가지는바 일자이다.

형이상학에서는 일자가―그것이 사유가능한 통일을 넘어 초월하는 것에서든, 세계 내에서의 통일의 포착에서든, 실존적 하나의 통일로부터, 즉 역사적 자기존재의 무제약성으로부터 초월하는 것에서든 여하튼―탐구된다. 이 길들은 서로 교차하고 있다. 즉 이 길들은 공통의 시선 속에서 만날 수도 있다. 다시 말해 우선 그 길들은 각각 독립해서 존재한다.

1. 일자의 실존적 근원

실존조명에 있어 행위의 무제약성은 자기존재와 자기존재가 현존에 있어 파악하는 일자와의 동일성에 의해서 감지될 수 있다. 모든 것을 좌우하는 일자가 단지 나를 향해서 존재하는 경우에만 나는 본래적으로 자기이다. 대상의 형식적 통일이 자기의식에 대한 그 대상의 사유가능성의 제약인 것과 같이 실질적 일자인 자기존재에게는 무제약성의 현상이다. 그러나

---

44) 야스퍼스의 일자론(一者論)은 일자로부터의 유출을 이야기한 플로티노스의 전통을 계승하고 스피노자의 범신론적 사상은 물론이고 기독교적 유일신 사상을 비판적으로 수용하면서 야스퍼스 특유의 실존사상과 종합한 현대적인 사상이라 할 수 있다. 따라서 야스퍼스의 일자론은 전통형이상학이 주는 고전적 사유방식의 사변적 폐쇄성이 느껴지지만 그런 사유방식을 통해서라도 전달해야 할 것으로 판단되는 인류의 내면에 흐르는 일자의식을 최대한 현대적으로 해석해서 전달하려는 노력의 산물인 것이다.

사유가능성이 하나의 보편타당한 진리와의 연관에 속하는 데 반해서 실존적 일자는 다른 진리들을, 즉 실존적 일자가 아닌 진리들을 자기 바깥에 가지는 그런 진리이다. 모든 것을 자기 자신 속에서 지양하는 어떤 가지적(可知的) 전체도 존재하지 않고, 오히려 전체적이 될 수 없는 하나의 존재에 포함되어 있는, 즉 외부로부터 아직 사유될 수 없는 하나의 존재에 포함되어 있는 이러한 실존하는 진리들 간의 무제한한 가능적인 상호소통만이 있을 뿐이다.

실존적 통일은 첫째로 자기동일화에 있어 **역사적 규정성**으로서의 제한이며, 이 역사적 규정성은 그 배타성에 의해서 존재의 깊이를 계시한다. 물론 현존에서의 실존은 **일자와 타자를 원할 수** 있다. 실존은 바꾸고 싶기도 하고 실험하고 싶기도 하다. 실존은 난파하여 새로운 시도를 한다. 그러나 이 모든 것은 내가 현존에 있어 자기가 아니고, 현존을 섬기는 한 단지 현존에 있어 정당할 뿐이다. 내가 나 **자신**인 한 나는 밖으로부터 볼 경우에 **단지 어떤 제한된 현실인 것과의 동일성**에서만 나 자신이다. 내가 가능 실존으로부터 역사적으로 되고 단지 나를 현존 가운데 파묻는 경우에만 나는 존재할 뿐이다. 이에 반해서 일탈하는 경우에는 다종다양하게 **분산된 것들** 속으로 들어간다. 모든 것이 다른 것일 수도 있을 때 나는 나 자신이 아니다. 내가 모든 것을 하고자 할 때는 나는 아무것도 하고 있지 못하다. 내가 모든 것을 체험할 때 나는 존재에 도달함이 없이 무제한한 것 속으로 용해되어 버린다.

둘째 통일은 **이념**으로서 전체이다. 총체성으로서의 이념들과 관계하고 있는 것은 그것의 통일을 이 이념의 상대적 전체 속에 가지고 있다. 통일 없이는 그것은 우연적인 것의 단순한 다양성일 것이다. 그러므로 통일로부터의 일탈은 부분으로 그리고 이 부분의 절대화로 향하며, 따라서 길도 목표도 없이 제멋대로 투쟁하는 대립들로 분열하려 한다.

분산을 방지하는 실존적 통일과 전체성에 의해서 무제한의 다양성을 방지하는 이념의 통일은 일치 관계가 아니라 긴장의 관계에 있다. 이념들은 실존들에 의하여 담지되고 있지만, 실존의 통일은 이념이 경직되거나 시들해지게 될 때 그 이념을 돌파한다. 이념이 정신의 우주로서 사유된다면, 그 이념은 정신세계의 형상을 부여한다. 그러나 그때 외관상의 총체성 앞에서 실존들은 소멸하고, 이러한 실존들 없이는 이 (정신적) 세계는 어떤 현실도 가지지 못할 것이다. 만일 정신적 세계의 형상이 이념적 전체성의 자유한 부동(浮動)이 된다면 나 자신이 그러한 형상으로 존재할 수 없다. 이 형상은 확실히 가능성으로서는 나보다 우세하지만, 현실로서는 나보다 열세이다.

셋째 통일은 **선택에 의한 결단**으로서의 실존적 근원이다. 이반은 **결정하지 않는 것**과 결단하고자 하지 않는 것으로 향한다. 나는 나의 현존만을 보호하는 비틀거림 속에서 존재에 도달하지 못하고 또 나의 자기의식에도 도달하지 못하고 있지만, 이 비틀거림에 있어서는 내가 결단의 요인이 되는 대신 나에 관해서 결정이 이루어지고 있다.

이리하여 실존적 근원의 통일은 역사적 규정성, 이념적 총체성, 결정성을 의미한다. 이반은 분산, 고립된 절대화, 비결정성으로 향한다.

역사적 규정성으로서 내가 이념들로 충만하고, 현존과 결정적으로 동일화된 상태가 될 때 현존은 나에게는 **절대적**이 되지만, **현존으로서** 나는 절대적이 되지 않는다. 실존적이 된 순간에 그 역사성 속에서 나는 이 실존의 초월자를 만나게 된다. 일자는 현존에게는 초월자에의 길이 되고, 일자의 내밀성은 초월자와 연관하고 있다는 확신이 된다. 왜냐하면 일자는 기초 지어질 수 없는 것과 마찬가지로 또한 말로서도 진술될 수 없기 때문이다. 그리하여 가령 모든 진술은 단지 외면적인 통일만을 다루고 있고, 그것은 유한성에서의 객관화이다. 진술은 숫자상의 통일에서의 단순한 객관성으로서 일자를 결여할 수 있다. 진술은 내가 초월자 없이 강제적으로 나 자신을 묶어 버리는 유한적인 것을 고정화시킨다. 일자는 현존의 유한성에 있어 고동치는 심장이고 알 수 없는 하나의 빛의 광선이다. 그리하여 각각의 사람은 단지 자기만의 광선을 가질 뿐이지만, 이 광선은 각자마다 상호 소통 속에서 명백해진다. 비유적으로 말해서 모든 광선이 하나의 신성으로부터 온다고 하더라도 하나인 신은 모든 사람들에게 객관적인 초월자가 되지 못한다. 이 하나의 신은 그때마다 일자에 있어 초월하는 실존에 대한 일자의 맥박으로서만 존재한다.

결코 일자에 접하지 못한 사람, 다양한 현존의 적극성을 절대자로 간주하는 사람, 모든 것의 대체가능성을 가능성으로 생각하는 사람, 그리고 그렇게 생각하는 동안 죽음을 망각하는 사람—이러한 사람들에 대해서 우리는 다음과 같이 말할 수 있을 것이다. 즉 삶에 있어 자기의 마음을 한 인간이나 또는 하나의 일에 너무 지나칠 정도로 집착하게 하지 않고, 많은 인간과 많은 사물에 대한 사랑에 폭넓은 기초를 설정하는 것이 합목적적이라고 말이다. 왜냐하면 가령 단독적인 것의 상실에 있어 전체가 문제될 경우 타인의 죽음과 파괴는 우리 자신의 현존에 매우 커다란 영향을 미칠 것이며, 경우에 따라서는 치명적인 타격을 줄 것이기 때문이다. 우리는 자기의 사랑을 다른 사람들과 함께 나누고, 그 대신 어느 특정한 사람에게만 지나칠 정도로 사랑하는 것만은 삼감으로써 편애를 예방할 수 있다.

현존의 합목적적인 것을 척도로 한 이러한 내재적, 지속적인 사고방식은 일자에 있어 초월자의 경험에 대한 가장 결정적인 대조이지만, 이 일자는 현존으로서의 실존을, 현존을 포괄함으로써, 자기 자신과 동일적인 것으로 설정한다.

2. 세계의 통일

세계정위에서는 내가 그 자체에 있어 내부적으로 연관된 하나의 것으로 이해할 수 있는 것만이 나에게는 접근가능하기 때문에 어떤 통일성의 연관에도 가지고 오지 못하는 것은 그것의 괴리성 때문에 파악되지 않는다. 체계적 통일의 요구는 그것의 척도를 여러 가지 지식의 단순히 무제한한 모음과는 다른 인식에 두고 있다. 통일은 연구자에게 방향을 부여하는 힘이고, 이 힘은 모든 분리들에 의해서 통일 자체가 비로소 가능한 것이지만, 이 모든 분리들이 심연으로 이끌어 가지 못하도록 이 모든 분리들을 감시한다.

그러나 통일, 전체성, 형태가 세계 내에 존재한다는 사실에 의해서 비로소 체계적인 세계인식이 가능하게 된다면 그럼에도 불구하고 아직 이러한 통일들 가운데 그 어느 하나도 그것 자체가 초월자라는 일자는 아니다. 세계 내의 통일들은 방법적 관점들로 상대화되든가 또는 초월자라는 일자와 통일들 간의 연계에 의하여 통일들 자체로서 내실이 있는 것이 되든가이다.

그러므로 세계 내의 통일은 연구의 관점으로서도, 모든 사물들의 상호작용에 있어 공간적인 엮음으로서도, 합리적 투명성에 있어 자기 이해의 공통성으로서도, 보편적 정치기구 내에서의 인간적 사물들의 질서로서도, 종교적 신앙의 객관적 통일에의 신조(信條)에 있어서도 **본래적으로 진실하게** 될 수 없고, 오히려 통일 그 자체가 초월적으로 연계함으로써만 본래적으로 진실하게 될 수 있다. 다른 모든 통일은 그 자체에 있어 상대적인 통일이고, 외면적인 것으로서의 통일은 기만적인 통일이다.

3. 논리적인 것의 통일

내가 통일성을 사유한다면 그것은 첫째 **수적인 一(하나)**—이 수적인 一에 의해서 다자를 셈할 수 있다—이다. 둘째 이 통일성은 거기에서는 대상적인 것의 잡다성이 **전체**가 되는 그런 통일이며, 따라서 이 통일은 전체로서 파악된다. 셋째 이 통일성은 자기가 자기와 관계하는 인격성에 있어 **자기의식의 통일**이다. 초월자는 이러한 통일들 가운데 그 어느 것에서도 초월자 자신에 상응하여 사유되지 않으며, 따라서 일자로서 모든 것을 뛰어넘어 탐구된다. 그러나 그것은 세계 내의 이러한 통일들이 소멸하는 국면으로 머무는 그런 방식으로 탐구된다.

a) 신성은 **수적인 一**이 아니다. 왜냐하면 곧바로 사유할 수 있는 가능성으로서 유일신만이 존재하는 것이 아니기 때문이다. 수적인 一은 다자와 대립한다. 그러나 신성은 원리상 셀 수 있는 것으로서의 일자도 아니고 다자도 아니다. 수로서의 통일은 형식적이기 때문에 항상 외면적 통일이다.

그러나 초월자가 일자로서 그리고 또한 다자로서 사유되어야 한다면 셀 수 있는 것을 포괄하는 의미에 있어 다수인 것과 일자가 동시에 존재하기 위해 특정한 수가 귀결되지 않으면 안 된다. 우리의 표상이 수적인 통일과 다수성으로 불가피적으로 조작하는 것, 즉 이 양자가 그 때문에 초월함에 있어 그것들이 동일적으로 사유되는바 부조리에 의해서 붕괴되지 않으면 안 된다는 것은 수적인 통일을 신성에 적용하는 것이 수적인 다수성을 신성에 적용하는 것과 마찬가지로 부적당하다는 것을 느낄 수 있게 한다. 일자와 다자를 뛰어넘어 초월적 일자로 초월하는 방향으로 지향한다는 것은 하나의 수가 표현할 수 있는 것보다 훨씬 깊은 의미를 가지고 있다.

b) 다양성의 통일성으로서 **통일**은 단순히 총계로서 존재하는 것이 아니고 통일성에 도달한 다수성, **전체성 또는 형태**로서 질적으로 존재한다. 이 통일은 단지 다수성에 의해서만 존재하고, 이 다수성은 내부적으로 연관하고 있는 것으로서 단지 이 통일에 있어서만 존재한다. 이 통일은 세계 내에서 하나의 사물로서—예를 들면 하나의 도구, 이 유기체로서 하나의 생적인 것, 하나의 예술작품으로서—각 대상의 통일이다. 이와 같은 통일들은 내가 대상적으로 나의 면전에 세워지는 것을 보는 구성물이다. 이와 같은 통일은 유한적 개관에서 보여지는 것 그 이상으로 아름다움으로서 우리의 마음을 사로잡아 황홀하게 하여 초월적 일자에게로 지향하도록 하는 것 같이 보인다. 그러나 신성 자신이 이러한 통일일 수 없다. 신성은 단지 이 통일에 있어서는 실로 광대한 객체성의 형상에 불과하지만, 그것과 나의 관계는 경탄하는 관조자의 관계이다. 나는 이 관조자의 관계 속에서 평정을 얻는다. 그러나 거기에는 현존에 있어 통일을 방해하는 것, 그리고 나를 장악하기도 하고 절멸시키기도 하는 것으로서 현실적인 것이 결여되어 있다. 왜냐하면 이 통일에 있어서는 내가 반항과 귀의, 이반과 비약, 낮의 법칙과 밤에의 열정에 있어 해결불가능한 이율배반들을 통해서 관계하는 초월자가 더 이상 나타나지 않기 때문이다.

c) 수적인 一과 전체의 통일은 그것들을 보고 사유하는 어떤 주체를 향해서만 존재하지만, 자기 자신으로서는 존재하지 않는다. 그것들은

자신의 자기관계 의식에 있어 스스로는 작용하지 못한다. 의식, 자기의식, 그리고 인격은 우리가 그것일 수 있는 그런 통일, 그러나 대상으로서는 이미 논리적으로 적절히 사유될 수 없는 통일이다.

통일로서의 초월자는 우리 자신일 수 있는 통일보다 훨씬 불충분한 통일에 있어서는 우리에게 나타날 수 없다. 인격은 이 점에 있어서는 통일로서 신성에 상응하지 않으면 안 되었던 최소한의 것이다. 그러나 인격은 단지 다른 인격과 함께 존재할 뿐이지만, 신성은 인격과는 함께 존재하지는 않는다. 인격은 실존이고 아직 초월자는 아니며, 오히려 실존에 대해서 오직 초월자가 존재할 뿐인 바로 그러한 것이다.

현현하면서 동시에 그 근거를 헤아릴 수 없는 통일로서 인격의 통일에서 초월함이 행해진다. 이러한 초월함에 의하여 이 통일은 그 존재의 무게와 그것을 포괄하는 의미의 미광을 수취하지만, 초월자는 인격이 되지 못한다.

4. 일자로의 초월함

우리가 우리에게 친근한 통일의 형태들을 회고해 본다면 그 어느 것에도 초월자의 가능적 연관이 있었다. 일자 자신의 형이상학적인 포착이 **실존적인 ―**(하나)에 뿌리를 박고 있다. 초월자와의 연관은 그것의 현존의 공간을 현세적, 역사적 일자 가운데 가지고 있다. 일자의 **논리적인** 형태들은 초월자가 없는 경우에도 또한 합리적인 의미를 가지는 표현 수단이다.

일자는 하나인 세계도 아니고, 모든 사람에게 통용되는 하나인 진리도 아니며, 모든 인간을 결합시키는 통일도 아니고, 우리가 그 속에서 우리 자신을 이해하는 하나인 정신도 아니다. 논리학과 세계정위에 있어 일자의 타당, 그리고 그 다음으로 이러한 통일에서의 초월함은 그것의 형이상학적 의미를 실존의 일자로부터 비로소 얻는다.

다음과 같은 물음이 생긴다. 즉 왜 일자로서의 신성은 이처럼 마력을 가지고 있고, 왜 일자는 마치 그것이 달리는 전혀 존재할 수 없는 것처럼 일종의 자명성을 가지고 있는가? 만일 신성으로서의 초월자가 일자가 아니라면, 왜 그것은 일종의 침해 및 황량과 같이 느껴지는가? 왜냐하면 나는 초월적 일자에 있어 나의 본래적 자기존재를 발견하기 때문이고 이 자기존재가 하나인 초월자 앞에서만 비로소, 단지 여기서만 진실로 사라지기 때문이다.

현존에 있어 가능 실존으로서 나에게 일자가 열려 드러나게 되고, 이 일자와 동일하게 되면서 내가 나 자신에게 돌아온다면 그때 나는 일자의 현상을 통해서 하나인 신이라는 사유불가능한 일자와 마주치게 된다. 모든 통일이 그것의 상대성을 널리 알리는 데 반해서 실존적인 일자는 그것의 무제약성을 수반한 근원으로 영속하며, 이 근원에 의해서 신은 모든 실존의 역사성의 하나인 근거로서 보여진다. 내가 삶에서 일자를 무제약적으로 포착하는 정도에 따라서 나는 하나인 신을 믿을 수 있다. 내가 실존으로서 나의 삶의 역사적 현실 속에서 일자에게로 초월하는 것은 하나인 신성에의 초월함의 제약이다. 내가 이 최종적인 비약 이후에 하나인 신의 확신으로써 살아가고 있다는 것은 역으로 말해서 내가 나의 세계에 있어서의 일자를 지향하는 무제약적인 태도의 근원이다. 나에게는 나의 현존의 연속성 가운데 일자가 존재하는 것과 마찬가지로 많은 초월자가 존재한다.

그러므로 하나인 신은 실존적인 일자에 의해서 그때마다 **나의** 신이다. 이 신은 단지 배타적 일자로서만 가까이 있다. 나는 이 신을 모든 인간의 공동사회 속에서 가지지는 않는다. 일자의 **근접**은 나의 초월함의 국면이다.

그러나 일자의 가장 확실한 현재조차도 객관적으로 단지 하나의 가능성, 나에게 손을 내뻗침, 신이 나에게 일자일 수 있는 유일한 방법에 지나지 않는다. 이 근접은 내가 소원한 신앙과 다른 사람들의 다른 신들에 접할 때 세계로부터 나에게 다가오는 것을 지양하지 못한다. 그러나 내가 이 세계를 주시한다면 일자는 나로부터 **멀리** 있고 단적으로 말해서 가까이 할 수 없다. 실존의 일자에 있어 하나인 신성이 감지 가능할 때에는 하나인 신성은 이 순간의 역사성이 옮길 수도 없고 소통할 수도 없을 정도의 근접 거리로 걸어 들어가든가, 아니면 가장 추상적이고 도달 불가능한 먼 거리로 걸어 들어가는 것이다. 물론 신성은 나와 동일한 상태가 되지 못한다. 그것은 가장 가까우면서도 절대적인 거리를 유지하고 있다. 그리고 더욱이 그것의 근접은 현재와 같은 것이다. 그와 반대로 먼 곳은 세계의 현존이 그것의 비폐쇄성, 균열, 다양성, 통제불가능성인 채로 초월하면서 깊이 들어가야만 하는, 맨 먼저 수행해야만 하는 당면 과제 저편에 있다. 세계 내의 현존에 있어 초월자들로서 서로 투쟁하는 형태들을 가진 세력의 여러 가지 광경을 뛰어넘음으로써 비로소 하나인 신이 발견된다.

현존에 있어 전체로의 열망이 타자에 마주칠 때와 같이 초월에 있어 통일에의 열망이 모든 사람들에게 똑같은 얼굴을 보이지 않는 신성에 부딪힌다. 일자에 주목하면서 나의 힘을 강화하고 내가 타인에게 대항하는 행위를 한다면 나의 신을 유일신으로 간주하는 것은 일종의 오만이다. 성실한 실존은 가까운 신을 향하면서도 먼 신을 시야에서 놓칠 수 없다. 이 실존은 투쟁에 있어서조차도 타인의 신과의 연관을 보고자 한다. 신은 나의 신일 뿐만 아니라 나의 적의 신이기도 하다. 관용은 한계가 없는 상호소통의 의지에 있어 확고한 것이 된다—그리고 이 상호소통의 의지가 거부될 경우에는 투쟁의 운명 의식에 있어 확고한 것이 된다. 따라서 결단이 있지 않으면 안 된다.

가까이 있든 또는 멀리 있든 하나인 신성 자체는 **인식되지 않는다**. 그것은 **한계로서** 존재하고, 단지 **일자로서만** 절대적이다. 다양한 형태들이, 즉 암호문자의 다종다양한 것이 신성으로 간주된다면 사람들은 마음가짐이 제멋대로가 된다. 그리하여 많은 신들은 또한 항상 내가 바라는 것이 무엇이든지 간에 그 모든 것을 여하튼 올바른 것으로 인정한다. 나의 자의(恣意)는 일방으로부터 타방으로 옮겨간다. 그러나 일자는 다자의 작은 동전으로 잘게 쪼개어질 경우 더 이상 무제약적이 아니다. 초월자의 다수성에 직면하여 나는 내가 스스로 이 초월자의 다수성을 창작하고 있음을 항상 알고 있다. 그러나 한계로서의 일자는 결코 나 자신인바 존재가 아니고, 오히려 내가 본래적 자기로서의 나와 관계를 가짐으로써 나 자신이 관계를 가지는 그런 존재이다. 만일 이 존재가 나와 다르지 않다면 나는 초월자와 관계하지 않고, 단지 나와 관계를 하고 있을 뿐일 것이다. 그러나 나는 자기로 존재하고 있는 것도 아닐 것이다. 나에게 의존해 있는 실존적 일자의 현실을 통하여, 오직 나의 존재를 통하여서만 나는 나 자신이 아닌 일자를 향해서 나를 열어젖힐 수 있다.

심미적 다자에 있어서는 통일성과 함께 무제약성이 상실되어 간다. 가령 다자가 여하튼 객관적으로 아름다운 형상에 있어 대상적 통일로 제어된다면 다자는 나에게 곧바로 다른 아름다운 형상들을 나타내 보인다. 실존에 있어 그때마다 배타적인 것이 되는 일자가 오성에게는 대상적으로 규정될 수 없는 것과 같이 하나인 신은 대상적으로 하나인 것으로서는 가까이 하기 어렵다. 일자를 배반함이 없이 보존하기 위해서는 바로 일자의 객체화를 피하지 않으면 안 된다. 지식과 직관에게는 현존과 암호의 풍요가 존재하지만, 만일 이 풍요가 구체적인 현재에 있어 일자의 역사적 형태가 되지 못한다면 그것은 건축물과 놀이로만 남아 있을 뿐이다.

확실한 것은 내가 경험하고 행하는 것, 즉 사람들과의 사실상의 공동체, 자기가 자기 자신에 대해서 취하는 태도에 있어서의 사실상의 내적 행위, 외부를 향해서 나아가는 행위 등이다. 신이 무엇인가를 나는 결코 인식하지 못하지만, 내가 무엇인가 하는 것을 통해서 신을 확신하게 된다.

초월적 일자가 모든 사람에게 일반적인 것이 아닌 것처럼 초월적 일자는 고립한 단독자가 절대적으로 마음으로 소통할 수 없는 그런 것이 아니다. 오히려 그것은 보편적인 것이 아니라고 하더라도 가장 깊은 상호소통을 야기시키는 것이 된다. 인류를 일반적으로 결합시킬 수 있는 것을 진실한 신성으로 언명한다면 그것은 실존에게는 초월자의 세속화이다. 가장 철저한 상호소통은 단지 좁게 국한된 서클 내에서만 가능하다. 다만 여기에 있어서만 초월자는 그 깊이를 언제나 역사적인 형태로 계시한다. 오늘날 모든 사람들을 결합시키고 있는 것은 이미 신성이 아니고, 현존의 관심들과 기술, 보편타당적 오성의 합리성과 최저 수준의 일반적인 인간적 충동성 또는 통일의 무리한 유토피아 또는 서로 관심이 없는 본질적으로 상이한 자들이 공존할 때 관용을 나타내는 각오의 소극적 통일성이다. 초월자인 것 같은 가장 일반적인 것 가운데 살고 있는 것은 이 초월자 자체를 상실하는 것을 의미한다. 오히려 현존에 있어 일자는 여타의 것을 배제함으로써만 현상이 된다. 모든 사람에 있어 하나인 세계와 초월자의 여러 환상은 투쟁의 한계상황에 있어 실존의 현실적인 힘 앞에 소멸하지만, 이 힘에 의하여 비로소 실존은 초월자를 자신의 초월자로 가지지 않을 수 없다. 그러므로 실존은 진정한 상호소통으로부터 모든 사람들과의 통일을 가능하게 하는 역사적인 광활한 공간 속으로 손을 내뻗는다.

5. 다신교와 유일신

다자는 그의 권리를 가지고자 한다. 근원적으로 다신교는 도처에 있다. 다신교는 현존에 있어 지양할 수 없는 의미를 가지고 있다. 왜냐하면 현존에 있어 실존에게 초월자의 현상은 항상 사라지고, 그 때문에 헤아릴 수 없을 정도로 다종다양한 형태로 가능하기 때문이다. 그러나 한결같이 근원적으로 다신교와 함께 하나인 것으로서 신성이 표상되어 왔다. 그러나 그것은 일상적 삶에 있어서 그리고 예배에 있어서는 표상되지 않았다. 하나인 것으로서의 신성은 단지 배경으로서만 표상되었고, 현재하는 신성으로서 그 신성으로 실존하면서 연계하고 있는 것에 있어서는 표상되지 않았다. 원시민족들의 신화적인 만물의 아버지, 즉 그리스인들에 있어서 의인화와 규정성을 기초 짓고 있고, 그것들을 포괄하고 그것들에 있어 대체될 뿐인 신적 존재로서의 신적인 것 일반, 신들을 모아서 통일적인 집단들로 구성하는 것, 최고의 신을 가진 신들의 국가로 만드는 것, 마침내 단순히 최고의 신일 뿐만 아니라 그것과 나란히 다른 민족들이 다른 신들을 가지는바 그런 하나인 신이며, 만물을 지배하는 유일신인 그런 하나인 신, 즉 철학적 이성에 의하여 사유된 그리스 철학의 유일신과 어떤 철학도 없이 근원적으로 영혼의 고독 속에서 경험된 유대 예언자들의 신—이 모든 것들은 역사적 과정에 있어 다신교로부터 해방된 이 일자의 역사적인 형태들이다.

내가 지향하는 **일자인 신의 소박한 표상들**은—일자인 신이 나에게 자기를 열어젖혀 드러내거나 또는 숨기거나 하든 간에—언표된 것으로서 이미 소박하다. 이 표상은 전능하고 편재하고 전지한 신성, 사랑과 노여움의 신성, 정의와 자비의 신성 등과 같은 신성의 어떤 한정된 표상이 된다. 그러나 신성은 표상이나 또는 사상 없이는 우리가 알지 못하는 것에 있어서는 전혀 존재하지 않는다. 알지 못한다는 것(不知)은 신성과의 실존적 관계를 표현하는 것이다라는 이 말이 진리라면 신성이 실존에게 소멸하는 표상과 사상의 형태로 나타난다는 것도 진리이다.

그러나 분명히 자기 자신이 아닌 그 어떤 것도 존재하지 않고, 자기 바깥에 그 어떤 것도 존재하지 않는 유일신을 자기 홀로 고요히 쉬고 있는 **절대적 유일신**으로서 사유하는 사상은 멈추어 설 수 없다. 왜냐하면 세계가 존재하고, 나 자신이 존재하며, 나는 반항과 귀의, 이반과 비약에의 가능성에 있어 자유하기 때문이다. 나는 단순히 낮의 법칙에서뿐만 아니라 밤의 어둠 속에서도 초월자를 경험한다. 다자가 일자에 대항해서, 현존 세계의 다양성이 인간 역사의 통일성에 대항해서 반역한다. 그러나 다자 자체를 존재로 변화시키는 것도 마찬가지로 불가능하다. **다자는 이율배반**으로부터 진실한 존재로의 비약을 보기 위해 **신성 자신 속에 수용된다**.

그러나 여기서 여러 사상과 표상이 명료하게 사유될 경우 여러 가지의 순수한 부조리가 역사적인 현실의 응결에서는 가장 깊은 불가지적 비밀의 신호가 된다. 유일한 신성은 말하자면 생성의 과정에 발을 들여놓고 그것의 통일성에 손상을 끼치지 않고 일종의 다수성을 허용한다. **삼위일체설**은 신의 자립적 위격을 **구별하면서** 신의 단일성을 사유하고, 아들의 아버지에 대한 그리고 성령의 아버지와 아들, 양자에 대한 **의존성**에도 불구하고 삼위격의 평등을 사유하며, 아들과 성령을 낳는 **생성**에도 불구하고 영원한 **존재**를 사유한다. 이 사상이 수(數)라고 하는 부적절한 평면에서 사유된다면 이 사상에 있어서는 一(하나)이 三(셋)과 평등하다는 믿음이 요구된다.[45] 이 부

---

45) 삼위일체 사상은 기독교 교리 중 가장 논란이 많은 사상이다. 그런데 가령 우리 의식이 칸트가 주장하듯 감성, 지성, 이성이라는 세 가지 제각각의 기능적 측면으로 구분되면서도 하나

조리는 개인적인 자기의식의 비유에 의해서는 지양되지 않는다. 이 자기의식에 있어서는 내가 나 자신을 분열시키고는 나에게로 복귀하지만, 곧바로 즉시 새롭게 분열해서 일종의 순환과정에 있어 나의 현존을 이러한 자기폐쇄의 안정 속에서 항상 불안한 것으로 가진다. 그리하여 나 자신은 三(셋) 가운데 一(하나)이다. 왜냐하면 이 비유에서는 자기의식의 통일성이 초월함의 길로서 받아들여지기 때문이다. 그러나 이 자기의식은 단지 다른 자기의식과 함께 있을 뿐이고, 이 부조리는 한 위격(位格)이 세 위격으로, 자립적인 세 위격이 실은 단지 한 위격이지 않으면 안 된다고 하는 형태를 지속적으로 취하고 있다.

거기에는 골똘히 생각하는 사상들이 있고, 이 사상들은 불가능한 것으로 초월되는 한 진실일 수도 있지만, 그 사상들이 신앙 내용들로서 고정될 경우에는 진실이 아닌 게 된다.

6. 유일한 신성인 초월자

유일신은 사유되면서 나를 필연적인 부조리들로 이끌어 간다. 이 부조리들을 초월하는 가운데 나는 유일신을 감지하고 이 유일신은 실존적인

의 의식일 수 있다는 점은 어렵지 않게 받아들일 수 있다. 이렇듯 기독교 사상이라는 테두리를 벗어나서도 셋이면서 하나인 사태를 상정할 수 있는 것이다. 따라서 삼위일체를 단지 논리적인 차원에서 1=3을 주장하는 것으로 보면 받아들이기 힘들지만, 실재하는 존재현상으로서는 충분히 받아들일 수 있는 것이다. 그런데 삼위일체가 쉽게 납득이 되지 않는 이유는 하느님과 예수 그리고 성령이 서로 구분될 뿐만 아니라 아버지와 아들로서 그 존재의 격이 다른데 어떻게 동일한 하나로 볼 수 있는가 하는 존재 위격에 대한 해석 때문이다. 이런 해석의 문제는 역사적 전통과 관련된 것이지 존재 자체와 관련된 것은 아닐 수 있다. 야스퍼스는 삼위일체와 관련하여 인간의 이러한 사유의 한계를 지적하고 있다.

연관에서는 내가 진정 본래적으로 나 자신인 경우에 나에게 응답하는 손이다. 이 신은 멀리서도 나를 정당화하는 가까운 신이다. 어린이 같은 경건함은 모든 문제성과 모든 암호를 뛰어넘는 것이고 이 양자에 의해서 파괴될 수 없다. 즉 이 경건함 속에는 신뢰가 있고—내가 어디에서 비약하고 있는가, 내가 어디에서 낮의 법칙에 따르는가, 내가 어디에서 세계 내에 머무르는가, 그리고 신성이 무엇을 보내더라도 내가 어디에서 이것에 동의하는가 등에 관해서—거기에는 이미 어떤 문제도 없다.

이 신은 그의 존재에 관한 의식을 통해서 죽음을 견디어 내는 것을 가르칠 수 있다. 불사성은 어떤 변화에서도 비약에 있어서의 존재의식으로 존속한다. 따라서 내가 사랑하는 모든 것과 나 자신은 이 세계 내에서는 남김없이 죽어야만 한다는 고통, 이 고통은 승인되고 기만 없이 포착된다. 그러나 그것을 위한 힘은 가령 유일신이 또한 가까이 하기 어려울 정도로 숨겨져 있을 경우에도 존재하는 유일신의 영원성에 직면하여 비로소 가능해진다.

그때 인간 삶의 부실함에서 오는 절망은 비약에서 해소된다. 일자의 존재가 존재한다는 것만으로 충분하다. 현존으로서는 남김없이 사라진다는 나의 존재가 존재한다는 것은 내가 살고 있는 한 내가 단지 비약에 있어서만 영속한다면 어떻든 좋은 것이다. 이 세계에는 어떤 현실적이고 진실한 위로도 없다. 사실 이러한 위로가 가능하다면 그것은 모든 것과 나 자신의 무상(無常)을 이해하고 견디어 낼 수 있도록 해준다. 위로 대신에 일자의 확신에 있어서는 존재의식이 있다.

일자의 확신에 있어 인간은 일자가 **진리를 의지한다**는 것을 알고 있다. 인간의 불안과 이 불안의 성직자적 해석에 의해서 전 세계로 퍼진 공황, 신을 모독했기 때문에 지옥으로 추락할 것이라는 심한 공포는 내가 참으로 진실할 때는 저 멀리 떨어져 나간다. 신은 기만을 바라지 않는다. 이 세계 내에 나타나는 모든 것은, 가령 그것이 신의 대리권에 속한다고 주장하더라도, 다음과 같은 물음을 야기시킨다. 즉 그것이 현실적으로 어떻게 존재하는가, 그것은 어떻게 해서 생겼을까, 그것은 무엇에 어떻게 작용할까 하는 물음이다. 내가 그 어떤 신의 작품을—가령 세계인바 모든 것이 잠정적으로 신의 작품이라고 일컬어진다면—가차없이 연구한다면 나는 신을 모독해서는 안 된다. 저 유일신은 나의 소박한 의식의 배후에, 즉 어린이의 생각 같은 관념 속에 있다—왜냐하면 어린이는 본래적으로 인간인 자로서 존속하고 있기 때문이다—그것은 내가 신을 세계에 있어 의심스러운 것으로 볼 때, 내가 반항할 때, 그리고 내가 밤에의 열정의 어둠 속에서 신의 노여움을 파악할 때이다. 일자로서의 신이 의심스럽고 균열된 세계에 있어서는 인식가능하지 않다는 것이야말로 진리로 영속한다. 세계 속에서 신은 일자가 항상 반복해서 침몰하는 것 같이 보일 정도로 나의 성실성에 의해서 승인된 많은 국면을 나타내 보인다.

이 유일신은 내가 이 신을 사유하는 한 창백하다. 이 신은 사상으로서는 전혀 강제적이 아니다. 모든 것이 이 신에 대하여 반대의 증언을 한다. 이 신은 모든 연결고리를 뛰어넘어 단지 미리 예상한 것과도 같이 파악된다. 그러므로 어린이의 생각 같은 관념만이 적합하다. 그리하여 이 관념이 기만적인 객관성에 있어 감성적인 현실로서는 거의 받아들여질 수 없다.

그러나 유일신은 내가 모든 회의 이후에 나의 선량한 의지로의, 낮에 있어 나의 존재로의 반향을 발견하는 근거, 즉 나의 고독 속에서 나에게 가깝게 다가오고, 게다가 결코 현존하지 않는 그런 근거이다.

유일신이 나에게 한계로서 감지 가능할 때 유일신은 모든 상대성을 뛰어넘어서고, 진정한 상호소통의 기초가 된다. 유일신은 진실한 실존이 자기 자신 스스로 다른 실존과의 상호소통 속에서 비약하는 것 이외에 그 어떤 것도—보상, 예배, 선전도—자기 자신을 위해서 요구하지 않는 것 같이 생각된다. 세계 속에서는 단지 실존만이 나와 만난다. 신은 세계 속에서는 신 자신으로서 존재하지 않는다.

기도는 신의 은밀성으로 밀고 들어가는 뻔뻔스러움이다. 인간은 이 뻔뻔스러움을 극도의 고독과 곤궁 속에서 감행하지만, 이 뻔뻔스러움이 일상적 관습과 형성되어 온 습속이 될 경우 철학이 거부하는 의심스러운 고정화가 된다. 신에의 접근의 일상적인 보증 아래서는 신과의 관계는 그것이 회의 가운데 가지는 그 관계의 깊이를 빼앗는다. 따라서 초현세성은 지양되고 그 대가로 획득되는 것은 실존에 의해서 쉽사리 발견되는 평안과 만족이다. 왜냐하면 신의 은밀성은 인간이 회의와 곤궁 속에서 고뇌해야 한다는 것을 요구하는 것 같이 생각되기 때문이다.

신성의 도움은 실존에게는 신성이 나의 간청에 응해서 그 무엇을 야기시키거나 또는 방해할 것이라는 그런 성격을 가지지는 않는다. 신성은 암호 가운데 나타나고, 게다가 숨겨진 채로 있다. 거기에서 신성이 가장 직접적이면서 결정적으로 나타나는 암호는 나 자신의 행위이다. 그러나 기도는 절대의식을 그것의 초월적 연계에서 확인하는 것이기 때문에 기도의 역사적 일회성에 있어 전달 불가능하며 객관적 형식으로 가지고 올 수 없는 —일자에의 비약으로서—실존적인 현재이다.

그러나 이미 이와 같은 말들은 그 말들이 궁극적인 평안의 표현으로서 타당하다고 한다면 지나친 것이다. 일자에의 비약은 내가 현존의 세계를 세계의 무제한한 다종 다양성, 의심스러움, 그리고 다의성인 채로 둘 경우 일종의 비호가 된다. 그리하여 세계에 대한 이 불성실에 있어 나는 마음을 편안하게 하는 조화로의 현실로부터 도피한다. 왜냐하면 일자는 신성과 같기 때문이다. 이 신성은 소원한 것으로서 이 세계로 들어오고, 내가 실존적인 일자에 의하여 신성과 일치한다고 느낄 경우에 나를 돕는다. 그러나 다른 세계로부터 나에게 오는 것 같이 보이는 신성의 가까움은 나로 하여금 신성의 멀리 있음을 망각하는 것을 허용하지 않는다. 신성의 멀리 있음에 의하여 이 세계는 존재하는 것을 분열시키는 그런 모습을 나타내고 있다.

일자, 즉 최고이면서 최후의 피난처는 가령 그것이 가능 실존의 완전한 긴장에 있어서의 현실로부터 파악되지 않을 경우 **실존적 위험**이 될 수 있다. 일자는 다만 그것에 의해서만 만날 수 있는 그런 근거―실존의 현존에 있어 일자의 무제약성―위에 서 있는 경우에만 진실하다. 일자는 선행하는 모든 것을 극복하는 그런 영속적인 평안은 결코 되지 않는다. 현존에 있어 나는 나의 초월자와의 일치로부터 다시 걸어나와서 반항으로의, 이반과 밤의 가능성들로의, 그리고 다자로 돌아가는 길을 찾아내지 않으면 안 된다―이 길은 내가 시간적 현존 내에 있는 동안 반복되지 않으면 안 된다. 왜냐하면 모든 평안은 행동함에 있어 저해되고 싶지 않은 단순한 현존의 행복 의지로 급변하기 때문이다.

제4장

암호문자의 해독

제1절

암호의 본질

형이상학적 대상성은 암호라고 일컬어진다. 왜냐하면 암호는 암호 자체로서는 초월자가 아니고 초월자의 언어이기 때문이다.[46] 암호는 초월자의 언어로서 존재하기 때문에 의식일반에 의해서는 이해되지 않고 또 들을 수조차 없으며, 오히려 이 언어의 성질과 이 언어가 말을 거는 방법은 가능 실존에게만 타당하다.

---

46) 여기서 야스퍼스는 일자론에 이어서 암호론을 전개하고 있는데 이런 논의 방식과 암호론은 플로티노스의 일자론에 크게 영향을 받고 있다. 즉 야스퍼스는 여기서 일자에서 유출된 것을 일자의 암호로 보아야 한다는 플로티노스의 주장을 이어받아 현대적으로 전개하고 있다. 이처럼 야스퍼스가 전개한 현대의 실존적 형이상학은 전통적 형이상학적 논의를 계승하면서 전개된 것이기 때문에 철학사를 고려하면서 읽을 때는 난해함이 크게 해소될 수 있다.

세 가지의 언어

초월자의 직접적 언어로서 참된 내용은 단지 실존의 절대적 의식에 있어서만 현현한다. 그리하여 이 언어는 개개인에 의하여 역사적 일회성의 순간에서 청취된다—그러나 이 언어의 **전달**은 일반화의 길을 가고, 그 일반화 가운데서 또한 그 언어를 근원적으로 듣는 자도 비로소 그 언어를 이해한다. 실존들 간의 직관적 전달의 이러한 제2 언어는 전달불가능한 것으로 생각된 것을 저 근원으로부터 떼어내어 그것을 이야기, 형상, 인물, 제스처와 같은 전달가능한 내용으로 옮긴다. 근원적으로 초월자의 언어였던 것은 공동적인 것이 되고, 이러한 제2 언어의 전승에 의하여 근원에의 관계로 돌아가서 다시금 충실하게 된다. 마침내 사상이 이러한 직관적인 언어로 조준되고 이 언어를 사상의 근원에까지 관통시킨다면 이 사상은 실로 인식불가능하지만, 사유에 있어 **철학적 전달의 제3의 언어**가 되는 것을 형이상학적 사변의 형식으로 이해한다.

1. 초월자의 직접적 언어(제1 언어)

존재는 현존의 암호들에 있어 경험된다. 실재가 비로소 초월자를 계시한다. 초월자는 보편적인 것 속에서는 인식되지 않는다. 초월자는 다만 역사적으로 실재로부터 말을 듣는다. 경험은 경험적 지식의 원천인 것과 마찬가지로 초월자의 확인의 원천이다.

'감관지각'으로서의 경험은 공간적, 시간적 대상으로서의 사상(事象)을 현현하게 한다. 경험은 그 자신을 지각하는 현존에 있어서의 '체험'으로서 있다. 경험은 '인식'으로서는 그때마다 성과들을 얻을 수 있는 방법적으로 훈련된 연역적, 귀납적 연구이다. 따라서 이와 같은 것으로서 경험은 내가 만들기도 하고 예언할 수도 있는 것을 시도한다. 경험은 '사유'로서는 결과들을 나의 의식에 가지고 오는 상념을 수행한다. 경험은 '감정이입'으로서는 타인과 나 자신에게 결정적인 것으로 통용될 수 있는 표준으로 해서 현현하고 있는―그것의 상황들에 있어서의―현실의 전체를 감지한다. 이 모든 경험을 기초로 해서 비로소 **형이상학적 경험이 생겨난다**. 이 형이상학적 경험에 있어 나는 심연 앞에 서 있다. 하지만 경험이 단순한 현존적 경험으로 있지 못할 때 나는 위로 없는 결핍을 경험한다. 그러나 형이상학적 경험 속에는 그 경험이 투명하면서, 따라서 암호가 될 때 충실한 현재가 존재한다.

이 형이상학적 경험은 제1 언어의 해독이다. 그것을 해독하는 것은 이해도 아니고 기초존재자의 열어 보임도 아니고, 현실적으로 그 스스로 그것 곁에 있음이다. 즉 그것은 합리적인 확인이 아니고 오히려 이 확인을 뛰어넘어 현존에 있어 존재를 관통하는 투명성이다. 이 투명성은 실존의 가장 근원적인 직접성에서 시작되며, 사유에 의해서 최고도로 매개되고 결코 사유는 아니고, 이 사유에 의하여 전달되는 어떤 새로운 직접성이다.

형이상학적 경험은 그것을 어떤 사람에게든 통용시킬 수 있는 **모든 재심사를 결여**하고 있다. 만일 내가 형이상학적 경험을 의식일반에 있어 임의로 야기해서 가질 수 있다고 생각한다면, 만일 형이상학적 경험이 지식으로서 취급된다면, 그러나 또한 만일 내가 형이상학적 경험을 천박하게도 단순히 주관적인 감정으로서 취급한다면 그 형이상학적 경험은 기만이 된다. 그 형이상학적 경험에 있어서는 단지 확정적인 현존에 불과한 현존과는 다른 어떤 존재양태가 포착된다. 이 형이상학적 경험에서는 단순한 현존으로부터 영원성으로의―어떤 지식도 그것에 가깝게 다가설 수 없는―

존재전이가 행해진다.

세계의 사물, 체험, 사유를 경험함에 있어 알지 못하는 것이 부정적인 한계라면 지금 알지 못하는 것은 현현하는 감성적 현실로 환귀하는 가운데 충실해지지만, 이 실재는 현존의 내용으로서가 아니라 암호로서 그러하다. 내가 초월적 존재를 탐구할 때 나는 그 때문에 살아 있는 것으로 자기 스스로 실현해야만 하는 것으로서의 모든 가능적 경험을, 그 경험 가운데 초월자가 열려 드러나도록 하기 위해서 의지(意志)한다. 가시적인 것은 무엇이든 보고 가능적인 것은 무엇이든 행하고자 하는 지적 욕구는 진정 아직 실존적으로 맹목이지만, 존재에의 길을 발견하고자 하는 원동력이다. 내가 나 자신을 책임에 접합시키는 것을 실현해야만 하는 과제를 포착함으로써 세계로 발을 내디딜 때 나는 지식을 사용하는 일의 잡다성을 뛰어넘는다. 이처럼 세계로 발을 내디디는 행위는 제시할 수 있는 궁극목표에 의해서는 결코 충분히 기초 지어질 수는 없지만, 본래적 존재에 대한 자기 자신의 경험에 이르고자 하는—그것이 과제의 포착에 있든, 행동에 있어 자기억제나 또는 욕망의 제한에 있든—더욱 깊은 충동에 의하여 자극을 받는다. 나는 가능성을 지양하면서 실재적인 것에 부딪히고자 한다. 가능성들로 충만한 나는 실재로 걸어가며 스스로 개별적 제한적으로 되어간다. 왜냐하면 나는 이미 더 이상 가능성이 없고 결정적으로 실재적인 것이 존재하는 바로 그곳에 이르려고 하기 때문이다. 결정적으로 실재적인 것은 존재 자체 이외에 아무것도 아니기 때문에 단지 존재할 뿐이다. 시간적 현존 내에서는 나는 존재 자체를 결코 만날 수 없다. 그러나 존재 자체의 암호를 해독하는 것은 다른 모든 행동과 경험의 의미가 된다.

제1 언어를 해독한다는 것은 **경험을 필요로 한다.** 존재를 개현하는 것은 추상적인 사상이 아니고, 역사적 현재의 특수성을 띤 암호이다. 나에게 존재를 나타내 보이는 것은 내가 존재란 무엇일까를 추론하고 산출하기 위한 형이상학적 가설이 아니다. 그것은 오히려 암호의 신체성이다. 나는 암호를 뛰어넘어서 사유하지는 않는다. 왜냐하면 암호 속에서 존재가 빛나기 때문이다. 그러나 경험이 무엇인가는 다의적이다. 선천적 상념 자체가 하나의 경험이 된다. 경험에의 요구는 공허한 사상에 대항해서 지향하고 있고 사실상 수행되고 있는 실질적인 사유의 암호에 있어 존재경험에 대항해서는 지향하고 있지 않다.

초월자의 경험은 보편적이 되면 되는 만큼 창백한 것이 되고, 그 반대로 지금 여기서만 충만된 것의 정상으로 기어오르면 오르는 만큼 결정적인 것이 된다. 예를 들면 자연의 경험은 전적으로 개체적인 것의 명료성이 증대함에 따라―내가 어떤 세계의 전체가 현재하는 가운데서 가장 미세한 실재에 대한 가장 구체적인 지식을 획득할 때―암호문자의 해독이 된다.

2. 전달에서 보편화되는 언어(제2 언어)

단지 순간적인 현재의 직접성에서만 들릴 수 있는 초월자의 언어의 반향 속에서 형상이나 사상으로서의 언어들이 창조되며, 이러한 언어는 초월자의 언어로서 들은 것을 전달한다. 존재의 언어 곁에 인간의 언어가 나란히 가고 있다.

형이상학적 내용을 가진 언어가 객관화된 형태들은 세 가지의 직관적인 형식들을 가진다. 이 세 가지의 형식들은 '특수 형태의 신화', '피안의 계시', '신화적 현실'로서 나타난다.

a) 그리스의 신들은 초월적이지 않고 변함없이 현실 속에 존재한다. 크

세노파네스로부터 플로티노스에 이르기까지 철학적 초월함이 비로소 세계와 이 신들을 뛰어넘어 바깥으로 나아갔다. 이러한 신들은 **현실 속의 신화**로서 다른 현실과는 다르다. 신들은 세계 내에서 인간들과 만날 수 있다. 왜냐하면 이 신들은 형태가 있는 존재로서 경험적 현실과 나란히 있는 현실이기 때문이다. 현실적인 해양은 우리에게는 그 끝을 알지 못하는 것의 암호이다. 말하는 상징으로서의 해신(海神)들의 형태에 있어 해양은 **특수 형태의 신화**가 된다.

신화들은 현존의 근거와 본질을 한정시키는 수많은 일들을 이야기한다. 신화들은 합리적 인식에 의하지 않고 이바구 저바구를 이야기함으로써 실존적인 긴장들을 푸는 방향으로 인도한다. 신화들은 새로운 수많은 은폐의 가면을 벗기고 활동하는 형태들로서 존속한다. 이 신화들은 수천 년 동안 행해진 여러 익명의 창작이다. 초인적인 세계 속에서 인간은 그 자신을 본다. 인간이 신적인 존재의 일로서 바라보는 것은 그가 자기 자신의 존재와 행위로서 그의 반성의 내용에는 아직 고양되지는 않지만, 사실상 그가 바라보았던 것에 의하여 확정된 것으로 간주된다. 신화의 의미는 변전한다. 신화는 명백한 논리적 구성물도 아니고 해석에 의해서 그 의미가 모두 다 설명될 수 있는 것도 아니다. 신화는 항상 역사적이지만, 그 신화가 가진 영원한 진리는 신화가 신화로서 인식되고 구별되고 있을 때에도 아직 존속한다. 그러나 신화들의 의미는 그 신화들 가운데서 독자적이면서 그것 자체가 소멸되어 버린 형태를 획득한 진리를 지속적으로 믿고 있는 자에게만 자기를 드러내 보인다. 사람들이 여러 신화를 해석할 경우 항상 거짓된 단순함이 발생하고 신화들이 가진 역사적 내용은 상실하고 만다. 그리고 해석은 신화의 형태를 전도시킨다. 왜냐하면 신화에 있어 필연적인 것으로서 인식되어서는 안 되는 것이 지식의 차원에서는 필연적인 것처럼 보이기 때문이다.

b) 피안의 세계의 신화는 경험적 현실을 단순히 감성적인 내용으로, 즉 본래적인 비존재로 무가치화한다. 그러나 피안은 경험적 현실 속에 나타나고, 징표와 기적을 행한다. 초감성적 전체자가 자기를 열어 드러낸다. 현실 속에서 신적인 것으로서의 현실을 신뢰하는 대신 실존은 다른 세계이면서 본래적 존재로서 현실의 피안으로 진입한다. 그런데 이 본래적 존재는 개현에 의해서 실존으로 매개된다. 이 개현은 어떤 한 경우에는 역사적으로 고착되고, 되풀이되지는 않으며, 유일하면서 포괄적인—시간이 충만할 때마다 일회적으로 행해지는 행위에 뒤이어 계속해서—세계 드라마로서 생기한다. 드디어 신적인 언어와 신적인 행위에 있어 여러 가지의 개현을 완료함과 함께 세계가 종언할지도 모른다. 다른 어떤 한 경우에는 되풀이 되는 개현이 일어나고 세계 드라마는 한 전체자의 경제에서 정리되지는 않는다. 무제한한 세계의 여러 시기들이 서로 교대한다. 이 세계의 현존으로부터 궁극적으로 나와서 본래적 존재로 들어가는 길[47]이 열리지만, 언제 모든 사람이 그 길로 나아감에 있어 성공할 것인지, 과연 어떨 것인지 하는 것은 불분명하다.

c) **현실** 그 자체가 동시에 **신화적**이라면 현실적인 것은 무가치화되지도

---

47) 원문에는 "길"로 되었는 것을 문맥에 따라 이해를 돕기 위해 "본래적 존재로 들어가는 길"로 의역하였다.

않고 또 객관적인 특수 형태에 의해서 보충되지도 않는다. 현실적인 것은 현실적인 것으로서 동시에 현실적인 것에 초월자가 주는 의미에서 보인다. 그것은 탐구 가능한 것의 단순한 경험적 현실도 아니고 (오히려 현실로서 모든 탐구 가능한 것을 포괄하면서) 또 경험적 현실을 결여한 초월자도 아니다. 질적으로 현재적인 것으로서 그 현실은 세부 사항에 이르기까지 현실적이고 동시에 초월적이다. 반 고흐에게 풍경, 사물, 인간은 그것들의 사실적 현재에 있어 동시에 신화적이 되고, 따라서 그의 화상의 독특한 힘이 되고 있다.

내가 사물의 감성적인 현재 가운데서 동시에 일종의 초월자로서 그 현재 속에 실존하면서 살고 있지 않다면 아주 진기한 동경이 일깨워진다. 그 이유는 이 동경이 바로 여기에 현재하고 있는 것을 구하고 있기 때문이다. 이 동경은 사물들을 뛰어넘어 다른 지역으로 들어가려고 노력하는 것이 아니고, 피안에서의 이와 같은 노력을─실존적으로 가능한 것이 현재적인 것 속에서 수행되지 않고 있기 때문에─배반으로 간주한다. 이 동경은 신경쇠약의 현상이 아니다. 이러한 신경쇠약의 현상에 있어서는 나는 사물들을 현실적인 것으로서, 나 자신을 현존하는 것으로서 포착할 수 없고, 순간을 실재적인 현재로서 체험할 수 없다. 신화적인 현재에 있어서의 만족을 찾는 이 동경은 단순한 경험적 현실로서 완성된 감성적인 현재에도 불구하고 생명적으로 충만된 현존의 감정에서 존립하고 있다. 현실의 결핍이 아니고, 초월자의 결핍이 동경의 아픔이다.

근원적인 자기존재의 현상으로서 나 자신과 타인을 지향하는 타인과의 상호소통에 의하여 나는 타인들에게 점점 더 가까이 다가가고, 나의 동경은 어떤 죽음도 더 이상 존재하지 않는 바로 그 순간들에 있어 자기 홀로 충실하게 됨으로써 성장한다. 어떤 인간에게 경험적으로 가깝게 있고, 그렇게 하는 가운데―경험적인 가까움에 의하여 상상적인 피안 없이 그와 초월적으로 결합되고, 그렇게 하는 가운데 비로소 그 동경을 진정시키기 위하여―그의 동경을 높이는 것은 형이상학적인 사랑이다. 그런데 이 사랑에서는 신화적 현실이 존재한다.

3. 사변적 언어(제3 언어)

사상이 암호문자를 자기 스스로 해석할 때 사상은 타자로서의 초월자를 분명히 인식할 수도 없고 현존으로서의 현존에 관한 지식으로서의 세계정위를 확장할 수도 없다. 그러나 사상은 사상 자신의 형식적 법칙에 따르면서 반드시 대상성들에 있어 사유한다. 사상은 근원적인 암호문자를 사상 자신이 하나의 **새로운 암호문자를 씀**으로써 해독한다: 즉 사상은 사상 자신에 대해서 직관적, 논리적으로 현현하고 있는 세계의 현존을 유추하여 초월자를 사유한다. 사유된 것 자체는 단지 이제 전달 가능하게 된 언어로서의 상징에 불과하다. 이 언어는 여러 가지 방법으로 말할 수 있다.

어떤 한 경우에는 나는 현실 자체를 주시한다. 도처에서 이 현실에 대하여 왜 이 현실이 존재하는가라는 물음이 제기된다. 그러나 이 물음은 원인에 대해서 탐구하는 세계정위에 있어서의 합리적인 물음이 아니다. 이 물음은 어떤 답도 요구하지 않는 초월하는 물음이다. 왜냐하면 이 물음은 어떤 답도 불가능하다는 것을 인식하고 있기 때문이다. 이 물음은 현실적인 것을 말하자면 현실적인 것에 침투함으로써 다음과 같이 표현되는 충만된 실존적인 현재로 가지고 온다. "현존은 이것이 실존적인 현재 속에서 가능하기 때문에 존재하고, 존재는 이 현존이 가능하기 때문에 존재한다." 경탄에 있어, 증오에 있어, 전율과 절망에 있어, 사랑과 비약에 있어 나는 현존이 그렇게 존재한다는 것을 본다. 그것은 현존에 있어 존재를 파악하는 하나의 방법이다. 이 방법은 연구하면서 인식하는 세계정위와는 본질적으로 다르다. 더욱이 그것은 단지 세계정위가 제공하는 자료에 있어서만 가능할 뿐이다. 전달은 그것이 오직 현실적인 것에 있어서만 움직이는 것이기 때문에 초월자 없이도 또한 이해될 수 있다. 그러므로 자연의 기술은 공간 내에 출현하는 것에 대한 묘사로서, 그리고 역사의 서술은 인간의 과거에 관한 경험적인 연구들의 집약적인 전달의 형식으로서 이해될 수 있다. 그러나 자연의 기술과 역사의 서술에 있어 초월함을 하는 이해를 표현하는 언어가 발언할 때 그것들은 형이상학적 전달의 매체가 된다. 비록 그것들이 그러한 매체인지 아닌지를 오성으로서는 결정할 수 없다고 하더라도 그것들은 형이상학적 전달의 매체이다. 왜냐하면 이러한 매체는 자기 스스로 초월하는 실존에 있어서만 들을 수 있기 때문이다.

다른 어떤 하나의 경우에는 나는 초월자의 본래적 존재에 대해서 명확하게 말한다. 그것이 무엇인가는 항존하는 존재, 자기존재, 역사적 존재에의 유추에서 사유된다. 존재의 전체는 사상의 심상(心像)에서 완성된다. 그러나 사상은 또한 **어떤 형이상학적 체계**로 형성됨에 있어 단지 초월자의 사유를 위한 상징이고 초월자의 인식은 아니다. 사상 자체는 암호, 즉 존재를 해독할 수 있는 가능성이다. 그러므로 사상 자체는 자기 자신과 동일적인 것이 아니고, 그때마다 자기화되어 있음에서 비로소 자기 자신인 것이다.

다른 어떤 하나의 경우에 나는 초월적 존재로의 길을 찾아내기 위하여 나의 세계 내에서 나 자신인 그런 현존에 의지하여 나를 유지시킨다. 신의 증명이라는 이름 아래 하나의 교재로 되고 있는 사상의 단계에서 나는 나 자신의 실체와의 사실적인 상관관계에서 존재를 확인한다. 이 상관관계에 의하여 인식으로서 그 자체에 있어 별로 중요시하지 않는, 용이한 논리적인 놀이로 변질한 사상들이 객관적인 증명으로서 그 사상들에는 전적으로 결여하고 있는 하나의 실존적인 설득력을 획득한다.

다른 어떤 하나의 경우에 나는 **초월하는 회상과 예견** 그리고 근원과 종말을 생각해 낸다.

사유들의 상징의 암호에 있어 초월자를 유추하는 사유의 이런저런 방법을 이른바 **사변**이라고 일컫는다. 말하자면 사변은 대상에 대한 인식도 아니고 실존을 조명하는 성찰에 의한 자유에의 호소도 아니다. 사변은 또한 아무것도 포착하지 못하지만, 해방하는 확정적인 초월함도 아니고, 초월자에의 여러 가지 실존적 연관의 해석도 아니고, 오히려 자기 스스로 붙잡아 움켜쥔 머리로 생각해 내어 구성한—형이상학적 대상성으로서 초월자를 정신에게 가지고 오는—암호문자 속에서 초월자와 접촉하는 명상적 자기침잠이다.

사변은 명상적으로 초월자와 함께 있고자 시도하는 하나의 사유이다. 그러므로 사변은 헤겔에 의해서 **신의 예배**라고 일컬어졌다. 그러나 사변이 인식상의 성과 없이 존속하기 때문에 랑에에 의해서 **개념시**[48]로 특색 지어졌다. 사변은 실제로 그것 자체를 위하여 전제하고, 이용하고, 용해하는 다른 모든 사유와는 본질적으로 다르다. 사변은 고정적인 것으로서의 어떤 대상도 보유하지 않는 그것 자신의 사유하는 운동 가운데서 다른 모든

---

48) 랑에는 형이상학을 개념시(槪念詩, Begriffsdichtung)라 칭한다. 형이상학은 경험의 한계를 뛰어넘기 때문에 엄밀한 의미에서 학문으로 성립하기 어렵다. 따라서 형이상학은 순수논리학으로나 실증적으로는 그 진리성을 보증받지 못하는 시적 표현의 성격을 지니기 때문에 개념시로 칭해야 한다는 것이다.

사유를 증발시킨다. 사변은 끊임없이 소멸하는 대상성 대신에 어떤 무대 상의 기능을 설정하고, 본래적인 그 자리에 있음으로써 그와 같이 사유하는 자의 절대적 의식을 실현한다. 그러므로 사변은 반드시 오성의 사유작용에서 이해되는 것이 아니고, 이 사유작용에 의해서 단지 사변에서만 획득되는 절대자의 현현화에서만 이해된다. 사변은 사유하면서 사유가능한 것을 뛰어넘어 달려 나가는 일종의 사유이다. 사변은 인식하고 싶어 하는 오성에게는 신비설이고 사변 가운데서 초월하는 하나의 자기존재에게는 절대적 의식의 밝음이다.

그러나 사변이 신의 예배라고 일컬어지는 것은 올바르지 않다. 사변은 단지 철학에 있어 예배의 유사물에 지나지 않는다. 예배라는 이름이 사변에 너무 많이 부여되고 있다. 왜냐하면 사변은 단지 여러 가지의 암호에 다다를 뿐이고, 진정한 예배상의 기도에서 불리는 신성에의 어떤 실재적인 관계에 들어가는 것은 아니기 때문이다. 예배와 형이상학의 사상적 유희 사이에 존립하는 틈이 이 예배의 이름에 의하여 은폐되고 있다.

그럼에도 **개념시**라는 이름은 가령 이 이름에 의해서 형이상학의 유희의 무구속성이 생각될 경우 여기에 해당되지 않는다. 예술지상주의의 분방한 심미적인 예술에는 마찬가지로 분방한 여러 가지 세계 가설의 형이상학이 대응한다. 이 형이상학은 그 자신을 기초해서 살고 있다고 자칭하는 심미적인 영역의 표출인 예술이 올바른 형식을 얻고자 추구하는 것과 같이 어떤 합리적인 정확성과 평가 가능한 개연성을 얻고자 노력한다. 그러나 예술도 또한 그것이 본래적이라면 분방한 것은 아니다. 예술은 오히려 그것 자체에 있어 암호로서 말한다. 그러나 개념시는 초월자의 다른 종류의 언어로서 예술에 대한 사변의 유사물임에도 하나의 오도하는 명칭이다. 왜냐하면 이 명칭은 절대적 의식의 **직관적인 조명**과 **사상적인 조명**이라는 양자가 가진 특징들을 어느 하나로 혼동하고 있기 때문이다.

사변은 항상 암호에만 한정되고 있기 때문에 그것이 보는 어떤 존재 형태 자체도 초월자가 될 수 없다. 사변은 그것이 접하는 상징에 있어 단지 초월자에 더 가까이 있거나 또는 초월자에게서 더 멀리 있을 뿐이다. 사변은 암호문자로서 말해지고 있는 그것의 세계를 한결 같은 평면상에서는 가지지 않는다. 사변이 강조하는 확실한 사실성은 나에게 낯선 현존에 있어 존재의 지맥(支脈)으로서는 멀리 있고, 사변은 나를 밖으로부터 결정적으로 감동시키는 것으로서는 더 가깝고, 나 자신이 행하는 일에 있어서는 가장 가깝게 다가온다. 현존의 여러 존재영역은―수많은 범주에 있어 개관되지만―사변에 유사한 사유에 있어서는 동등한 중요성을 가지지 못한다. 그것들 가운데 어떤 것도 다른 어떤 것과도 같은 방법으로서는 암호로서 존재를 맞히지 못하고 그것들 가운데 어떤 것도 존재를 본래적으로 그리고 전적으로 맞히지 못한다.

4. 내재와 초월

존재가 현존 내에서 언어화하는 한 우리를 향해서 존재한다. 순수한 피안은 공허하고, 마치 그것이 존재하지 않는 것과도 같다. 그러므로 본래적 존재경험의 가능성은 **내재적 초월성**을 요구한다.

그러나 이 내재성은 분명한 역설적인 성격을 가지고 있다. **초월적인 것과는 바로 구별되는 것**으로서 **내재적인 것**은 의식일반에 있어 모든 사람이 다 일치하여 경험할 수 있는 것, 즉 세계이다. 그 다음으로 내재적인 것은 **자기존재의 실존적 확신**이다. 더욱이 이 자기존재는 의식일반으로서는 접근 불가능하지만, **초월적 존재로부터 구별되는 자기 자신에게는 현현한다.** 이 초월적 존재는 실존에게 그 실존이 본래적 존재로서 그것을 향해서 관계하는 것으로서 존재한다. 그러나 초월적 존재가 실존에게 현현할 때 그것은 자체로서가 아니고—왜냐하면 실존과 초월자의 동일성은 존재하지 않기 때문이다—암호로서 현현하며, 이 대상으로서가 아니고, 말하자면 모든 대상성을 가로지르고 현현한다. 내재적 초월자는 곧바로 다시 소멸한 내재이다. 그것은 현존에 있어 암호로서 언어가 된 초월자이다. 의식일반에 있어 실험이 주관과 객관 사이의 중개자인 것과 같이 암호는 실존과 초월자 사이의 중개자이다.

암호는 초월자가 객관적 존재가 되지 않고 실존이 주관적 존재가 되지 않는 가운데 초월자를 현재화시키는 존재이다. 만일 초월자가 해석된 암호에 있어 인식된 존재로서 객체가 된다면 또는 주관성의 여러 행동방식이 형이상학적 경험의 지각과 창작의 기관들로서 이해되고 훈련된다면 그것은 오히려 진정한 현재의 근원으로부터 의식일반의 영역으로의 이반이다.

이 두 가지 경우에는 암호 존재의 불가해한 변증법이 폐기될 것이다. 거기에 남는 것은 초월자로서 피안과 경험적 체험으로서의 차안이다. 신과 세계가 생소한 존재로서 객관적으로 서로 마주 보고 서 있을 것이다. 분열이 관계가 없는 분리된 자들 사이에 갈라진 틈을 만드는 것이 될 것이다. 거기에 남는 것은 단적으로 타자 간의 죽음의 심연이지만, 이 심연은 우선 다수의 중간항에 의해서 상상적으로 무제한 희롱하면서 충만될 수 있다. 그러나 그 다음으로 단지 세계만 홀로 현존을 가지기 때문에 심연은 곧 신성과 거기에 끼어든 모든 상상론을 없애는 것을 허용할 것이다. 거기에는 단지 완결과 전체성을 결여하고 현존의 존속으로서의 존재가 무한히 경험되는 공간인 하나의 세계만이 존재한다. 내재성과 초월성이 서로 완전히 이질적이 된다면 우리에게 있어 초월성은 무너진다. 초월성과 내재성이 상호 간의 명백한 타자로서 사유된 이후에 가령 초월성이 무너지지 않아야 한다면 그것들은 오히려 암호에 있어 **내재적 초월성**으로서 우리에게는 그 것들의 현재적인 변증법이 될 수밖에 없다.

암호의 운동은 세 가지 언어에 있어 다음과 같이 변화한다.

암호문자의 근원적, 현재적인 해독은 어떤 방법도 가지고 있지 않고, 의 도적이지도 않으며, 계획에 의해 창작되는 것도 아니고, 존재의 근원으로 부터의 선물과 같은 것이다. 이 해독이 가능 실존의 뿌리로부터 세계에 있 어 초월자의 확인으로서 훤히 밝아질 때 거기에는 어떤 지식의 진보도 없 고, 오히려 현존의 역사적으로 진실한 투명함만이 있을 뿐이다.

근원적인 경험은 방법을 가지지 않고, 제2 언어에서 그 경험의 전달 방 법을 가진다. **신화**와 **계시**에 있어 이러한 전달이 나아가는 길은 근원적인 암호를 여러 가지의 의인화, 환상, 몽환적인 이야기, 교의적인 규정들에 있 어 어떤 특별한 대상으로 바꾸어 놓는다. 따라서 이 언어는 그것의 근원적 인 실재가 이 형식에 있어서는 우리가 더 이상 도달할 수 없기 때문에 비 유의 언어로서는 소용없다. 다른 또 하나의 길은 **현실적인 것**으로서 실재 가 암호가 된다고 강조하고 그와 같이 구성함으로써 현실적인 것으로서의 실재를 발언하게 하는 것이다. 그런데 그때 경험된 초월자는 내재적인 사 실성에 의해서 전달되지만, 이 초월자는 간접적이고 내가 단지 경험적으로 만 실재적인 것을 보는 한 나에게는 숨겨져 있고—본래 무엇이 중요한가 를 전달 가운데서 듣는—실존에게는 현현한다. 진리는 가령 그것이 모든 사람에게 보편적, 동일적인 존재로 변화되고 언어의 간접성을 결여하게 될 경우 상실된다.

여러 가지 상징의 다양성은 전체의 체계로서 그 자체 폐쇄된 세계가 아 니다. 모든 상징에는 이미 초월자의 현상으로서 총체성과 통일성이 있다.

나는 상징에 있어 나 자신에게로 되던져지면서 동시에 관계하는 그것과 하나 되면서 존재한다. 그러므로 가까움(近)과 멂(遠)의 차이가 존재하지만, 각각의 상징은 초월자의 유일한 양상으로 존립한다. 현존이 하나의 것과 다른 것의 관계들에서 존립하고 파악되며, 따라서 체계적 인식이 현존의 인식과 동일적인 데 반해서, 상징 존재는 현존을 가로지르고 있다. 상징 존재를 지각하는 것은 곧바로 미지의 것 앞에 서기 위해서 경험적 현실과 강제적 타당성 간의 서로 얽힌 그물(網)을 돌파하는 것을 의미한다.

세계와 초월자는—모든 후속 언어도 그것의 실현으로서 관계하는—제1 언어로부터 시작해서 동일성이 없는 통일성이다. 제3 언어에 있어 사상이 세계와 초월자 간의 관계에 대한 이해[49]를 야기시키고자 한다면 사상은 오성으로서 시작한다. 또한 초월자를 단지 세계와 동일한 평면상의 현존으로서만 생각하는 오성 일반에게 세계는 모든 것이고 세계는 신이기도 하고 또는 세계와 초월자가 존재하기도 하고 그러한 경우에 그것들은 둘이고, 초월자는 여기에는 존재하지 않는 피안의 다른 하나의 현존이다. 범신론과 피안적 초월자 사이의 이 양자택일은 오성에게는 타당하다. 그러나 실존이 초월자를 확인할 경우에 실존은 초월자를 단지 세계와의 통일에서만 발견할 수 있다. 이 통일은 동시에 초월자가 현존 자체와 상대해서 가진 타자의 성격을 보존하고 있기 때문에 초월자는 단순한 세계로서도 또 순수한 초월자로서도 보이지 않는다. 실존의 초월함에게 **오성의 양자택일**은, 그것이 초월자가 없는 범신론적인 내재성에 다다르든 또는 그것이 피안적인 무세계적인 초월자에 다다르든, **일탈한다**. 진정한 초월함에서는 가장 깊은 세계긍정이 수행되고, 이 세계긍정은 암호문자로서의 세계의 현존

---

49) "세계와 초월자 간의 관계에 대한 이해"로 의역한 이 부분은 원문에 "이해"로 되어 있다.

을 향해서 가능해지며 이것이 가능한 것은 세계광명화로서의 암호문자에 있어 은밀하게 초월자의 언어가 들리기 때문이다. 그러나 세계와 초월자 간의 분리에 있어서는 기만 없이는 어떤 세계긍정도 가능할 수 없다. 왜냐하면 투명함을 결여한 현존은 그것 자체에서는 만족할 수 없기 때문이다.

그러므로 제3 언어에 있어서의 신앙은 오성의 극복에서―이 오성은 세계와 초월자 간의 차별을 절대적으로 고정화하든가 또는 완전히 부인하든가 하는 데서―내재성과 초월성 간의 변증법[50]을 객관화하고자 추구한다. 이 변증법은 근원적으로 암호문자에 있어 현현하고 사변적으로는 단지 운동에 있어 자기 자신을 지양하는 사유의 형식에서만 가까워질 수 있다.

5. 여러 가지의 암호에 담긴 현실성

어린이는 제2 언어를 매체로 해서 초월적 존재를 의문 없는 실재로서 경험할 수 있다. 어린이는 자기 자신의 생활 속에서 보고 행동하며 세계 내에서 성장한다. 어린이는 세계를―가령 세계를 또한 단지 불확정적으로만 알고 있는 경우에도―하나의 진리로서 결정적으로 행복하게 자기의 전 존재로 인식한다. 그때 현존의 경험이 초기의 시선을 흐리게 한다. 어린이는 모든 인간들을 더 이상 신과의 연계에서 보지 못하고, 오히려 인간의 유한성, 악용, 파괴에 대한 감각을 예리하게 한다. 어린이는 그로부터 피해서 빠져나갈 것을 위협하고 그가 상실할 수도 있는 존재를 위하여 투쟁하지 않으면 안 된다.

---

50) 원문에 "변증법"으로 되어 있는 것을 의미를 분명히 하기 위해 "내재성과 초월성 간의 변증법" 으로 의역하였다.

어린이의 근원적인 깨달음에 있어서는 어떤 역사적 객관성도 없고 단지 진실한 것이나 실재적인 것의 순수한 현재가 존재할 뿐인 데 반해서, 어린이에게 진실한 존재 자체였던 것은 실재로부터 이미 떼어져 나온 지식에 대응한 의식의 분해에 당면하여 비로소 회고함으로써 어린이에게는 특수한 역사성의 전승된 전통이 된다. 근원적인 의식은 역사적인 의식으로 전환된다. 실재로서 실존을 기초 짓는 것은 그것이 과정으로서 관찰될 때 하나의 전형적인 생기와 같이 보인다. ―

형이상학적인 전승의 객관성은 생성 중의 실존을 우선 그것이 생성된 실존 속에서 다시금 용해되기 전에 자기 자신에게로 끌어올린다. 객관성은 역사적인 것으로서 항존적인 것의 측면을 가지고 있다. 그런데 그것은 실존이 개별적인 것으로서 자기 존재에 이를 때 비로소 의미심장한 문제로서 제기될 수 있다. 깨닫는 의식에게 전래의 항존은 권위로서 나타났다. 이 권위를 승인하라는 요구는 문제될 수 있기 이전에 이미 실현되었다. 이러한 요구에 반역하는 것은 세계정위가 확장됨에 따라 증대되는 현존의 경험이고 이 경험은 유한적인 것이나 경험적인 것 이외에 아무것도 믿을 수 없을 때까지 사람들을 몰아붙인다. 이 실증주의가 그것 자체에 의하여 파악된 한계들에 직면해서 난파할 경우에는 비로소 단지 권위적으로 존립하고 있는 객체성만이 새롭게 포착된다. 이 객체성은 초월자의 실존적 확인의 운동 속에―존재의 실체적 근거가 그것에 있어 현현하는바―기능으로서 그 역할을 다한다. 왜냐하면 제2 언어의 암호에 있어 초월자의 객체성은 원리들에 의하여 발명될 수도 없고 또 임으로 이 목적에서 안출될 수도 없으며, 단지 역사적으로만 취득될 수 있을 뿐이기 때문이다. 맨 처음에 역사적 전통에 있어 승인되고, 그 다음에는 물음에 의해서 시험되며, 마지막에는 그것으로부터 거부되거나 또는 자기화됨으로써 이 초월자의 객체성은 새로운 실존을 각인하는 것을 돕는다. 전승된 형이상학적 대상성은 유일하고, 귀중하고, 대체할 수 없는 재산이다. 말하자면 이 재산은 유사 이전의 근원들에 뿌리를 박고 있고, 인류가 몇천 년에 걸친 수많은 운명 속에서 얻은 수익이다.

반성의 큰 위기 이후 제2 언어, 신화 그리고 계시의 여러 가지 암호 이전의 실재는 동일한 것으로서는 도로 찾을 수는 없다. 특수 형태의 신화, 계시, 신화적 실재는 그 형식들이 상호 배제하는 것 같이 보이는 대상적인 내용들이다. 가령 이 대상적인 내용들은 또한 사실 서로 투쟁하지만, 비록 그것들이 서로 반발한다고 하더라도 서로 말을 걸기도 한다는 그런 개별적인 의식에 있어 투쟁한다. 위기에 있어 이 투쟁은 나 자신이 중요하다고 하는 진지함을 가지고 있다. 따라서 위기는 개개인을 자기 자신에 의지하게 한다. 왜냐하면 개개인은 신화와 계시에 있어 권위적 전통을 물음에 맡기고, 이제 상호배타적인 요구들을 통해서 자기의 올바른 길을 찾을 것을 강요받지 않으면 안 되기 때문이다. 신화적 실재가 단연코 의심없이 초월자의 언어라고 한다면 투쟁은 결국 기만적인 은폐의 가능성을 방어하는 쪽으로 기운다. 그때에도 특수 형태의 신화와 계시는 확실히 역사적인 기억으로서 상대적인 의미를 가진다. 보존된 내용들은 과거의 형태들로 말을 하지만, 가장 퇴색된 형태로 완성되고 그 스스로 실재가 된 현재에 있어서는 더 이상 말하지 않는다.

그때 **초월자의 표상**과 **초월자**의 구별에 대한 물음이 긴급한 것이 된다. 암호의 모든 언어는 꿈 같은 놀이 속에서의 단순한 표상들로 침몰할 수 있다. 그러나 중요한 것은 어디에서 언어가 실재가 되는 것인가이다. 더욱이 제1 언어에 있어서만 결정적 현실인 초월적 현실은 말하자면 모든 단순한 표상을 자기 자신 속으로 끌어들인다. 표상들은 유동적이며, 따라서 부단한 변화를 계속한다. 그러나 초월적 현실은 근원적인 암호에 있어 가능성이 전혀 없는 그 현실 자체이다. 이 근원적인 암호를 해독하기 위해서는 제2 및 제3 언어의 형태들이―가령 이것들이 본래적 의미를 유지하고 있다면―기여하는 바가 있지 않으면 안 된다.

따라서 암호는 암호로서는 초월자가 아니다. 비록 암호의 해독이 신화적인 형태들로 이끌어가고 내가 자연과 역사의 투명화하는 현실 가운데서 이념들을 객관적인 세력으로 신화화하고 내가 여러 실존을 영웅화한다고 하더라도, 나는 하여간 특수한 신화와 각각의 암호의 피안에서만 비로소 모든 신화의 근거―이 신화 자체는 더 이상 신화적이 될 수 없다―로서 초월자의 본래적인 심연으로 초월할 수 있다.

암호의 다의성

암호가 그때마다 세계존재와 초월자를 통일한 것이 될 때, 그리고 암호가 타자를 의미하는 징표로서 생각될 때 암호는 종식한다. 암호문자에 있어 상징과 상징되는 것 간의 분리는 불가능하다. 암호문자는 초월자를 현재화하지만, 해석 가능하지는 않다. 내가 해석하고자 했다면 나는 함께 존재하는 것을 다시금 분리하지 않으면 안 되었다. 즉 나는 암호를 초월자와 비교하고 대조할 것이다. 초월자는 나에게 본래부터 암호 가운데서만 나타나지만, 암호는 아니다. 암호문자의 해독은 순수한 내재적 상징 관계들의 파악으로 일탈되기 십상이다. 암호문자의 해독은 명백한 의식에도 불구하고 무의식적인 상징 속에서의 서 있음이다. 따라서 이 무의식적인 상징성은 나에게는 한번도 상징성으로서 알 수 있는 것이 아니다. 지극히 일반적인 존재자로서―기호, 은유, 비교, 대표, 모형이라고 하는 의미에서의―한 사물과 다른 사물 간의 연계를 통해서 세계 내의 사물들을 가지는 것으로서의 의식적인 상징성은 암호문자가 아니다. 이 의식적인 상징성이 그것의 명백성을 바로 해석에서 비로소 획득하는 데 반해서, 암호문자의 무의식적인 상징성은 해석에 의해서는 전연 촉지(觸知)조차 되지 않는다. 해석이 암호문자 가운데 포착하는 것은 암호문자가 아니고, 파괴되어 단순한 상징성으로 변질된 암호문자이다. 이 암호문자는 어디인가라는 곳에 현존하는 것의 의미를 드러내는 상징과도 같이 명료화될 것이다. 그러나 암호문자는 그것 자체로서 존재하고, 더욱이 타자에 의해서는 결코 명료화될 수 없다.

상징성 일반은 하나의 관계이다. 이 관계를 사용해서 그리고 이 관계를 초월해서 형이상학적 암호문자의 본질이 언표된다. 그러나 이 암호문자는 어떤 관계도 아니고 초월자의 현존에 있어서의 통일이다. 따라서 **상징성 일반**에 관해서 명료하게 아는 것은 초월자의 암호문자를 확고하게 기만없이 포착하기 위한 조건이다.

1. 상징성 일반(존재에 대한 표현과 상호소통의 표현)

모든 현존은 가능적 상징성에 의하여 침투된다. 즉 표현할 수 없는 그 어떤 것도 나에게는 출현하지 못하며 그 어떤 사람도 나와 만나지 못한다. 이 표현은 내가 물음을 물을 경우에 답을 하지 못한 채로 있는 **존재의 표현**으로서 무언으로 존립하든가 또는 나에게 말을 걸고, 내가 물을 경우 해명과 답변을 주는 그런 상호소통의 표현이다. 존재의 표현은 보편적이고 **상호소통의 표현**은 인간에 한정된다.

나는 **존재의 표현**을 인간의 관상과 자기도 모르는 사이의 **몸짓** 속에서 지각한다. 지각되는 것과 지각하는 자 사이에는 이야기를 주고 받는 상호교환이 없다. 거기에는 전달하려고 하든가 또는 침묵을 지키려고 하든가 하는 의지 없이 단지 그 사람 고유의 본질의 무의식적인 표현만이 있을 뿐이다. 나는 나 자신을 그처럼 나의 표현 속에서 지각하고, 나는 그 점에 있어 마치 타인과 같이 나 자신에게 서먹서먹한 것이다. 그때 비로소 나는 당황하게 된다. 왜냐하면 나는 당황하는 그것 자신—내가 나에게 놀라움과 수긍 속에 나타나는 바의 그것 자신—이고 이제 나 자신에의 호소가 되기 때문이다.

　그처럼 지각 가능한 것은 어떤 인간의 성격, 기분, 내적 자세, 기질에 대한 확정에서 언표될 수 있다. 이 언표들은 당사자를 그의 행동으로부터 관찰하고 그의 전기를 생생하게 그려냄으로써 재검사될 수 있다. 그처럼 표정 속에 지각된 것은 **경험적인 것**이다. 즉 그것이 대상적으로 체험되는 것만을 의미할 뿐만 아니라 여러 가지 연관에서 탐구되는 그리고 여러 가지 표준에 비추어서 올바르게 또는 그릇되게 보이는 것으로 판단될 수 있는 것으로 이해되는 한 그처럼 경험적인 것이다. 그 때문에 몸짓과 관상에 대한 지각 속에는 경험적 심리학의 한 측면이 있다. 왜냐하면 거기에서는 또한 다른 여러 가지 도상에서 가까워질 수 있는 현존으로서의 한 존재의 표정이 중요한 문제가 되기 때문이다.

　그러나 어떤 도상에서든 이 현존조차도 비록 경험적이라고 하더라도 언제 어느 누구에게라도 동일한 것은 아니다. 표정의 지각은 의식일반의 측면으로부터의 지각일 뿐만 아니라 **자유에 의한 자유의 바라봄**이기도 하다. 왜냐하면 여기서 보이는 것은 보는 사람의 자기고유한 인격 자체에 의존하고 있기 때문이다. 내가 그것을 언표할 때 그것은 여전히 가능성(타인에의 호소로서 그리고 고유한 자기생성에 있어 더욱 깊이 들여다 보기 위한 나 자신에의 호소로서 가능성)으로 남는다. 그러므로 표정을 통해서 파악되고 확정되는 경험적 현존은 단순히 존립하고 있는 것이 아니다. 내가 경험적 현존을 하나의 순전히 현존할 뿐인 것으로 객관화하는 정도에 따라서 나는 근원적인 관계에서 (나의 힘의) 경주와 함께 나의 지각 능력을 제한한다. 나는 인간을 상실하고 구성하는 특성들의 성격도식학(性格圖式學) 이외에 그 어떤 것도 유지하고 있지 않다. 그러나 내가 성실하게 침입하는 정도에 따라서 표현은 비약해서 어떤 더 깊은 의미에서의 가능성이 된다. 즉 나는 내가 현전하는 현존의 품격과 위계로서 보는 자유를 향해서 밀고 나아간다. 나는 마침내 시간 이전에 있어 그 자신의 과거의 선택과 같은 것인 인간의 존재 근거에 이르기까지 밀고 나아간다. 객관적 인식에 대해서는 어떤 것이 현존하거나 또는 현존하지 않고, 다른 어떤 것보다도 고귀한 것은 없다. 이에 비해서 표현을 볼 때는 위계와 수준이 조건이 된다. 그리고 이해하는 자와 이해되는 자에 있어서도 모든 보는 일은 이런 조건에 예속되어 있다. 존립하는 현존을 확정하는 일은 단지 하나의 인식이면서도 보편타당한 인식이라는 의미에서는 항상 의심스러운 인식이다. 그러나 그런 확정 작업은 표현을 이해하기 위해서는 사실상 고립될 수 없는 측면이기도 하다. 이 표현을 이해하는 일 그 자체는 오히려 그 배후에 자유가 서 있는 어떤 현존을 파악하는 것이다.

인간의 이 표현 이해에 있어서는 경험적인 현존뿐만 아니라 자유마저—한쪽이 없으면 다른 쪽이 없는 것과도 같이—감지되었다. 그 때문에 거기에서는 경험적인 것의 재확인 가능성과 자유에의 호소가—비록 양자가 한계 내에 있었다고 하더라도—있었다. 그러나 인간만이 표정을 가지고 있는 것이 아니다. 다시 말해서 모든 사물들도 존재를 표현하고 있는 것 같이 보인다. 그리하여 모든 사물들은 말하자면 말을 하는 것 같이 생각되고, 위계와 독자적인 품격과 부패를 가지고 있는 것으로 생각된다. 모든 현존들 나름의 이 관상은 우리들에 의해서 자연과 풍경 속에서, 인간과 인간의 역사적 사회의 어두운 현실 속에서 체험되고, 사랑과 증오 속에서 포착되며, 마음으로부터 자기 자신의 것으로 되기도 하고 또는 고통 속에서 거부되기도 한다. 그러나 이 관상은 경험적 현실로서 재확인될 수 없고, 그것의 자유에 우리가 호소하는 그런 실재로서는 결코 우리와 만날 수 없다. 이 관상은 무언인 채로 존속한다. 거기에 적나라하게 드러나는 실재는 그럼에도 결코 인식되지 않고, 어떤 의식에게나 또는 시간의 경과 속의 나 자신에게나 결코 동일적이 아니다. 이 실재는 일종의 투시성에서 나타나지만, 이 투시성은 고정될 수 없다. 비록 모든 현존이 나에게는 고상한 것과 고상하지 못한 것의 위계를 가지고 있는 것으로 생각된다고 하더라도— 비록 사물들이 그것들의 장관과 웅대함을 가지든가 또는 그것들의 무관심 속에 나의 마음을 감동시키지 않든가 또는 비천한 것과 추악한 것으로서 나를 밀쳐낸다고 하더라도 그것은 그렇다는 것이다.

상호소통적 표현은 단순한 존재 표현으로부터 구별되는 가운데 그 무엇을 전달하고자 한다. 상호소통적 표현만이 본래적 의미의 언어이다. 이 의미에 의하여 다른 모든 표현이 단지 비유적 언어라고 일컬어질 수 있다. 상호소통적 표현에는 이양가능한 내용으로서 어떤 사념된 의미가 있고, 이 의미로부터 말걸음과 요구 그리고 물음과 답이 나온다.

상호소통적 표현에서는 **자신의 근원적인 상징 지각**의 전달도 또한 탐색된다. 자기 자신과의 상호소통에서는 직접적으로, 실로 현실적으로도 어슴프레한 것에 지나지 않는 것이 제2의 언어에 의하여 이해된다. 상호소통적이 된 상징성이 비로소 본래적으로 현존한다. 지각하는 자의 반향에서 모든 현존의 상징성이 일반적인 것의 상징적인 측면에 따라 전달가능하게 된다. 근원적으로 단지 직접적인 것만이 재생산된 것으로 비로소 의식된다. 직접적인 상징성은 원천으로 존속한다. 그러나 이 상징성 자체도 대개 단지 그것이 이미 언어가 된 정도에 따라서 지각될 뿐이다. 그러나 창조적인 존재직감의 순간은 그것이 언어를 만들어 냄으로써 그 언어를 확장한다.

상호소통적 표현은 그것에 의해서 또한 다른 모든 표현이 비로소 전달가능한 언어로 옮겨지는 한 포괄적인 표현이다. 그러나 존재의 표현은 상호소통적 표현이 단지 현존에 있어 자국의 영내에 있는 타국의 영토인 포령(包領)에 불과하고, 그것 자체가 그때마다 그것의 현존의 전체로서 한 번 더 다시 존재의 표현이—그때 상호소통적 표현이 존재에게는 무의식적인 상징이 된다—되는 한 포괄적인 표현이다. 상호소통적 표현은 명백한 이해가능성이다. 이 이해가능성은 본래적이고, 공허한 명료성 속에 느슨해져서 사라지지 않는다면 존재의 이해불가능성의 표현으로 존속한다.

2. 상징의 해석(임의의 다의성)

전달하는 언어로부터 직접적인 존재 표현은 비로소 말하자면 하나의 언어가 된다. 반향에 의해 창출된 상징성에 있어 그 존재 표현의 의미가 파악된다. 그러나 이 의미가 **사상** 속에서 고정되든가 또는 규정하고자 시도될 경우 꿈의 해석, 점성술, 신화해석, 관상학, 정신분석, 형이상학과 같은 괴리된 영역들에 있어 외면적으로 비교될 수 있는 방법으로 일어나는 **상징해석**이 착수된다. 그때 어느 것이 질문해서 알려지는 의미인가 하는 것은 사념되는 상징성의 방향에 의해서 변한다. 즉 예를 들면 그것은 태고의 꿈 해석에 있어서는 앞으로 올 사건과 운명이고, 점성술에 있어서는 개개 인간의 과거와 미래, 특성, 직업, 행복과 불행이고, 관상학에 있어서는 여러 가지의 성격이고, ―그러나 이러한 영역들 사이에는 서로 상호 교호가 있다― 정신분석에 있어서는 여러 가지의 환상, 꿈, 행동의 양식에 있어 알려지는 억압된 충동 체험이고, 해석의 형이상학에 있어서는 초월자의 존재이다. 그때마다 단지 여러 가지의 상징에 있어서만 현상으로 나타나는 것은 그것 자체로 이미 현상으로서 사념되는 것이 아니고, 존재로서 사념된다. 근원적인 상징도 상징들의 상징도 여하튼 이 모든 것이 해석된다. 해석은 인류가 삶을 살아온 이래 멀리 바라다 볼 수 없을 정도로 풍요한 형태들과 사상들에 있어 행해져 왔다. 그것들에 있어서 공통적인 것은 다음과 같이 **무제한성과 임의의 다의성이다.**

즉 하나의 의미란 무엇인가를 말하지 않으면 안 될 경우, 하나의 의지가 자의로서 정지하지 않고 해석하는 정신을 제한적으로 고정시키지 못할 경우 가능적이면서 임의적인 것의 무제한성이 열린다. 고대의 꿈 해석, 신화 해석, 꿈에 대한 정신분석적 해석, 또는 형이상학적 논리적 세계 해석이 문제가 되든 안 되든 조망할 수 있는 규칙들과 원리들은 항상 설정된다. 이러한 규칙들과 원리들은 특수한 것 자체에 있어 모든 것을 가능적인 채로 존속시키고, 혹시 일어날지 모르는 모든 반대 해석을 자기 자신 속에 받아들이며 모든 대항자 측을 미리 선취해서 해석하고 그것 자신의 진실한 해석의 증명으로서 건축 재료로 삼는다. 바일레는 다음과 같이 말했다.

우의적(寓意的)인 해석들은 사람들이 한없이 다양화할 수 있는 정신의 여러 가지의 눈이고, 그 정신의 눈들에 의해서 사람들은 어떤 일에서든 사람들이 하고자 하는 모든 것을 발견한다.

여러 가지 신화 해석은 정신분석 못지않게 이 명제에 전거(典據)를 부여한다. 이와 같은 해석들을 옹호하는 사람들의 독자적인 안전성에서 비롯하는 것은 그들이 자기들을 반박하지 않는 것으로 느끼지만, **어떤** 반대 이유도 모든 해석의 근거로서 그 해석들의 원리들을 위하여 사용할 수 있을 때에는 그것들의 상상의 통찰을 증명할 수 있는 어떤 가능성도 그들에게는 결여되어 있음을 망각하고 있다. 여러 가지의 형이상학적 사상 체계는 암호문자로서는 가능적인 의미를 가지고 있지만, 지식으로서 적용될 경우 외견상 모든 것을 이해하는 것 같이 생각된다. 가장 웅대한 예는 헤겔의 논리학이다. 이 논리학의 변증법은 모든 반대 논거를 처음부터 자기 고유한 진리의 고리로 삼는 것을 독특한 방법에서 허용하고 있다. 모순 자체는 체계 속으로 편입되고, 각각의 형태에서 파악되고, 극복된다. 모순은 더 이상 외부로부터는 올 수 없다. 여러 가지 의의는 그것들 자체와 그것들의 반대까지도 의미한다.

3. 상징성과 인식

상징성을 인식으로 받아들이는 것은 진실하지 못하다. 임의로 가지고 오는 많은 보조가설(補助假說)에 의해서 모든 사물들을 지배하는 것 같이 생각되는 약간의 원리들에 따라서 현존을 해석하는 취급 방법은 단조롭다. 사람들은 이 취급 방법으로 그 자신과 세계의 가장 깊은 근거들을 제압하는 것 같이 보이고, 그렇지만 여하튼 도처에서 적합한 형식들을 함유한 자기가 만든 원 가운데서만 움직일 뿐이다. 상징은 인식으로서는 아무 것도 아니다. **협약에 의한 어떤 상징성**이 잡다한 형태를 가진 기술적인 수단으로서의 기호언어가 된다고 해서 그것이 달라지는 것은 아니다. 수학에서 기호들, 자연과학에서 모형들, 생물학에서 표징들은 **합리적 인식에 봉사**하는 그것들의 확정적이면서 명백한 의미를 가지고 있다. 그러나 그것들은 인식 그 자체는 아니다.

이와 반대로 형이상학적 상징은 암호로서의 상징이고 이 암호에 있어 상징 그 자체이다. 경험적 지식에게 **현실존재**는 단지 여러 가지 연관과 의존성 속에서의 한 존재일 뿐이다. 이러한 연관과 의존성에 의해서 현실존재는 파악된다. 발생사와 인과성은 그 무엇이 현존하는지 그리고 어떻게 현존하는지를 나타낸다. 현존하는 그 어떤 것도 그것 자체가 아니고, 일체는 관계들 속에서 존재한다. 이와 반대로 초월자의 암호로서 **상징존재**는 관계 속에 존재하지 않고, 그 상징존재를 알아차리는 자에게만 곧바로 존재한다. 상징은 말하자면 현실을 가로질러 깊이의 차원 속에 존립하고, 그 차원 속으로 사람들은 침잠한다. 그러나 사람들이 그 차원을 곧바로 전적으로 상실하지 않고는 그것으로부터 걸어나올 수 없다.

그러므로 어떤 상징 연구도 가능하지 않고, 단지 상징 이해와 상징 창조만이 가능할 뿐이다. 역사상 생성되고 존재하는 상징인지(象徵認知)에 대한 언어의 탐구는 그것 자체가 단지 연구자에 있어—상징을 볼 수 있고 모든 연구 이전에 상징에 대해서 마음을 열어 놓는 연구자에 있어—주관적인 제약에서만 가능하다.

4. 해석가능한 상징성과 직시가능한 상징성

사람들이 의미 부여의 과정을 의미되는 것으로부터 분리하여 사유하면서 따르자마자 단지 무제한한 보편적인 상징성 속으로만 빠질 뿐이다. 모든 것은 모든 것을 의미할 수 있다. 여기저기에 보편적인 대체가능성이 있다. 그 모든 것은 관점에 의존한다. 관점으로부터 어떤 규칙들과 도식이 적용된다. **해석가능한 상징성**은 객관적이고, 그것의 의미는 풀 수 있는 것이다. 그것은 비교이면서 표기이고, 단지 여러 가지의 협약이나 또는 심리학적으로 파악할 수 있는 습관들에 의해서만 확고하게 존속한다.

그러나 사람들이 초월자의 암호로서의 상징에 가까이 가자마자 이 상징은 **직시가능하다**. 직시가능한 상징성은 징표와 의미를 분리시키지 않고 양자를 하나로 포괄한다. 파악된 것을 명료하게 하기 위하여 사람들은 이 양자를 다시 분리하지만, 이것은 단지 새로운 상징성에 의해서만 실행되는 것이고 한쪽을 다른 쪽으로부터 해석함으로써 실행되는 것은 결코 아니다. 사람들이 이미 가지고 있었던 것이 단지 더욱 명백하게 될 뿐이다. 사람들은 돌아가서 새로운 깊이를 들여다 본다. 암호문자의 언어로서 직시가능한 상징성은 단지 실존에 의한 깊은 굴착(掘鑿)에서만 접근 가능하다. 해석가능한 상징성은 의식일반에게만 존립한다.

만일 내가 도대체 상징들이란 최종적으로 무엇을 의미하는가라고 묻는다면 **해석적인 상징론**은 사실 나에게 이와 같은 **최종적인 것**을 말한다. 즉 하나의 신화론은 예를 들면 자연과정과, 본래 모든 것이 다 아주 중요한 것인 농업과 수공업에 있어 인간의 행위를 주장하고, 정신분석은 성욕을 주장하며, 헤겔의 형이상학은 변증법적 논리적 개념의 운동을 주장한다. 최종적인 것은 로고스와 같은 절대적인 실재일 수 있다. 그것은 어떠한 성질의 것이라도 명백히 한정되고 있다. 그러나 다양한 해석의 최후에 이 명백한 것을 의미하는 상징들은 모든 것을 의미하는 것으로서 변함없이 다의적이며 불확정적이다.

직시가능한 상징성은 **최종적인 것**을 인식하지 못한다. 이 상징성에는 일종의 열려젖혀짐이 현현하고 이 열려젖혀짐은 더 깊은 충실을 인식하고 있지만, 이 충실은 그것에 의하여 이해되는 어떤 타자도 인식하지 못한다. 이 상징성은 처음부터 이미 이전에 알려진 존재—그 상징성이 이것의 현상인 이미 알려진 존재—로 중심점을 맞추지 않고, 그것의 열려젖혀짐 내에 머물고 있다. 이 열려젖혀짐은 현재적인 순간을 향해서 열리며 동시에 헤아리기 어려운 깊이로부터 불확정적 존재가 단지 상징성 그것을 통해서만 빛을 발한다.

본래적 해석가능성을 가지지 않은 이 직시가능한 상징성은 단지 초월자의 암호문자로서만 있을 수 있다. 이 상징성에 있어 일종의 해석으로서 주어지는 사유는 그것 자체 상징이 된다. 로고스의 투시에 있어 암호문자를 해독하는 시선이 로고스의 근거로 스며든다. 모든 해석은 어떤 암호의 발언이 된다. 이 암호는 실존에게 해독 가능하며, 이 실존은 실존 그것이 자기의 초월자로서 믿는 존재를 그 암호에 있어 지각한다.

5. 순환적 해석

인식으로서의 해석이 무제한성과 임의성을 가지고, 이러한 것들이 해석에 있어 증명과 반박을 불가능하게 만들고, 따라서 그 해석을 인식으로서 말살할 때 역시 해석은 그때마다 그 스스로 내부를 돌아 순환함으로써 제3 언어의—사변적으로 암호문자를 해독하는—상징 성격을 획득할 수 있다. 인식의 관점에서 볼 때 논리적 순환은 공허하고 그 순환에 있어서의 논증은 무의미하게 된다. 그러나 다른 또 하나의 차원에 있어 순환이 실존의 내실에 의해서 충실하게 된다면 순환은 초월자의 제3 언어에 있어 전달되는 시선의 현재이다. 이 점을 고려한다면 전체자를 탐구하고자 하는 모든 해석은 사실 암호문자의 창작과 해독의 모든 양태이다.

인식상의 의미를 가지기를 바라는 상징의 요구가 학문적으로 불가능함으로써 자신을 부정하는 데 반해서, 암호로서의 그 상징의 성격으로 향하는 가능 실존의 물음은 이 실존이 그것의 초월자를 암호에 있어 재인식하는지 어떤지 하는 물음을 야기시킨다. 순환의 진리는 논리적 표준이 아니고, 실존적인 표준 아래에 서 있기 때문에 내가 어디에 관여하고 있는가, 어디에서 내가 나의 자기존재에 의해서 그 진리를 깨닫는가 하는 것은 도처에서 문제가 된다. 여기서 문제가 되는 것은 예를 들면 내가 나의 자유로부터 존재의 정신 분석적인 해독을 수용할 것인지 또는 헤겔과 함께 논리적 변증법적인 탐구를 수용할 것인지 하는 것이고, 그것이 올바른 것인지 어떤지 하는 그런 문제는 아니다. 왜냐하면 그것들은 옳은 것도 아니고 그릇된 것도 아니며, 인식으로서는 아무런 가치도 없기 때문이다. 나를 납득시키는 것은 오성도 아니고 경험적 관찰도 아니며, 나 자신인 바이고 나 자신이고자 하는 것이다. 척도는 더 이상 최후의 결과를 동반하는 과학적, 방법적인 연구의 척도가 아니고, 문제는 실존적으로 진실하고 실존적으로 황폐한 암호언어의 문제이다. 인식으로서 마음에 드는 것은 자기존재가 그의 초월자를 알았을 때의 하나의 존재 방식을 나타내는 상징으로서 존속하는 것이다. 나는 그 인식의 진리성을 내가 거기에서 초월자를 경험하는 암호문자에 대한 나의 고유한 해독에 의해서 다시금 변호하고 또 그것에 대해 반론을 제기한다. 이 암호해독은 그때마다 나에게 다음과 같은 것에 관하여 결정을 내리고 있음을 말한다. 즉 세계 내의 사물들의 단순한 관계에 대한—이 경우에 나는 항상 내가 이미 알고 있는 근저에서 또다시 부딪힐 뿐이다—깊이가 없는 해석이란 무엇이고 무엇이 거기에서는 내가 근거를 알지 못한 채 나를 침잠시킬 수 있는 존재의 암호가 되는 것인가가 바로 그것이다.

6. 임의의 다의성과 암호의 다의성

해석가능한 상징성은 모든 개개의 경우를 무제한 다의적으로 만든다. 그러나 그것은 지시된 것을 생각해 낸 최종적인 것에 있어 명백한 무가치함을 지니고 있다. 그러나 진정한 암호의 **직시가능한** 상징성은 다른 또 하나의 다의성을 가지고 있다.

암호가 해석되어 **지식으로 전화되고**, 그리하여 객관적으로 타당한 것이될 경우 이 암호의 다의성은 실존적으로 뿌리째 뽑힌 이 형태에 있어서는모든 해석적인 상징성과 마찬가지로 정말 애매모호하다. 그러나 암호가대체로 해석되지 않고, 그것의 근원에 있어 보존될 경우 이 다의성을 가지지 못한다.

그러나 근원적 암호의 **해석**이 사유됨에 있어 그것 자체로서 이것이 다시금 암호가 된다면 이 다의성은 사소하지는 않지만 그래도 임의적이 아니고, 가능 실존적인 자기화의 다양성 속에 있다. 자기화의 가능성으로서다의성은 실존의 역사적 현재의 순간에서 비로소 실존에게는 전달불가능하고 실존 자신에게도 알 수 없는 방법에 있어 **명백하게** 된다. 이 명백성은실존에 있어 충만한 초월자의 대체불가능성 속에 존재한다.

상상의 지식으로서의 임의적인 해석에 있어 그때마다의 **출발점**은 한정되고, 해석은 무제한적이고, 해석의 목표는 하나의 유한적 존재이다. 그리하여암호문자의 해석에 있어 **출발점**은 초월자의 자기 자신에 있어서의 무한한 자기현재이고 암호는 유한적, 확정적이며 해석의 목표는 불확정적이고 이미 현재하고 있는 무한성이다.

어떤 지식을 탐구하고 있는 해석에 있어서는 **유한한 것이 최초의 것이** 된다. 다시 말해 유한한 것으로부터 무한한 것을 장악하고자 하는 길은 무제한한 해석의 형태로 탐구하지만 불필요한 노력이 되고 만다. 따라서 해석은 결코 현실적으로 생기지 않고, 단지 외견상—사실성을 결코 극복하지 못하고, 단지 반복되고 또는 겹겹이 쌓인 정식들에 의해서—생기한다. 상상적인 인식으로서의 상징성의 해석에 있어 모든 것은 단지 유한적인 것에 지나지 않기 때문에 천박한 것이 된다. 무한한 것은 상실되고, 다른 한편으로 사람들은 싫지만 무제한한 것의 수중에 떨어진다. 이와 반대로 암호문자의 포착에 있어 **무한한 것이 최초의 것이다.** 그리하여 초월자의 무한한 현재에 의해서 유한한 것이 비로소 암호문자가 된다.

초월자의 무한한 자기현재의 **명백성**은 실존의 시간적 현존에 있어 그때마다의 완성하는 정상이다. 그러나 도처에서 암호가 보편적인 것의 일면을 획득하고, 전달 가능한 것으로서 나와 만나며, 저 정상이 후에 나에게 말을 거는 것 같은 그런 방법에서도 또한 나와 만나는 그런 곳에서 다의성이 실존적인 자기화와 실현, 이 두 가지의 가능성에 의해서 존재한다.

그러므로 형이상학적 물음의 태도에는 암호문자에 있어서의 **궁극적인 것이라곤 아무것도 없다.** 암호문자는 자유가 그 암호문자 가운데서 초월자를 현현하게 할 경우에 존재한다. 암호는 항상 다른 방식으로 해독될 수 있다. 암호 속에는 말하자면 산출될 수 있는 초월자에의 추론은 결코 존재하지 않는다. 내 쪽에서 본다면 암호는 **영속적인 다의성**을 보유하고 있다. 그러나 **초월자의 쪽에서** 말한다면 암호는 다르게 전달될 수 있다. 시간적 현존에 있어 암호문자는 궁극적이 될 수 없다. 거기에는 어떤 가능성도 남아 있지 않고, 명백한 완성이 대신하고 있다. 또는 아직 구속력이 없는 것의 공간, 다분히 구속적인 것의 공간, 그리고 이 실존에 있어서의 구속성으로서 암호는 일방으로 존재하는 것은 아니고 타방으로 존재하는 것도 아니며, 더 이상 암호문자이지도 않고, 오히려 초월자의 단독적인 존재가 된다.

항상 전체적이 되는 가능성을 결여한 어떤 특수한 것으로서 암호는 총체성에 있어 지양되었다. 또는 소멸적, 역사적이면서 암호는 항존적, 절대적이 되었다.

모든 암호의 무한한 다의성은 시간적 현존에 있어서는 그 암호들의 본질로서 나타난다. 다른 암호들에 의한 암호해석, 사변적 암호에 의한 직관적 암호해석, 생산된 암호에 의한 현실적 암호해석에는 **끝이 없다.** 이런 종류의 해석은 실존이 그것에 있어 자기의 초월자를 확인하고 미리 자기 자신의 가능성들을 창출하고 싶어 하는 매개물이다. 암호들의 체계는 **불가능적**이다. 왜냐하면 암호들은 초월자의 담지자(擔持者)로서가 아니라 단지 그 유한성에 있어서만 이 체계로 들어갈 수 있었기 때문이다. 무한한 다의성은 가능적인 암호의 체계를 배제한다. 체계는 그것 자체로서는 하나의 암호일 수 있지만, 설계도로서는 진정한 암호를 의미심장하게 포괄할 수 없다.

암호문자의 해독 장소로서의 실존

1. 자기 존재를 통한 암호 해독

암호문자의 해독에 있어서는 나로부터 독립해서 항존하는 존재가 파악되는 일은 거의 없다. 오히려 이 해독은 단지 나의 자기 존재로서만 가능할 뿐이다. 초월적 존재 자체는 나로부터 독립적이지만, 그것 자체로서는 접근불가능하다. 이 접근가능한 방법은 단지 세계 내의 사물에만 적용된다. 그러나 초월자로부터 나는 단지 나 자신이 되는 것에만 상응하여 많은 것을 듣는다. 따라서 내가 마비된다면 초월자는 그것 자체의 부단한 현재성에 있어 흐려진다. 그리고 내가 단순한 의식일반의 현존으로 환원한다면 초월자는 사라진다. 또한 내가 초월자를 파악할 경우에 초월자는 나에게는 단독으로 존재하면서 나 없이도 그 스스로 존재하는 대로 영속하는 그런 존재이다.

세계의 실재가 지각될 수 있기 위해서는 여러 가지의 감각기관이 온전하게 있지 않으면 안 되는 것과도 같이 초월자에 의하여 감동을 받기 위해서는 가능 실존의 자기존재가 현현하고 있지 않으면 안 된다. 내가 실존적으로 귀머거리라면 나는 대상 속에서 초월자의 언어를 들을 수 없다.

그러므로 나는 (사물의) 연구를 통한 통찰, 모집과 합리적 자기화에 의해서는 암호문자 속으로 진입하지 못하고, 오히려 이 질료를 가지고 실존적 생활의 운동에 의해서 비로소 진입한다. 제1 언어의 경험은 **곧바로 가능 실존이 모험을 걸고 자기 자신을 암호문자 속으로 투입할 것을 요구한다.** 이 경험은 어떤 사람에게라도 전달될 수 있고 동일적으로 명시될 수 있는 그런 경험으로 존재하는 것이 아니다. 왜냐하면 이 경험은 자유에 의해서 비로소 획득되기 때문이다. 이 경험은 체험의 임의적인 직접성이 아니고, 암호를 통한 존재의 반향이다.

모든 것이 암호가 될 수 있다면 암호 존재는 임의적인 것 같이 보인다. 암호 존재가 진실성과 현실성을 가진다면 그것은 **검증가능**하지 않으면 안 된다. **세계정위**에 있어서는 내가 그 무엇을 지각가능한 것 또는 논리상 강제적인 것으로 간주함으로써, 즉 내가 그 무엇을 생산하고 실행함으로써 검증한다. **실존조명**에 있어 나는 나 자신과 타인 간에 상호소통을 가지는 방식에 의해서, 그리고 그 경우에 나의 행위의 무제약성에 의해서, 내가 내면적으로 비약, 사랑과 미움, 나의 자기폐쇄와 거절에 있어 경험하는 여러 가지 (마음의) 운동에 의해서 나 자신을 확신하는 그런 존재 방식에 의해서 검증한다. 그러나 나는 **암호의 진리**를 곧바로 검증할 수 없다. 왜냐하면 암호의 진리는 객체성에 있어 언표된 것으로서는—타당성을 요구하지 못하고, 따라서 또한 어떤 변호도 필요로 하지 않는—하나의 놀이에 불과하기 때문이다. 나 자신에게 암호의 진리는 단순한 놀이가 아니다.

내가 암호를 해독할 경우에 그것은 나에게 책임이 있다. 왜냐하면 나는 암호를 단지 나의 자기존재에 의해서만 해독하고, 이 자기존재의 가능성과 성실성이 나에게는 암호해독의 방법에서 나타나기 때문이다. 나는 나의 자기존재에 의하여—내가 암호의 초월자에 의하여 인식하는 이러한 자기존재 자체와는 다른 척도를 가지지 않고—검증한다.

암호문자의 해독은 그러니까 내적 행위 속에서 수행된다. 나는 나를 끊임없는 이반으로부터 구출하고자 시도하고, 나를 손으로 잡고, 나에게서 출발하는 결단을 경험한다. 그러나 자기생성의 이 과정은 초월자로부터 귀기울여 듣는 일과 통일되면서 가능하고, 이 초월자 없이는 그 과정도 없다. 나의 행동에 있어, 즉 저항, 성공, 거절 그리고 상실에 있어, 마지막으로는 이 모든 것을 파악하고 그것을 다시금 제약하는 나의 사유에 있어 나는 그것 속에서 암호를 듣는 경험을 체득한다. 생기하는 것, 그리고 내가 거기에서 행하는 것은 하나의 문답과 같은 것이다. 나는 나의 신상에 일어나는 것으로부터 내가 그것에 대해서 태도를 취함으로써 암호를 듣는다. 나 자신 및 사물들과의 나의 격투는 홀로 이 내재성에 있어서만 암호로서 나에게 나타나는 초월자를 위한 격투이다. 나는 사실적인 세계 경험의 감성적인 현재 속으로, 승리와 패배에 있어 현실적인 행동 속으로 돌진한다. 왜냐하면 존재하는 것을 듣는 영역이 오직 여기에만 있기 때문이다.

누구나 인식할 수 있는 것을 존재라고 생각하는 것은 바보스러운 짓이다.

인간들이란 무엇이었던가? 그들은 초월자를 무엇으로 확신했던가? 그들은 초월자에게 어떻게 충실하고 있었던가? 그들에게는 어떤 현실이 본래적인 것을 의미했던가? 그것 때문에 그들은 어떻게 내면적으로 살았던가? 그들은 무엇을 사랑했던가?—이 모든 것은 개개인에 의해서는 결코 포착되지는 않을 것이다. 어떤 방식으로든 존재는 모든 사람에게 존재하지는 않는다. 자기 자신이 아닌 자에게 모든 것은 불분명한 것으로 남는다.

나는 이처럼 초월자의 암호문자 해독에 있어 존재를—내가 그것을 획득고자 **투쟁함으로써** 듣는 존재를—포착한다. 더군다나 나는 초월적 존재에 있어서만 본래적 존재 의식을 가지며, 단지 여기에서만 평안을 얻는다. 그러나 나는 끊임없이 반복되는 투쟁의 불안정 속에 있고, 자기를 상실한 듯 홀로인 채로 버려져 있다. 더 이상 존재를 감지하지 못할 때 나는 나 자신을 상실한다.

철학적 실존은 숨어 있는 신에 결코 직접적으로 접근하지 못하는 것을 견디어 내지 않으면 안 된다. 단지 암호문자만이 내가 그것에 대해 준비하고 있을 때 말을 한다. 나는 나의 가능성의 긴장과 나의 현실의 증여받음 사이에서 부동(浮動)하는 가운데 철학함을 하면서 머무른다. 그것은 나 자신과 초월자 간의 상호소통이고, 단지 드문 일이긴 하지만 마치 암흑 속에서 한 눈이 보고 있는 것처럼 생각된다. 일상적인 것은 아무것도 존재하지 않는 것과도 같다. 섬뜩할 정도의 황량함에서 인간은 더 직접적인 통로, 객관적인 보증들, 견고한 지지를 추구하고, 기도하면서 말하자면 신의 손을 잡고, 권위에 의뢰하며, 인격적 형태를 가진 신성을 본다. 이러한 형태로서 신성은 비로소 신이지만, 한편으로 신성은 불확정적인 먼 거리에 영원히 머무르고 있다.

2. 실존적 명상

절대적 의식으로부터 실존적 명상은 철학적 출가상태에 머물러 있다. 실존적 명상은 기도가 아니다. 기도는 오히려 철학함의 한계이고 철학적으로 가까이할 수 없고, 그 때문에 의심스러운 것이다. 그러나 실존적 명상은 **상상**으로서 가능 실존의 눈이고, 실존의 능동적인 격투에 맡겨진 진로의 조명이고 존재의 충실이다.

현존의 실재는 의식일반에 있어 세계정위의 대상들로 용해된다. 그러나 상상은 합리적으로 용해되지 않는 실재 가운데서 그리고 다시 이 실재의 해소 가운데서 존재를 본다. 그리하여 이것은 마치 사실적 존재가 현존의 배후에 숨고 이 현존으로부터 공상적으로 추론되는 것과 같이 그렇게 되는 것은 아니고, 이 존재가 공상에 있어서는 관조가능한 것으로 암호 속에 현재하는 것과 같이 된다.

나는 존재가 무엇인가를 내가 현존을 알고 있는 것과 같이는 알 수 없다. 오히려 나는 현존의 상징 성격을 뛰어넘지 못하는 한 현존을 암호로서만 해독할 수 있다. 나는 세계정위에 있어 현존을 **개념들**에 의해서 인식하지만, 현존에 있어 존재를 단지 공상에 의해서만 해독한다. 그런데 상상은 또한 실존이 현존하는 것이면 무엇이든지 간에 그것을 모두 존재라고 간주할 수 없다는 그런 역설이다. 그리고 자기 자신을 초월자 속에 보존하기 위하여 실존은 자기 자신을 현존의 모든 안전 자체로부터 떼어놓는다. 실제로 철학적 싱상도 또한 개념들을 사용한다. 그러나 철학적 상상은 이러한 개념들을 현존의 건물의 건축석재로서는 사용하지 않는다. 이 상상은 개념들을 이것들 자체로서 사념하는 것이 아니기 때문에 이 개념들은 이 상상에 있어서는 모든 것과 마찬가지로 암호로 변한다. 현존을 투명함 속에서 이처럼 알아차리는 것은 관상적 직관과 같다. 그러나 그것은 지식의 형식을 목표로서 추구하고, 징표로부터 기초존재자로 추론하는 나쁜 관상술과 같은 것이 아니며, 오히려 참된 관상술과 같은 것이다. 그런데 참된 관상술의 '지식'은 단지 직관에 의해서만 획득된다. 암호에 있어 나는 나 자신의 존재의 뿌리와 연관하면서 그럼에도 나와 하나가 되지 못하는 것을 나에 대립하는 존재로서 가진다. 내가 어떤 목적을 추구하지도 않고 또 어떤 현존적 이익에 봉사하지도 않고 암호 가운데 나 자신으로 존재함으로써 나는 성실하게 된다.

존재의 관상적 형상에 비교될 수 있는 현실성은 **부여되기도** 하고 **창조되기도** **한다.** 부여된다는 것은 이 현실성이 발명되지 않기도 하고 주체성의 공허로부터 나오지도 않으며, 현존에 있어 비로소 말하기 때문이다. 창조된다는 것은 이 현실성이 객관적, 강제적, 보편타당적인 것으로서 어떤 누구에게도 동일적으로 현존하는 것이 아니고, 실존을 기반으로 하여 관조적 상상에 있어 실존의 존재 접근으로서 현존하기 때문이다. 암호는 심리학적으로 영혼의 산물로서 파악되지도 않고 또 과학들에 의하여 현실로서 실재적 대상적으로 탐구되지도 않는다. 암호는 하나의 존재가 암호 가운데서 말하는 한 객관적이고 그 암호 가운데서 자기존재가 반영되는 한 주관적이다. 그러나 이 자기존재는 암호로서 현상하는 존재와 자기존재의 뿌리에 있어 연관되어 있다.

나는 암호 가운데 **머무른다.** 나는 암호를 인식하지 않고, 암호 속으로 침잠한다. 암호의 모든 진실성은 역사적으로 그때마다의 구체적인 암호의 충실한 직관에 있다. 자연 가운데 단지 이 존재만이 나에게 나타나는 것은 내가 완전한 일회적인 형태로 하여금 바로 여기에 그처럼 현존하는 것의 결코 일반화될 수 없는 친밀함으로써 나에게 말하게 할 때이다.

암호문자의 해독은 **시간 내의 현존**을 지향한다. 해독은 이 현존을 소멸시키지도 못하고—왜냐하면 그때 그것은 실재와 함께 존재를 놓치고 있기 때문이다—또 세계정위의 연구가 시도하는 것과도 같이 항존으로서 정착시키지도 못한다. 왜냐하면 그때 그것은 현존으로서는 만나지 못하는 자유와 함께 초월자에의 길을 잃을 수 있기 때문이다. 실존적 상상에 있어 오히려 중요한 것은 존재하는 모든 것을 자유에 의해서 관통되는 것으로서 파악하는 것이다. 암호의 해독은 일종의 존재에 대한 앎의 의미를 가진다. 이러한 존재에 대한 앎의 의미 가운데서는 현존으로서의 존재와 자유로서의 존재가 같은 것이 된다. 이 때문에 말하자면 상상의 가장 깊은 시선에 있어서는 한쪽의 존재도 아니고 또 다른 쪽의 존재도 아니며, 오히려 양자의 근거가 있다.

사변적 사상은 전달가능한 것이 된 암호문자이다. 나는 암호문자를 해석하지만, 그 해석은 존재의 이해가 아니다. 오히려 그 해석은 존재의 이해 속에서 존재실체의 본래적 이해불가능에 접하고 있는 것이다. 만일 내가 사변적 사상에 의해서—그것에 의해서 그것과 함께 내가 본래적으로 존재하는바—존재로서 **이해불가능한 것에 부딪히지 않는다면** 내가 단지 이해할 뿐인 사변적 사상을 나는 그 때문에 이해하지 못한다. 나는 사상적 언어라고 하는 매체에 의해서 이해하고, 이 매체에 의해서 이해불가능한 것을 만난 곳에서 나를 이해시킨다. 그러나 이 이해는 무한한 과정에 있어 마침내 완전히 파악할 수 있는 것에 대한 보다 더 파악이 아니고, 오히려 이해가능한 것과 이해불가능한 것 간의 대립의 피안에 있는 존재로서—이 존재는 이해가능성 속에 소멸하면서 현상하는 존재로서—가로놓여 있는 것을 더욱 결정적으로 현현시킨다. 실존의 자기현재는 이해에 있어 이해될 수 없는 것과 마주치고 이 양자 가운데서 존재와 마주친다. 이해는 이해할 수 있는 것이 존재로서 간주될 경우에는 일탈이 된다. 그리하여 이해불가능한 것의 포착은 이해불가능한 것이 이해의 언어 파괴에 의하여 단지 거칠게 주어진 것으로서 문제 없이 받아들여지고 행해질 경우에는 일탈이 된다.

의식일반으로서 나는 **단지 현존** 이외에 다른 어떤 것도 보지 못한다. 초월자에의 여러 가지 실존적 연계는 내면적으로 **이율배반적**이고, 이 연계에 의해서는 아직 시간 내에서의 완성은 존재하지 않는다. 그러나 실존의 눈, 즉 명상적 상상에 의한 암호의 해독에 있어 시간 내의 충실로서 **완성**의 의식은 소멸하는 한순간 가능해진다. 상상에 의해서 실존은 존재 가운데서 평안을 찾는다. 그리고 암호는 세계광명화이다. 모든 현존은 초월자의 현상이 되고 현존하는 것이면 무엇이든 그것은 그것 자체 때문에 이러한 사랑하는 상상에 있어 하나의 존재로 보인다. 유익, 목적, 인과적 발생도 나에게 있어서는 현존의 존재를 규정하지 않고, 오히려 현존의 존재가 무엇이든지 간에 그것은 초월자의 현상으로서—그것이 암호이기 때문에—아름다움에 도달한다.

의식에 있어 아직 모든 것이 하나이고, 자기존재도 아니고 비자기존재도 아닐 때 그와 같은 몽롱한 의식 속에서 암호문자는 존재하지 않는다. 의식의 투명함에 있어 비로소 여러 가지의 분리와 함께 (암호화의) 가능성이 생긴다. 지금 모든 현존이 첫째 경험적, 현실적인 것의 **실증성**과 타당적인 것의 합리성이 된다고 하자. 즉 모든 현존이 투명함을 잃고 꿈과 상상성에 의해서 기만하는 것을 중지한다고 하자. 그럼에도 불구하고 모든 현존은 암호문자가 되지는 않는다. 암호문자는 새로운 비약에서 비로소 본래적으로 현현되지 않으면 안 되고, 자기존재에 의해서 현현된다. 이 자기존재는 저 실증성과 합리성을 혼동함이 없이 초월적인 시선으로 관통하기 위하여 이러한 것들을 결정적으로 포착한다.

시간 내에서는 **명상의 애매성**이 잔존한다. 현존에 있어 명상적으로 보인 존재의 현실은 단지 명상적임에 지나지 않는 것으로 급속히 **구속력이 없어** **지게 된다.** 명상은 단지 그것의 시간적 현실에 있어 실존과의 가장 결정적인 통일로 전환된 경우에만 의연하게 구속되는 실존의 하나의 존재방식이다. 초월자의 관념적인 것과 현존의 실재적인 것, 이 두 가지―이 두 가지의 사이를 오락가락 하는바―삶의 영역의 분리에 있어 명상은 진실하지 않은 게 된다.

역으로 말해서 **상상의 눈이 없는 실존**은 자기 자신에 대해 밝음이 없다. 이 실존은 폭이 좁은 기성의 현존 내에 머물고 있다. 암호의 해독 없이는 실존은 맹목적으로 산다.

일탈은 항상 가까이에 머무르고 있기 때문에 가령 내가 그 일탈에 빠져들지 않고자 할 경우 그것은 자기조명에 있어 의식적으로 극복되지 않으면 안 된다. 내가 상징세계 속에서 움직이고, 상징세계에 의하여 감동되는 것은 우선 어떤 가능성의 체험에 지나지 않는다. 나는 상징세계 속에서 암호를 해독하려 하지만, 만일 내가 활발한 정서 속에서 이 가능성을 이미 역사적 순간의―초월자가 근원적으로 나에게 현현하는바 그런―실재로 간주한다면 나를 기만하게 된다.

암호로서 말한다는 것은 암호로부터 듣는 실존에 의존한다는 것이다. 가능성에 따르면 암호는 도처에서 말하지만, 도처에서 수용되지는 않는다. 암호의 포착은 이 암호를 해독하는 자의 자유로부터의 선택이다. 이러한 선택에서 내가 확신하는 것은 내가 그렇게 하고자 하기 때문에 나의 존재는 그러하다는 것이다―비록 내가 나의 선택 자체에 있어 무엇 하나 전혀 생산하지 못하고, 오히려 내가 선택하는 것을 수용할 뿐이라고 하더라도 말이다.

암호인 것은 한 평면상에 가로놓여 있지 않다. 무엇이 먼 곳에서부터 나의 마음을 움직이고 마음에 부합되는 것인가? 본래적 존재의 어떠한 위계에서 나는 언어를 듣는 것인가? 과연 나는 최고의 행복에 있어서와 마찬가지로 나의 최대의 곤궁에 있어 자연이나 또는 인간에게 의지하는지 어떤지?―이것을 나의 존재가 나 자신을 통해서 결정한다.

3. 암호에 대한 믿음

모든 암호는 비약과 이반에의 자유 가운데서 자기를 파악하는 실존에게는 사라지지만, 실존은 이 자유 가운데서 따로따로 떼어내지 않고, 다른 실존과 연대하여 포괄적이면서 파악 불가능한 것의 일부를 이룬다. 초월자를 포착하는 것의 실존적 근원은 고정할 수 없는 신비적, 사변적인 형태에 의해서는 이해되지만, 그 구성들을 부동의 것으로 소유하는 것은 비약을 방해한다. 이 비약은 사실적인 실재에 주저 없이 자신을 감히 맡기고자 하는 실존적인 모험을 향한 자유로운 자기화를 요구한다. 비약은 항존하는―단지 동의함으로써만 승인되는―객체적인 것에 의한 지지를 허용하지 않는다.

너는 너의 수호신을 실제로 믿는가? 너는 불사성을 믿는가? 너는 일자로서의 초월자를 믿는가? 이러한 물음들에 대해서 나는 다음과 같이 답할 수 있을 것이다.

이러한 물음들을 의식일반이 물을 경우에는 그것들 모두는 존재하지 않는다. 왜냐하면 그것들은 어디에서도 발견될 수 없기 때문이다. 그러나 이 물음이 실존에 의하여 나에게 가능 실존으로서 향해진다면 나는 보편적인 명제들로 답할 수 없고, 단지 실존적인 상호소통과 사실적인 행동의 운동에 의해서만 답할 수 있을 뿐이다. 이 운동 속에서 실존에게 여러 가지의 신앙이 증명되지 않는다면 그 신앙은 존재하지 않는다. 이 신앙을 내용적으로 언표하는 것은 실존적으로 의문의 여지가 많다. 왜냐하면 그렇게 하는 것이 객관성에 의해서 과제로부터 벗어나기 위한 제1보이기 때문이다. 단지 실존의 자유로부터 올 경우에만 존재하는 것을 내가 확언할 수 있는 것처럼 나는 신앙을 객관적으로 언표할 수 없다. 언표된 신앙 내용과 내용적으로 규정된 확언은 외면적으로 이해되기 때문에 유한적이다. 확언하지 못하는 것이 단지 자유로서만 현실적이 될 수 있는 것을 선취하지 않으려고 하는 데서 발원할 때에는, 그리고 그것이 모든 확언 가능한 것을 뛰어넘어 가는 내적인 연결 의식으로서 생기할 때에는 그 확언하지 못하는 것이 현존에 있어 우리들의 존재의 훨씬 더 확실한 근거가 된다. 이와 마찬가지로 신앙인은 그의 초월자 확신에 속박되어 있을 때 신앙의 본질에 따라서 내용으로서 모든 언표에 있어 동시에 부동(浮動)의 상태에 있어 유지된다.

그러므로 내가 믿고 있는지 어떤지를 나는 알지 못한다는 것이 그 답이다. 그러나 철학함에 있어서는 간접적인 자기 구속 및 호소의 양태들로서 여러 가지 사상의 움직임에 관한 전달이 존재한다.

순수한 합리적인 목적들과 확정할 수 있는 행복의 목표들에 따라서 우리들의 삶을 영위하는 것은 실존하면서는 가능하지 않다. 왜냐하면 우리가 실존으로서 초월적으로 연계한 상호소통을 실행하지 않을 경우에 예를 들면 현존의 떠나감을 경험하기 때문이다. 현존이 떠나감은 적절히 언표되지도 않고 또 합목적적으로 제거되지도 않는다. 그러나 상호소통은 일상적 삶 속에서, 열어젖힌 마음에서, 합리적인 것만도 아닌 상호소통에의 결의에서 수행된다. 상호소통은 본질적인 것과 비본질적인 것의 구별에서,

이 구별에 대한 찬동에서, 또는 곧바로 질문하고 답을 들을 수 있는 것으로 전환하는 저항에서 수행된다. 이러한 수행 과정에서 하나의 철학적 삶이 가능해진다. 이 삶은 그 삶의 성실성에 있어 동시에 (현존적) 직접성에의 충동에 의하여 위험해지기도 한다. 아무리 단지 우리의 빈곤이 꽤 자주 직접성을 허용하지 않는다고 하더라도 그 빈곤만으로는 철학적 삶은 되지 못한다.

모든 역사적 현존을 돌파하여 말하자면 다른 세계로부터 거기에 재전입하는 예언자에게 아마도 허용될지도 모르는 것을 철학은 그 스스로 생소한 가능성으로 눈앞에 생생하게 그려 낼 수 있다. 그러나 그것은 철학에 있어 행해질 수 없다. 여러 가지 암호에 관련한 신앙은 그것이 언표되고 고지됨으로써 존재하는 것이 아니다.

암호문자와 존재론

존재가 본래적으로 무엇인가를 알고자 하는 자는 이 지식을 개념적으로 고정화시키려고 시도한다. 즉 존재 자체에 관한 학설로서의 존재론은 만일 나의 존재가 지식으로서 이미 나의 존재의 진리를 명시하는 지식에 의해 자기 자신을 깨달을 수 있었다면 나를 깊이 만족시킬 수밖에 없었을 것이다.

1. 위대한 철학들에 있어서의 존재론

존재론은 거의 대부분 철학함의 근본의도였다. 존재론은 철학적 사유의 전통적 골격이 된 아리스토텔레스의 제1철학(prima philosophia)의 마력하에 서 있는 한 그러하다. 또한 존재론은 그 근본의도가 원리상 거부된 이후에도 여전히 철학의 형식이었다. 존재론은 우리를 놓아주지 않으며, 존재론은 종식되지 않는다. 왜냐하면 본래적인 것까지도 어떤 지식에 의하여 소유하는 것은 우리에게 있어서는 파괴할 수 없는 성향이기 때문이다. 철학함이 존재론적 구조에도 불구하고 진정한 철학으로서 마음에 호소하는 것은 비로소 우리들의 상황에 있어 분리된 것을 하나로 통일하는 것에 기초한다. 철학함은 동일한 사상의 단계에서 현존에 관한 **강제적 지식**[51]을 부여하고, 이 지식을 기초로 해서 모든 세계 현존을 **초월하며**, 자유에 근거해서 포착하고 거부할 수 있는 그런 듣는 자들에게 **호소하고**, 초월적 존재를 열어젖혀 드러내는 암호를 형성한다. 위대한 철학들의 근본사상이 이 측면들을 동시에 접하는 것은 위대한 철학들이 가진 전대미문의 힘이다. 어떤 것 가운데서 현존을 인식하고, 초월을 의지하고, 암호를 직시함으로써 위대한 철학들은 전 인간 존재에 부딪힌다. 뒤이어 그 경우에 그것은 개개의 측면의 고립화이고, 그로 말미암아 발생하는 무제한적인 논쟁이며, 학구적인 문제로의 전환이고, 요컨대 암담한 실존적 혼란이다. 이 혼란은 하나의 명료하면서 근원적인 이해를 통해서 이러한 철학들의 결정적인 이득에 도달하는 것을 곤란하게 한다. 이 철학들은 껍질 속에 갇혀 있으면서 그 알맹이들을 빼앗기고, 그리하여 움츠려들지 않을 수 없다.

칸트는 자아의 자기존재 내에 축점(軸点)을 두고 있는 인간의 심정의 능력들에 있어 제약들에 기초해서 모든 대상적 현존의 형식과 그것의 타당한

---

51) "강제적 지식(das zwingende Wissen)"은 사적인 견해나 믿음처럼 인간의 주관적 판단에 따라 받아들이거나 받아들이지 않을 수 있는 것이 아니라 누구나 받아들일 수밖에 없는 보편타당한 객관적 지식을 의미한다. 과학적 지식은 이런 객관적 지식의 대표적인 예이다.

양태들을 파악하고 있다. 칸트는 우리로 하여금 자유를 느낄 수 있도록 하여 주고 있다. 그는 인간성의 초감성적인 기체(基體)에 있어 미의 필연성 및 미의 본질을 이해하고 있다. 그는 과학, 과학의 의미, 과학의 한계를 파악하고 있다. 그의 사상 건축은 그것이 인간의 현존과 존재 자체에 대한 인간의 현존의 관계를 해명하는 한 강제적인 통찰로서 간주된다. 칸트는 존재하는 것을 그것의 가능성들에 따라서 확립하고, 이 현존에 있어 원리상 일어날 수 있는 것을 도식으로 선취한다. 칸트는 이 동일한 사상에 의해서 현존을 초월하고, 이 현존이 현상에 불과하다는 것을 지적 대상으로서 그리고 완결 가능성으로서의 현존의 한계를 측정함으로써 깨닫게 한다. 그러나 모든 사상은 칸트에게는 자유에의 진정한 호소의 제약에 불과하고, 이 호소는 단지 현존이 현상을 1차적으로 초월할 때에만 가능할 뿐이다. 그런 이유로 칸트에 있어 지엽적인 사물에 관한 논의도 역시 모든 것에 침투하는 이 호소의 격정에 의하여 무게를 가진다. 그러나 결국 그러하다는 것이 언표되지 않으면서 이 사상건축 역시 하나의 암호이고 이 암호는 다음과 같이 말하고 있는 것 같이 생각된다. 즉 "존재는 이 현존이 가능한 것과도 같이 존재한다. 지식욕, 자유의 자기의식, 형이상학적 명상은 동시에 만족된다. 따라서 나는 지금 나 자신이 가지고 있는바 그 무엇을 배우고, 나의 행위에의 가장 깊은 충동을 경험하며, 그윽하게 초월자의 암호에 접한다."

객관성을 위해서 자기를 자기에게 대립시키고, 타자로부터 자기에게로 복귀하며, 따라서 자기존재 내에 자기 자신으로 머무르고 있는 **헤겔**의 자기존재의 변증법적인 원환은 그것의 풍부한 변화들의 형태에 있어 동시에 '현존이란 무엇인가? 어떠한 존재의 규정들이 가능하고 필연적인가? 그리고 본래적 존재의 초월자란 무엇을 의미하는가?'를 언표하고 있다. 즉 철학적 사유의 현재에 있어 신의 개현성을 언표하고 있다. 헤겔에 있어 듣는 자는 무엇보다도 먼저 이러한 철학함의 암호문자를 해독할 것을 요구받고 있다. 그러나 동시에 그는 존립하는 어떤 지식을 받아들이고, 현존으로부터 존재를 향한 명상적인 비약을 경험하고, 자기 존재에의 희미한 충동을, 가령 헤겔에 있어 이 충동이 이따금 소리도 없이 점차 사라지는 것 같이 생각되는 경우에도, 경험한다.

모든 가능성을 자기 속에 포함하는 철학적 사상의 통일체 전경에는 말하자면 우선 현존의 **현상**으로서 존재가 서 있다. 즉 칸트는 나 자신인바 존재의 주위를 선회하면서 걸어 다닌다. 둘째로 말하자면 전경에는 존재 그 **자체**로서 존재가 서 있다. 다시 말해 헤겔은 이 존재를 주목하여 그것 가운데 포함된 것으로서 현존을 보고 있다. 그러나 존재 자체의 존재구조들은 단지 암호들에 불과하다. 그것들은 인식된 대상으로서 그것들 자체에 있어 난파하지 않을 수 없다. 왜냐하면 내가 현존으로서 그것들을 사유하지만, 이 존재는 현존의 여러 사유가능성의 한계를 뛰어넘어 서 있기 때문이다. 현존은 물론 형이상학적으로는 단지 존재의 그림자와 같은 것에 불과하지만, 이 그림자는 우리에게는 현재적인 것이고, 그것에 있어서는 존재가 보편타당하게 인식될 수 있다. 그럼에도 거의 모든 철학이 입각점을 존재 자체에서 구하고 이 그림자에서는 구하지 않았다. 그러나 만일 그 것이 철학이었다고 한다면 그것의 사상은 또한 항상 전도되었을 것이다. 존재에 대해서 말한다는 것은 인간의 실존적인 비약에 대해서 말하는 것으로서 언표되지 않으면 안 된다. 그러므로 **플로티노스**는 하나의 방대한 존재론적 철학을 사유했지만, 이 철학은 학설로서 전화되고, 따라서 그 철학의 이해가능성을 빼앗고, 말하자면 모든 존재와 현존의 세계상을 부여하고 있다. 그러나 이 철학은 근원적으로 그것의 명제들에 있어 함께 사유할 경우에 동시에 가능 실존에의 호소이고 하나의 암호문자의 형태이다. 그런데 플로티노스는 실존조명을 우리의 인간적 상황의 기반으로 하지 않고, 존재 자체 가운데 형이상학적 입각점을 두고 있다. 즉 그러나 그가 이처럼 성공할 수 있었던 것은 존재의 구성과 연역이 실존조명이면서 동시에 현존의 조명—이것은 그의 사유의 알 수 있음(可知性)으로 전변시키는 보고들에서 상실된다—이기 때문이다.

위대한 철학들을 이처럼 하나로 움켜쥐는 것은 우리에게는 실제로 반복 불가능하지만, 결코 결점은 아니다. 이러한 철학들에는 내용이 풍부한 사변적인 암호문자가 쓰여져 있다. 단지 그 하나로 붙잡는 것에 의해서만 그것은 가능했다. 실존조명의 호소조차도 이러한 철학들에 있어서는 그 자체 암호가 된 사유 가운데 일환이었다. 거기에서는 사상이 쉽사리 고립화되고 진부한 것이 되는 공허한 논리적 형식의 사유도 없고, 그 무엇에 관한 사유도 없으며, 오히려 존재에 의해 그 스스로 작열하고 있는 사유만이 있었을 뿐이다. 존재와 사유가 동일하다는 것은 물론 의식의 분열에 있어서는 어떤 의미도 가지지 않는다. 왜냐하면 의식의 분열에 있어서는 사유가 다른 어떤 것을 지향하기 때문이다. 그러나 사유가 암호가 되는 한 그 사유는 의미를 가진다. 사유에 있어 인간이 본래적 존재를 파악할 경우에 이 사유의 존재는 존재 자체도 아니고 임의의 우연적 상념의 주관성도 아니었다. 그러나 그것은 암호에 있어서의 동일성이었고, 그 경우 이 동일성은 어디까지나 역사적이었다. 사상은 그 동일성에 있어 보편적인 측면이었지만, 사상 전체로서 본다면 이 측면은 그 사상에 있어 사유하는 그리고 사유되는 존재의 현재를 동반한다. 보편적 사상으로서 그 자체에 의하여 언표한다면 그것은 공허하고 진부하게 되고 농담 또는 호기심이 되었다. 그것들에 있어 사유와 존재가 하나로 되고, 이와 같은 통일로서 사유되었던 위대한 철학적 근본사상들은 파르메니데스 이래 그것들이 논리화되었던 경우에는 모독을 받았다. 이 위대한 철학적 근본사상들을 대체적으로 언어로서 접근하기 위해서는 새로운 자기 존재로 생기를 불어넣어 줄 필요가 있다. 본래적으로 사념되고 행해졌던 것은 그때 비로소 느낄 수 있다. 그것 자신이 실재였던 사유의 반성되지 못한 자명성은 사유의 강함이었다. 사유의 한계는 그것이 항상 단지 한번만 진실일 수 있었다는 점에 있다. 왜냐하면 자기 자신의 행위가 가지고 있는 합리적 자기이해의 결함이 더욱 사유해 들어갔지만, 이 사유로는 이미 자기 자신이 아닌 어떤 계승자에 있어서는 비진실한 것이 되었기 때문이다. 그때 암호는 더 이상 암호로 받아들여지지 못하고, 그 사유가 강제적으로 간주되고, 일방적으로 객관화되고, 더 이상 자기존재로서는 사유되지 않고, 오성으로서 사유되고, 더 이상 그 역사성에 있어 자기 자신의 운명으로서 채워지지 못하고, 점차적으로 주어지는 지식으로서 취급된다.

2. 존재론의 불가능성

존재론은 와해될 수밖에 없다. 왜냐하면 현존에 관한 지식은 세계정위에 국한되고, 대상지 일반은 범주론에 있어서의 가능적인 사유의 규정들에 국한되고 있기 때문이다. 그런데 실존조명에 있어서의 지식은 그 지식의 본질을 자유에의 호소에 의하여 가지고, 어떤 성과의 소유에 의하여 가지는 것은 아니다. 그리고 초월자에 관한 지(知)는 가변적, 다의적, 암호문제에 있어서의 명상적 자기침잠(自己沈潛)으로서 있다. 의식일반으로서, 그리고 가능 실존으로서 나의 존재의 내적 태도에 있어서의 움직임에 관한 지식조차도 또한 존재론이 아니다. 따라서 철학함의 구조에 있어 명료성으로서 이 지식은 오히려 자기 자신의 파악이고 존재의 파악은 아니다. 존재는 이 모든 도상에서 종결함이 없이 탐구되지만, 이러한 도상을 통해서 이미 존재로서 존립하는 것은 아니다. 내가 현존이면서 가능 실존인 한 나에게 있어 존재가 분열하고 있다는 것에 대한 통찰과 함께 존재론에 대한 갈망도 따라서 멈추고 내가 결코 지식으로서 취득할 수 없는 존재를 자기존재에 의해서 획득하고 싶은 충동으로 변화한다. 더욱이 이러한 자기획득에 있어 아주 중요한 것은 우선 이것에 의해 결정되는 존재이자 실존의 자유이지, 초월자가 아니다. 그러나 초월자는 단지 결단에 의해서 획득되는 이 존재에게만 접근 가능하다. 존재론적 존재를 대신해서 항상 역사적인, 결코 전혀 보편타당하지 않은 암호의 현존이 드러난다.

모든 것을 하나의 것에서 행하는 것이 근원적 철학사상의 깊이와 위대였다면 이것은 우리에게는 더 이상 가능하지 않다. 우리가 어떤 포괄적 포착의 방법에 의하여 이 철학들의 비할 나위 없는 의미가 무의식적으로 획득되었는가를 통찰한 이후에 이러한 철학을 반복한다는 것은 우리를 혼란하게 할 것이다. 우리들의 강함은 분리이다. 왜냐하면 우리는 소박함을 잃어 버렸기 때문이다. 이 소박함에 있어 일찍이 경이적으로 가능적, 현실적이었던 것을 재생산하고자 했던 것은 부정한 구성물을 생성시키고, 우리들 자신을 불성실하게 만들 것이다. 서로 뒤섞여 있는 것의 통일성은 그것이 의식적인 암호문자가 아닐 때에는 우리에게는 기만이다. 우리들 쪽에서 볼 때 이 암호문자 가운데서 지양되는 모든 존재론은 세계 내에서의 존재양태들의 특수한 존재규정이 되지 않거나 또는 완결할 수 없는 존재확인의 여러 길에 대한 방법적인 의식이 된다.

존재가 본래적으로 존재하는 것에 대한 지식과 지식욕으로서의 존재론은─존재를 구성적으로 제공하는 개념성의 형식으로─우리들에게는 가능 실존이 그것의 결단의 초월적 연계에 있어 추구하는 본래적 존재 탐구를 말살하는 것이 된다. 존재론은 그것으로부터 타자가 유래하는바 그 어떤 것을 절대화함으로써 우리들을 기만한다. 존재론은 객체적이 되는 존재를 묶어서 자유를 폐기한다. 존재론은 마치 내가 나의 현존의 의미를 나 홀로 달성할 수 있는 것처럼 상호소통을 마비시킨다. 나아가 존재론은 본래적으로 내용이 풍부한 가능성에 대해서 우리를 눈멀게 하고, 암호문자의 해독을 방해하고, 초월자를 상실하게 한다. 존재론은 어떤 존재를 하나인 존재로서 보기도 하고 다양한 존재로서 보기도 하지만, 가능적인 실존의 존재로서는―단지 이 존재만이 존재할 수 있는 바로서는―보지 못한다. 이 실존의 자유는 각개 존재의 분리를 갈망하며, 이 분리에 의해서 존재론은 끝난다.

위대한 철학자들의 존재론은 우리에게 일종의 비판적으로 부정해야만 하는 존재론이 아니고, 오히려 그것이 전의될 경우에만 곧바로 비로소 그런 종류의 존재론이 된다. 그러므로 우리가 이러한 철학자들에 동화하는 것은 우선 그들의 사상의 건물을 때려 부수는 것을 필요로 한다. 우리는 그들의 건물 속에서 현존의 해명, 범주적 규정, 실질적인 세계정위, 호소하는 실존조명, 암호문자의 해독을 분리한다. 이 분리가 비로소 우리들을 본래적 명백성에 있어 이 암호문자의 통일성에로 환귀시킨다. 이와 같은 통일성은 우리가 지금 우리 자신의 자기존재로서 비로소 역사적으로 자기화할 것이냐 또는 거부할 것이냐라는 결단에 직면한 그 통일성의 분리된 요소들로 재생산된 통일성이다. 지금 비로소 우리는 하나의 역사적인 자기존재의―그것이 초월자를 인식한 바와 같이―실재가 우리들에게 말하는 것을 명백히 듣는다. 이 철학들은 그것들이 동시에 또한 그것들인바 모든 것에 의하여, 즉 현존에의 조명, 세계정위, 범주론, 실존에의 호소에 의하여

―그렇게 사유할 수 있었던 자에게 그러한 것이었던바―실존의 존재와의
접촉으로 우리를 인도한다.

3. 존재론과 구별되는 암호문자의 해독

존재론은 본래적 존재를 존재에 관한 **지식**으로 고정화하는 길이고, 이와
반대로 **암호문자의 해독**은 **부동**(浮動)에 있어서의 존재 경험이다.

즉 **존재론**은 유한적 사물에 관한 강제적 지식으로서 가능한 것을 존재
의 파악에 있어 속행한다. 물론 이 강제적 지식이 가능한 것도 또한 이미
그것의 고정성에 국한되어 있다. 다시 말해 경험적 현존이 사실적인 것으
로서 불가피하게 인식된다면 인식된 경험적 현존으로서의 존재는 결코 최
종적인 항존이 아니고, 단지 그것의 그때마다의 한계에 이르기까지 그리
고 그때 여전히 과실을 범하면서 파악된다. 즉 범주들은 현존 가운데 나타
날 수 있는 모든 사물들과 우리가 그 현존에 있어 만날 수 있는 모든 인물
들의 규정성이 된다. 그러나 이 모든 규정성은 유한적이다. 다시 말해 현
존에의 조명은 우리들인바 현존의 구조를 드러내 보이지만, 비록 그것이
원리적으로 의식일반의 전체를 파악하고 있다고 하더라도 이 조명은 그때
마다의 각각의 개별적 고유존재의 생명력에 의하여 수행되고, 따라서 그것
자체는 의존적이다. 즉 (위의 그 어떤 것도)―각각 개별화된―여러 가지 관
점에서 그리고 여러 가지 실존적 관심으로부터 사유되고 있다. 따라서 이
실존적 관심은 조명하는 사상을 이미 암호문자의 방향에 있어 형성한다.
그러나 **존재론**은 이 모든 객관적 규정성과 확실성을 그것들이 가진 한계
내에서 파악하고 지양하는 길로 나아가지 않고, 그것들을 완성하는 길로
나아간다.

이와는 반대로 **암호문자의 해독**은 확정적인 지식의 어떤 형태에 있어서도 취득되는 근본경험에 머무른다. 즉 내가 존재를 포착하는 경우에 그 존재는 내가 포착하지 못하는 존재에 의하여 상대화된다. 존재론이 말하는 존재는 역사적으로 출현했다가 소멸하는 존재의 암호문자로 해체된다. 왜냐하면 저 피안으로 통하는 길이라고는 없는 존재, 내가 그것이 아니지만, 단지 자기 존재로서만 지각하는 본래적 존재로 내가 초월할 경우에 고정성과 규정성은—이 양자 가운데 어느 한쪽도 암호에 선행하는 존재가 사유되었을 경우에 계속 존재하는 것의 한 측면이지만—중지하기 때문이다. 본래적 존재가 문제인 경우에 그것이 소멸하는 방식으로 현현하기 때문에 최대한의 부동(浮動)도 또한 달성된다. 내가 그 존재에 관여할 수 있을 경우 나는 모든 연루된 고정성으로부터 벗어난다. 그런데 이 고정성은 그 자체 암호로서 다시금 더욱더 결정적으로 포착될 수 있다. 절대적으로 존립하고 사유되는 것으로서의 강제적인 것은 단순한 의식일반에 대해서 상대적이다. 본래적 존재는 단지 가능 실존의 흐트러짐 속에서만 파악된다. 그러므로 존재양태가 그것 가운데서 지양되는바 모든 상대성은 내가 그것에 있어 존재를 깨닫는 이 하나의 부동에 유용하다. 오성과 생명적 의지는 나를 현존 가운데 고정화시켜 초월적 존재로부터 해방시키고자 한다. 그것들은 영속 가운데 그리고 무시간적인 사상 가운데 존재를 보는 것을 나에게 가르친다. 그것들은 나를 존재 자체의 지식으로서의 존재론으로 몰아넣는다. 그러나 가능 실존으로서의 나는 이 질곡에서 벗어나서 자유의 날개를 퍼덕이고, 그때 암호문자의 해독에 있어 이 질곡은 이제 존재의 소재가 되고, 암호문자로서의 존재는 실존에게 현현한다. —

존재론은 그것의 근원에 있어 모든 사유의 양태를 포괄적으로 포착하여 그 하나가 된 존재로 작열하는 사유였다. 뒤이어 이 사유로부터 하나인 존재가 거기에서는 알 수 있는 학설이 생겨나게 되었다. 이에 반해서 암호문자의 해독이 실존적 현실의 행위에의 진정한 통일을 해방한다고 하는 것은 암호의 사유에 있어 지식에 대한 분열성을 은폐시키지 못하기 때문이다.

존재론이 분쇄되고 그 존재론이 하나로 붙잡고 있는 방법들과 내용들로 분해된 이후 존재론은 그것들을 하나로 붙잡는 것에 의해서 사실상 그때마다의 역사적 일회성에 있어 암호문자의 해독이었지만, 이제 의식적이 된 암호의 해독은 새로운 기초 위에 통일을 재생산하는 것 같이 생각된다. 이 통일은 자기존재의 근저에서의 내적 행동에 침잠하는 데서 경험된다. 이 통일이 존재로서 해독될 때 그것은 모든 것을 자기 속에 포함한다. 그러나 객체화된다면 그 보편적인 측면에 따라서 곧바로 단지 가능성에 지나지 않는 그런 통일성이다. 따라서 그것은 초월적 존재가 다분히 그처럼 존재할 수 있다는 의미에서가 아니고(즉 형이상학적인 세계가설의 비진실한 방법이라는 의미에서가 아니고), 이러한 보편적인 것의 실현의 가능성이 실존의 일자 속에 존재한다는 그런 의미에서의 통일성이다.

그러므로 본래적 통일은 우리에게 있어서는 비로소 그때마다의 자기존재의 행위에 있어 역사적 현실이다. 이 자기존재에게 여러 가지 사유양태를 암호문자 가운데서 하나로 포착하는 것이 실현 가능하게 된다. 현재하는 실존의 구체성에의 복귀가 개인에게 열리도록 하기 위하여 존재론은 용해되지 않을 수 없다. 개인이 이 존재실현의 길을 간다면 그 개인에게 초월적 존재의 말이—그의 전 현존이 이것이 되는바—암호문자에 있어 비로소 들릴 수 있다. 사유된 사상과 언표된 사상의 명료한 분리가 이 실존적 통일의 조건이다. 함께 전체를 이루는 것이 찢어지고, 단지 함께 있는 것에서만 진실하다는 것은 올바르다. 그러나 이처럼 함께 있음 자체는, 만일 사유하는 실존의 현실적 존재가 이 통일성의 사유 자체도 아니고 또 그

때 그 실존의 현실적 존재가 전도 불가능하다고 한다면, 사유된 것만으로서 항상 진실하지 못한 것이다. 진리는 자기존재와 그것의 초월적 실현 내에 존재하고, 객체화되면서 전도 불가능한 지식으로서의 통일을 사유하는 철학사상 내에는 존재하지 않는다. 사상이 갈기갈기 찢어짐으로써 비로소 현실적인 통일이 가능하게 된다. **존재론**에 있어 현존은 존재론이 전일자(全一者)로서 인식하는 보편자 앞에서 자기도 모르게 개별화된 것으로 보이지 않을 수 없다. 이와 반대로 **암호문자의 해독**에서 초월자의 유일보편성이 해독자의 내적 행위에 의하여 실존의 유일성으로부터 드러나 보인다.

그러므로 암호문자의 내용에 대하여 철학함을 하면서 말한다면 **보편적이 된 언어로서의 암호문자 자체 속으로 분열적 성격이 침입할 것이다.** 형이상학적 언어의 개념성이 가진 세계정위적 질서뿐만 아니라 모든 가능성을 조명하는 실존적 호소도 또한 통일성을 결여한 채로 있다. 각 언어의 역사성과 다의성에 있어 초월적 존재는 타당하게 항존하는 존재가 아니다. 거기에서는 존재가 단계적으로 사유되지만, 어떤 유일의 단계 계열의 규칙에서 사유되지는 않는다. 많은 천계(天界)와 천국의 앞뜰, 즉 그것들의 위계와 대립에 있어 신들의 전형이 괴테의 다음 문장이 말하는 것과 똑같은 것을 지시하고 있다.

나는 나 자신으로서는 어떤 사유 양태로서도 만족하지 못한다. 시인이면서 예술가로서 나는 다신론자이면서 다른 한편으로는 자연연구자로서의 범신론자이다. 내가 도덕적 인간으로서 나의 인격을 위해 하나의 신을 필요로 한다면 그것 또한 이미 배려된 것이다.

잘못된 방식으로 초월자를 가까이함

초월자는 신화와 사변에 있어 형태화되고, 말하자면 가까워진다. 그러나 우리가 암호 대신에 초월자 자체를 직접 포착할 수 있다고 믿을 경우 우리는 잘못된 방식으로 가까이하는 것이다.

초월자가 인간을 향해서 존재함에도 불구하고 인간과는 아주 떨어져서 초월자란 무엇인가라고 묻는다는 것은 전혀 있을 수 없다. 그러나 이것이 초월자 자체를 현존 속으로 끌어들여야 한다는 것을 의미하지는 않는다. 그런데 신비가들은 신성이란 또한 인간 없이도 존재한다는 것을 감히 부정했다. 그러나 자기를 자기 스스로 창조하지 않았다는 것을 의식하는 실존에게 초월자로서의 신이 인간 없이도 존재한다는 명제는—이미 어떤 적극적인 충실도 찾아볼 수 없다는 것이 그것에 있어서는 부정적으로 사유되지 않으면 안 되는 그런—불가피한 형식이다.

암호는 초월자의 언어로서 한계의 존재이고, 이 언어에 있어 초월자는 인간에게 가깝게 존재하지만, 초월자 자체로서 존재하지는 않는다. 암호로서 우리들의 세계는 남김없이 해독되지 않기 때문에, 신화적으로 말하면 악마의 암호가 신성의 암호와 마찬가지로 보일 수 있기 때문에, 세계가 직접적인 계시가 아니고—보편타당하게 됨이 없이 단지 실존에게만 그때마다 역사적으로 들을 수 있고, 그때에도 궁극적으로 판독 불가능한—형식에 불과하기 때문에, 바로 그런 이유 때문에 초월자는 은밀한 것으로서 드러난다. 초월자는 그것 자체로서는 가깝게 하기 어렵기 때문에 멀리 떨어져 있다. 또한 초월자는 생소하고, 비교될 수 있는 그 어떤 것도 없기 때문에 비교할 바 없는 완전한 타자이다. 초월자는 멀리 떨어져 있는 존재로부터와 같이 생소한 힘으로서 이 세계로 들어오고, 실존에게 말을 건다. 다시 말해 초월자는 암호 그 이상의 것을 드러내 보이지 않고 실존에 가까워 진다.

이 숨어 있는 초월자에 대한 실존의 긴장이야말로 실존의 삶이다. 이러한 실존의 삶에 있어 진리는 운명의 질문과 답변 속에서 탐구되고, 경험되며, 보이고, 그럼에도 시간적 현존이 존속하는 한 은폐된 채로 영속한다. 이 긴장은 자기존재의 진정한 현상이지만, 동시에 고민이다. 이 고민으로부터 빠져나오기 위해서 인간은 신성을 참으로 자기 자신 가까이 가져오고, 긴장을 풀고, 존재하는 것을 알고, 인간은 무엇에 의지하고 무엇에 몸을 바칠 수 있는가를 알고자 한다. 암호로서 하나의 가능한 진리인 것을 인간은 절대화하여 존재로 전환시킨다.

a) 완전한 내재성에서 인간은 자기 자신을 **독존적인 존재**로 있게 한다. 그 이외에 그의 행위의 소재라곤 아무것도 없다. 단지 그 자신만이 가장 중요하고, 그는 홀로 존재하고, 자기 자신인 존재로 있다. 신은 존재하지 않는다. 신을 생각할 여지가 없다. 신을 생각한다는 것은 인간을 산만하게 하고, 인간을 잠들게 하고, 자기의 가능성들을 실현하는 것을 방해한다.

이 수행 불가능한 절대화에 있어서 우리는 마치 인간이란 무엇인가를 알고 있는 것과도 같이 말한다. 여기서 인간은 자기도 알지 못하는 사이에 생명력으로, 평균으로, 또는 일정한 이상으로 변조되고 있다. 그러나 인간에 대한 물음이 진지하게 제기되자마자 곧 인간은 자기의 초월자가 파악될 경우 그때 비로소 파악되는 존재이다. 인간은 자기 자신을 뛰어 넘어서고자 노력하는 존재이다. 즉 인간은 자신에게 만족하지 못한다. 세계광명화가 세계절대화를 의미하지 않는 것과 같이 모든 것이 인간을 향해서 존재하기 위하여 인간에 있어 현현되지 않으면 안 된다는 명제는 인간이 모든 것임을 의미하지는 않는다. 인간은, 비록 이것이 인간을 매혹하는 것임에도 불구하고, 가령 인간이 자기의 세계에 있어 결정자라고 하더라도 아무튼 궁극적인 것이 아니다. 참으로 인간에게 중요한 것은 그 자신이지만, 그것은 자기에게 다른 어떤 것이 중요하다는 사실에 의하여서만 그러할 뿐이다. 인간은 이것을 그가 자기 자신에 있어 결코 평안을 찾지 못하고 초월적 존재에서 비로소 평안을 찾는다는 사실에서 경험한다.

b) 현재의 시간적 현존을 뛰어넘어 확장된 내재성에서는 **인간적 역사**의 세계가 신성의 전개 과정, 즉 **생성하는 신**의 세계가 된다. 이 세계에 있어 신성은 진리로 나아가고 투쟁에 있어서는 자기 자신을 창조한다. 우리는 진리를 위하거나 또는 진리에 저항해서 투쟁한다. 이 진리는 우리들에 있어 그것의 지금까지의 가능한 높이에 도달했다. 인간이 자기가 되고자 할 경우에 관심을 가지는바 타자는 초월자가 아니고 신으로 숭상된 인류이다.

세계존재의 이 절대화도 역시 인류가 무엇이고, 무엇이 되어야 하고, 무엇이 되고자 하는가를 근본에 있어 알지 못한다. 인류는 절대적으로 시간 내에 존속한다. 그러나 초월자는 시간을 뛰어넘어 나와서 존재한다. 초월자는 비록 전적으로 불분명하다고 하더라도 우리에게 최후의 의존성인 것에는 의존하지 않는다. 다시 말해 초월자는 비록 우리들이 그 초월자 자체를 인식하지 못한다고 하더라도 본래적 진리가 그것 앞에서 우리들에게 가능한 그런 심연이다.

c) 신화적인 형상화 또는 사변적인 구성은 신성을 어떤 특수한 존재자, 즉 세계에 맞서는, 그러나 신성이 이 예상에 있어 내재적으로 존속하기 때문에 신성에 맞서는 존재로 만든다. 신화적으로는 신성은 인격이 되고, 사변적으로는 존재가 된다.

인간이 기도에 있어서 신성에 의지한다면 신성은 인간에게 너이고, 이 너에 대해서 인간은 자기의 고독한 황량함에서 나와 상호소통으로 들어가고 싶어 한다. 그러므로 신성은 인간에게 아버지, 구세주, 입법자, 심판자로서의 인격적 형상이다. 인간의 현존에 있어서의 본래적 존재는 자기존재이기 때문에 이 자기존재의 유추에 의해서 신은 알지 못하는 사이에 인간이 된다. 그러나 신성으로서 이 인간은 전지(全知)·전능(全能)·전자(全慈)한 신성으로까지 고양된다. 인간은 신성에 비해서 하찮은 것이지만, 신의 상(像)을 본떠서 만들어졌기 때문에 신의 무한성의 반조(返照)인 한 신과 근사한 것이다. 신은 단지 인간으로서의 형상에 있어서만 본래적으로 가까운 것이다.

암호로서의 이 신화적인 인격 표상이 한순간 현재화될 수 있을 경우에는 그럼에도 초월자에 대한 진정한 의식이 신 자체를 인격으로서 사유하는 것에 저항한다. 나는 신성이 나를 너로 간주하는 충동에 있어 즉시 물러난다. 왜냐하면 내가 초월자를 침해한다고 느끼기 때문이다. 인격의 표상 자체에 있어 이미 나는 뒤얽혀 기만에 빠진다. 그러나 인격은 본질에 따르면 홀로 존재할 수 없는 자기존재의 존재방식이다; 인격은 연계시킨 것이고 다른 것, 즉 인간과 자연을 자기 외부에 가지지 않으면 안 된다. 즉 신성은 상호소통을 위해서 우리들을, 즉 인간을 필요로 한다. 신의 인격에 대한 표상에 있어 초월자는 축소되어 현존한다. 그렇지 않다면 신성은 그것이 인간이 된다고 하는 화신(化身)의 표상에 내포된 채로는 있지 못한다. 신성은 곧바로 자기존재의 나라를 공유하는―불확정적 자유분방한 다신론적 표상들에 있어서든 또는 규정된 삼위일체의 표상들에 있어서든 ―많은 인물들로서 존재한다. 신성에의 상호소통은 결국 인간들 간의 상호소통을 방해하는 경향을 가지고 있다. 왜냐하면 신성에의 상호소통은 개인들의 생장하는 자기존재 없이 맹목적인 다수의 공동체를 창설하기 때문이다. 초월자가 그것 내에서 말할 수 있는 진정한 현재적 현실로서 (자신의) 자기와 (타인의) 자기 간의 상호소통은 초월자가 곧바로 하나의 너로서 접근되고 동시에 격하될 경우에는 마비된다.

인격신을 암호존재로 환원하는 것은 어렵다. 초월자로서의 신은 멀리 머물고 있다. 이 신은 내가 인간으로서 제2 언어에 있어 자신을 창조하는바 이 암호 내에서 나에게 한순간 더 가깝게 된다. 그러나 초월자의 심연은 너무 깊다. 이 암호는 신성과 인간 간의 긴장의[52] 해소가 아니다. 이 암호는 충실하면서 동시에 의문스럽기도 하고, 존재하기도 하며, 존재하지 않기도 한다. 내가 인간으로서 신성에게 향하는 사랑은 단지 비유적으로만 사랑이라고 부르지 않으면 안 된다. 이 사랑은 세계 내의 사랑으로서 비로소 개인마다의 인간을 향하는 것이 되고, 현존의 아름다움에의 열광이 된다. 무세계적인 사랑은 무근거의 지복으로서의 사랑 그 이외에 아무것도 아니다. 초월자에의 사랑은 단지 사랑하는 세계광명화로서만 실재적이다.

신성이 기도에서보다도 **사변적인 구성**에서 더 가까워진다면 신성

---

52) 이해를 위해 의역한 "신성과 인간 간의 긴장의"는 원문에는 "긴장의"로 되어 있다.

은 본래적으로는 더 이상 존재하지 않는다. '존재'는 '신'이 아니고, 철학은 신학이 아니다. 암호문자에 있어 놀이로서의 진실한 사변은 우리가 확정할 수 있는 어떤 사상도 초월한 것인 존재를 대상으로 삼는다. 인간과 외적 사물 사이의 교호관계를 유추해서 현존의 기계장치를 만들어 내는 조물주가 사유되든 안 되든, 또는 변증법적으로 사유된 자기존재를 유추해서 자기로 돌아오는 개념의 원환운동으로서의 로고스가 존재가 되든 안 되든, 또는 여느 때와 다름없이 항상 사변이 고정화되든 안 되든 사변은 추정상의 신 인식이다. 이러한 신 인식에 있어 초월자는 중지한다. 모든 것이 신성이 되고, 신성이 세계가 된다. 무세계성과 무신성은 동일한 평면에 함께 속하는 양극에 지나지 않지만, 반면에 암호문자는 초월적 존재를 내재화에서 폐기하지도 못하고 경직된 소유물로 삼지도 못하며, 오히려 그 내재화를 실존에게는 초월자의 현상으로서 역사적으로 존속하게 한다. ─

초월자를 가까이함의 세 가지의 특징적 형식들과 다른 형식들에 있어 초월자는 **사실상 폐기된다.** 암호로서 가능성이 가지는 것이 신성의 현존으로서 고정된다. 인간은 초월자와 함께 그의 자기존재를 상실하는 길로 빠진다. 인간이 자신을, 인류를, 인격신을 절대적 존재로서 정립하든 안 하든 간에 인간은 다른 어떤 것을 위해서 자신을 포기하고, 자기존재의 불가해성을 경감시키는 순간 번쩍이는 행복감에 의해서 기만된다. 왜냐하면 인간은 단지 아득히 먼 초월자와 현전하는 현재와의, 암호와 시간적 현존과의, 그리고 주어진 것과 자유와의 긴장에 있어서만 그 자신으로 존재하기 때문이다. 인간이 자기의 여러 우상에 몸을 내던질 때 그것은 마치 인간이 자기 자신으로부터 달려나가는 것과도 같다. 긴장에 있어 인간의 자기존재를 요구하는 것은 인간의 우상이 아니고 단지 진실한 초월자로서의 신성뿐이다. 인간은 자기 스스로 형상으로 고안한바, 자기 자신의 우상 앞에서도, 인류 앞에서도, 인격적인 형태가 된 신성 앞에서도, 무력해져서는 안 된다. 인간은 이런저런 모든 형태에 저항해서 그리고 암호로서 현상하는 신성에도 저항해서 자기의 권리를 보호해야만 한다. 초월적 신성은 이 권리를 아득히 먼 곳에서부터 그에게 부여하고 보증한다. 신은 초월자로서 내가 자기일 것을 바란다.

인간이 신성을 침해하지 않고, 인간이 자기여야 하며, 자기일 수 있도록 하기 위하여 인간은 초월자를 그것의 은밀성, 아득히 멂, 그리고 낯설음인 채로 순수히 보존하지 않으면 안 된다. 참된 평안으로서 존재의 평안은 자기 스스로 썼을 뿐만 아니라, 자기에게 주어진 암호의 해독에 있어 인간의 목표이지, 세계로부터 나온 망상의 존재에 있어서의 휴식이 아니다.

제2절

암호들의 세계

개관

1. 암호들의 보편성

암호가 될 수 없는 것은 아무것도 없다. 모든 현존이 불명확한 진동과 발언으로 그 무엇을 언표하는 것과 같이 보이지만, 그것이 무엇 때문에 그리고 무엇에 대해서인가는 불확실하다. 세계와, 그것이 자연이든 인간이든 간에 그리고 별이 빛나는 하늘이든 역사이든 간에, 의식일반은 단지 거기에 현존하고 있는 것만은 아니다. 모든 현존하는 것은 말하자면 관상적으로 관조되지 않으면 안 된다.

세계정위적 지식의 어떤 전문 분야에 있어서도 적합하지 않고 오히려 그때마다의 사물의 형상의 연관에서 포착되는 어떤 전체를 기술하는 여러 가지 시도는 자연, 식물, 동물, 풍경 등의 하나의 관상으로, 다음으로는 역사적 모든 시대, 여러 가지 문화, 여러 가지의 신분과 직업 등의 하나의 관상으로, 마지막으로는 인간의 인격들이 가지고 있는 하나의 관상으로 인도했다.

학문적으로 규정된 목적들에 적합한 묘사를 위해서는 여러 가지 방법이 있지만, 관상적인 현존의 파악을 위한 것은 없다. 관상술이라는 이름이 통하는 것은 오히려 그 자체에 있어 이질적이다. 즉 이 관상술의 용어는 나중에 결단코 비관상술적, 합리적, 경험적으로 검증된 지식을 직관적으로 미리 포착하는 것, 다른 방법으로 가까워질 수 있는 어떤 심령적인 현존의 표현을 이해하는 것, 자연사의 여러 가지 지층의 성격과 인간 역사의 모든 시대 및 집단들의 정신을 파악하는 것, 사람들이 그것을 자신의 심적 생활로 가지고 들어감으로써 이해하는 한 감정이입된 것이라고 일컫는 사물들의 정취 등에 사용된다.

이 모든 것이 이미 표현되었다고 하더라도 이것은 아직 여전히 암호는 아니다. 그것은 마치 **암호의 해석 불가능한 자기현재**에 이르러 비로소 중지하는바 지층을 이루는 표현의 배후에 표현이 있는 것과도 같다. 그때 불명확한 관상술의 가능성들로부터 구별되어 이 암호의 자기현재에게 다음과 같은 것이 타당하다. 즉 첫째 암호에 있어서는 나중에 알게 되는 그 어떤 것도 선취할 수 없다는 것, 암호의 생명은 생명 그 자체가 되지 못하는 지식에서 활활 불타오르기 때문에 모든 지식이 오히려 암호를 더욱 결정적으로 만든다는 것.

둘째 암호는 인간의 심적 현실의 표현이 아니라는 것. 이 현실은 그것의 표현과 함께 오히려 전체로서 비로소 암호가 된다. 셋째 암호는 자연의 형식들의 성격과 인간의 여러 가지 형성물의 정신도 아니라는 것. 이것들은 오히려 비로소 암호가 될 수 있다.

넷째 암호는 감정 이입된 심적 생활이 아니라는 것. 암호는 실존에게는 다른 어떤 것에 의해서도 언표되지 못함으로써 단지 자기 자신과 대조될 수 있을 뿐인 하나의 객체성이다. 다시 말해서 암호에 있어서는 초월자가 말하고, 고양되고 확대된 인간적 심령이 말하는 것은 아니다. 그러므로 표현에 있어 이해되는 것은 암호가 아니다. 암호문자를 이해시킨다는 것은 암호문자를 지양하는 것을 뜻한다. 이해불가능한 것 자체를 이해가능한 것의 이해를 통하여 의미심장하게 여러 가지 형태로서 보는 것—이것은 이 이해불가능한 것이 투명하게 될 때 암호를 통하여 초월자에게 접촉하게 한다.

2. 암호의 세계가 지닌 질서

관상술은 현존의 그때마다의 구체성에 의해서 암호를 해독하고자 노력한다. 그러나 관상술은 여러 성과로서 여러 가지 보편적 명제에 도달하기 위하여 그렇게 하는 것이 아니고, 보편적인 것을 성격묘사에의 길로써 이용하기 위해 그렇게 하고자 노력한다. 그 때문에 관상술은 그것의 내용을 정리하는 체계로서는 진실하게 존속할 수 없다. 형상들의 체계는 단지 그것들의 외적인 현존 형식들에 해당될 뿐이다. 사람들은 현존의 관상술을 논리화해서 지식으로까지 높이고자 시도하지만, 헛된 노력에 그치고 말았다. 실은 사람들은 그때 과학적 연구의 대상으로서 곧바로 용해되어 현존 전체로서 소멸하는 것을 외견상 과학적 통찰의 여러 가지 객체와도 같이 규칙과 계획하에 가져다 놓을 수도 있다. 여기서는 말로 나타내는 이해의 구체적 업적이 있고, 그 밖에 그 이해의 가능성들에 관한 여러 가지 형식적인 고려가 존재할 뿐이다.

그러나 관상학적인 것이 암호가 되는 경우 그 관상학적인 것은 관상술 자체에 있어서와 같이 애매한 다의성과 구체적인 전체성 때문에 질서가 잡힌 지식으로의 전화(轉化)를 허용하지 않는다. 관상학적인 암호가 실존적인 근원으로부터 인식되는 것이기 때문에 오히려 현존이 존재할 뿐만 아니라 실존이 어떤 역할을 맡아서 행하는 모든 곳에서와 같이 여기서는 또한 어떠한 길도 지식으로 통하지 못한다.

그러므로 의도된 **암호세계의 질서**는 어떤 개관에 의해서도 이 암호세계를 제압하지 못한다. 이 암호세계는 오히려 그 자체 암호로서 지양된다. 여러 가지 암호들은 역사적인 충실성에 있어 개관할 수 없는 깊이로서 존재하지만, 일반적인 현존의 형식들로서는 단순히 껍데기가 된다.

그럼에도 사람들이 암호를 **철학하는 손으로 더듬어 관조하고자** 한다면 자연적인 전후관계로서 다음과 같은 것이 생긴다. 즉 세계정위의 모든 현존이, 즉 **자연과 역사**의 풍요가 암호가 된다. 그 다음으로 명확히 해명된, 존재를 분절하는 범주들을 수반한, **의식일반**이 암호가 되고 마지막으로 가능성으로서는 모든 것을 하나 속에 모으고, 그럼에도 결코 다 길어 내지지 않는 인간이 암호가 된다.

a) 세계정위는 그것 자체로서는 결코 암호해독을 필요로 하지 않는다. 세계정위는 암호해독에 의해서 확장되지 않는다. 세계정위는 오히려 그것 자체에 있어 불명료하게 되는 위험에 빠진다. 왜냐하면 세계정위는 곧바로 현존의 암호적 성질로부터 비판적으로 분리되는 가운데 발전했기 때문이다. 암호해독은 세계정위에 있어 타당성을 가질 수 있는 하찮은 지식조차도 창출하지 못하지만, 세계정위가 드러내 보이는 사실들은 암호가 될 수 있다. 그러나 암호가 무엇이고 어떻게 있는가를 결정하는 것은 과학이 아니고 실존이다.

과학적 세계정위 없이는 형이상학은 공상이 된다. 형이상학은 단지 과학에 의해서만 여러 가지의 입장과 지식 내용을 획득한다. 이러한 것들은 형이상학이 그것의 역사적 위치에 있어 현실적 초월함의 표현에 도움이 되게 한다. 형이상학적 탐구는 내가 현실 속에서 암호를 본다는 사실에 의해서 세계정위가 나에게 본질적이 되는 경우에 역행적으로 세계정위에의 충동을 준다. 그러므로 초월자에의 탐구는 동시에 현실적인 것에의 가차 없는 지식욕이다. 이 지식욕은 세계 내에서의 결코 만족할 수 없는 연구로서 수행된다. 암호해독에 의해 나타나는 초월자는, 직접적으로 형이상학으로서 언표하자면, 진부하다. 나는 나의 현실적 세계정위에 있어서는 초월자에 의하여 충족하게 되고, 가상적 형이상학적 지식에 의하여 충족하게 되는 것은 아니다. 이러한 가상적 형이상학적 지식은 타인이 자기의 세계정위를 기초로 해서 나에게 전달하는 그런 것이다.

비록 각 방면에 걸친 세계정위가 참된 암호해독의 전제가 된다고 하더라도, 비록 참된 암호 해독이 세계정위에 의해 명백하게 된 현실에 있어 생기한다고 하더라도 그럼에도 암호해독은 내가 그렇게 말하게 된 과학들의 성과들에서 수행되지는 않는다. 오히려 나는 현실 자체 속에서 해독하지만, 내가 대체로 비로소 현실에 접근함에 있어 필요로 하는 방법적 지식을 기초로 하여 이 현실로 복귀한다―다른 한편으로 나는 이전에 맹목적으로 그리고 무감동으로 현실 속을 방황했다. 단지 내가 방법적으로 세계정위의 지식을 구체적으로 관여하고 있는 가운데 수행하는 곳에서 나는 암호들을 해독할 수 있다. 세계의 지식과 초월하는 해독이 처음부터 연관되어 있지만, 그것들의 비판적인 분리 이후 참된 통합은 과학들의 성과들, 확정된 사실들, 그리고 이론들에서 가능한 것이 아니고, 단지 세계 현실의 근원에서만 가능하다.

과학적 세계정위는 그것의 대상들을 특정의 관점에서 고립화하고, 그것들을 분배하고, 조립하고, 가설함으로써 그것들을 변화시키고, 그것들을 측정 가능성으로, 촬영 가능한 직관으로, 유한수의 표지를 가진 개념들로 환원함으로써 그것의 대상들을 변화시킨다.

암호해독은―이것은 실존의 세계정위를 처음부터 동반하여 오랫동안 불명료한 혼동 속에서 세계정위를 대신하지만―그때마다의 전체적인 것, 직접적인 현재, 환원되지 않는 풍부함을 유지하고 있다.

이 전체적인 것의 구상적인 객관화는 제2 언어에 있어서의 상징일 수 있고, 형상으로서의 그것은 가지적(可知的)인 것들로서의 사상(事象)들로부터 기만적으로 멀어진 것이 된다. 왜냐하면 이 구상적인 것은 추정적으로 알려진 대상이 되고, 세계와 나 사이에 밀어 넣어지고, 세계정위에 있어 세계를 안개 속에 휘덮어 싸이게 하고, 상상적이 된 형상들의 관조에 있어 나를 무화시켜 버리기 때문이다.

세계정위를 비판적으로 천명함으로써 암호해독도 또한 비로소 자각적이면서 순수하게 된다. 이제 암호해독은 여러 가지의 사실들에 그리고—사실들과 방법들의 예리함에 의하여 가시적이 된—세계정위의 한계들에, 즉 현실적인 것의 결코 사라지지 않는 잉여에 고착하고 있다. 그러나 암호해독이 어떤 직접적인 전체성을 다시 만들어 낸다면 그것은 세계정위에 있어 어떤 객관적인 의미의 요구도 없이, 상징적 성격을 가진 구상적인 관조에 있어서만 그렇게 한다.

암호해독은 근원적으로 개별적인 현실에서 존재한다. 그러나 세계의 지식이 나로 하여금 가지적인 것의 백과전서적인 통일체로 압박해 들어가게끔 하는 데 비해서 암호해독은 나로 하여금 모든 직접적이고 현실적인 것의 전체로 압박해 들어가게끔 한다. 나는 암호해독에 있어 여러 가지 특수한 현실 속에 고립된 채로 머무르고자 하지 않고, 오히려 모든 현실을 향해서 공개적, 역사적으로 접근하게 되는 세계의 전체성에 있어 어떤 직접적인 초월하는 의식을 획득하고자 한다. 나는 암호해독에 있어 여러 가지 사실성으로서 어떤 반소송[53]도 등한시하고자 하지 않는다. 나는 우연한 일련의 현실을 다른 것들에 대해서 눈을 감아 버리는 가운데 끄집어내어 기만적인 형상으로 만들려고 하지 않는다.

그러므로 암호해독은 다음과 같은 것들을 원칙들로 삼는다. 즉 모든 현실적인 것을 알고자 하는 것. 이 지식을 현전하는 구체적 현실에서 방법적으로 성취하고자 하는 것. 또는 다른 말로 한다면 전적으로 현실적인 것 곁에 존재하는 것, 여러 가지 사물들로부터 멀어져 있지 않은 것. 여러 가지 보편적인 가지성으로서 삽입된 과학의 성과

---

53) 여러 가지 사실성에 기초한 반론을 의미한다.

들에 의해서도 또 이전의 암호해독의 경직된 상징들로서 삽입된 형상들에 의해서도 멀어져 있지 않은 것 등이 그것이다.

암호로서의 현존은 완전히 현재하는 것, 절대적으로 역사적인 것이고, 그 자체가 '기적'이다. 기적은 그것이 표면화되고 합리화되면 자연법칙에 위배해서 생기하는 것이거나 또는 자연법칙 없이 생기하는 것이다. 그러나 현존에 있어 생기하는 모든 것은 여러 가지 법칙성―그것 때문에 그 모든 것이 필연적으로 그렇게 생기하지 않을 수 없었던 여러 가지 법칙성―에 대한 물음을 야기한다. 자연법칙에 위배해서 또는 자연법칙 없이 생기하는 그 어떤 것도 강제적으로 확정할 수 있는 사실로서는 결코 나타나지 않는다. 그것은 모든 현존을 오직 나에게만 드러내 보이는 의식일반의 해명 가능한 본질에서 보면 불가능하다. 이와 반대로 직접적, 역사적으로 현실적인 것은 인식되는 것도 아니고 또 단순히 사실인 것만도 아니다. 다시 말해서 그것은 그것의 무제한성에 의하여―가령 내가 학문적 인식으로 나아가는 한 모든 것이 정상적으로, 즉 통찰 가능한 규칙들과 법칙들에 따라서 진행된다는 것을 의심하지 않을 경우에―보편적으로 알 수 있는 것으로 남김없이 해소될 수 없다. 직접적, 역사적으로 현실적인 것은 현실이 그것의 관통하기 어려운 현재에 있어 암호로서 해독될 수 있다는 것과 모순되지는 않는다. 암호로서 현실은 기적이다. 즉 그것은 지금 여기서 생기하는 것이다. 암호로서 현실은 보편적인 것으로 해소될 수 없다. 그렇지만 그것이 존재를 현존에 있어 초월하는 실존에게 드러내 보이기 때문에 결정적인 중요성을 가진다. 그러므로 모든 현존이 나에게 있어 암호가 되는 한 기적이다.

암호에 있어서는 실존적 행위의 무제약성에 있어서와 같이 **물음이**

중지된다. 실존적 충동을 결여하고 있기 때문에 공허한 지능이 되어 버린 일종의 무한 속의 물음이 있다. 물음은 우리에게 있어 진정한 장소를 가지고, 그것은 세계정위에 있어 한이 없다. 그러나 물음은 암호 앞에서는 사라진다. 왜냐하면 물음이 물어지는 것은 곧바로 이미 암호가 아니기 때문이며―물음과 답 그 자체가 그것 가운데서 초월하는 실존에 의한 암호해독의 소재가 되는 것이 아니라고 한다면 ―단순한 현존으로서 암호의 껍데기이고 이반이다. 물음이 단순히 최후의 것인 경우에 이미 어떤 암호도 보이지 않는다. 물음은 느슨해지고 객관화된 행위로서의 사유에 있어서는 최후의 것이 되지만, 이 사유는 그것이 단지 의식일반으로부터 나오는 것에 지나지 않기 때문에 그것 자체는 최후의 것이 아니다. 물음은 암호에 직면한 실존의 ―지금 여기서―현재 앞에서의 회피와 같은 것일 수 있다.

b) **의식일반**은 내가 세계정위에 의해서 탐구하는 것이 아니고, 나 자신의 행위에 있어 나를 향해서 검증하는 이미 초월하면서 획득된 하나의 존재형태이다. 자기 자신을 사유하는 이 사유의 행위는 그것의 능동성과 논리적 구성물에 있어―현존으로서 세계정위에 있어 가까워지는 모든 존재와는 이질적인 그런 종류의 암호가 된다.

c) **인간**은 세계정위에 있어서의 현존이고, 의식일반이고, 가능실존이다. 인간은 이 모든 것을 한 몸 속에 가지고 있다. 인간이 무엇인가라는 것은 존재 지식의 각 지평에서 물어지고, 답해지며, 결국은 인간의 초월자에 있어 그의 개별적 존재의 암호 가운데 나타난다.

자연

자연은 내면적으로 가깝게 들어가기 어려우면서도 나에게 접근해 오는 현존으로서 존재한다. 자연은 공간과 시간 가운데 연장되어 있고, 자기 자신 속으로 깊이 들여다볼 수 없을 정도로 연관된 현실이다. 그러나 자연은 동시에 나를 압도적으로 자신 속에 포함하는 것, 나를 향해서 나의 현존의 한 점에 집중하는 것, 가능실존으로서 나에게 초월자의 암호가 되는 것이다.

1. 타자로서, 나의 세계로서, 나 자신으로서의 자연

나에게 있어 자연은 먼저 내가 아니면서, 나 없이도 또한 존재하는 단순한 타자이다. 다시 말해서 자연은 그 다음으로 내가 그 속에 존재하는 나의 세계로서 존재한다. 그래서 자연은 마지막으로 내가 준 것으로서 나의 어두운 근거인 한 나 자신이다.

단순한 타자로서의 자연은 그 **고유한 근원으로부터 나오는** 현존을 가지고 있다. 태고의 도마뱀류가 열대의 늪을 여기저기 기어 다니고, 아직 인간이 한 사람도 없던 몇백 만 년 전에 존재했던 것은 여하튼 하나의 세계였다. 우리에게 이 세계는 단지 과거에 불과하지만, 그 태고의 세계의 유물들을 ―인간의 세계 현존의 창조와 함께 동시에 일찍이 그것 자체가 현재로서 존재하지 않았던―영원한 과거로서 창조되었던 그 무엇으로 간주하는 것은 부조리하다. 인간 존재를 위하여 자연을 무의미한 것으로 끌어내린다는 것은 도처에서 우리들에게 말하는 자연으로부터 그것의 고유한 존재를 박탈하는 것이다. 이 타자존재는 우리에게 단지 그것의 각 국면들만을 제시할 뿐 그것의 자기존재를 제시하지는 않는다. 그러나 자연은 그것 자체로는 불가해하지만, 그럼에도 우리들에게는 항상 우리들의 세계이다.

나의 세계는 자연 가운데서의 나의 행위에 의하여 자연이 된다. 이 행위는 한편으로는 자신의 현존의 목적들을 위하여 자연을 점유하고, 경지경작과 수공업에 있어 단순한 육체노동으로부터 기술적인 지배에 이르기까지 자연을 가공하는 것을 추구한다. 다른 한편으로는 활동은 내가 자연을 이용하지 않고, 자연을 **보고자** 할 경우에는 자연 속에 마음 편히 있고자 하는 하나의 수단이다. 나는 거닐고, 여행하고, 자연에 특별히 가까운 곳에 나의 장소를 구하고, 모든 한계를 넘어서 돌진하고, 자연을 완전히 알고 싶어 한다. 자연에 있어 단순히 **타자**와 자연이 **나의** 세계로서 존재하는 것과의 긴장은 중단하지 않는다. 모든 지배에도 불구하고 나는 자연에 의존하고 있다. 자연은 나를 지향하고, 나를 떠맡고, 나에게 봉사하는 것 같이 생각된다. 그러나 나는 자연에 대해서 분명히 전적으로 냉담하다. 왜냐하면 자연은 나를 무시해서 파괴하고자 하기 때문이다.

나는 나 자신 **자연**이지만, 자연만이 아니다. 왜냐하면 나는 나 자신 자연에 대립할 수 있고, 나의 내부에 있어서의 자연뿐만 아니라 나의 외부에 있어서의 자연까지도 극복하고, 순응하고, 나의 것으로 떠맡아 그 자연 속에 안거하거나 또는 그 자연에 굴복하고, 그 자연을 멀리하기도 하고, 배제할 수 있기도 하기 때문이다. 자기존재와 자연존재는 **서로** 종속하는 것으로서 마주 보고 서 있다.

2. 자연이라는 암호존재

자연에의 사랑은 암호를, 계측가능하지도 않고 보편타당하지도 않지만,

모든 현실에서 **함께 포착**될 수 있는 존재의 진리로서 본다. 길거리의 웅덩이나 일출에 있어, 한 마리 벌레의 해부나 지중해의 풍경에 있어 과학적 탐구의 대상으로 단순한 현존으로서는 다 길어 내지지 않는 그 무엇이 있다.

암호로서 자연은 항상 하나의 **전체**이다. 무엇보다도 먼저 자연은 풍경으로서 존재한다. 지상의 현존의 어떤 한정된 상황으로서 이 풍경 가운데 나는 그때마다 존재한다. 한편 그 다음으로 자연은 세계 전체이다. 즉 자연은 내가 사유하고 표상하는 바와 같은 하나의 헤아리기 어려운 우주로서의 전체이다. 다시 말해서 자연은 특수한 존재자들—여러 가지의 광물, 동물, 식물의 형태들, 그리고 빛, 소리 중력의 근원적 현상들—의 풍부한 자연으로서 전체이다. 마지막으로 자연은 환경에 있어 현존의 양태들인 삶의 현상들로서 전체이다. 전체는 항상 파악되고 설명되는 것 그 이상의 것이다.

암호로서의 자연은 **역사적으로 특수한 형태**에 있어서는 대지에 속박된 나의 현존, 즉 내가 거기에서 태어나고 나 자신을 선택한 자연에 가까운 것이다. 이와 같은 것으로서 자연은 전달 불가능한 암호이다. 왜냐하면 이 암호에 있어 자연은 친숙한 것으로서는—나의 영혼의 풍광으로서는—나에게 유일하고, 가장 인상적이고, 전적으로 생소한 것으로서는 차별 지어지기 때문이다.

거기서부터 (자연의 암호화의) 영역이 넓어져 간다. 나는 장소의 정신을 향해서 눈을 연다. 이 정신은 상호소통에 있어 나에게 다가오는 과거와 현재의 실존의 뿌리에서 나타난다. 게다가 나는 생소한 풍경에 대해서 눈을 열지만, 그때 나는 아직 인간이 접촉한 바 없는 자연 속에서 고독의 진가를 신뢰하여 그것에 의지한다. 지구가 고향과 같이 되고 여로에의 열망은 대지의 형태들에 있어 여러 가지 암호에의 탐색이 된다.

자연의 역사성은 비록 무한히 확대 가능하다고 하더라도 항상 새로운 풍광의 역사적 일회성에 집중한다. 그러나 유형이 더 보편적으로 보이면 (습지, 황야, 늪지대가 있는 북해 연안, 호메로스풍의 대양의 풍경, 캄파니아 평원, 나일 강, 산맥과 황야, 극지, 초원과 열대……) 보일수록 그 유형은 암호로서 더욱 비현실적이다. 단지 현재하는 것의 무한성에 우리가 접하고 있을 경우에만 암호가 나타나고, 유형의 추상성은 단지 우리를 깨우치게 함으로써만 암호로 우리를 향하게 할 수 있을 뿐이다. 그러므로 암호들 자체가 흐려지지 않을 가능성들에 대한 개관은 존재하지 않는다. (어떤 사람이) 자기의 자리에서 (자기 자신의 생활에) 몰두하고, 그의 (특별히 인연이 깊은) 풍경에 대해 충실하며, 그에게 현현해 오는 낯선 것에 흥미를 느끼는 마음을 준비하고 있을 때 자연의 역사적인 언어를 들을 수 있다.

자연이 나에게 **말을 걸어온다**. 그러나 내가 자연에게 질문할 경우에 자연은 침묵을 지킨 채로 존속한다. 자연은 일종의 언어를 말하지만, 그러한 도상에서 자기를 나타내는 일은 없다. 그것은 마치 자연이 말을 시작하는 것과 동시에 정지하는 것과 같다. 이해하기 어려운 것의 언어로서 자연은 이해하기 어려운 그대로의 애매한 사실성이 아니고, 암호로서 그것의 깊이이다.

암호에 있어서는 **객관적인 작용이 없는** 현재하는 **현실**이 의식된다. 암호에서 경험되는 것은 그것의 결과들로 인해서 인식 가능한 것으로서 그리고 원인들에 의존하는 것으로서 경험적으로 현존하는 것이 아니고, 내재성에 있어서의 초월자의 순수한 자기현재이다.

3. 자연철학을 통한 암호의 해독

자연의 암호란 무엇인가를 일반적으로 말하는 것은 예로부터 자연철학에서 감행되어 왔다. 이 자연철학은 자연을 인간에게 좀 더 가깝게 가져오고자 노력하고, 더욱이 이 생기발랄한 근접은 인간으로 하여금 자연의 접근 불가능한 측면을 인간의 가능성들을 뛰어넘은 장엄한 타자로서 느끼게 한다. 자연이 마치 인간에게만 존재하는 것처럼 생각되는 것이 불가능하다는 것, 자연이 자기 자신에 있어 충족적이라고 하는 것도 또한 불가능하다는 것—이러한 구명하기 어려운 문제로 여러 가지 사변적 사상은 진입했다. 먼저 이 사변적 사상들은 자연을 마치 그 자연이 그 자체에 있어서 폐쇄된 것처럼 하나의 **범생명**으로 보았다. 그 다음으로 이 사변적 사상들은 세계정위의 지식에 있어 자연의 통일성을 **와해시켰다**. 그러므로 자연은 다른 어떤 것을 지시하는 것 같이 보였다. 마지막으로 사변적 사상들은 자연을 새로운 통일성에 있어 그 자체 내에서 조직된 **연속적 단계**라고 생각했고, 자연 자체를 포괄적인 연속적 단계에서 생각했다. 그 결과 자연은 다른 어떤 것에 있어서 지양되었다.

a) 범생명[54]: 자연은 **생성의 도취**이다. 어디로부터 와서 어디로 가는가라는 물음 없이 자연은 무한한 경과 속에서 비틀거리면서도 자신을 영원히 유지하는 그런 존재이다. 인격도 운명도 알지 못한 채 자연은 생산의 흐름에 헌신하고, 이 흐름의 매료하는 힘은 무의미한 것의 아픔과 하나로 얽혀 있다. 즉 자연은 한결같이 일이 진척되는 바 없

---

54) 범생명(汎生命), das Alleben, 만물에 깃들어 있는 생명.

이 자전하는 고민의 **수레바퀴**이다. 자연은 본래적인 시간이 아닌 그런 시간이다. 왜냐하면 부단한 출산과 탐식에 있어서는 결단 없는 무제한이 지속하기 때문이다. 모든 개체는 무와도 같이 단지 헤아릴 수 없는 낭비 상태에 있을 뿐이다. 자연은 그 자신이 하고자 하는 것을 알지 못하는 열망이다. 다시 말해서 자연은 생성의 환호와도 같이 보이고 또 음울한 속박의 비통과도 같이 보인다. 그러므로 자연의 암호는 최종적으로 결정적인 것이 아니고, 애매한 것이다.

자연은 여러 힘의 평형에 있어 고요히 존속하는 것으로 투명해진다. 내가 자연을 따를 때 어떤 고요한 조화가 나를 받아들이는 것 같이 생각된다. 자연은 풍부한 형태들에 있어 생성하면서 함축적으로 그리고 무진장으로 자연 자신의 현존을 정리했다. 다시 말해서 자연은 모든 생성물을 가차 없이 맹목적으로 절멸시켰다. 그럼에도 자연은 무제한으로 위로해 주는 하나의 존재로서 나타날 수 있었다. 즉 이 존재는 파괴할 수 없는 영원히 새롭게 출현하는 어떤 위대한 창조적 생명, 세계영혼의 항상 동일한 근원적인 힘이다. 범생명은 자기 자신에게 나를 끌어들이고, 나를 유인해서 그것의 유동하는 전체성 속에 나를 용해하는 것 같이 보인다. 동물계와 식물계에 있어서의 범생명의 형태들은 나와 연관을 가진 것 같이 생각된다. 그러나 자연은 대답하지 않는다. 그러므로 나는 괴로워하고 반항한다. 거기에 남는 것은 단지 자연으로부터 비호되고 있다고 하는 어떤 예감, 자연에의 동경뿐이다.

접근 불가능한 자연은 **다른 가능성**을 포함한다. 즉 내가 나를 위협하는 광포한 자연의 힘, 생소한 것이 나에게 주는 중압, 심각한 동물의 형태들과 나와의 유사관계에서 한순간이라도 나를 그러한 형태들과 동일시하는 한 이러한 형태들은 나에게는 두렵거나 우스운 희화가 된다.

범생명이 하나의 가능성을 따라서 내가 신뢰하는 어머니와 같이 된다면, 다른 가능성을 따르면 범생명은 그것 앞에서 내가 섬뜩해 하는 악마가 된다.

쉬지 않는 것이 범생명의 양상이다. 암석과 형상의 부동성은 단지 경직된 불안정에 지나지 않는다. 무한한 미광과 반짝임에서, 빛이 내려 비치는 물결에서, 햇빛 내려앉는 바위 표면의 한 줄기의 가녀린 빛에서, 빗방울의 물보라에서, 이슬에 반사되어 나오는 광휘에서, 지향 없이 움직이는 수면의 색채의 파문과 뒤얽힘에서, 바닷가의 산산이 부서지는 파도에서, 형성된 공간성에 한순간도 머무르지 못하는 구름에서, 넓은 장소와 좁은 장소에서, 빛과 운동에서―도처에서 자연존재의 이 표면은 파괴적이면서 매혹적이다.

b) 자연의 통일성의 와해: 범생명이 하나의 자연인 것으로 생각될 때 하나의 **지식**은 나에게 특수한 형태의 통일을 나타내 보인다. 즉 거기에서는 모든 것이 수, 도량, 무게에 따라서 파악될 수 있는 자연의 보편적인 법칙성으로서의 기구의 통일성, 그 자체에 있어 그때마다 가능적 형식들의 전체인 형태학적 형태들의 통일성, 그것 자체에 있어 무한한 전체의 개성적인 생기로서 삶의 통일성을 나타내 보인다. 그러나 자연의 통일성은 무엇인가의 한정된 통일성을 이러한 결정적인 이해에 의하여 바로 부수어 버린다. 범생명의 통일성은 사유된 것으로서 또한 항존적인 것이 아니고, 단지 통일성의 암호에 지나지 않는다. 이 통일성은 직접적인 의식에게는 자명하게 나타날 수 있으므로,

자연적 일자의 이 암호에 집착하지 않기 위해서는 그 통일성이 사유될 수 없다는 통찰을 필요로 한다. 자연과학적으로 확정된 지식은 자연의 분열의 암호를 명료화시킨다.

c) 연속적 단계: 범생명의 통일성이 부숴진다면 사변적 통일성에 있어 통일성은 다시 탐구된다. 자연에 있어 이질적인 것은 자연 형태들의 역사적 생성의 연속적 단계 속에서 사변적 사상과 한데 묶여 있다. 이 자연 형태들은 (마치 그것들이 서로 연이어 구축되고 생산된 것처럼) 무시간적인 계열로서 무게와 빛, 색과 음, 물과 대기, 수정(水晶)과 식물과 동물의 여러 형태 등의 영역에서 사유되고 있다. 무시간적인 발전의 사상은 자연현존의 연속적인 단계에서 속박으로부터 증대하는 해방, 증대하는 내면화, 집중, 그리고 가능적 자유를 보고 있다. 그 다음으로 생성은 시간적, 목표지향적 발전으로서 보이고, 거기에는 성공하지 못하는 시도, 기괴하고 부조리한 목표들도 보이고 있다. 자연은 이러한 목표들을 가지고 있는 것 같이 생각되고, 이러한 목표들은 또 한편으로는 그 자체에 있어 하나인 것으로서 자연의 폐쇄성을 불가능하게 한다.

그러므로 하나의 더 총괄적인 연속적 단계가 존재의 암호로서 생각되고, 그 연속적 단계에서는 **자연**이 그 자신의 배후와 전방을 가리키는 **연결 부분**이다. 자연에 있어서는 배후를 향해서 **자연의 근거가** 가까이 하기 어려운 초월자의 깊이로서 생각된다. 이 깊이로부터 자연으로서 현존이 가능적이 되고, 그 다음에 현실적이 된다. 자연에서는 전방을 주시할 경우에 자연 가운데 **정신**으로서 생성되는 것의 맹아가 보인다. 자연에서는 이미 정신은, 나중에 자연으로부터 정신 자신으로서 분출하지만, 자연의 암호에서는 가시적이면서 속박되고 무의식적인 것으로서 생각된다. 정신은 생동하고 있지만, 아직 자기 자신을 자각할 수는 없다. 그러므로 고민이다. 정신은 그것의 현실의 기반을 준비한다. 그러므로 환희이다. 자연은 정신의 근거이다. 다시 말하면 정신은 그것이 항상 현실적으로 존재하는 곳이면 어디에서나 이미 자연 속에 존재하고, 자연은 정신 속에 존재한다.

싹트는 정신으로서의 자연의 암호 속에는 그때 나중에 정신을 매개로 하여 실존의 자유가 되는 것이 이미 의식을 결여한 현실로서 현현하는 것 같이 보인다. 의식하지 못하고 바라보는 창조는 계획하는 오성 없이 계획으로서 그것의 길을 걷는다. 자연의 암호에 있어서는 무의식 속의 이성의 깊이에 의하여 계획보다 그 이상의 것이 있다. 그러나 거기에서는 또 자연이 다분히 새로운 현존적 상황들에 있어 하나의 생명과도 같이 돌연히 그 상황에 적응해야 할 경우 어찌할 바를 모르게 될 때에는 계획보다 그 이하의 것이 존재한다. 자연의 암호에 있어서는 이성과 마신성이, 즉 메커니즘으로서의 이성과 형태들의 창조와 파괴로서의 마신성이 존재한다.

4. 자연이라는 암호와 관련된 일반적인 형식들의 기만성과 빈약함

암호들의 공식은 자연에 관한 한정된 지식의 모든 양태에 의해서 내용적으로 충만해질 수 있다. 이 지식이 지식으로서 사념되지 않고, 거기에서 파악된 **사실성**이 존재의 언어로 사념되는 한 그렇게 될 수 있다. 그러나 항상 자연의 암호들의 소재는 **직관적인 것**, 즉 자연이 나의 세계 내에서 나의 **감각**에 대해서 야기시키는 양태로 존속한다. 자연에 관한 지식은 다시금 직관적 형상으로 환귀함으로써 비로소 뚜렷한 것이 된다. 예컨대 아인슈타인적 세계의 활처럼 굽은 공간의 확장이 수학적으로 근원과 목표에 있어 불분명한 거대한 세계 전체의 운동으로 인식 가능할지도 모른다. 그러나 그것은 우리가 운동의 근거와 활처럼 굽은 공간의 위치에 대하여 물을 때까지는 암호로서 말하지 않는다.

자연의 암호의 사변적 공식들이—비록 그것들의 직관적 의미에 충실하지 않고 그것들의 본래적 의미에 따르면 모든 과학의 진보과정에서 일정한 자연인식들로부터 독립하고 있다고 하더라도—어떤 경험적 현실을 인식할 것을 요청하는 요구를 가지고 나타날 경우에는 세계정위적 지식과의 **혼동 가능성**에 의하여 기만한다. 왜냐하면 사변적 공식들에 의해서는 세계의 어떤 종류의 인식도 일어나지 못하기 때문이다. 더욱이 사변적 공식들이 자연에 관한 이 지식에 기초해서 어떤 행동으로 오도될 경우에는 그것들이(예를 들면 현자의 돌이라든가 그리고 결국은 여러 가지 특수 혼합물이라든가 하는 이런 것들의 형태를 취한 범생명이) 세계 내의 활동적인 여러 힘들과도 같이 이용됨으로써 어떤 마술적인 조작이 무엇인가 바람직한 것을 산출하게 된다. 마침내 그 혼동으로부터 과학적, 즉 특별한 상대적인 세계정위의 가치에 대한 부정이 그 결과로 나타난다. 그런데 이러한 세계정위에 대한 확정적이지만, 개별화되고 불충분한 지식에 대해서 세계 전체에 관한 이 가상적인 지식이 무한히 우월해 보인다. 그러나 내가 세계 내에서 행위를 통해 그 무엇을 달성하고자 할 때 나는 내가 특별한, 방법적인 지식을 한계의식으로써 계획적이고 예견적으로 적용하는 단지 척도에 응해서만 성공을 거둔다. 화학과 생물학에 의해서 나는 가능한 것을 경작지에서 가져오는 것을 배우고, 사변적인 사상들에서의 암호문자 해독을 통해서는 배우지 않는다. 의학이라는 과학에 의해서 나는 여러 가지 전염병과의 투병 및 치료, 외상과 종양의 외과적 치료를 배우고, 범생명의 가상적 지식에 기초한 부적, 주술적 악령 제거, 다른 처리 방법을 배우지는 않는다.

　더욱이 공식들은 보잘것없다. 왜냐하면 자연의 모든 암호는 단지 여기서 나를 향해서 존재하는 현실적 자연의 역사적 현재에 있어서만 존재하기 때문이다. 내가 암호를 해독하는 것은 자연의 일정한 영역에서 하루 중의 여러 시간들이나 일 년 중의 여러 계절들에 있어 모든 기후 아래에서의 자연의 생활을 자기 자신의 활동을 통해서 알게 되는 경우이다. 단지 이와 같이 해서만 나는 내가 지역적인 일로 간주하는 자연의 생활과 관계함으로써 자연의 생활로 뒤덮인다. 나의 관찰과 기획은―자연과 함께 하는 이 존재 가운데 무엇인가 삽입된 타자 없이, 어떤 규율과 기구도 없이 행해지고 경험되지만―나를 인간 세계로부터 두드러지게 드러나도록 한다. 그것은 가까이 하기 어려운 태곳적으로의 복귀와 같다. 그러나 그것은 내가 경험할 수 있는 것을 나에게 비로소 열어 보이는, 자연과학적으로 가능한 지식을 뛰어넘어서는 도상에 있다. 그때 나는 모든 감각으로써 자연을 이해하고, 모든 보이는 것, 들리는 것, 냄새 맡는 것, 접촉하는 것을 신뢰한다. 나는 자연의 운동이면서, 자연의 진동을 나의 내면에서 함께 진동하게 하는 어떤 운동에서 나 자신을 변화시킨다. 자연과 함께 하는 나의 활동의 길잡이 실을 가지기 위하여―내가 진실로 자연에 가깝게 접근할 때 나는 길잡이 실로부터 떨어져 나가지만―나는 사냥꾼, 채집자, 정원사, 산지기가 된다. 세계정위의 합리성이 나에게 사다리의 단계들을 공급해 주고 여러 가지 혼동 앞에서 나를 보호할 때 나는 본래적 암호들에 도달한다. 이 암호 앞에서는 단순한 사상으로서의 모든 자연철학은, 비록 이 암호들이 나를 또한 이끌어 가고 사물들에 대하여 주의를 환기시킨다고 하더라도, 퇴색한다. 내가 모든 목적을 초월해서 자연의 한 공간을 이처럼 나 자신의 것으로 만듦으로써 나는 비로소 자연 자체 앞에 설 수 있다. 그러므로 수 세기 동안 자연철학에 있어 필수불가결한 것으로 반복되어 온 약간의 여러 가지 착상은 현실적인 암호해독의 무한한 환희로 그때마다 녹여 넣어지지만, 이 현실적인 암호해독은 나에게 무진장의 풍부함을 제공하고, 여러 사상을 비로소 참되게 만든다.

5. 자연이라는 암호의 실존적 중요성

나는 자연 가운데서 가능 실존으로 존재한다. 그러므로 나는 자연에 직면하여 나의 가능성의 실질로부터 벗어나 두 가지 측면을 향해서 일탈한다. 내가 자연을 가공의 대상으로서, 그것에서 내가 나 자신을 확증하는 저항으로서, 그것으로부터 내가 무엇인가를 제조하는 재료로서 간주한다면 나는 실체가 없는 능동성으로 미끄러져 들어간다. 그래서 이 능동성은 자연에 대한 적의에 의하여 나의 여러 가지 생활 내실에 있어 또한 나 자신조차 나를 상실하게 하는바 현존의 형식주의가 된다. 자연을 우리들에 있어 단순한 소재로서 파악하는 것은 그것으로써 동시에 우리 자신의 뿌리를 고갈시키는 것이 없고서는 불가능하다. 대도시의 돌의 바다, 소음, 광채―이 모든 것은 가공된 **자연**을 변함없이 존속하게 하고, 자연을 인식할 수 있는 가능성을 보유한다―이와 반대로 내가 역으로 말해서 자연을 본래적 존재로 하고 나 자신을 자연의 산물이 되게 한다면 나는 자연에의 탐닉 속에서 본래적 존재인바 자기존재로서의 나를 망각하는 것이다.

위의 양자의 일탈에 반해서 **가장 결정적인 자기존재**는 자연을 혼동하지 않는 **자연에의 가장 순수한 사랑의 뿌리**이다. 즉 자연은 우리의 현존으로부터 파생한 것도 아니고 또 우리가 그것으로 변화해야 할 그런 더 좋은 것도 아니다. 오히려 자연은 자기 자신으로부터 나와서 우리 자신을 향해서 존재한다. 칸트는 자연에 대한 감각 가운데서 선량한 영혼의 징표를 보았다. 자연에 대한 조야가[55] 우리를 놀라게 하는 것은 대개 상처받은 자연 때문이 아니고, 이와 같은 태도를 가능하게 하는 심정 때문이다. 어떤 사람이 길 따라 지나가면서 자기의 지팡이로 꽃의 우듬지를 내리쳤을 때 우리는 혐오감을 느끼지만, 농부가 들녘에서 잡초를 베고 있을 때는 만족감을 느낀다.

그러나 자연에의 사랑은 인간에게는 일종의 **실존적 위험**이다. 결코 규명되지 않는 암호로서 자연으로 내가 귀의한다면 나는 그 자연으로부터 나를 항상 되찾지 않으면 안 된다. 왜냐하면 자연은 나를 나 자신으로부터 소외시켜 무사상 상태로 빠지게 하고자 하기 때문이다. 나는 이 세계의 풍요를 관조하는 가운데 행복하며, 내가 한순간보다 더 길게 자연에 빠져 나를 상실한다면 나는 자연에 의해 배반당하고 있는 것이다.

인간은 고립 속에서 자기를 상실할 경우 자연을 **상호소통의 대용물**로서 찾는다. 인간을 피하는 자는 위난을 받을 걱정 없이 자연의 정감에 젖는 데서 가상의 피난처를 찾는다. 그러나 자연과 벗함으로써 그의 고독은 증진한다. 자연의 정감은 애수의 성격을 가지고 있다. 다시 말해서 묵묵부답하는 자연은 의식의 결여에도 불구하고 기만적으로 비통의 반려와도 같이 보인다. 우리는 모든 것을 언어로 측정한다. 왜냐하면 우리는 가능실존으로서 상호소통 속에서 비로소 자각에 도달하기 때문이다. 언어를 결여하는 자연은 상호소통을 결여하는 왕국이다. 모든 상호소통이 중단되면서

---

55) 자연을 인간의 주관에 순응시키는 의도에서 개조하고 변형시킴으로써 나타난 자연에 대한 거친 태도를 의미한다.

리어왕은 자연의 힘에 합일한다. 그의 발광하는 마음은 모든 것을 언어로 전화시키는 것 같이 생각된다. 이해하기 어려운 것이 그에게는 이해할 수 있는 것으로, 그 자신은 오히려 이해하기 어려운 것이 되는 것 같이 생각된다.

다만 자연의 암호와 함께 존재하는 삶은 단순한 가능성의 고통이다. 한편 삶은 장래를 약속하는 것과 같은 것이다. 그러므로 삶은 희망을 의미하고 청춘에 상응한다. 청춘은 자연의 암호를 주시함에 있어 낭비로서 시기상조인 현실에 대해 그리고 청춘이 아직도 지배할 수 없는 인간계의 요구들에 대해 자기를 보호하고 있다. 다시 말해서 청춘에게 자연은 그것과 함께 청춘이 그 스스로를 유지하고 살 수 있는 반려와 같다. 아직 결정적인 상호소통이 없이 청춘은 그 고유의 불확정적인 깊이를 경험한다. 그러나 그때 자연은 그 가운데 내가 사는 세계가 되고, 자연은 그것의 암호에 있어서는 나에게는 이미 삶이 아니다. 자연은 자기존재와 다른 자기존재 간의 상호소통이 거기에서 수행되는 공간이 되고, 나의 활동의 영역, 나의 운명의 장소가 된다. 그 때문에 나는 공동적으로 실현된 세계로서, 역사적으로 생기를 불어넣어 준 풍경으로서의 자연과 결부되어 있다. 자연이 행운의 반려가 되었을 때 나는 자연을 마치 그 본래의 의미가 멀어진 것처럼 변화시켰다. 내가 나의 현재적인 실존과 다른 실존 간의 본래적인 친근 가운데 있는 동안 나는 자연을 배경의 어두운 암호로서 듣는다.

내가 다시 순수한 자연으로 되돌아간다면 이제 단순한 자연미는—자연미가 나에게 결코 현실화하지 않는 가능성과 같은 것일 때—고통에 찬 것으로 보인다. 자연에서 느끼는 기쁨에는 미래가 없는 회상과 같은 반복이 있다. 나는 언어의 결여를 인내한다. 이 언어의 결여는 결핍의 의식에 있어 동경, 현재의 만족이 없는 심정의 운동을 불러일으킨다. 왜냐하면 자연의 암호는 그 자체에 있어, 가령 실존이 현존으로 들어갔을 경우, 이미 본질적인 것이 아니기 때문이다.

역사

과학적 세계정위에 있어 역사는 과거 여러 민족들의 생활 상태, 사건, 그리고 행동하는 인간들이 할 수 있었던 일들의 총계이다. 경험적으로 나타나는 것은 객관적 관찰자에게는 모든 점에서 무제한하다. 그것은 임의로 선택해서 기술되고, 이야기되고, 전제된 목표점을 향해서 구성적으로 정리되고, 단지 현존에게만 소속하는 것으로서 인과적으로 연구된다.

내가 내면적으로 **당혹하게** 될 경우에 과거로부터 실존이 나에게 말을 건다. 역사는 나에게는 흥미 있는 내용으로서 비추어 보여지고, 두서너 가지의 현실은 나에게 가깝게 다가서고, 그 이외에 다른 것은 점차적으로 어두워져 가는 배경으로 빠져들어 가지만, 이 배경으로부터는 단지 희미한 빛이―나의 시선이 거기에 도달할 수 있는―가능성을 암시할 뿐이다.

역사학적 지식과 실존적 충격을 뛰어넘어 **초월함**으로 나아가기도 하지만, 나는 단지 그것을 암호로서 양자 가운데서만 발견한다. 아직도 이론적, 기술적 또는 인과적 통찰을 가지지 않고, 실존의 결단하는 결의를 아직 지각함이 없이 양자(역사학적 지식과 실존적 충격)를 관통하여 여러 가지 역사적인 변화에 있어서의 급격한 동요가 나에게 초월적인 사건으로서 감지될 수 있다. 역사가로서 나는 안다. 즉 그것은 생기되고, 그러므로 궁극적으로 현실적이다. 가능실존으로서 나는 인간의 행위들을 추적한다. 즉 그것은 행해지거나 다시 취소되지 않거나이다. 이 양자는 암호가 된다. 그것은 마치 초월자가 스스로를 알리고, 옛 신의 베일이 벗겨지고, 죽고, 새로운 신이 태어나는 것과도 같다. 여기서는 숙고하고 확증할 만한 것이라곤 아무것도 없다. 역사의 암호 성격은 아마도 나의 특정한 일에 집중적으로 나타날 것이다. 거기에는 내가 알고 말할 수 있는 것보다 많이 드러나게 된다. 단지 여러 가지 현실들에 있어서만 말하고, 이러한 현실들로 하여금 어떤 의도와 목적도 없이 간접적으로 이 투명성을 획득하게 하는 것은 위대한 역사기술자들이다. 다시 말해서 단지 매료시킬 뿐인 수사학적인 서술과 의욕된 것으로서 진실하지 못하게 된 것을 의식적으로 산출하는 신화적 역사기술의 차별이 거기에서 보이기도 한다.

경험적 현실과 나란히 다른 신화적 현실에 기반을 두었던 암호해독의 방법은 우리에게는 의문스럽게 되었다. 객관적으로 보충하는 신화가 이야기하고 경험적인 현실이 사라진다면 우리는 뒤따라가지 못한다. 즉 간섭하는 힘들은 우리에게는 이미 신들의 각각 다른 형태가 되지 못한다. 그리스인은 다음과 같이 말할 수 있었다. 즉 "어떤 신이 그것을 했다." 우리는 이것을 이해하지만, 무조건적 진지함으로 그와 같이는 더 이상 언표할 수 없다. 마침내 일단의 비약에서 역사적인 하나하나의 생기가—이 세계의 소재 가운데 자기를 드러내 보이는 피안에 머무르는 초월자의 역사로서 이야기되는—어떤 초감성적인 전체 속에서의 일회적인 접합이 된다면 우리를 위하여 이와 같은 총체적인 표현을 실현할 수 있는 근원적 암호를 우리는 전연 인식하지 못한다.

역사의 암호를 해독하기 위하여 우리는 **시원과 종말**에 다다르려고 시도한다. 그러나 우리가 보는 것은 여기서는 문서, 기념물, 도구와 같은 잔존물에 의하여 증거로 입증되거나 또는 여러 가지의 사실들에 기초해서 단지 세계 내에 있을 수 있는 것으로서 추측될 수 있는 것만이 인식되는 것이라고 하는 것에 불과하다. 그러나 미래라는 것은 항상 (가지성의) 권외에 있는 가능성 가운데 머물고 있다. 그러므로 우리는 결코 시원과 종말에 다다르지 못한다. 암호는 단지 상상적인 시원과 종말 사이의 역사성에 있어서만 해독된다. 시원과 종말을 무제한의 영속 가운데 깊이 파묻는 것은 실존적으로 호소하고 암호로서 말하는 것이기 때문에 우리에게는 역사적으로 중요한 의미를 가지는 것이다. 역사의 암호는 본래적인 것의 난파이다. 본래적인 것은 시원과 종말 사이에 있지 않으면 안 된다. 왜냐하면 영속은 허무한 것을 가지고 있기 때문이다. 우리는 성공에 찬동하는 역사해석, 생성된 것을 최선의 것으로서 취하고 필연적인 것으로서 정당화하는 것을 본다. 우리는 권력을 오직 진실한 것으로서 칭찬하고, 의미로 충만한 폭력으로 합법화하는 것을 본다. 그러나 우리는 또한 이러한 역사이해에 있어 역사의 암호 존재가 단지 실증주의적 지식만을 위하여 어떻게 잃어가고 있는가를 본다. 성실한 것은 난파하지만, 그것은 회복될 수 있고 새롭게 포착되어 다시 생기 있게 될 수 있다. 이 가능성은 영속으로서의 항존이 아니고, 세계 구성에의 영향에 의한 역사적 의미도 아니며, 오히려 죽은 자들의 영속하는 투쟁이다. 이러한 죽은 자들의 존재는 새로운 인간들이 난파가 궁극적이 될 때까지 외견적으로 상실한 어떤 이념의 횃불을 들고 있는 동안은 아직 결정되지 않는다. 세계역사는 세계심판이 아니다. 세계역사는 오만한 승자의 승리를 믿고, 항상 자기들의 현존에 만족하고 있는 군중을 믿고, 자기들이 가장 우수하기 때문에 살고 있다고 생각하는 현실적 생활인의 위선적인 자기정의감을 믿는다. 생기한 것은 다의적이다. 총계로서 세계사는 무미건조한 사실성이고, 그것을 유일한 전체로서 사유하는 것은 공허한 합리성이다. 다시 말해서 세계사를 현재의 현실적인 것과 관련시키는 것은 자기 스스로 존재하는 여러 정신들의 신비적 몸(corpus mysticum)

에 공속하는 것에 대한 불성실한 건망증이다.

　나에게 소원한 것으로서의 **자연**과 비교한다면 역사는 나의 고유한 본질의 현존이다. **역사**는 경험적으로 물론 모든 것을 밟아 부수는 자연에 전적으로 의존하고 있다. 그러나 자연은 역사에 봉사하지 않으면 안 되는 곳에서는 역사에 의하여 상대적 정복의 대상이 된다. 자연은 무목표성에 의하여 무력하고, 단순한 영속으로서의 시간에 있어서는 자연의 최종적인 지배가 자연의 무력(無力)을 나타낸다. 역사는 경험적으로 무력하다. 왜냐하면 역사는 시간에 있어 자연에 의하여 정복됨으로써 종말을 맞이하기 때문이다. 그러나 이 무력함은 실존에 있어 초월자의 역사적 현상으로서 역사의 힘을 표현한 것이다. 자연은 모든 시간 내에 존속하면서, 그럼에도 존재하지 않는 것으로서 강력하다. 역사는 시간 가운데서 소멸하는 것이면서, 그럼에도(본래적 의미에서) 존재하는 것으로서 강력하다.

의식일반

　총체적인 세계정위로부터 눈을 되돌려―그것 가운데서 모든 것이 내 앞에 나타나는바―현존을 향함으로써 나는 이 현존의 형식을 의식일반으로서 해명한다. 의식일반은 존재하는 것이 나에게 있어서는 불가피한 형식으로 오직 그것 속에서만 존재할 수 있는 바의 매체이다. 이러한 형식을 나는 어떤 사람에게 있어서도 타당한 의미를 지니는 범주들로 간주한다. 이 측면에서 인간의 의식은 그것이 아무리 여러 번 현존한다고 하더라도 동일적이다.

　자연에 있어 수, 도량, 그리고 무게에 따른 질서인 것은 각각의 현존에 있어서는 대상적, 범주적으로 어떻든 형성된 존재의 규정 가능한 표현이다. 자연의 연구자가 자연의 책을 수학적 문자로 썼던 것으로서 읽은 것처럼 세계 내의 모든 현존은 어떤 의미에서는 객관적으로 모든 사람에게 동일하게 파악될 수 있다. 내가 일반적으로 현존할 때 비개인적으로 관여하는 의식일반은 명백한 이해와 그럼으로써 객관적으로 타당한 것에 있어 협동을 가능하게 한다. 우리는 이 질서에 대한 신뢰 가운데 살고 있다. 즉 모든 것이 순리에 따라 진행되고 있다는 확신 가운데 살고 있다. 이 질서의 돌파가 현실적으로 일어나는 것 같이 생각되고, 지금 모든 것이 혼돈 속으로 추락할 것을 위협할 때에는 혐오감이 우리를 엄습한다. 그러나 우리는 의식일반의 해명에서 그것이 불가능하다는 것을 알 수 있다.

모든 것의 질서, 규칙, 법칙―모든 상징성을 폐기하는 것 같이 보이고, 현실과 망상의 가차 없는 단절을 강요하는 바로 그것이 그 자체로서 암호가 된다. 다시 말해서 현존이 존재한다는 것, 현존 내에 질서가 있고, 이 질서가 존재한다는 것이 현존의 근거로서 초월자의 암호이다. 이 질서는 우리에게는 가장 자명하고 어떤 순간이든 어떤 부분에서 현재하고 이용된다. 우리는 이 질서를 그 보편성에 있어 우리 스스로 의식할 때 비로소 놀란다.

이 질서의 정당성은 초월적 진리의 하나의 암호와 같고, 그 질서의 타당성이 가지는 수수께끼는 초월적 존재의 반영과 같다. 진리로서의 어떤 정당성도 광채를 가지고 있다. 다시 말해서 그것은 단순히 그것 자체뿐만 아니고 그것을 가능하게 하는 것의 외관상의 발광체이다. 그러나 이 광채는 기만적이다. 왜냐하면 우리가 타당한 정당성으로서의 이 진리에 우리 자신을 만족시키고자 하는 순간에 우리는 단순히 정당성이 가지는 무한한 황량함을 경험하고, 곧바로 암호를 상실한다. 자의와 우연에 대한 방벽이었던 것이 내가 단지 그것 속에 붙잡혀 있을 뿐인 부동의 그물이 된다.

그 타당한 형식들을 갖춘 의식일반은 다른 모든 것을 확증하지 않을 수 없는 저항이다. 의식일반은 현존의 골격이다. 의식일반 없이는 어떤 현존에의 이해도 어떤 연속적 확실성도 없다. 의식일반은 현존의 물이다. 의식일반 없이는 아무것도 살 수 없다. 이러한 비교는 의식일반으로부터 그것의 자주적인 존재를 빼앗지만, 그것의 불가결성을 다양한 방식으로 성격 짓는다. 우리가 의식일반을 버리거나 무시하고자 하는 어떤 걸음도 우리들의 현존 자체에 거슬리는 것이 된다. 현존의 자기존중은 현존이 일반자에 묶여 있기를 요구한다. 그러나 우리가 본래적 존재로서 의식일반에 만족하는 경우에 우리는 가능실존의 실질을 빼앗는다. 의식일반의 정확성은 진리이고 그 자체가 암호이다. 그러나 암호 자체는 진리의 광채와 동시에 이 형태에 있어서의 현존의 불만을 느끼게 한다.

보편적인 법칙성의 필연성은 받침이고 위로이다. 만일 모든 것이 우연성으로 녹아내릴 것 같이 생각될 경우 나는 이 법칙 속에서 내가 확고하게 발을 내디딜 수 있는 장소를 가진다. 나에게 있어 존재가 침몰할 때 나는 그 존재를 모든 현존의 이 법칙 속에서 포착한다. 그러나 이 법칙은 그때 암호이고, 모든 암호와 마찬가지로 다의적이다. 이 암호는 나를 정확한 것과 무한한 것의 공허로 꾀어내고, 나를 가능실존의 모험으로부터 해방하는 것 같이 생각되고, 나에게 이성적 존재자로서의 위엄을 준다. 나는 이 의식일반의 암호에 매달릴 수 있지만, 궁극적이고 절대적으로 그렇게 할 수는 없다. 어떤 암호에 있어서도 그러한 것처럼 이 암호에 있어서도 일찍이 근저에 이르지 못하고 침잠할 수밖에 없다. 내가 이 암호의 통용성을 객관적으로만 고집할 때 나는 더 이상 그 암호를 보지 못한다.

어느 범주도 그것의 특수성에 있어서 암호가 될 수 있다. 다시 말해서 그것이 개별적 범주의 실존적 의미이다. 내가 존재하는 것은 범주들이 나에 대해서 독자적인 방식으로 투명하기 때문에 내가 끌어내는 범주들에 있어 나에게 명백하게 된다.

특히 범주들의 여러 가지의 근원적인 대립은 헤아리기 어려운 의미를 언표하고 있다. 의식일반에 있어 최종적인 분열은 논리적인 형식들과 이 형식들을 실현하는 소재 간의 분열이다. 그러나 논리적으로 침투할 수 없는 것이 여하튼 의식일반의 질료이다. 질료가 존재 아닌 것은 범주들이 그렇지 않은 것과 마찬가지이다. 질료는 비논리적이지만, 초월적이 아니다. 그러나 현존이 이 분열을 나타낸다는 것은 가능적 암호이다. 사변적으로 나는 한순간 질료를 통해서, 다음에는 논리적인 형식들을 통해서 초월자에 부딪히고 싶다―그러나 단지 양자가 하나일 때, 질료 자체가 형식화하고, 다양한 형식 자체가 질료가 될 때 또는 분열적 사유가 형식적 초월함에 있어 스스로 단념할 때 의식일반의 암호가 빛을 발한다.

인간

우리는 우리 자신이 무엇인지를 우리가 가장 잘 알 수 있는 것처럼 생각하지만, 그것을 결코 잘 알지 못한다.

우리는 인간을 **인류학적으로** 생명의 왕국의 일원으로 그 신체성에 있어, 그리고 해부학적, 생리학적, 인상학적 유형으로 그 종족들에 있어 이해한다. 우리는 인간을 **의식**으로서―우리가 단지 인간에 있어서만 인식하는 **의식일반**으로서도 또 심령적 현존으로서도―이해한다. 인간이 여기서 논리학과 심리학의 대상이 된다면 그때마다의 그의 **전통**에 의해서 그리고 타인과의 상호소통에서 생장하는 그런 존재자로서는 사회학의 대상이다.

대상으로서 연구된다면 인간은 결코 생물학적인 종류만이 아니다. 인간과 동물 사이에는 단절이 있다. 인간은 말을 하고, 자연을 장악하고, 드디어는 자기 자신을 자기의 제작 가운데 포함시키는 정신적 존재자이다.

인간이 자기 자신을 대상화시키는 여러 가지 방식들, 즉 인간학적 방식, 의식을 해명하는 논리학의 방식, 심리학적, 사회학적인 방식은 서로 간에 분리되어서는 안 된다. 즉 그 어느 것에 있어서도 다른 방식에 의해서 비로소 본래적으로 접근되는 것이 느껴진다. 그러나 이 모든 것을 포월(包越)함으로써 인간은 **자기 자신에 대하여 아는 것 그 이상으로 아는** 존재이다. 암호문자의 지식 자체는 그에게 다시 새로운 가능성을 가지고 온다. 그러므로 인간은 자기가 자신을 파악함으로써 다시 어떤 타자가 된다. 인간은 단지 자기의 존재의 이 한 측면에 관해서만, 자기 자신에 관해서만 아는 존재이다. 다시 말해서 인식된 존재로서 인간은 본래적으로 자기인 것이 아니다.

인간은 그 자신 자연, 의식, 역사, 실존이기 때문에 인간 존재는 모든 현존의 **매듭**이다. 이 매듭에서 모든 것이 결합되고, 거기로부터 다른 모든 것이 우리에게 비로소 파악 가능하게 된다. 소우주로서는 너무나 작은 인간은 오히려 모든 세계를 초월하는 초월자와 연계하고 있다. 인간은 가장 먼 것이 거기에서 서로 만나는 존재의 **중간항**이라고 생각된다. 세계와 초월자는 인간에 있어 얽혀 있고, 인간은 양자의 경계에 실존으로서 서 있다. 인간이 무엇인가는 존재론적으로 확정되지 않는다. 인간은 결코 자기 자신에게 만족하지 못하고, 어떠한 지식으로서도 파악되지 않으며, 그 자신으로서 암호이다.

인간이 초월자에게 가장 가까이 다가가는 것은 인간 자신이 암호로써 자기 자신을 통해 초월자를 볼 때이다. 인간이 신의 형상을 모방해서 창조되었다는 것은 그것에 대한 신화적 표현이다.

완결적으로 존재인 것 같은 어떤 전체도 인간에게는 접근 불가능하기 때문에 자연과 역사는 열려 있고, 의식은 단지 현상에 지나지 않으며, 실존은 가능성에 머물고 있다. 인간은 자기 자신을 위하여 전체자의 형상들을 창조한다. 그러나 아주 중요한 것은 전체자이면서 일자인가 또는 개별자인가에 대한 물음에 대해서 인간은 다음과 같이 필연적으로 모순적인 답을 준다. 즉 하나의 전체자와의 관계를 단서로 하여 개개인은 무가치화된다. 그러나 독립한 개개인의 자기존재에 의한 전체자의 돌파에 있어서 각 전체자도 역시—이러한 각 전체자 속에 인간은 결코 출현하지 않지만—무가치화된다. 우주에 있어 자연으로서의 세계의 통일성, 섭리 아래에서의 역사의 통일성, 개개인의 실존의 통일성—이 모든 통일성도 의심스럽다. 자기 자신 속에서 암호를 해독함으로써 인간은 초월적 통일을 파악하지만, 이때 이 **초월자**를 지식으로 인식하거나 또는 개념적으로 인식하지는 못한다.

인간 자신의 존재를 포함한 모든 현존은 불안정하고 미완성적이다. 인간이 모든 것을 매듭으로서의 자기 자신 속에 함께 얽혀 묶음으로써 초월적 통일을 해독할 경우 인간의 존재는 그 자신이 이 통일의 암호이고 동시에 자기 자신이기 때문에 그가 해독하는 통일에 의해서 다시 규정된다. 더욱이 인간에 있어 분리되어 있는 것의 **통일**은 인간에게 비로소 **암호**가 된다.

1. 인간과 자연의 통일에 관한 암호

나 가운데 있는 자연은 나의 자기존재에 의하여 자기화되고 침투됨으로써 자연 그 이상의 것이다. 자연으로서 자연 속에 사는 것, 목적 없이 단순한 생명의 생적 약진에 현재하는 것, 그것은 빠르게 진부하게 된다. 그러나 그것을 감행하는 것과 그것을 거부하는 것은 인간이 자기 자신에 있어 암호화하기 위한 하나의 조건이다. 나인 것과 내가 아는 것은 나의 화신이 되지 않으면 안 된다. 항상 현재하는 감성, 긴장과 피로의 오르내림에 있어 보는 것과 듣는 것은 살아 있는 자연으로서 나를 행복하게 할 뿐만 아니라 또한 동시에 자연의 깊이를 가능성으로서 가지고 있다. 나의 현존의 암호문자는 감성의 방법으로 기술된다. 물론 감성은 단지 언어[56]의 소재에 지나지 않지만, 어느 순간에도 이 감성으로 발을 들여 놓지 않고서는 초감성적인 것은 현전하지 않는다.

성애는 인간 존재의 암호를 가장 결정적으로 표현하는 자연으로서의 인간의 현존이다. 성애는 인간에게는 규율을 따르는 냉담한 자연의 경과가 될 수 있다. 다시 말해서 그 경우에 성애는 생명적 긴장과 만족, 공허한 포만이다. 이것은 바커스적인 고양에서조차 암호가 되지 못한다. 단순한 지각과 단순한 오성이 맹목적인 것과 같이 성애의 만족 그 자체는 자극에 의하여 아무리 헤아릴 수 없을 정도로 풍부하다고 하더라도 여전히 투명성을 결여하고 있다.

성애는 그것의 초월성에 있어 상호소통의 표현으로서 실존적으로 포착될 때 비로소 인간적인 암호로서의 그 성격을 획득한다. 단순한 자연으로 나에게서 나의 인간 존재를 균열시키고, 나의 품위를 떨어뜨리는 것은 실존적 상호소통에 있어 인간 존재 속에서의 암호로 받아들여진다. 한 인간의 성애의 태도는 그의 본질을 결정한다.

사랑이 발현할 때 각자 자기 자신의 자연을 무조건 서로에게 위탁하는

---

56) 암호를 뜻한다.

성애의 헌신은 유일하다. 합리적인 고려에 있어 사랑은 생물학적으로 교환 가능하고 성애적 자극에 의하여 반복될 수 있지만—그 경우에 그것은 단순한 자연이고, 기교적으로 형성된 자연이지만—암호로서의 헌신은 단지 유일한 것으로 한 사람의 인간에 있어서만 가능할 뿐이다. 어떠한 오성도 어떠한 심리학적 영리함도 그 전속성을 파악하지 못한다. 이 전속성은 절대적 의식에 근거할 때 그리고 암호를 보고 알아차릴 때 실은 가장 명료한 자명성을 가진다. 이 헌신의 전속성은 그것이 동시에 욕구하고자 하는 경우에만 암호로서 있다—가령 전속적인 것으로서 단지 강제적일지도 모르는 욕구에 의해서만 그렇게 있는 것이 아니고, 존재의 필연성의 불가해한 선물로서 그렇게 있는 것이라고 하더라도 말이다. 그러므로 동일한 의미에 있어서의 반복은 가능하지 않다. 이 암호를 절멸케 하는 것은 한편으로는 단지 삶의 풍요와 삶의 가능성들만을 인식하고, 그 때문에 변화도 인식하는가 하면, 다른 한편으로는 인간의 유일한 인간적 가능성을 낭비할 때이다. 이러한 낭비는 양자가 다분히 무엇이 행해졌는가를 알지 못할 경우이다. 내가 단지 하나의 유일한 육체만을 가지고, 그것을 교체할 수 없는 것처럼 암호로서 육체의 공유는 유일한 상호공속성을 의미한다.

실존적 사랑에 있어 암호가 되면서—단지 일회적인 결속으로서, 그때마다 비교할 수 없을 정도의 가능성으로서의 암호 형식에 있어—자연은 그것의 현존의 천명할 수 없는 현재 가운데서 실존의 충실함으로 변한다. 인간 존재는 자연이 되고자 하는 위험에 직면하여 암호에 있어 자기의 본질을 획득한다. 자유에서와 마찬가지로 어두운 자연에서도 생겨나오는 이 암호는 고요 가운데서 그리고 압박하는 상황들 가운데서 일종의 부드러움의 가능성으로서 나타난다. 이 부드러움의 가능성은 완전히 내면적으로 타인들의 내면성을 향해서 열려 있고, 이 내면성에서 느낄 수 있는 것이지만,

조야에 대하여 냉혹과 불가침성의 태도를 통하여 스스로를 보호한다. 단지 방만에 지나지 않는 인습적 인간성에 대해서는 그것은 비인간성의 형식으로 감히 거리를 취한다. 자연의 소유로 돌아가는 인간으로서 우리는 우리들 각자의 자기 고유한 암호가 흐리게 된 채로 존속할 때조차도 이 인간 존재의 암호를 눈앞에서 본다. 그러나 인간이 이 암호를 보는 능력을 가지고 있었고, 이 암호에 대비하고 있었는지 어떤지 하는 것은 인간의 모든 태도에 규정적으로 작용한다.

단순한 성애는 인간으로 하여금 자기를 포기하게 한다. 그러나 가령 두 사람에 있어 각자가 상대방을—양자가 서로를 위하여 존재하는—유일한 사람이라고 한다면 그들의 결합은 일자의 절대성을 확증하고, 이 암호에 있어 그것이 자기말살적으로 현현하고 있는 것에 의해서 서로 사랑하는 자들의 존재의 결코 완성될 수 없는 계시가 된다. 성애는 무제약적인 상호소통에 있어 인간 존재가 감성적이 된다는 의미로서의 암호이다. 성애는 항상 소멸할 수 있으면서 이양할 수 없고, 두 사람 내지 다수의 사람들에게 증여할 수 없는 (상호소통의 감성화의) 담보이다.

2. 인간과 세계의 통일에 관한 암호

인간실존은 단지 그것이 세계에 의하여 **받아들여지고**, 이 세계 가운데서 **형성되고**, 이 세계에 의해서 실현되면서 이 세계에 **작용하는** 한에서만 존재한다. 인간 존재는 실로 한 단독자가 자기 자신의 위험을 각오하고 처음부터 새롭게 시작하는 해방에 의해서는 종식되지 않는다. 그러나 인간 존재는 그것에 의해서 위축된다. 인간 존재는 사회와 국가가 이것들과 동일화되는 인간에게는 거기에서 긍정적인 현실이 되는바 현재 속에서만 비로소 감지할 수 있는 암호가 된다. 그때 인간은 인간 존재를 의식한다. 이 인간 존재는 역사와 현재의 모든 가능성 및 현실성에 대한 보편적인 관찰 가운데서는 아직 존재하지 않지만, 결단된 지금의 존재 속에서 비로소 존재한다. 인간은 자기가 그 무엇 자체로 존재함으로써 암호의 통일로서 인간이 되지만, 그것은 자기에게 동시에 생소한 것으로서의 모든 것을 신중하게 접촉할 뿐, 결국 자기 자신으로 존재하지 않는 경우에는 그렇게 되지 않는다.

인간의 내면에 있는 자연이 인간 자신을 가장 소원한 것에 묶어 놓는 것과 같이 생각되는 것처럼 그의 현존의 역사적, 사회적 상황도 그러하다. 인간이 자기 자신을 파괴하지 않고는 자연이 부인될 수 없는 것처럼 그리고 인간이 자연을 전유하기 위한 조건들 아래에 둘 때 자연이 그 깊이로부터 빛을 발하는 것처럼 인간은 사회, 직업, 국가, 결혼, 가족을 불어서 날려 버리지 않고는 내버릴 수 없고, 단지 그것들 속으로 발을 들여 놓을 때에만 자기 자신을 발견할 수 있을 뿐이다. 인간은 자연에 있어서와 마찬가지로 그것들(사회, 직업, 국가, 결혼, 가족)에 압도될 수 있고, 영업에 있어 한층 더 일하고 즐길 수 있다. 그러나 객관적으로 오성과 경험에 대해서 존재하는 것 이외에 아무것도 존재하지 않음으로써 모든 것이 진부하게 될 때 그 모든 것은 인간 존재의 그릇이 되고, 그렇게 됨으로써 암호가 된다. 그 모든 것을 인간이 담지하는 한 그렇게 된다. 인간은 그 가운데서 자각에 이른다. 그때 인간은 이 현재하는 현실 가운데로 수용되고 동시에 인간이 간파하지 않으면 안 되는 현실의 가능성들에 의하여 속박된다. 인간은 현존과 하나가 됨으로써 비로소 그 인간 존재를 실현하는 그런 현존의 법칙하에 선다. 그러나 이 동일화가 세계로부터의 분리의 가능성에서 유래하기 때문에 이 동일화는 다음과 같은 여러 가지 중간 형태를 취할 수 있다. 즉 (인간이) 이 기업의 세계에 참여하는 것, 그가 소유하는 것을 기업에 주는 것, 그러나 여전히 그가 역사적 장소에 나아갈 때까지 비축해 두는 것 등이 그것이다. 따라서 이 역사적 장소에서 동일화에 의하여 그것의 실체가 실현되고, 그것이 이제야 그 세계에 있어 암호가 된다.

3. 자유라는 암호

인간 존재의 암호의 통일성은 단지 현존할 뿐인 인간 속에는 존재하지 않기 때문에 그 통일성은 무제약적인 것의 열정으로부터 비로소 자라난다. 이 열정 속에서 현존은 실존으로서의 인간이 된다. 실존은 그 자연 및 세계와 하나로 된다. 감성과 세계 없이는 어떠한 현재도 없고, 단순한 실존의 가능성만이 있는 것처럼 실존 없이는 감성적인 세계 현존으로서 인간 존재는 없다. 절대적 의식에 기초해서 성실을 지키는 것, 완전히 현재적으로 살고 있음에도 길게 보고 사는 것, 본래적인 것의 도래를 강하게 참고 기다릴 수 있는 것, 아직 알려지지 않은 목적들에 자신을 유용하게 적응시키기 위하여 자기교육을 행하는 것, 사려의 시간을 장악하는 것, 단호하게 결의하는 것, 모험을 감행하는 것.—실존의 내적 행위에 대한 이러한 표현들과 다른 모든 표현들은 그 자신 자유로서 암호일 수 있는 인간들을 나타내고 있다. 이러한 인간들은—자기의 암호가 자기의 자연적 경향성, 자기의 의식일반이지만, 자기의 인간존재는 아닌 바의—경험적 현존으로서의 인간과는 구별된다.

자유가 인식의 대상이 아니라고 하더라도 자유는 그것에 있어서만 초월자가 존재하는 유일한 존재인 자기존재의 현재로서 존재하고, 또 한편으로는 자기 자신 다음과 같은 이중의 가능성에 있어 초월자의 암호로서 존재한다. —

자유는 자기가 자신을 창조하지 않은 자립성으로서 해명되었다. 의지의 이율배반에 있어 자유는 당혹을 야기하고, 초월자와는 지극히 다른 모습으로 존재함으로써 인간으로 하여금 자신을 **내버린 것으로**—전적으로 은총에만 의존해야 하는 것으로—느끼게 할 수도 있었다. 다른 한편으로는 의지의 이율배반에 있어서 자유는 그것의 확신에 있어 초월자와 연계하여 자신의 근거를 **신뢰**할 수도 있었다.

나는 나의 현존의 비속을 방관하면서 나 자신이 **내버려지고 있다**고 하는 의식을 가지고 살 수 있다. 나의 자기증오는 인간이란 일반적으로 무엇인가에 관한—애매한 모든 동기에서 인도되는 이 물음에 관한—지식으로부터 오는 것으로서 이해된다. 선도 또한 악이 된다. 왜냐하면 나는 그것을 선으로서 지각하고, 나의 공적을 자랑스럽게 생각하기 때문이다. 선량한 의지의 명료성이 결여되고 있거나 또는 내가 선을 알고 있음에도 그것을 행하지 않는 일이 일어나기도 한다. 내가 무슨 일을 하려고 해도 그것은 나의 뜻에 상반된 결과가 된다. 나는 자신이 항상 반복해서 범하는 죄과를—신적인 은총이 어떤 명시된 보증에 의하여 탈출구를 나타내 보여주지 않는 한—절망하면서 승인한다. 그런데 신의 은총은 내가 아직 달성할 수 없었던 것을 나의 공로 없이는 나에게 증여되지 않는다. 여하튼 모든 것은 신의 의지에 의해서 존재하는 것인데 자신을 자유롭다고 생각하는 것은 자만이라고 생각된다.

또 한편으로 나는 나에게 여러 가지 요구를 제시하고 그를 신뢰하기 때문에 따르고자 하는 용기를 나에게 주는 그런 타고난 **선천적인 귀족 의식**으로 살 수 있다. [생득의 고귀에의 상찬, 유리안에 대한 논박—미그네 판 아우구스티누스 전집 제10권 735단으로부터 인용] 나는 나 자신에 대해서 존경의 상념을 가진다. 나에게 있어 선은 행동이 따르고 봉사하는 나의 존재 속에 존재한다. 내가 진실할 때 나는 나에게로 복귀한다. 내가 이반할 때 나는 나 자신을 떠난다. 나를 지배하는 것은 주어진 존재에 대한 자랑이 아니고, 가령 그러한 것에 위험이 수반되더라도 자기를 실현하고자 하는 존재에 대한 신뢰이다. 내가 그것 때문에 나 자신에 대해서 죄를 짓게 되는 (나의 자기존재에의) 성실성의 결여를 나는 견딜 수 없다. 이 성실성을 결여한 현실은 나의 자기의식을 갉아먹고 나의 안정을 허용하지 않는다. 나는 내가 행했던 바에 대하여 책임을 받아들이고 내가 파멸시켰던 바를 보상하고자 시도한다. 나는 자기만족을 할 수 없다. 그러나 인간의 체면을 손상하는 자기비방으로서 자기증오가 나타나고, 이 자기증오는 은총에서 구원을 구하는 것—이것은 신성이 은밀성에 의해서 그것의 의지로서 알리는 것 같이 생각되지만—내가 자유의 본래적 존재에 있어 나 자신을 사랑할 수 있기 때문에 나 자신의 자유에 의하여 나를 돕는다는 것은 불가능하다.

은총의식과 **자유의식**의 대립은 더 정확히 말해서 **사악함**과 고귀함의 대립에 부합되지 않는다. 그러나 그것들 사이에는 어떤 관계가 존재한다. 사악함에 있어 나는 은총을 구하고, 고귀함의 의식에 있어 나는 자유를 확신한다. 그러나 그것 때문에 내가 아무것도 할 수 없는 그런 일에 전연 상관하지 않는 가운데 내가 희망도 없이 침몰하는 것이 아니라면, 사악에 있어서도 여전히 어떤 자유가 존재하지 않으면 안 되는 것과 마찬가지로 고귀성의 의식에 있어서도 오만한 자부가 인간으로 하여금 자신을 착각하여 신이 되도록 하는 것을 못하게 한다면 자기가 신성으로부터 증여되었다는 의식이 있지 않으면 안 된다.

그러나 내가 나 자신에게 증여하는 것은 어떤 계시에 의해서도 아니고, 또 어떤 객관적인 보증에 의해서도 아니며, 나의 의욕의 결단이 실현되는 순간들에 있어서이므로, 이 결단도 역사적인 전승을 자기화하는 모범과

지도에 의해서 준비되고 상호소통에서 명백하게 된다. **초월자는** 인간이 그 **초월자를** 지향할 용의가 있을 경우에 인간에게 도래하며, 이처럼 용의 가능성의 방법에 따른 이 도래는 초월자의 암호이다.

암호문자의 해독과정에서 나온 언어로서의 예술

자연, 역사 및 인간에 있어 암호의 해독을 전달하는 것은 이 전달이 직관성 그 자체에서 행해지고, 사변적 사상에서는 행해지지 않을 때 예술이다. 예술은 암호의 소리를 제공하지만, 암호가 예술로서 말하는 것은 다른 어떤 방법으로도 말할 수 없고, 게다가 이처럼 말하는 것은—모든 철학함이 그 주위를 맴돌고 있는바—본래적 존재를 적중하는 것이기 때문에 여기서 예술은 **철학의 오르가논**(셀링)이 된다. 예술철학으로서의 형이상학은 예술에 있어서의 사유이고 예술에 관한 것은 아니다. 즉 사변적 사유에게 예술은 예술철학에 있어서와 같이 대상이 되지 않는다. 오히려 이 사변적 사유에게 예술적 직관은 초월자를 뚫어지게 보는 눈이 된다. 예술적 직관에 있어서의 철학적 사유는 일탈된 일반화로서만 전달될 수 있다. 여기서 철학은 간접적인 수단으로서 살아 있다. 철학은 그 자신이 창조하지 못하고 자신이 속해 있는 내용을 인도하지 못하며, 오히려 그것을 포착하는 것을 가르친다. 철학함은 본래적으로 중요한 것에 도달했다고 생각할 경우에는 전혀 쓸모없는 논의로 만족하지 않으면 안 된다. 셰익스피어가 그의 작품에 나오는 독창적인 인물들의 난파하는 자기존재에서 해석되지 않거나 해석할 수 없는 것을 나는 내가 철학함을 할 때에는 더욱더 잘 들을 수가 있지만, 그것을 철학으로 옮길 수는 없다.

1. 중간 영역으로서의 예술

암호가, 단지 그것이 당장 절멸하여—암호가 그것으로부터 분리되었던 바—초월자와 하나가 되기 위한, 하나의 발단에 지나지 않는 곳에서는 신비설이 있다. 숨은 신성이 인간의 자기존재의 사실적인 행동으로부터 감지되는 곳에서는 실존의 결단하는 시간적 현존이 있다. 그러나 암호에 있어 존재의 영원성이 해독되고, 순수한 명상이 완성된 것 앞에서 정지하고, 대상으로부터 나의 분리의 긴장이 잔존하고, 그럼에도 시간적 현존이 떠나는 곳, 그곳에서는 예술의 영역이 무시간적으로 침잠된 신비설과 무시간적인 실존의 사실적인 현재 간의 **중간** 세계로서 존재한다. 자아가 무차별적인 일자 속에 신비적으로 용해되고, 시간적 현존에 있어 자기존재가 숨은 신성에 직면하여 몸을 바치려고 한다면, 자아는 예술의 관조에 있어서는 존재의 암호문자를 해독하고, 그때 자아는 단지 가능성에만 머무를 뿐이다. 신비설은 무대상적 범신론으로 빠져 들어간다. 즉 예술은 그것의 암호들에 있어—신적인 것의 헤아릴 수 없을 정도의 풍부한 형태들에 있어—신적인 것의 다양성을 실현한다. 신적인 것의 형태들 가운데 그 어떤 것도 전혀 신적인 것이 아니다. 즉 실존의 유일신에 있어 예술은 때려 부수어지고 그것의 암호들의 생동은 가능적인 것의 놀이가 된다.

예술적 관조의 상상에 있어 만족은 **단순한 현존에서뿐**만 아니라 **실존의 현실에서도** 나를 끄집어낸다. 이 만족은 절대적 의식의 비약이고 현존의 비참함으로부터의 해방이다. 헤시오도스는 뮤즈의 여신들로 하여금 다음과 같은 것을 증언하게 했다.

뮤즈[57]의 여신들이 번뇌로부터의 구제와 비참의 경감을 가지고 왔다.

그러나 상상에는 또한 구속력이 없다. 왜냐하면 상상은 아직 나의 자기 존재의 현실을 창출하지 못하고, 오히려 내가 존재할 수 있는 공간을—또는 내가 그때 이미 실존으로서 현실적인 일보를 내디디는 것 없이 나의 내적 태도에 따라 변화하는 존재의 어떤 현재를 창출하기 때문이다. 예술을 향유하는 자, "그는 급히 번뇌를 잊고, 더 이상 번민을 생각하지 않는다. 이렇게 뮤즈의 여신들의 하사품이 즉각 번민을 변화시켰다." 그러나 실존은 번민을 잊지 못하고 또 어떤 번민과는 다른 것의 실현 가운데서 기분 전환에 의해서도 변화되지 않고, 오히려 현실적인 것을 떠맡아 자기화하는 데서 변화된다.

그러나 실존은 예술이 확증하는 존재의 직시에 있어 자기망각을 삽입함으로써 실존이 자기 고유한 공간을 획득하지 않는다면 이 진정한 변화를 성공시키지 못한다. 예술의 불구속성에는 가능성에 의한 구속성이 있다. 사람들이 지극한 진지함도 불가능하게 될 정도로 심미적으로 임의의 진기한 것을—고유한 가능성의 공간으로 발을 들여 넣지 못하고, 오히려 호기심의 교체와 나 자신에 있어 결코 고유하지 못한 정서의 야기에 한 요인으로 작용하는 진기한 것을—향유하는 곳에서 비로소 이미 진리는 존재하지 않는다. 그때 현존과 실존의 현실 앞에는 예술적 언어들의 실존적으로 공허하게 된 형상들이 놓여 있다. 즉 본래적인 것은 더 이상 보이지 않는다. 이러한 가능적 변질은 예술의 관조에 있어 지복을 구하는 근원적인 권리에 대한 어떤 이의도 의미하지 않는다. 예술의 관조의 불구속성이 나를 비로소 실존함의 가능성으로 해방시킨다. 내가 현존의 현실 속에 완전

---

57) 그리스 신화에서 학예를 맡고 있다는 女神의 이름이다. 모두 9명인데 시나 음악의 神으로도 알려져 있다.

히 침몰하여 단지 나의 실존의 현실에만 마음을 쏟는다면 나는 묶여져 있는 것과 똑같을 것이다. 어떤 움직임도 할 수 없고 그 어떤 것도 할 수 없는 무능한 상태에서 나는 나를 소모할 것이고, 맹목적인 횡포를 자행할 것이다. 내가 실존으로서 근원적 암호 앞에 서 있을 때, 이 암호가 언어가 되지 못한다면 나는 자유로 구제되지 못한 채로 있을 것이다. 현실을 이 예술의 언어 속에서 순간적으로 지양하는 것이 실존으로서의 현실을 자유롭게 포착할 수 있는 가능적 조건이다.

현실은 실로 예술 그 이상의 것이다. 왜냐하면 현실은 진지한 실존적 결단에 있어 실존의 생생한 자기현현이기 때문이다. 그러나 현실은 또한 실존 그 이하의 것일 수도 있다. 왜냐하면 현실은 예술을 통해서 획득된 암호들의 언어의 반향에 있어 그 몽롱한 상태에서 벗어나 비로소 언어가 되기 때문이다.

2. 형이상학과 예술

인간은 형이상학적 사유에 있어 예술로 박진감 있게 나아간다. 인간은 자기의 감수성을 근원을 향해서 열어젖힌다. 그 근원에 있어 예술은 진지하게 생각되고 단순히 장식, 놀이, 관능의 기쁨일 뿐만 아니라 암호까지도 해독한다. 작품들의 모든 형식분석, 그 작품 세계의 모든 정신사적인 이야기, 그 작품의 작가의 전기―이 모든 것을 통해서 인간은 어쩌면 그 자신이 아닌 것과의 접촉을, 그러니까 실존으로서 묻고, 보고, 그 역시 찾고 있는 존재의 근저에서 형성한 것과의 접촉을 탐색한다. 인간들이 만든 것의 외면적 표지에 따라 예술작품이라고 일컬어지는 모든 사물은 하나의 절단면으로 분리된다. 즉 한쪽 측면은 초월자의 암호의 언어이고, 다른 한쪽 측면은 근거와 깊이를 결여하고 있다. 형이상학적 사유에 있어 비로소 인간은 이 절단면을 반성적인 의식으로 자각하고, 자기가 예술에 진지하게 접근하고 있다고 확신한다.

3. 모방, 이념, 천재

암호로서 해독된 것을 언표할 수 있기 위해서는 예술가는 여러 가지 현실을 모방하지 않으면 안 된다. 그러나 모방은 아직 예술이 아니다. 모방은 세계정위적 인식에 있어, 예를 들면 해부학적 스케치로서, 여러 가지 기계의 모사로서, 여러 가지의 모형이나 설계로서의 역할을 연출한다. 단지 사상만이 여기서 경험적 현실성 또는 어떤 일관된 설계의 표준에 따라서 언어를 행사한다. 이 모방은 합리적인 어떤 것을 직관에 있어 함축적, 투시적으로 언표할 뿐이다.

예술가는 경험적 실재성이나 사상적 구성 그 이상의 것을 지각한다. 사물들에 있어서는 무제한적인 이념들로서의 전체성과 형식들이 가로 놓여 있다. 이 무제한한 이념들은 일반적이지만, 적절하게 모사될 수는 없다. 유형들에 있어서의 도식과 양식들은 이념들의 실체로서 세계에 있어 연속적으로 양도되는 것을 추상적으로 그리고 부적당하게 표현하지만, 합리적인 세계정위에 있어서는 적합하게 표현한다. 예술은 이념들에 있어 제시되는 힘들을 현현한다.

이러한 힘들은 일반적인 것으로서는 예술가에 의해서조차 대체로 표현되지 않는다. 이 힘들은 **천재**의 작품에서 구체화되고 어떤 절대적이고 역사적인 대체 불가능한 일회성이 된다. 그럼에도 이 일회성은 반복될 수 없는 그런 일반적인 것으로 이해된다. 거기에서 비로소 암호가 되는 초월자가 말한다. 왜냐하면 실존이 그것의 역사성에 있어 초월자를 포착하기 때문이다.

제자들에 의한 반복은 근원적 진리의—천재가 말하자면 초월자 자체를 근원적 진리로서 천상으로부터 가져오는 그런 진리의—매력을 상실한다. 결국 거기에 남는 것은 현실 또는 이전의 작품들 또는 오성에 의하여 사유된 사물의 모방이다.

예술의 **모방설**은 단지 예술의 언어의 재료만을 다루고, **미적 관념론**은 일반적인 여러 힘을 다루며, **천재설**은 근원을 다룬다. 그러나 천재 개념에서는—이 개념에서는 객관적인 작업 평가에 복종하고 있는 창조적인 천부의 재능이 사념되고 있는 것인지 또는 초월자의 계시가 그것의 근원으로부터 생기한 역사적 실존이 사념되고 있는 것인지라는—애매함이 있다. 실존은 작품을 통해서 나에게 말을 거는 존재이고, 이 존재로부터 나는 상호소통에 있어서와도 같이 그 존재의 언어로 감동을 받고, 반면에 천부의 재능은 나로부터 먼 객관적인 의미를 가진다. 그러나 존재의 근거들에 접촉하는 인간이 존재하는 것을 암호들에 있어 말할 수 있을 경우에 실존과 천부의 재능은 천재로서 하나가 된다.

4. 초월적인 환상과 내재적 초월자

암호는 예술에 있어 초월적 환상으로 직관되거나 또는 내재적 초월자로 현실 자체에서 가시적이 된다.

자연세계 바깥에 있는 또는 세계 내의 특별한 존재로서 **신화적인 인물**들은 예술가에 의해서 형태를 획득한다. 헤로도토스에 따르면 호메로스와 헤시오도스는 그리스인들을 위해서 신들을 창조했다. 이러한 역사적인 존재자들은 고안되지도 않고 발명되지도 않으며, 그것들은 언어의 근원적인 창조이고, 이 언어는 그것에 의해서 초월자가 이해되는 그런 언어와 비슷하다. 이 역사적인 존재자들은 아직까지 여러 가지의 물신이나 기괴한 우상에 있어서만 형태를 취하는 여러 힘들에 있어서의 **어두운 상징들**에 불과하다. 이 역사적인 존재자들은 인간적인 형태들이 되며, 이 형태들은 **인간적인 현존의 고양**과도 같이 생각된다. 그러나 이 역사적 존재자들은 인간을 뛰어넘는 도상에서 야기된 신적인 것의 착상이다. 다시 말하면 인간은 이러한 초월적인 환상에 나타난 신들을 닮은, 항상 결점이 있는 모습이다. 신화적 환상에서 처녀, -어머니, -여왕[58], 수난의 그리스도, 성자, 순교자, 그리고 그리스도교적 여러 인물상, 극적 장면, 사건 등을 안고 있는 헤아리기 어려울 정도로 광대한 나라가 보인다. **경험적 현존의 분열**이 여기서는 초월자의 형태가 되고 이 현존의 가능적 완성이 되는 것은 아니다. 그러나 항상 여러 가지 신화에 있어서는 모든 인간적인 것을 자신으로부터 분리해 놓은 인간의 모습을 띤 신적인 것이 단순한 현실적 세계와 공존하는 특수한 세계로서, 자연적인 것과 공존하는 기적으로서 직관적인 대상이 된다.

단지 경험적인 현실 자체만을 묘사하고 있는 것 같이 보이는 그러한 예술의 **내재적 초월자**는 다른 또 하나의 문제이다. 모든 예술은 진실로 단지 그 근원에 있어 경험적인 직관들에 있어서만 말할 수 있다. 그러나 신화적 예술은 현실의 요소들을 다른 하나의 세계로 만든다. 그래서 이 신화적 예술이 진정할 경우에 그 요소들에 의해서 건립될 수 없고, 또 그것들에 의해서 조립도 불가능한 것이 그 세계에서는 가시적이 된다. 실제로 다른 하나의 세계가 존재한다. 이러한 세계를 그것의 경험적인 요소들로 해체하는

---

58) 성모 마리아를 가리킨다.

것은 그 세계를 파괴하는 것이 된다. 그러나 내재적 초월자의 예술은 경험적 세계 자체를 암호가 되게 한다. 그것은 세계 내에 나타나는 것을 모방하는 것 같이 생각되지만, 그것을 투명하게 만든다.

초월적 환상의 예술이 **예배의 세계**를 전제로 삼고, 예배하며 신앙을 수행하는 데서 사람들이 일치하고, 그렇게 함으로써 그들 자신의 환상의 의존성을 전제로 한다. 이 환상의 깊이는 개개인이 단지 홀로 서 있는 것이 아니고, 오히려 그가 모든 사람과 함께 알았던 바를 말로 표현한다는 사실에 의해서 달성되는 데 반해서, 내재적 초월자의 예술은 **개개의 예술가의 독립성**에 속박되어 있다. 이 내재적 초월자의 예술가는 근원적으로 현존으로 인식하고, 단순한 모방, 현실적인 것의 인식된 분석 가운데로 미끄러져 떨어지며, 어떠한 예배와 어떠한 (신도의) 집회도 그를 가르칠 수 없는 것을 볼 수 있는 데까지 자신의 자유에 의하여 비약한다. 순수한 초월자의 예술가는 전승된 표상들을 형성하고, 내재적 초월자의 예술가는 현존을 새롭게 암호로서 해독하는 것을 가르친다.

지금까지의 가장 위대한 예술가들은 **양쪽의 가능성** 사이에 서 있었다. 그들은 신화적 내용들을 빠뜨리지 않고, 그것들을 현실 속으로—그들 자신이 그들 자신의 자유로부터 초월자 가운데서 새롭게 발견하는 현실 속으로—가지고 왔다. 예를 들면 아이스킬로스[59], 미켈란젤로, 셰익스피어, 렘브란트도 그렇게 했다. 신화적인 것과 현실의 근원적인 상호공속은 그들에게는 항상 단지 한 번에 한해서만 그처럼 보이고 형성될 수 있었던 것과도 같이 고양된 현실이 되고 있다. 고요해진 전승으로부터 끄집어낸 신화들은 그 전승을 통해서 한번 더 잘 들을 수 있는 다른 하나의 언어를 언

---

59) Äschylus, 고대 그리스의 비극 작가(B.C 525~456).

표한다. 현실적인 것은 더 이상 현실의 언어에 있어서만 포착할 수 없는 여러 힘들에 관여하고 있다. 그러나 반 고흐는 모든 신화를 포기함으로써 지극히 현실적인 것에 국한한 가운데 초월자로 하여금—당연한 결과로서 한없이 빈곤하지만, 우리들 시대에 있어 진실한—발언하도록 했다.

5. 예술의 다양성

음악, 건축, 조각은 그것들이 실제로 산출한 **시간성, 공간성, 물체성**에서 암호를 해독하게 한다. 회화와 문학은 비현실적인 **표상**의 세계에서 표현된다. 이러한 표상의 세계는 한편으로는 선과 색에 의해서 평면상의 환상적인 현현으로 가져올 수 있는 모든 가시적인 것에 국한하여 표현된다. 다른 한편으로 이 표상의 세계는 언어가 표현하는 것과도 같이 모든 직관적인 것과 사유가능한 것 일반의 표상에서 표현된다.

음악에서는 **시간적 현존**으로서 자기존재의 형식이 암호가 된다. 시간적으로 소멸 가운데서 형태를 나타내는 존재의 내면성에 있어 음악은 초월자를 발언하게 한다. 음악은 그것의 재료가 가시성과 공간성을 결여하고, 표상 가능한 것을 결여하고, 그 점에서 비구체적인 한 가장 추상적인 예술이다. 그러나 음악은 이 음악의 재료가 이 세계 내에서 우리에게 본래적 존재인바 자기존재를 끊임없이 몰아세워서 소모하는 시간성의 형식인 한 가장 구체적인 예술이다. 음악은 그것이 실존의 보편적인 현존의 형식을 음악 자신의 현실로 전변시킬 때, 말하자면 실존의 핵심을 만난다. 음악과 자기존재 사이에는 대상으로서 개입하는 것은 아무것도 없다. 음악의 현실은 그때마다 음악을 연주하거나 또는 듣는 가운데 함께 수행하는 그런 인간의 현재적 현실이 될 수 있다. 이러한 인간은 그가 정리하여 단지 음으로서만 실현하는 그의 시간적인 현존의 형식을 투명하게 한다. 그러므로 음악은 인간이 단지 그것을 연주할 때만 존재하는 유일한 예술이다. (춤은 그것을 전달할 수 있는 악보를 만들 수 없고 단지 춤을 춤으로써만 존재할 뿐이다. 즉 춤은 인간에게서 인간에게로 가르쳐질 수 있을 뿐이다. 그리고 춤 속에 암호가 존재하는 한 그 암호는 춤 속에 있는 음악적인 것이다. 마찬가지로 모든 음악도 신체 운동을 수반할 수 있는 그 무엇을 가지고 있다. 드라마는 반드시 상연을 필요로 하지 않는다. 「리어왕」과 「햄릿」과 같은 가장 심오한 드라마들은 거의 상연에는 적합하지 않다.)

건축은 **공간**을 정리해서 존재의 암호로서의 공간성을 창조한다. 건축술이 공간 속에서 나의 운동의 양태들에 대한 권유이고, 나의 시간적 행위의 한 계열에 의해서 비로소 완전히 현재함에 이르게 된다면 그 건축술은 그 경우 역시 바로 존립하는 것이고, 음악과 같이 소멸하는 것은 아니다. 제한, 정리, 비례를 수반한 나의 세계의 공간적 형태는 정지해서 존속하는 항존의 암호가 된다.

조각은 **물체성** 자체로 하여금 말을 하게 한다. 여러 가지 물신이나 오벨리스크[60]로부터 인간의 모습을 새긴 대리석 조각에 이르기까지 조각에 있어 암호로서 포착되고 있는 것은 어떤 타자의 모상이 아니고, 삼차원의 물량의 밀도에서 보이는 존재의 현존이다. 이 현존이 인간적인 모습에 있어 신체성으로서의 가장 구체적인 현상을 가지고 있기 때문에 이 신체적 모습이 조각의 지배적인 대상이 되었지만, 이것은 인간이 아니고, 이 조각의 암호에 있어 신체적으로 현현한 초인적 모습을 가진 신이다.

음악은 시간의 충실을 위해서 그것의 재료로서의 음향을 필요로 하고,

---

60) Obelisk란 고대 이집트에서 태양 신앙의 상징으로 삼았던 방첨탑을 말한다.

건축은 공간의 충실을 위해 공간을—현실적, 인간적 현존에 그의 세계로서 봉사하는 이 공간성의 목적 및 의미와의 연관 속에서—제한하는 질료를 필요로 하며, 조각은 물체성의 경험을 위해 이 형식으로 구성되고 있는 내용들의 재료를 필요로 한다. 이 충실한 것이 자신을 자주적이게 할 때마다 암호가 퇴색하기 때문에 예술은 비본질적이 된다. 즉 자연의 소리의 음악적, 모방, 임의의 사물들, 즉 대상들 일반을 모상으로 하는 조각적 조형, 건축양식상 실용형식을 기계적, 합리적으로 투시함으로써 고립화하는 것 등이 바로 그것이다.

음악, 건축, 조각이 그것들의 암호를 말함에 있어 현실적 현재로서의 요소에 묶여져 있는 데 반해서 회화와 문학은 현현하는 비현실적인 것에 있어 가능성으로서 기투된 것을 전망하는 환상 가운데 무한의 세계들을 향해서 자유롭게 움직이고, 색채와 언어들을 타자를 위한 비자주적인 수단으로서 이용한다.

그러므로 전자[61]는 그것들의 현재에 대한 감각을 통해서 내가 음악을 들을 때는 시간성의 사실적인 자기 실행을 포착하고, 내가 건축 작품을 파악할 때는 공간에 있어서의 사실적인 생활 및 운동의 형식을 포착하며, 내가 조각을 이해할 때는 신체성의 무게와 생동성을 포착한다. 이러한 예술들은 그것들로의 본래적인 접근을 허용하지 않으려고 하고, 이 예술들의 한정된 풍요는 단지 끊임없는 자기 훈련에 대해서만 자기를 열어 보이는 깊이를 가지고 있다. 이러한 예술들에서 암호가 열려 드러나야 한다면 나는 나 자신으로서 거기에 관여하지 않으면 안 된다. 자기활동은 어떤 다른 대상적 존재도 개입시키지 않고 이 암호 존재를 향해서 곧바로 지향한다. 이

---

61) 음악, 건축, 조각의 계열.

러한 예술들에의 접근이 대체로 성공한다면, 따라서 기만도 또한 비교적 용이하게 저지될 수 있다.

이와 반대로 **회화**와 **문학**은 모든 사물, 모든 존재, 비존재의 무한한 공간에 용이하게 접근하게 한다. 자기활동은 지금 당장 표상의 환상을 획득하는 방향으로 지향하고, 이 표상의 환상을 통하여 비로소 암호를 지향한다. 이 암호를 포착하기가 (위에서 기술한 세 가지 예술의 경우에 비해서) 더 어렵다는 것은 그것이 무제한한 다양성을 가지고 항상 다른 모습을 드러내 보이기 때문이다. 회화와 문학에 용이하게 접근한다는 것은 힘들이지 않는 표상의 여러 가지 잡다성에 의해서 기만하는 것이 된다.

다른 한편으로 회화와 문학은 현실적 세계의 풍부함을 드러낸다. 회화와 문학은 시간과 공간과 물체성의 암호들을 해독하게 할 뿐만 아니라 충실하게 된 현실의 암호까지도 해독하게 한다. 이러한 현실의 암호 가운데 회화와 문학이 앞에서 기술한 세 가지 예술의 영역 내지 일반적으로 존재하고 있고, 존재할 수 있는 모든 것을 표상의 형태로 함께 끌어들인다. 회화와 문학이 예술의 영역에 첨가해서 움직이는 대상적인 것의 삽입물은 존재에의 가까움이라는 근본적인 중압으로부터 멀어지지만, 우리에게는 도처에 존재하는 것과 같은 현존을 하나의 중간존재로서 포착한다. 회화와 문학은 암호에 있어 존재로부터 거리를 두지만, 그것들은 내가 현존에 있어 실제로 암호와 마주치는 그런 방법으로 좀 더 가깝게 다가간다. ―

이러한 구분과는 반대로 **음악**과 **문학**은 공통적으로 다른 예술들에 대립해 있다. 이 양자는 가장 직접적으로 감동을 준다. 이 양자가 급속하게 유발된 여러 가지 정서에 의하여, 음악에서 감성에 의하여, 문학에서 여러 가지의 흥미진진한 체험에 의하여 암호를 상실할 때에는 우리들로 하여금 기만적으로 감동적이게 한다. 이 양자가 우리들로 하여금 진실로 감동적이게 하는 것은 현재하는 자기존재의 흥분에 있어 암호를 감지될 수 있도록 하기 위하여 음향과 언어의 가장 추상적인 소재에 있어 (향수자와의) 시간적으로 깅조될 협력을 가상 결연하게 요구하기 때문이다. 공간적인 예술들, 즉 건축, 조각, 회화는 (향수자로부터) 더 멀리 거리를 두고 있고, 더 냉정하고, 그런 한에 있어 더 고상하다. 공간적인 예술들은 그것들의 암호를 (음악이나 문학의 경우보다도) 살그머니 그것들에 다가가는 (향수자의) 관조에 대해서 드러낸다.

제3절
암호문자에 대한 사변적 해독

초월자가 존재한다는 것(신 존재증명)

하여튼 초월자가 존재한다는 것은 어떤 경험적인 확정에 의해서도 그리고 어떤 강제적인 추론에 의해서도 보증될 수 없다. 초월적 존재는 초월에 있어 마주치지만, 그것은 관찰되지도 않고 고안되지도 않는다.

내가 초월적 존재에 대해서 의심하는 것은 내가 순수한 의식일반으로서 그것을 사유하고 동시에―이 의심이 오직 그것에만 중요한 의미를 가지는 바―가능실존으로부터 자극을 받을 때이다. 지금 나는 확신을 얻고 싶다. 나는 초월자가 존재한다는 것을 나 자신에게 증명해 보이고자 한다. 이러한 증명들은 수천 년 이래 전형적인 형식들로 흘러나왔지만 결국 난파되고 말았다. 왜냐하면 초월자는 일반적으로 존재하는 것이 아니고, 단지 실존을 향한 역사적 암호로서만 존재하기 때문이다.

그럼에도 이 증명들은 그것들에 있어 존재의 실존적인 확인이 명백하게 되는 한 단지 오류만이 아니다. 이 증명들을 사유하는 것은 아직 현존 이외에 그 어떤 것도 아닌 모든 현존의 상대화에 있어 실존의 비약은 아니지만, 그것은 이 사실적인 비약을 사상적으로 투명화하는 것이 된다. 이 증명들의 형식은 물론 어떤 존재로부터 출발해서 초월자에 도달하는 것이지만, 그 증명들이 가지고 있는 의미는 본래적인 존재의식의 투명화이다.

이러한 증명들이 **기만**이 되는 것은 이 증명들이 하나의 지식의 성과로서 실존적 확인을 대신할 때이다. 그러나 기만되지 않는다면 이 증명들은 그것들의 합리적 객관성에 있어 존재천명의 **최후의 희박화**와 같은 것이다. 실존적 충실의 반향에 있어 현실적으로 사유된 것으로서 이 증명들은 그것들 자체가 **사유하는 자의 암호**이고, 이 암호에서 그의 사유와 존재가 하나가 된다.

내가 나의 존재를 본래적으로 인지할 때 지식으로 가지는 것에 기초해서 나는 이 암호의 내용을—마치 내가 저 인지가 더 이상 현전하지 못할 때에도 여전히 그 암호의 내용을 가지고 있는 것과도 같이—포착한다. 즉 이 암호의 내용은 여러 가지 **부정**에 있어 진술되는 **초월적 존재의 불확실한 깊이**이다. 다시 말해서 이 내용은 절대적 이상으로서의 **최고의 것**, 사유될 수 있는 최대의 것, 모든 의미에 있어서의 최대한이며, 이것을 나는 아무튼 생각해 내지도 못하고 표상하지도 못하지만, 나를 충만시킨 모든 것이 **상승하는 도상의 표상**에서 생각해 낼 수 있다. 그래서 그것은 특수한 종교적 개인에게는 그가 의지하는 **당신**이고, 그가 **기도**할 때에는 그는 당신이 그 깊이와 높이를 가진 주체로서 듣고 있다고 믿는다.

여러 가지 부정에 있어서는 모든 현존에서의 불만이 표현되고, 상승에 있어서는 현실에 의한 충실이, 그리고 기도에 있어서는 초월자와 나 사이의 관계가 표현된다. 인지[62]는 어떤 경우에는 초월함에의 끊임없는 충동이고, 그 초월함에서는 초월자가 불확정인 채로 존재하지만, 현실적으로는 (부정에 있어 표현되고) 어떤 경우에는 내가 도처에서 진리, 미, 선의지를 보는 곳에서의 존재의 적극적인 빛남이 (상승에 있어 표현되고) 어떤 경우에는 (신성의 인격성으로서 표현되고) 그것은 기도에 있어 실존의 근거와 비호, 척도와 지원인 본질 존재로 실존이 지향한다.

합리적인 진술로서의 증명은 다음과 같은 형식을 취한다.

실존적 인지의 존재로서 현재하는 것은 현실적으로도 또한 존재하지 않으면 안 된다. 왜냐하면 그렇지 않으면 인지하는 것 자체가 존재할 수 없기 때문이다.

이러한 진술은 다음과 같은 것을 의미한다. 즉 이러한 인지인 바 사유하는 존재는 실존적인 통일에 있어 사유와 동일하며, 그 때문에 또한 그 사유된 것의 현실성을 증명하는 그러한 존재이다.

또는 이렇게도 말할 수 있다. 즉 이 실존적 존재의 사유가 이 사유의 내용—초월자—의 현실과 결합되지 않았다고 한다면 사유하면서 존재하는 것으로서의 그것 자체 또한 존재하지 못할 것이다. 그러나 그 사유는 존재한다. 그러므로 초월자 또한 존재한다.

또는 이렇게도 말할 수 있다. 즉 실존의 존재는 단지 초월자의 사상과 함께 존재할 뿐이다. 통일은 첫째 사유하는 자에 있어서의 존재와 사유의

---

62) 나의 존재의 인지.

실존적인 통일이고, 둘째 사상과 초월자와의 통일의 암호이다.

다른 경우에 세계 내의 도처에서 의식일반에게 어떤 사유된 것은 아직 여전히 현실적이지 못하고, 오히려 이 양자는 분리된 채로 있으며, 이 현실은 확정을 필요로 하는 데 반해서 여기서, 오직 여기서만 존재와 사유 간의 분리는 사리에 어긋난다. 왜냐하면 (이 분리가 일어났다고 한다면) 이 사유하면서 인지하는 것의 의미는 폐기되고 그것의 사실성은 부인될 것이기 때문이다. 가능실존으로서의 현존에게 초월은 또한 단지 하나의 가능성에 불과하고, 이 초월이 자기존재의 생성과 더불어 수행되는지 어떤지 하는 것이 자유에 의하여 결단되지 않으면 안 되는 데 반해서, 실존의 초월은 이제 현실이고 초월자의 존재 확신은 이 현실과 동일하다. 나는 이 인지의 사실성을 부인할 수 있다. (나는 심리학자로서 그렇게 행하며, 그때 나는 이 인지를 내가 그 유래와 조건들을 연구하는 하나의 현상으로 전변시키고, 그렇게 함으로써 그것이 모두 다 길어내지게끔 한다. 다른 말로 해서 그때 나에게 있어서는 어떤 체험의 경험적 현실성만이 안중에 있고, 실존적인 존재는 안중에 없다.) 그러나 이 사실성에 대한 승인도 부인도 자유이다. 나는 가능실존으로서 그것의 가능성을 부인할 수 없고, 현실적 실존으로서 그것의 현실성을 부인할 수 없다. 나는 실존으로서는 초월함에 있어 실패할 수 없고, 오히려 극단적인 경우에는 초월함을 자유에서부터는 부정하며, 그럼에도 이 부정하는 것에서는 여전히 초월을 수행한다.

신의 존재증명의 일반적 형식은 다음과 같이 **변경**될 수 있다.

생각할 수 있는 최대의 것(이라는 관념)은 하나의 가능적인 사고이다. 이 사고가 가능하다면 생각할 수 있는 최대의 것도 또한 현실적으로 있을 수밖에 없다. 왜냐하면 만일 그것이 현실적이지 않았다고 한다면 생각할 수 있는 최대의 것보다 더 큰 그 어떤 것, 즉 여전히 현실적으로 존재하는 것이 사유될 수 있을 것이기 때문이다—이것은 하나의 모순이다—그러나 단순한 사고로서는 이것은 수행 불가능하다. 즉 나는 최대의 수를 사유할 수 없는 것과 마찬가지로 어떤 다른 최대의 것을 사유할 수 없다. 왜냐하면 나는 사유에서 하나하나의 한계를 여러 번 넘어서지 않으면 안 될 것이기 때문이다. 나는 완성된 것으로서의 최대의 것을 사고 내용으로 만들 수는 없다. 그러나 생각할 수 있는 최대의 것은 단순히 공허하거나 또는 불가능한 사고에 지나지 않는 것이 아니고, 내가 본래적으로 존재 가운데 존재할 경우에 내가 사유하지 않으면 안 되는 필연적인 사고이다.

나는 **무한성**의 사고를 사유한다. 나 자신은 하나의 유한적 존재이고, 현존에 있어서는 나는 단지 유한자와 마주칠 뿐이다. 저 무한성의 사고가 나의 내면에 존재한다는 것, 그리고 내가 나 자신의 유한성을 의식한다는 것은 나의 단순한 유한성 가운데 존재할 수 없는 어떤 근거를 가지고 있지 않으면 안 된다. 사고의 거대함에 적합한 근거가 존재하지 않으면 안 된다. 그것은 이러한 의미일 것이다. 내가 사유하는 무한성이 존재하지 않으면 안 된다는 것은 단지 그 경우에만 내가 무한성을 사유하는 것을 이해할 수 있기 때문이다.

칸트가 **신의 존재론적 증명**이라고 부른 사상의 여러 가지 변화들은 결정적인 곳에서 실존으로 하여금 말하게 함으로써—이것 자체가 이미 강제적이 아닌—그것들의 객관화하는 합리성에도 그것들의 증명의 성격을 마비시킨다. 단순한 합리성으로서 그 변화들은 논리적으로 불가능한 대상들을 이해하기 위해서 그 자체 고안된 순환과 동어반복이다. 그러나 이 합리성은 내가 나 자신의 마음속에 가지고 있는 것의 명료성으로 실현될 수 있고, 이것에 의해서 말하자면 결코 증명의 의미를 가질 수 없지만, 초월적 존재를 나타내는 암호의 의미를 가질 수 있다. 이 합리성이 논증의 의미에 있어서의 증명으로서는 공허하기 때문에 그것은 단지 진술의 최고의 보편성으로 가까이 다가가는 존재의식의 표현을 의미할 수 있을 뿐이다. 그러므로 이 합리성은 내실로서는 결코 동일한 것이 아니다. 동일한 형식의 증명은, 즉 내실로부터 해방된 논리적 형식으로서 증명은 아무런 의의도 가지고 있지 않다. 증명이 본래적인 것이 될 때 그 증명은 역사적으로 실현된다. 그러므로 그 증명은 그 어떤 지식의 상태로도 유지되지 않고, 그때마다 새롭게 각자 나름으로 발언하는 일종의 언어가 된다.

여러 가지 신의 존재증명들은 경험적이지도 않고 논리적이지도 않다. 이 증명들은 어디에인가 존립하는 어떤 것을 의미하는 초월적 존재를 향하는 문을 열어 추산하고자 하는 의도를 가진 것으로 생각될 수는 없다. 그렇지만 이러한 존재증명 속에 존재하는 것은 자기존재를 향한 한 존재, 즉 경험된, 단지 자유에 의해서만 비로소 경험된 것과 마찬가지로 진술된, 단지 언표된 것에 있어 암호로서 사유된 한 존재이다.

존재론적 증명의 형식들은 초월자 자체를 지향한다. 그것은 개개의 것이라고는 아무것도 주시하지 않고, 현존에 있어 나의 존재의식으로부터 출발한다. 사유자로서의 나 자신은 나에게는 그 증명의 형식에 있어 암호가 된다. 그러나 이 암호는 내가 하나의 증명에 있어 존재하고, 보고, 믿는 것에 의해서 비로소 충실하게 된다. 그 때문에 모든 특별한 신의 존재증명은—실존적으로 포착된 존재로서 특유의 비약을 특징짓는 규정된 존재로부터 출발함으로써—존재론적 증명의 응용이다.

우주론적 증명은 자기 자신으로서는 존립하지 않는 세계의 현존으로부터 출발한다. **물리신학적 증명**은 생명적인 것의 합목적성, 세계의 사물들의 아름다움으로부터 출발한다. 한편 **도덕적 증명**은 초월적 존재를 그것의 근거 내지 목표로서 요구하는 선의 의지로부터 출발한다. 합리적 형식과 직관적 존재는 매번 단지 본래적 증명이 그것에 있어서 (초월적 존재를 구하는) 불만의 경험으로부터 몰아내는 매개물에 지나지 않는다. 사람이 합리적인 언어의 베일을 통해서 본다면 그는 표현된 실존의 존재의식에 있어 각각의 증명의 원천을 본다.

여러 가지 신 증명이 사유에 있어 증명이 거기로부터 논증되는바 그 원천을 약화시키는 것을 허용한다면 여러 가지 진술은 공허하게 된다. 여러 증명의 힘은 초월자가 암호로서 들리는 그런 존재의 현재가 단지 실존적으로 충실한 실질에 있어서만 존재한다.

모든 증명들이 본래적으로 그대로의 것으로 생각되지 않고, 오히려 역사적으로 충실하지 않으면 안 되는 암호로서 생각되기 때문에 그리고 모든 증명들이 아주 쉽사리 하찮은 것으로 되어 버리기 때문에 그 증명들은 초월적 존재에 대한 회의를 막지 못한다. 모든 증명들은 회의를 제거하기 위한 수단도 아니고—그 증명들이 이 회의를 반박할 것을 요구할 경우에 그것은 오히려 회의를 도발한다—오히려 초월자에의 인지를 해명하고 강화하기 위한 수단이다.

초월적 존재에 대해서 회의한다는 것은 도대체 어떻게 해서 가능한가? 그것은 우리의 존재의식이 단순한 현존의 맹목성에 있어 자신을 상실하고 실존이 말하기 때문에 회의된다. 그것은—그것에 있어서는 아무것도 본래적으로 사유되지 않는바—공허한 형식적 사유가 가능하고, 회의가 말 속에서만 존재하기 때문에 회의된다. 초월적 존재는 초월자를 대신하지만, 초월자가 아닌 어떤 것이 사실상 절대적으로 정립되었다는 것을 인지하지 못하기 때문에 회의된다. 회의는 단지 불명료한 무제약성만을 보호할 뿐이다.

나의 회의에 대항해서는 어떤 반박도 존재하지 않고, 단지 하나의 행동만이 있을 뿐이다. 초월자는 증명되지 않고, 증언될 뿐이다. 초월자가 거기에서 나를 향해서 존재하는 암호는 나의 행동을 수반하지 않고는 현실적이 되지 못한다. 초월자에 대한 불만에서 그리고 사랑에서 행동이 발원하고, 이 행동은 전자의 경우 아직 존재하지 않는 암호를 능동적으로 실현하고 또 후자의 경우 암호가 나에게 말을 거는 것으로서 초월자를 명상적으로 받아들인다.

그러므로 초월자는 세계 내의 철학적인 자기존재에게는 자유가 없이는 현재화하지 않는다. 철학함을 하는 인간의 초월자는 예배 가운데서 보이는 종교의 신과 마찬가지로 증명되지 않는다.

암호가 존재한다는 것(생성의 사변)

초월함의 공식들이 초월적 존재에 관한 여러 가지의 진술로서 이용되고 사유의 경험들이 존재론적 지식으로 전화된다면 그 결과는 대체로 다음과 같다.

즉 초월자가 존재한다. 존재로서의 존재(존재 자체—옮긴이)는 절대적이다. 왜냐하면 존재는 다른 어떤 것에도 의존하지 않기 때문이다. 존재로서의 존재는 다른 어떤 것에도 연계되지 않는다. 왜냐하면 존재는 자기 자신 이외에는 아무것도 가지지 않기 때문이다. 존재는 무한하다. 우리에게 분열된 것으로 보이는 것도 존재에 있어서는 하나이다. 존재는 통일 자체이다. 즉 존재는 사유와 존재의, 주관과 객관의, 진실성과 정당성의, 존재와 당위의, 생성과 존재의, 질료와 형상의 통일이다. 그렇다고 한다면 이 하나이면서 전체인 존재가 자기충족적일 때 현존 가운데서 자기 자신을 발견하는 실존은 다음과 같은 물음을 묻는다. 다시 말해서 왜 현존은 존재하는가? 왜 분열이 있고, 주관과 객관, 사유와 현실, 당위와 존재가 갈라지는가? 어떻게 해서 존재가 현존으로, 무한자가 유한자로, 신이 세계로 오는가?

이러한 물음들에 대해서는 다음과 같은 유희적인 답들이 존재한다.

즉 존재는 그것이 열려 드러나지 않았다면 본래적인 존재는 아닐 것이다. 자기충족적인 존재로서 존재는 자신에 대해서 알지 못한다. 존재는 단지 하나의 가능성에 지나지 않고 현실성 없이 자신 속에서 순환한다. 존재가 현존 가운데로 발을 들여 놓고, 그 경우에 일체의 분열로부터 다시 자신에게로 귀환할 때에만 존재는 어떤 현존에 있어 개현되고 현실적이 된다. 존재가 극단적인 분열을, 현존으로부터 그것 자신의 분열을 자기 자신 속으로 바꾸어 놓고 하나가 될 때에만 완전한 것이 된다. 존재인 바, 즉 존재는 생성하면서 시간 내에 존재하지 않으면 안 된다. 존재는 그것이 유한성을 자기 자신 속에 포함한다면 단지 무한적일 수밖에 없다. 존재가 유한적이면서 분열한 것에 고유존재의 자립성을 부여하고, 게다가 그것을―그것에 있어서는 일체의 것이 일자 가운데 존재하는 그런―존재로서 포괄할 때 존재는 최고의 권력이고 완전성이다. 존재의 최고의 긴장은 가장 깊은 열어젖혀 드러냄을 숨기고 있다.

일체의 것을 조화시키는 이 해답은 모든 어두운 것, 악한 것, 무의미한 것을 고려하여 배척된다. 새로운 놀이에 있어서는 다음과 같은 것이 사유된다. 즉 아마 존재는 자신을 열어젖혀 드러내지 않으면 안 될 것이다. 그러나 지금 현존으로서 존재하는 바는 열어젖혀 드러냄도 아니다. 이 현존은 존재하는 것을 필요로 하지 않는다. 초월자 내에 큰 변화가 일어났다. 본체로부터의 이반이 결과로 생겼지만, 본체는 이 이반에 있어 종결을 보면서도 놓인 한도를 넘어서 고유존재를 바랐다. 이렇게 해서 세계는 성립되었다.

이 양 사상에 있어 현존은 **역사**이다. 존재의 자기드러냄의 것으로서 현존은 영원한 현재의 무시간적 역사이다. 시작과 끝이 없는 시간 내에서의 확장은 열어젖혀 드러냄으로써 존재의—언제라도 자기 자신과 동일하고 자기를 영원한 것으로 보이도록 하고 영원히 자기에게로 귀환하는 존재의—현상이다. 이와 반대로 이반으로서 현존은 시작과 끝을 가진 시간적인 역사이다. 시작들은 타락에 의한 대참사로서 생각되고 끝은 존재의 회복, 그리고 그와 동시에 현존재의 지양으로서 생각된다.

노출된 객관화로서 이러한 해답들은 그것들이, 마치 존재가 알려지고 있는 것처럼, **존재로서 인식된 일종의 초월자의 상상적인 점들로부터 출발하고 있다는 결함**을 가지고 있다. 그 완성된 상태로 어지럽혀지지 않고 존속할 수 있고 현존으로서 존재할 필요가 없는 자족적 존재에 관한 공식화는 사상들을 절대적 항존에 투영하는 것이고, 이러한 투영은 사유로서는 일종의 범주적 초월의 또는 실존조명적 호소의 표현으로서만 본래적 의미를 가진다. 물음의 단서 자체가 의심스럽다는 것은 이 물음이 초월자의 상상적인 점의 존재를 마치 하나의 항존과 같이 출발점으로 삼고 있기 때문이다.

현존은 실존에게 암호가 된다. 실존은 왜 현존이 존재하는가라는 물음을 명료하게 답할 수가 없다. 이 물음에 있어 실존은 어떤 의미를 (이 물음의) 언어와 결합시키고자 시도하는 정도에 따라서 가장 현기증을 일으킬 뿐이다. 그러나 현존이 암호라는 것은 가령 초월자가 존재한다면 실존에게는 자명하다. 모든 것이 암호일 수 있음에 틀림없다. 다시 말해서 만일 암호가 없다면 초월자도 또한 없을 것이다. 모든 분열의 통일은 암호의 해독에 있다. 비록 이 암호해독이 현존으로부터 해방된 하나의 존재로의 접근을 결코 허용하지 않는다고 하더라도 말이다. 그러므로 우리는 또한 왜 존재가 현존에 이르는가라는 물음을 향하는 출발점에 도달하지 못한다. 우리는 우리의 현존으로부터 암호로 오를 수 있지만, 초월적 존재로부터 암호로 내려올 수는 없다. 여하튼 암호가 존재한다는 것은 우리에게는 초월자가 존재한다는 것과 동일하다. 왜냐하면 현존으로서 우리는 현존에 있어서와 다른 어떤 방법으로도 초월자를 파악할 수 없기 때문이다. 왜 현존이 존재하는가라는 물음 대신에 왜 암호가 존재하는가라는 물음이 우리에게 다가온다. 이러한 물음에 대한 해답은 다음과 같다.

　　암호는 실존적 의식에게는 초월자가 이 실존적 의식에 오르는 유일한 형식이고 또 초월자가 실존에게는 말하자면 숨어 있지만, 소멸해 있지는 않다는 징표이다.

그와 동시에 암호로서 현존의 불가해성의 깊이는 초월자 자체의 초감성적인 생성과 세계로의 초월자의 생성에 관한 가상의 지식과는 반대로 올바른 지위에 자리한다. 암호는 내가 승인하지 않으면 안 되는 현존, 내가 거기에서 나를 발견하고 실제로 나인 것이 될 수 있는 현존이다. 나는 어쩌면 다른 사람이고 싶을지도 모른다. 나는 어쩌면 모든 고귀한 것과 나 자신과의 동등을 가상하고 싶을지도 모른다. 아니 오히려 내가 모든 것보다 더 훌륭하고 싶을지도 모른다. 나의 존재가 나를 화나게 한다. 만일 신이 존재한다면 나는 신 자신이고 싶다. 그러나 내가 그와 같이 생각할 수 있고 또 원할 수 있는 것은 단지 내가 어떠한 암호도 해독하지 못할 때뿐이다. 암호에 의해서 나는 나의 현존의 이 장소에서 나의 실존적 가능성의 깊은 의식을 유지한다. 그래서 내가 존재를 불가해한 것으로 암호 속에서 보고 있다는 것에서 그리고 내가 그때 나의 자유로부터 전력을 다하여 나이고 나일 수 있는 바가 된다는 것에서 나는 자기존재의 평안을 가진다.

나는 초월자 없는 자기존재의 고안이나 충동적인 욕구 속에서 나를 거침없이 파괴해 버리는 자기기만을 경험하지만, 그러한 고안이나 욕구 속에서는 모든 것이 현재 존재하는 것과는 다른 것으로 생각되고 현실은 더 이상 본래적으로 만나지지는 않는다. 이 자기기만 가운데서 나는 나의 자기투입에 의해서 내가 현실적으로 다르게 될 수 있는 바를 상실한다.

암호해독의 현황(사변적인 회상과 예견)

왜 현존이 존재하는가라는 물음과 이 물음에 대한 유희적인 해답은 앞서 이야기한 바와 같은 결함에도 불구하고 일체의 진리를 결여한 것이 아니다. 그 물음 속에서 생성해 왔다는 것의 의식이 표현되고 있다. 다시 말해서 **실존의 역사성이 존재 자체의 현존으로 보편화되고 있다.** 내가 단지 나의 상호소통에 있어서만 인식하는 자기 드러냄의 과정은 그 과정을 그 초월자 가운데서 상실시킨다는 점에서 초월자의 반영이 된다. 실존적으로 단지 자유의 현실로서만 인식된 이반의 사상은 초월자 가운데 뿌리를 내리고 있다. 왜냐하면 이반의 사상은 실존 자체에서는 충분할 정도로 분명하게 되지 않고, 초월적 존재로부터 만물의 근원적 출발에 있어 이전에 나 자신을 선택했던 것에 대한 회상 속에서 근거를 탐구하는 것과도 같이 생각되기 때문이다. 실존적 생성의 역사성은 암호가 된다.

그러나 역사성의 암호의 밝음이 세계의 생성에 관한 하나의 지식으로 객관화되자마자 곧 모든 것은 기만이 된다. 즉 세계의 현존은 시원과 종말이 문제일 경우에도 연구되는 세계정위만의 대상이다. 연구에는 한계가 없다. 연구에 있어 전제로서 타당한 것은 세계란 시원도 종말도 없는 무한한 것으로서 시간적 현존이라는 것이고, 이 전체를 폐기하는 것은 생각조차 할 수 없는 일이다.

존재인 것을 나는 현재로서 가지지만, 단순한 현재로서 가지지는 않는다. 회상에 있어서는 존재가 존재했던 것으로서 존재하는 것, 그것이 나에게 현재적이 된다. 예견에 있어서는 존재는 존재될 수 있고, 아직 결정되지 않은 것으로서 나에게 현재적이 된다.

회상과 예견은 단지 존재에 이르는 나의 통로에 지나지 않는다. 내가 이 양자 가운데서 암호를 파악한다면 이 양자는 합치한다. 회상되는 것은 예견 가운데서 다시금 획득될 수 있는 가능성으로서의 현재이다. 예견 가운데서 포착되는 것은 단지 회상되는 것으로서만 또한 충실한 것이 된다. 현재는 이미 단순한 현재인 채로 존속하지 않고, 회상에 침투된 예견 속에서, 내가 그것 속에서 암호를 해독하는 한, 영원한 현재가 된다.

1. 회상

회상은 **심리학적으로** 학습된 것의 지식, 체험된 사건들과 상황들, 그리고 사물들과 인간들에 대한 기억으로서 존재한다. 이 회상은 내가 표상함으로써 재생할 수 있는 그 어떤 것을 단순히 소유하는 것으로서의 죽은 회상이다. 이 회상은 경험된 삶의 무의식적 및 의식적 여파 가운데서 세공된 회상이다. 다시 말해서 이 회상은 경험된 삶을 완전히 자신의 것으로 만들어 그 특성을 침투한 것으로서, 즉 보편적인 지식으로 전화하기도 하고 또는 마치 그 삶이 전연 경험되지 못했던 것과 같이 차단하기도 함으로써 망각된 회상이다.

회상은 **역사적인 것으로서는** 전통의 자기화이다. 제한된 단시간의 심리적인 기억은 나 자신의 현존을 돌파해서 이 현존 자신이 아직 존재하지 않았을 때 존재를, 즉 나 자신의 외부의 어떤 존재를 이해할 수 있다. 나는 나 자신에게 접근해 오는 현존을 문서를 통해서 수용함으로써 인류의 기억에 참여한다. 나는 나 자신인 현존을 뛰어넘어서 제한되지 않는 시간 가운데로 나 자신을 확대한다. 그런데 나의 현존은 상황으로서, 내가 나를 측정하고, 내가 관련되어 있는 척도로서의 출발 지점으로 존속한다. 그러나 나의 현존은 역사적인 회상의 방법에 의하여 자기 자신을 변화시킨다. 이 회상은 나의 각성의 최초 순간으로부터 알지 못하는 사이에 전승된 것으로서 나를 형성하고 있다. 여러 가지 형태의 충만에 있어 과거의 대상적인 지식과 표상으로서 역사적인 회상은 나의 정신적 육성의 일환이 된다. 단순한 관찰과 연구에 있어 지나간 과거의 것은 그것이 되어 왔던 그대로 존재하는 경직된 존재로서 존립한다. 역사적인 회상은 유동 중에 있는 가능성들의 현재적인 현실성으로서 지나간 과거의 것을 살아 있는 존재로서 파악한다. 즉 나는 그 가능성들에 관여하고 본래적으로 존재했던 바를 결정함에 있어 한 역할을 한다. 그런데 존재했던 것은 그 자체로서는 결정되지만, 아직도 궁극적으로는 그것이 존재했던 것으로서 그리고 우리와 관계하고 있는 것으로서 존재하지 않는다. 그러므로 이미 존재한 것의 불가해성은 그 자체에 있어 존립하면서 우리에게는 결코 다 길어낼 수 없는 가능성이다.

심리적인 것과 역사적인 것에 있어 회상은 회상자가 회상된 것에 결부된 경우에 **실존적**이 된다. 어떤 주어진 것을 자유롭게 포착하는 가운데 나는 회상된 것 속에서 내가 존재하는 것을 떠맡는다. 나는 내가 이미 존재한 것이면서 동시에 내가 장차 존재하고자 하는 것이기도 하다. 내가 더불어 존재했던 사람들로서는 해결 불가능한 나의 운명의 역사적 의식에 있어 충실로서, 나 자신의 현존을 기초 짓는 것에 대한 **경건**으로서, 실존의 본래적 존재로서 나의 마음에 호소한 것에 대한 **경모**의 효험으로서 실존적인 자기 동일화가 수행되고, 그것에 있어 비로소 나는 본래적이고, 단순히 의식일반에 있어서의 공허한 나에 지나지 않는 것이다. 회상의 부인으로 해서 나는 뿌리째 뽑힐 것이다.

이러한 회상들 가운데 그 어느 것도 이미 형이상학적인 회상이 아니다. 어떤 회상에 있어서도 형이상학적인 회상은 가능하다.

다음과 같은 경험이 있다. 그러나 말로 표현한다면 단지 해석만이 있을 뿐이다. 즉 어떤 견해가 의식에 나타날 때에는 내가 통찰하는 바를 마치 내가 항상 알고 있었지만, 단지 지금에 와서야 비로소 명료하게 마음속에 품는 것과도 같이 생각하는 그런 일종의 자명성이 있다. 그것은 그때까지는 그것을 알지 못한 채 내가 이미 휴대한 것의 소생, 즉 재현과도 같은 것이다─**역사적 과거**를 이해함에 있어 나는 외면적으로 오래 걸려서 그것을 인식했지만, 그 역사적인 과거가 염두에 떠오를 때에는 그것은 상기와 같은 것이고, 문서적인 것은 나에게는 단지 상기에의 기회에 지나지 않았다. 외관상 나를 향해서 걸어 들어오는 것이 나로부터 환영받는 것이고, 그리하여 그것은 나에게 의식되는 것이다─나에게 **실존적인 현재**가 되는 모든 내실에는 **회상**이 존재한다. 다시 말해서 내가 이전에 그렇게 하고 싶다고 생각하지 못했음에도 본래적으로는 내가 그것을 알지 못하는 가운데 나 자신인 것이 실현된다. 나의 존재의 결단과 충실에 있어 나는 영원한 존재를 상기한다.

이 경우 회상하는 것의 의식은 **현실적으로 현현**해 있는 것에 있었다. 내가 회상하는 것의 의식을 암호로서 해독할 경우에 그것은 나에게는 단지 사실적으로는 근원적인 이해에서, 해석적으로는 추가적인 전달에서 회상이 될 뿐이다. 나는 다른 것을 회상하지는 않는다. 나는 암호를 뛰어넘어 피안이라는 낯선 세계로 진입하지는 않는다. 암호존재는 바로 현존과 초월적 통일에 있어 암호 자체에 있어서만 해독하는 것을 의미한다. 회상은 그것에 있어 현존의 암호화가 감지될 수 있는 통로의 한 형식이다.

이러한 회상작용은 지나간 것의 깊이에 대한 끊임없는 의식으로서의 나의 현존을 수반한다. 지나간 것이 암호에 있어 존재가 된다. 이미 있었던 것으로서의 존재는 더 이상 존재하지 않지만, 그럼에도 아무것도 없는 것은 아니다. 회상은 현재하는 것의 사실성을 통해서 존재에 이르는 통로가 된다. 세계 자체에 있어 이 회상의 세계는 불가해한 지나간 것의 현재가 된다. 세계정위에 있어서는 단지 오고 가는 무제한한 흐름에 있어 새로우면서 지금 있는 현존인 것은 실존에게는 현존에서 상기된 존재의 현상이다. 외면적으로 말한다면 현존은 존재의 징표이고, 내면적으로 본다면 현존은 암호로서 회상에 의해서 침투된다. 사랑의 불가해성에 있어 괴테는 이 암호존재를 다음과 같이 언표하고 있다.

아, 그대는 지나온 세상에서 나의 누이였거나 나의 아내였다.

셸링은 현존의 총체를 암호로 해독하는 열정에서 인간이 창조에 있어 바로 그 자리에 있었고, 그 때문에 지금 다시 그 창조를 상기할 수 있는 그런 "창조에의 관지(關知)"[63]에 관해서 말한 바 있었다. 이 상기는 동경으로서 작용하고 마음으로 준비하고자 하는 충동이다. 즉 그것은 아직 거의 과거가 없고, 아직 아무것도 상실하지 않은 그런 유년 시대의 초기부터 우리

---

63) 창조에 관하여 아는 것을 말한다.

의 마음을 흔들어 놓을 수 있다.

이러한 점에서 볼 때 그 자체로서는 그리 중요하지 않은 심리적으로 제약된 것으로서 자주 나타나는 체험들이, 만일 그것들이 실존적인 내용으로 가득 채워진다면, 때로는 회상적인 암호해독의 연관으로 발을 들여 놓을 수도 있다: 그러므로 기시현상[64]이나 수면에서의 각성은 과거적인 것으로서 결정적인 깊은 곳으로부터 단지 지금 떠오른 그런 기분을 수반하고 있다. 나에게 본래적인 존재를 드러내는 것 같이 생각되는 무서운 불가사의에 심각한 당혹을 느끼는 나는 이 불가사의를 이해할 수 있지만, 깨달음의 정도에 상응해서 그 불가사의는 깊이가 좀 더 얕아지게 되고, 완전한 의식에 있어 나는 아마도 특별히 각오한 기분에 있을 것이지만, 존재했던 것은 지금은 아무것도 아니다.

2. 예견

예견은 다가올 것을 주시한다. 예견은 필연적으로 도래하는 생기를 그것이 예상하는 한 일종의 예언을 행한다. 예견은 그것이 어떤 **목표**를 실현하고자 하는 한 현실적이 되게 하는 것을 전체의 형상에 있어 여러 가지 목적·수단 관계의 어떤 **계획**을 세운다. 예견은 그것이 **불확정적인 상황**들에 있어 **행동을 확정**하는 한 사변이 되며, 이 사변은 무엇인가의 성과를 초래할 수 있는 것을 항상 움직이면서 유동적인 방법으로 단지 개연적인 예단들에 기초해서만 그때마다 포착한다.

미래는 가능적인 것이고 그 점에 있어 **예견은 가능적인 것의 사유**이다. 내

---

64) 기시현상(既視現象, deja vu), 일종의 착각현상을 의미한다.

가 필연적인 생기에 대한 예단을 시도할 때조차도 가능한 제약들의 무한성 때문에 항상 활동의 여지가 존재한다. 즉 아직 존재하지 않는 것은 가장 확정적인 기대가 예견하는 것과는 다른 것이 될 수 있다. 사실적인 세계정위는 그것이 확정적인 여러 가지의 예상이나 풍부한 형상들을 가르침으로써 가능적인 것의 공간을 확대하지만, 제한되지 않는 가능성들의 안개에 대해서 확정 가능한 것을 구획함으로써 동시에 공간을 제한한다.

미래가 가진 가능적인 것 속에서 **나에게 의존하는** 것의 한 단면이 존재한다. 미래에 있어 여전히 무엇인가가 **결단된다**는 것이 전적으로 본질적인 일이다. 미래에 있어 본래적으로 나인 것은 내가 나 자신에게 책임을 느낄 정도로 나에게 많이 의존하고 있다. 더욱이 세계의 진행에 직면해서 가지는 나의 무력감은 나 자신에게는 나의 자유 의식과 똑같이 근원적이다. 그러나 회상이 나 자신에 있어 불가피한 속박인 데 반해서 예견은 가능한 것의 공간에 있어 자유를 준다.

현존이 무엇인가를 나는 다가올 것에 비추어서 인식하고 나 자신이 무엇인가를 내가 결단하는 것을 통하여 인식한다. 존재는 모든 미래적인 현존의 완성에 있어 궁극적으로 드러나게 될 것이다. 그러나 지금 미래적 존재로서의 존재는 부동하는 암호이고, 나는 이 암호를 예상하면서 충족시키기도 하고 또는 그 암호의 불확정성에 있어 방향으로서 해독한다.

나는 형이상학적인 놀이에 있어 하루의 종료, 시간에서 벗어난 영계(靈界)의 문을 여는 세계의 완료, 상실한 모든 것을 되돌려오는 것, 과정이 없는 개현을 예상한다. 그러나 시간적 현존에서는 이 현존을 궁극적으로 항존하는 완성의 나라로 드러내 보이고, 현실로서 생각되는 어떤 현존의 모든 미래상은 사리에 맞지 않는 유토피아이다. 왜냐하면 시간의 세계에서는 세계정위가 결정권을 가지고 있고, 그 결정권은 자기 자신 속에 고요히 존속하는 현존의 불가능성을 점점 더 결정적으로 드러내 보이며, 점점 더 새로운 가능성들을 드러내 보이기 때문이다. 그러나 형이상학적 언어로서는 시간적 현존을 초월하는 놀이가 항상 소멸되는 의미를 가진다.

나는 존재의 방향을 미래적인 것으로서 해독한다. 즉 존재는 열려 드러나는 바의 은밀성이고, 존재하는 것은 분명하게 드러난다. 현존 속에서는 이미 생성하여 이윽고 존재하는 것을 드러내 보이는 것의 맹아가 존재한다. 현재하는 것에 있어 다가올 것은 이미 존재하는 존재자이다.

나는 지식에 의한 세계정위의 모든 질곡을 내가 그것을 초월하면서 무한정으로 확대하여 사유함으로써 떨어뜨린다. 무한한 가능성은 나에게는 무한한 존재의 반영이 된다.

존재는 미래인 것이고, 예견은 존재에 이르는 통로의 형식이다.

3. 회상과 예견 간의 대립과 통일

회상과 예견은 상호 대조된다. 회상은 과거를 항존하는 것으로서 붙잡는다. 명상적 태도에 있어 인간은 단지 존재하는 것으로 복귀할 뿐이다. 시간으로서의 시간은 아무래도 좋을 만큼 상관없고 결단될 문제가 아니다. 예견은 미래를 나와 관련된 것으로서 포착하고, 또한 결단에 의하여 수반되는 것으로서 포착하기도 하지만, 그 자체에 있어서 접근해 오는 존재로서 포착하기도 한다. 이 두 가지 경우에 과거와 미래의 고립화가 그것의 존재의 현재를 탈취한다. 현재의 평가절하는 최저점이나 이행으로 해석된다. 즉 현재는 거기로부터 사람들이 회고하는 극도의 몰락이든가 또는 거기로부터 인간이 예시하는 극도로 먼 곳이다. 현재 그 자체는 아무것도 아니다. 나는 현재로부터 걸어 나와서 산다. 즉 나는 과거의 것을 기초로 해서 나 자신을 탐구하거나 또는 나 자신을 비로소 존재로서 확증하는 미래의 것을 기대하는 가운데 산다. 현재의 허무 의식으로부터 과거와 미래가 그것들 측에서 애매하게 된다. 나의 본질이 그것으로 되돌리는바 그 깊이에 있어 완성된 것으로서의 과거 또는 내가 불가해한 방법, 그것으로부터 생겨나고, 그리고 내가 그것으로 돌아가고 싶지 않은 그런 두려운 것으로서의 과거, 나의 존재의 실체로서 또는 나의 가능성의 질곡으로서 과거에 의한 속박. 거기에서는 반드시 모든 것이 해결되는 황금시대로서의 미래 또는 그것이 종말이든, 공허한 무제한성이든, 그리고 내가 희망을 잃고 그 앞에 서 있는 모든 공포의 엄습이든 간에 하여간 그 심연으로서의 미래.

과거 또는 미래의 고립화, 현재의 가치저하, 현재적이지 않은 것의 애매성은 연관을 가지고 있다. 그것들은 공통적으로 암호해독의 시초부터 암호를 결여한 객관성에의 일탈이다. 회상과 예견은 단지 그것들이 실존적 존재의 시점으로서 지금의 **영원한 현재로 합일**하는 때에만 암호해독의 양태들이 된다.

실존은 시간 자체를 단지 가장 결연하게 포착하는 데서만 시간을 극복한다. 결단이 행해진 장소로서의 시간은 최저점도 아니고 이반도 아니며, 오히려 내가 거기로 되던져서 본래적으로 존재하는 현재이다. 결단하는 것의 무제약성 속에서 지금 이 존재로부터 빛을 방사하지만, 이 존재는 인간과 세계의 투명화한 현재의 형태로 그 무제약성에 의해서 사랑받는다. 일탈의 경우 현재가 결코 본래적으로는 존재하지 않는다는 것은 현재가 항상 이미 없든가 또는 아직 없든가 하기 때문인 데 반해서, 그리고 현재적인 것으로서의 경험적으로 현실적인 것이 세계정위의 도달 불가능한 한계에서 의연하게 있는 데 반해서, 암호의 존재에 있어 초월자의 현실적인 것은 항구적인 지금으로서(nunc stans)의 그때마다의 현재이다. 즉 그것은 회상된 과거에 의해서 지탱되고 예견된 미래에 의해서 비추어지고 이러한 양자와 하나가 되어 비로소 존재를 암호 속에서 느끼게 하는바 영원한 현재이다.

암호에 있어 초월자는 미래로부터 나를 마중하는 과거 존재이거나 또는 예견하면서 회상되는 존재이다. 그러므로 존재는 원환 가운데 닫혀 있다. 즉 시간적으로 경과한다고 생각되는 것은 존재로 완성된다. 그러나 이러한 존재는 단지 암호로서만 존재하고, 어떤 지식에게는 존재하지 않는다. 이 존재는 암호가 사유된 것으로서 공허하게 된 형이상학적 명상 때문에 나를 시간으로부터 실존적으로 해방하고, 그렇게 함으로써 이 암호가 그것을 근거로 해서만 보일 수 있었던 토대를 파괴하는 위험을 수반한다.

회상은 우선 나 자신이 행하는 것을 나에게 가져다주는 나의 삶의 개인적인 역사성에 있어 고향으로의 돌아감과 같이 수행된다. 실존적으로 결단된 인생행로는 내가 어떤 사람이었는지를 확인시켜 준다. 미래로서 나를 마중하는 것을 포착하는 가운데 존재로 비약하는 것은 내가 이전부터 결합되고 있던 존재로서의 그 존재와의 합일이다. 미래로부터 현재로, 나에게로 오는 것에는 설득력이 있지만, 이 설득력은 사상들과 사실들의 정당성으로부터 그리고 어떤 행위의 합목적성으로부터 발원하는 것이 아니고, 영원한 현실로서의 현재하는 현실로부터 발원한다. 나에게 접근하는 것은 내가 그것에 대해서 생각한 바도 없고, 그것의 심상이나 표상을 가진 바도 없는 한 완전히 새로운 것이다. 그것은 마치 그것이 항상 존재했고 단지 재발견된 것에 지나지 않는 것과도 같이 완전히 옛 것이다.

그 다음으로 인류의 과거로서의 역사적인 것에 있어 나는 나를 깨닫게 하는 실존들의 공간으로서 나의 현존의 이 기초에 시선을 던지는 가운데 회상한다. 나는 이미 과거 세계들의 임의의 소재를 보는 것이 아니고, 역사

상 나와 만나는 것을 내가 영원히 귀속하는 것으로서 재인식하거나 또는
내가 그것을 아무래도 좋은 것으로서 떨어뜨린다. 나의 현존을 통하여 역
사와 함께 존재하는 나의 삶은 여러 정신과의 상호교섭을 통하여 각성화
하는 자기 혼자만의 진행이고, 이것에 의하여 비로소 현재와의 뿌리 깊은
관계가 가능할 수 있으며, 따라서 이러한 현재의 열린 미래가 비로소 나에
게 내용이 풍부한 것이 될 수 있다.

4. 역사철학적 사변

성취된 사상의 구성물로서 형이상학적 사변은 인간의 회상의 깊이로부
터 나온 진귀한 작물이다. 이 형이상학적 사변은 근원적으로 자신의 실존
적 현존이라고 하는 암호에 있어 해독했던 초월적 존재에 대해서 말한다.
세계정위적인 역사과학에 의해서 탐구된 과거가 단지 소재에 지나지 않는
그런 어떤 종류의 역사에 있어 하루의 시작으로부터 종료까지의 전체로서
현존의 암호가 해독된다.

역사의 총체적 표상은 과학에서는 단지 그때마다의 어떤 관점에 의해서만
규정된다. 예를 들면 근본적으로 도처에서 항상 동일한 것인 인간에 관한
표상이 그러하다. 즉 거기에서는 하나의 역사학적인 이해가 가능하다. 왜
냐하면 나 자신의 가능성과 다른 사람들의 여러 가능성들이 가령 그것들
이 지극히 편향적인 발전과 현실화에 이른다고 하더라도 도처에서 동일하
기 때문이다―또는 그때까지 분산된 채로 있던 모든 현존이 단지 하나의
연관에 편입된다는 의미에서 하나의 세계사가 존재한다. 또는 인간적 현
존의 다양성이 무제한으로 변전한다는 것이 있지만, 그러한 변전 가운데
서도 여러 가지 진행들의 일정한 유형성이 있고, 이러한 진행들은 그것들

의 상호연계도 없고 인간적 현존 전체의 적합한 회상도—그러한 전체란 전혀 없는 것이기 때문에—없이 단순히 여러 종류의 잡다한 것으로서 왔다가는 가곤 한다.

실존이 그 자신을 자기의 친근한 현존의 총체성에서 파악하는바 그 자체에 있어 역사적인 사변으로서의 **전체자의 암호**는 다르다. 실존의 존재의식은 어떤 **초감성적인 역사철학**에서 언표될 수 있다. 이 역사철학은 모든 것을 영원한 현재의 언어로 이해하기 위해서 과거와 미래를 포괄한다. 그러므로 역사철학의 여러 가지 사라지는 구성물이 사변적으로 고안되었다. 즉 창조와 인류의 타락으로부터 세계의 종말과 최후의 심판에 이르는 그리스도교적 세계사에서, 그 다음에 다른 여러 가지의 구성물들은 그리스도교적 세계사에의 의존에서, 그러나 마지막으로 과거와 경험적 생기만을 암호로서 설정하는 헤겔의 역사철학에서, 그리고 과거와 미래를 포섭하고 경험적인 것을 가볍게 접하는 셸링의 역사신화학에서 전적으로 완전히 변형되고 있다. 이와 같은 사변들은 그것들의 의미에 따라서 단지 실존적으로만 음미된다. 그것들의 본래적인 내실은 본질적 의미상 어떤 과학적 연구에도 종속되지 않는다.

만일 이러한 사변에 있어 원숙함이 너무나 궁극적이고, 세계가 너무나 한정되어 있고, 형식이 너무나 객관적인 것 같이 보이고, 전체자를 지식에 의하여 소유하는 그런 일탈의 위험이 거의 최초로 받아들여지는 가운데 전체자에게 자신을 맡기는 실존에의 굴복으로 나아간다면 불확정적인 암호가 추구되지만, 이 암호는 또한 거의 말이 없는 채로 있는 것이다:

회상은 **정신의 나라**에 관련하며, 이 정신의 나라는 내가 나의 행위를 통해서 나를 본래적으로 그것인 그러한 존재로서 걸어 들어가게 한다. 회상은 동시에 하나의 예견, 즉 내가 이 정신의 나라의 일원이 되는가 되지 못하는가, 그리고 어떻게 해서 내가 그렇게 되는가라는 물음에 대한 답으로서의 예견이다. 즉 나는 내가 가장 내면적인 양심 속에서 듣고, 오래 전부터 존재하고 있으며, 하지만 결코 봉쇄적인 것도 아니고 최종적인 것도 아닌 그런 가능적인 공동체 속에 존재한다고 느낀다.

내가 (절친하게) 접촉했다고 생각했을 경우에 역사상의 사람들도 동시대의 사람들도 나를 침해하지 못했다. 나는 다른 사람들이 이와 같은 불가침성을 가질 것인가 어떨 것인가 그리고 우리가 객관성이나 말할 수 있는 확정성 없이 순서에 따른 (정신의 나라에의) 입장을 획득했기 때문에 우리가 암묵리에 공동적이 되는가 어떤가 하는 것에 조용히 귀를 기울여 듣는다.

존재가 전체로서 가시적이 되는 것도 아니고, 모든 것의 초감성적인 역사가 가시적이 되는 것도 아니며, 오히려 미래로 진입하여 자기가 됨으로써 실현되는 정신의 나라로의 회상이 암호로서의 현재가 된다. 이 경우 이 나라의 역사, 장소 그리고 인물들에 대하여 숙고하는 것을 명확하게 표현하는 것이 어떤 의미를 가지는 것은 아니다. 단지 현실적 현존의 암호에 있어서만 통로[65]가 발견된다.

그러나 모든 위대한 형이상학은 여하튼 그것 이상의 것, 즉 **암호문자의 분명한 해독**이었다. 존재가 현존에 있어서 무엇을 말하는가, 그러므로 그것이 무엇인가라는 것이 명확히 이해된다. 이 의심스러운 기획은 그럼에도 대체로 어떤 전달이 역사적으로 암호를 해독하는 실존의 고독으로부터 구해질 때 결코 남김없이 거부되는 것은 아니지만, 이것은 주시되지 않으면 안 될 것이다.

---

65) 정신의 나라로 나아가는 통로를 말한다.

현존 전체의 암호가 말하는 것(존재의 사변)

현존이 없는 존재란 무엇인가라는 것은 전혀 이해하기 어렵다. 일반적으로 초월자가 존재한다는 것은 오도하는 방향으로 신의 증명이라고 일컫는 사상체계에 있어 사변적으로 사유되었다. 일반적으로 암호가 현존으로서 존재한다는 것은 불가해성으로서 파악되었다. 암호해독의 현재는 사변적인 회상과 예견에 있어 명백하게 되었다.

그러나 현존 전체의 암호가 본래 말하고 있는 것은 그것이 어떤 사변적인 지식의 소유하는 바가 될 수 있다면 현존에 있어 가능한 한 가장 깊은 통찰을 초래할 것이다. 그러나 현존은 암호로서 다의적인 채로 있으며, 그것은 궁극적으로 어떤 전체가 되는 것이 아니다. 그러므로 현존이 말하는 것은 단지 가능 실존이 그것의 초월자 의식을 적극적으로 여러 가지 암호로 가득 채울 때의 사상의 운동 형식에 지나지 않는다.

가능 실존은 세계정위를 통해서 현실적인 것을 탐구하고 현존의 전체를 기초 짓고 있는 것을 어떤 총괄적인 가설에 의해서 밝히고자 한다. 가능 실존은 **실증주의**에서는 암호 대신에 인식과 지식을 획득하고자 한다.

관념론에 있어 가능 실존은 정신적 전체자가 자기 자신 속에서 철두철미 서로 연관된 통일성을 실존적으로 의식하면서 모든 현실을 탐구한다. 가능 실존은 이러한 통일성을 도처에서 무수한 변화로 재발견한다.

가능 실존은 가설적 인식의 필연적인 난파와 통일성 및 정신적 전체자의 한계를 본다. 더욱이 가능 실존은 모든 경험적 현실에 가차 없이 시선을 던지면서 실증주의로 되돌아오지만, 이 경험적 현실을 존재 자체로서 간주하지는 않는다. 다시 말하면 가능 실존은 통일성과 정신적 전체의 의식을 상대적으로 타당한 것으로 인정하지만, 그 의식이 절대화나 예상이 될 경우에 그것을 때려 부순다. 왜냐하면 실존은 그것이 단지 현실적일 수 있는 곳에, 요컨대 시간적 현존 가운데 있지 않으면 안 되기 때문이다. 실존은 이 시간적 현존에 토대를 두고 존재의 다양성, 초월자의 규정불가능성, 암호의 다의성을 본다. 단지 역사적인 구체성에 있어서만 실존은 그것이 사실상 **실존철학의 암호해독**으로서 행하는 바를 믿을 수 있다.

1. 실증주의

실증주의는 어떤 경험적 현실도 무시하려고 하지 않는 장점을 가지고 있다. 실증주의는 현실을 우연, 별로 중요하지 않은, 비본질적, 병적, 비정상적이라는 여러 가지 명칭 아래 어떤 비현실적인 것으로 바꾸고자 하는 모든 수단을 거부한다. 그러나 실증주의는 탐구 불가능한 것을 탐구하고자 하는 그런 약점을 가지고 있다. 실증주의의 세계 가설은 연구로서는 오류이지만, 현존의 암호를 해석하고자 하는 충동을 가지고 있다. 이 충동이 이 방법에 있어 자기 자신을 오해하고 있기 때문에 이 충동은 자기 자신의 근원을 상실하고 있다. 즉 그것은 결국 여러 가지 암호들 대신에 여러 가지 공허한 개념적 기구 또는 어떤 공허한 비지식을 가진다.

실증주의는 세계정위를 가져다 주는 모든 과학의 기반이다. 이러한 과학들의 충동은 존재하는 것을 인식 가능하게 한다. 그래서 모든 과학의 형이상학적 의미는 가능적 암호가 될 수 있는 사실적인 것을 함축적으로 나타내는 데 있다.

2. 관념론

관념론은 정신적 전체자의 통일을 주시하는 장점을 가지고 있다. 관념론은 그 어떤 것도 개별화하여 따로따로 존립시키려고 하지 않고, 그것을 전체 가운데서 파악하여 다른 모든 것과 결부 지으려고 한다. 그러나 관념론의 약점은 그것이 통일성을 저해하는 것을 간과하고 있다는 점이다. 관념론은 그것이 현존의 풍요를 꿰뚫어 보는 것 같이 보이지만, 이와는 반대로 전체자의 가상적인 조화에 직면해서는 초월자를 결여한 일종의 공허한 위안으로 끝난다.

모든 **통일성과 전체성**, 즉 존재의 통일성의 근원적 암호는 관념론이 그 암호를 파악함으로써 관념론에 있어서는 암호이기를 중지한다. 전체자는 여러 대립들의 통일이다. 서로 배제하는 것처럼 보이는 것은 종합적 통일에서 비로소 진실한 존재를 형성한다. 상호 말살하는 것 같이 보이는 것은 미리 부정하는 것에서 곧바로 현존의 실질을 야기한다. 고립 속에 부조화와 같이 보이는 것은 단지 전체자의 조화를 고양시키기 위한 하나의 계기에 지나지 않는다. 이 전체자의 조화는 하나의 발전의—동시적으로 서로 함께 가능하지 않은 것을 차례차례로 가능하게 하려는 바의—형태에 있어 어떤 유기적인 자기구성적 통일이다. 모든 것이 각각의 장소와 사명을 가지고 있는 것이 하나의 드라마에 있어 각 인물, 하나의 생명적인 신체에 있어 각 기관, 하나의 계획의 실천에 있어 개인의 행보와 같다.

이 통일성의 **동기**는 우선 나의 세계가 나에게는 항상 전체자가 된다는 근본경험 내에 있다. 즉 나의 세계는 공간에 있어 파편의 퇴적이 아니고, 내가 올바르게 볼 경우에 도처에서 미(美)로서 말을 걸어오는 구성물이다. 내가 존재하는 곳은 나의 생활공간의 배열에서, 물체성의 구조에서—그 격리된 상태에서 그 자체 구조를 결여한 것을 포함하고 있는—풍경의 분위기에서 전체가 된다. 이 전체성은 나의 창작물이 아니고, 자연이 촉진시킨 것이다. 즉 자연은 가장 분열적이면서 가장 자극적인 것도 하나 되게 하는 평화의 덮개로 덮어씌운다. 세계 전체는 우주로서 생각되고 형상들로 생각되어 떠오르지만 세계라는 하나의 광경으로 비유하자면 하나의 것으로 충실하게 된 현존의 공간이다.

제2의 근본경험은 정신의 통일성—존재하는 모든 것이 이해하자면 자기의식의 맥락 가운데로 들어간다는 것—이다. 우주[66]는 공간적 자연의 통일에는 없고, 절대적 정신으로서 정신의 통일에 있어 읽혀지며, 이 정신의 통일 내에서 공간적 자연은 단지 고리에 지나지 않는다. 정신은 역사에 있어 현존의 형태로 드러나고 항상 나 자신 내의 이해가능성으로서 현재한다.

그러나 통일성에의 결정적인 동기는 유화(宥和)에의 의지이다. 조화가 존재하는 것은 어떤 가능실존의 존재의식이 비진실한 것, 악, 열등한 것, 고통, 고뇌 등의 부정적인 것으로부터 회복함에 있어 위안을 주기 때문이다. 물론 세계 내에는 부정적인 것이 존재하지만, 그것은 단지 존재가 자기 자신에게로 돌아오는 한 과정의 계기로서만 존재할 뿐이다. 나는 나의 제한성과 불완전성을 지니면서 전체자에 있어 하나의 위치를 점하고 있지만, 이 위치에 있어 나는 이 특수한 임무를 완수하지 않으면 안 되고, 그것에 부수해서 나의 국부성이 가진 부정적인 측면을 참고 이것을 전체자 가운데 용해하지 않으면 안 된다. 모든 종류의 부정적인 것은 그 자체에 있어서는 전혀 현실적이 아니고, 적극적인 것의 표현이다. 나의 위치에 있어 부정적인 것, 즉 나의 고뇌는 이 위치에 있어 그 자체만으로 본다면 여하튼

---

66) 우주의 조화를 말한다.

무의미하지만, 전체자에서 본다면 의미심장하다. 나는 명상의—전체자 가운데서의 나의 장소에 직면하여 어떤 제한성과 직무 의식에 있어 나를 보는 것에 대한 그리고 모든 것이 잘 되어 있는 것에 대한 명상의—평안을 획득하지 않으면 안 된다. 이 평안에 있어서의 자유는 단지 내면적인 태도와 전체자의 일치에 지나지 않는다. 미는 예술작품에서의 존재의 완전성이고, 제한적인 현존에 있어서는 결코 존재할 수 없다.

관념론은 행복의 철학이다. 현존의 암호들에 있어 전체이면서 하나인 것으로서 현현하고 있고 모든 부정성을 되찾는 그런 실재적인 전체자를 의식하고 있는 삶은 확실히 긴장들을 인식하고 있지만, 단지 이러한 긴장들은 그것들에 대한 해결도 현재하는 그런 긴장들에 국한되어 있다. 부부, 가족, 국가, 직업 조직의 전체자 및 사교단체의 전체자, 마지막으로 세계 전체는 마음으로부터 일치하여 사는 것이 가능한 것 같이 생각되는 바의 실체이다. 모든 결함은 다른 것에 의해서 보충된다. 투쟁은 단지 생성되는 결합의 수단에 지나지 않는다. 한쪽이 다른 쪽을 증진시킨다. 우리는 부조화를 통해서 조화로 나아간다.

3. 실존철학에 있어서의 암호해독

실존철학은 초월적 존재에 관한 형상 또는 사변에서 원숙한 어떤 궁극적인 지식도 획득할 수 없다. 현존에 있어 철학함으로서의 실존철학에서는 존재의 분열이 잔존하지만 역사성을 지나는 도상에서 하나인 존재를 실존으로서 획득할 수 있는 하나의 가능성이 있다. 존재의 가상적인 완성에 의하여 현존이 유기(遺棄)되고, 만인에 대한 일자와 전체자가 실현된 것으로 보이지 않으리라는 점을 실존철학은 알고 있다. 그러므로 자기 자신에 있어서의 미래와 사람들이 전체자를 선택함으로써 그 일원이 되는바 그 전체자를 가지고 있다는 의식을 수반한 시간적 현존이 **철학함의 영속적인 세계**이다.

시간적 현존은 **실증주의로 돌아가고** 사실적인 것을 승인하고자 하는 용의에 있어 어떤 한계도 인식할 수 없지만, 이 사실적인 것에 직면해서는 우선 이 사실적인 것이란 그렇게 존재한다는 것이 단지 요구될 뿐이다. 즉 항상 새롭고 다른 것으로 변하는 실제적인 것이 시간적 현존에게는 충격을 주는 것으로 지속한다.

시간적 현존은 **실존의 절대적 역사성**으로, 그와 동시에 한계상황과 상호소통으로 걸어 들어간다. 실증주의와 관념론은 하나의 진리를 인식하고, 따라서 하나의 존립하는 진리 내에서 상대적인 역사성과 어떤 이차적인 상호소통을 인식할 뿐이다. 진리와 신성이 열려 드러나는 곳에서는 상호소통은 근원이 되지 못한다. 그곳에서 역사성은 단지 일반자의 특수한 경우나 또는 하나의 응결에 지나지 않는다. 그러나 실존적인 상호소통은 진리들을—단지 그것들 자신일 뿐 그리고 그것들을 전체자로서 사유할 경우에는 상실하고 마는 그런 진리들을—깨우치게 하고, 진리들에 접촉하게 하며, 진리들과 결합하게 해준다. 신성이 숨겨진 채 존속할 경우에 확고한 토대는 서로 간에 손을 내미는 실존들 사이에서만 존재한다.

실존의 현상으로서 시간적 현존에 있어 이 시간성은 **실존에게 그 자체가 암호**이지만, 명백하지 않다. 실존은 그 자체에 있어 그것의 실현과 난파의 현실성을 예상할 수도 없고, 또 그 자체 이미 암호로서 '하루의 끝'이라고 일컫는 것에 있어서의 전체자도 예상할 수 없다. 실존의 현재적인 시간성을 가로질러서 실존의 영원성이 현현하고 있지만, 그것은 또다시 단지 시간적인 암호에 있어서만 결단, 결의, 확증, 충실로서 현현하고 있다.

실존은 그것의 가능성들의 공간으로서 일찍이 직접적, 즉각적으로 사념되고 있던 **암호들의 세계**를 고집할 수 있다. 관념론에 있어 체계로서 지식이 되는 것 역시 이제 **전체로서 그 자체 하나의 가능적 암호**이다. 플로티노스와 헤겔의 웅대한 존재의 광경은 이와 같은 암호로서 중요하게 되고, 더욱이 무구속적이 되지만, 실존적인 순간의 가능적 언어로서 그리고 소원한 것으로서의─가령 나의 진리는 아니라고 하더라도 그것 자체의 진리를 가진 바의─타자의 배경으로서 중요하게 된다.

실존적 근원에 근거하여 전체자의 사유는 암호들의 세계에서는 설화적으로, 암호의 사변에서는 구성적으로, 그리고 **형이상학적 체계는 마치 신화처럼** 취급될 것이다. 세계정위에 의해서 모든 과학의 체계성에 있어 단지 현존에 관한 상대적 세계상들만을 소유하는 것을 대신하여 모든 것의 근거로서 하나인 존재가 사유된다. 이것이 행해지는 데는 두 가지의 경우가 있다. 즉 하나의 경우는 일반자로서의 전체자의 어떤 위안이 되는 통일성을 보는 근본태도에 있어 유사한 자연주의적, 논리적, 변증법적, 정신적 형태들에 있어서이다. 다른 하나의 경우는 개념성과 직관적인 신화의 경계에 서서 어떤 확실한 초월적인 이야기를 하는 것에서이다. 이러한 근본태도는 불가해한 역사성에 둘러싸인 전체자를 그리고 대체할 수 없는 개별적인 것, 어떤 일반자로부터도 추론하지 못하는 것, 그러나 초월자에 근거 짓고 있는 것으로서의 모든 본래적인 것을 본다.

암호들은 가능실존에게는 더 이상 정착될 수 없지만, 그럼에도 암호들은 그 무엇으로 존재하지 않을 수 없다. 그러나 이 암호들이 그 무엇으로 존재함에 있어 객관적이 될 경우에 그 암호는 무한히 다의적이며, 이 암호들이 난파의 암호에 있어 유지될 때 이 암호들은 진실하다. 이 난파의 암호는 그것의 사실적 측면에 의하면 실증주의적으로 기탄없이 보이고 실존적인 측면에 의하면 한계상황에서 비로소 진지하게 받아들여진다.

제4절
초월자의 결정적 암호로서의 현존과 실존의 소멸
(난파하는 존재)

현실적으로 일어나는 난파의 다양한 의미

여러 가지 물질과 광석으로부터 태양에 이르기까지 물질세계의 모든 구성은 항존성을 결여하고 있다. 즉 그 물질세계의 구성을 생성가능하게 한 그 근원은 그 물질세계의 멈추지 않는 변화 속에 계속 존재하고 있다. 모든 **생명적 현존**에게는 죽음이 다가온다. 인간은 자기의 삶으로서 그리고 자기의 역사 가운데서 모든 것이 종말을 가진다는 것을 경험한다. 즉 여러 가지 실현은 사회적 상태의 변전에서는 유지될 수 없다. 사상적 가능성들은 다 길어 내진다. 정신적 생명의 양태들은 울리기를 그친다. 위대했던 것은 말살되었다. 그래서 깊이는 휘발하여 사라지고, 다른 것으로 변질되어 외관상 영향을 미치고 있다. 역사는, 전체에서 본다면, 단지 기술과 현존의 합리화에 있어서만 진보했다. 그러나 역사는 본래적, 인간적인 것과 정신적인 것에 있어서는, 즉 특이한 것의 창출에 있어서는 동시에 파괴적인 힘들의 개선된 길도 있었다. 인류의 발전이 무제한으로 나아갔다면 시간 내에서 세계 현존으로서 영속하는 어떤 상태도 그 속에서 인간이 인간으로서 다시 파괴됨이 없이는 달성되지 못했을 것이다. 예를 들어서 비교적 열등한 것이나 집단적인 것은 단순히(다른 것으로) 변화한 것 가운데 잔존하는 것 같이 생각된다. 그래서 이 역사의 길은 의미와 연속성의 통일 없이 그리고 전체화의 가능성 없이 있을 것이다. 한편 어떤 회상에도 다시금 현재하는 것을 한 번도 필요로 하지 않는 것이 단지 실현되었다가는 이윽고 파괴될 것이다. 이 과거를 그것의 의식의 전제로서는 전혀 소유하고 있지 않고, 오히려 망각되고 영향력이 없는 이전으로서 소유하고 있는 더욱 살아 있는 현존은 로마 화재의 잔해에서도 마찬가지로 퇴적한 폐물 연소의 잔재에서도 있을 수 있는 한 묶음의 그을린 목재의 현존과도 같다. 어떤 상상적인 기술이 오늘날까지도 생각해 낼 수 없는 것을 성취한다면 이 기술은 역시 마찬가지로 엄청날 정도로 파괴적일 수 있을 것이다. 만일 기술의 도상에서 모든 인간적 현존의 기초를 절멸시킬 수 있는 가능성이 있다면 이 가능성이 그 어느 날 실현될 것이라는 그런 의심은 거의 있을 수 없다. 우리들의 능동성은 이러한 실현을 저지하고, 연기하고, 일시적인 유예를 획득할 수 있다. 그러나 역사에 있어 인간들의 모든 경험에 의하면 일어날 수 있는 가장 가공스러운 일이 언제 어디에선가 누군가에 의해서 저질러진다―난파는 **최후의 것이다.** 그래서 가차 없이 현실에 육박하는 세계정위가 난파를 그처럼 증명한다. 좀 더 덧붙여 말하자면 난파는 적어도 사유 내에서 현현함에 이르는 모든 것에 있어 최후의 것이다. 즉 **논리적인 것**에 있어 타당한 것도 상대적인 것에 직면해서는 난파한다. 예를 들어서 지식은 그 자체가 한계들에 직면해서 여러 가지 이율배반 앞에 놓인 것을 본다. 이 이율배반에 직면해서는 모순이 없는 사유가능성이 절멸한다. 그래서 지식을 초월해서 합리적이지 못한 진리가 포괄하는 것으로서 떠오른다. **세계정위**에 있어 현존으로서의 세계는 그것 자체로부터 그리고 그것 자체 내에서는 파악되지 않기 때문에 난파한다. 왜냐하면 세계는 그 자체에 있어 닫혀 있고, 그 진실을 간파할 수 있는 하나의 존재로 되는 것도 아니고 또 세계의 인식과정이 하나의 전체로 완성될 수도 없기 때문이다. 실존조명에서는 실존의 즉자적 자기존재가 난파한다. 내가 본래적으로 나 자신인 곳에서는 나는 나 자신만이 아니다. **초월자**에 있어서는 사상[67]이 밤에의 열정에 직면하여 난파한다.

생성과 소멸, 파괴가능성과 확실한 파괴, 실패와 좌절을 이와 같이 여러 가지로 생각해 내어 보임에 있어 아직도 갈라지지 않고 있는 **난파라는 의미**의 다양성이 혼란의 근원이다.

단순한 현존에게는 단지 소멸만이 있을 뿐이며, 이 소멸에 관해서는 현존은 아무것도 모른다. 첫째 지식에게는 비로소 난파가 있고, 둘째 난파는 지식에 대한 나의 태도에 있다. **동물**은 단지 객관적인 세계의 무상성에 예속되고 있을 뿐이다. 동물의 현존은 완전히 현재이고, 동물의 본능의 안전성이며, 동물에 적합한 생활의 조건들에서 행하는 그 행위의 완전한 성과이다. 그러나 이러한 일들이 거부될 경우에는 동물의 현존은 거친 행동, 부화(孵化)의 고요, 지식과 의지를 결여한 둔감한 불안에 직면한다. 오직 인간에게만 난파가 있다. 더욱이 난파는 인간에게는 명백하지 않다. 한편 난파는 인간에게 그 난파에 대해서 태도를 취하도록 도발한다. 나는 다음과 같이 말할 수 있다. 즉 그 **자체**에 있어 난파하는 것은 아무것도 없고 잔존하는 것도 아무것도 없다. 다시 말해서 내가 난파를 인식하고 승인하는 방법에 의해서 나는 그것을 **나의 내면**에서 난파하게 한다. 내가 만물의 종말에 관한 나의 지식을 아주 어두운 심연―내가 그것 앞에서 눈을 감고 싶은 심연―의 무차별적인 단일성 속으로 가라앉힐 경우 나는 동물을 순

---

67) 낮의 법칙을 지지하는 신성의 사상.

전히 현재하는 충실감을 가진 이상적 현존으로 간주할 수 있고, 동물을 사랑과 동경의 눈으로 나 자신보다 상위에 올려놓을 수 있다. 그러나 나는 동물의 현존이 될 수는 없고, 단지 인간으로서 나 자신만을 포기할 수 있을 뿐이다.

내가 인간의 상황에 머무른다면 나는 인간으로서 난파를 다음과 같이 구별 짓는다. 난파하는 것은 소멸로서의 **현존**뿐 아니다. 그것은 존재 자체를 파악하고자 하는 시도에 있어 자기 분쇄로서의 **인식**뿐만도 아니다. 또한 존속할 수 있는 궁극 목적을 결여한 **행동**뿐만도 아니다. 한계상황에서 드러나는 것은 우리에게 긍정적인 모든 것이 그것에 속하는 부정적인 것에 결부되어 있다는 점이다. 가능적, 현실적, 악한 것을 수반하지 않는 어떤 선한 것도 존재하지 않고, 거짓을 수반하지 않는 어떤 진리도 존재하지 않으며, 죽음을 수반하지 않는 어떤 삶도 존재하지 않는다. 다시 말해서 행복은 고통에 결부되어 있고 실현은 모험과 상실에 결부되어 있다. 자기의 초월자를 발언하게 하는 인간의 깊이는 파괴적인 것, 병적인 것 또는 터무니없는 것에 실제로 결부되어 있다. 그러나 이러한 접합은 멀리 내다볼 수 없는 여러 가지 잡다한 방법으로는 명백하게 현존하지 않는다. 모든 현존에 있어 나는 이율배반적 구조를 볼 수 없다.

이리하여 난파의 양태들이 객관적인 현실로서 또는 사유할 수 있는 것의 불가피성으로서 있으며, 따라서 어떤 의미로는 현존에 있어서의 난파 및 현존으로서의 난파를 의미하는 데 반해서 **실존의 난파**는 다른 차원에 가로놓여 있다. 내가 자유에 있어 현존으로부터 존재 확신으로 다가올 때에는 나는 행위에 있어서의 자기 존재의 가장 밝은 결정성을 얻는 바로 그때 자기 존재의 난파를 경험하지 않을 수 없다. 왜냐하면 절대적으로 자립할 수 없는 불가능성이 현존을 실제로 파괴하는 현존의 속박에서만 비로소 생기는 것이 아니고, 자유 자체로부터 생기는 것이기 때문이다. 나는 자유에 의하여 어떤 경우에도 책임을 지게 된다. 그래서 나는 완전한 것이 될 수 없다. 내가 진리이고 또 그 진리로 살아가기 때문에 내가 파악하는 본래적인 진리로서의 진리는 보편타당적인 것으로서 인식할 수 있는 어떤 가능성도 가지고 있지 않다. 다시 말해서 보편타당한 것은 항상 변화하는 현존에 달라붙어서 무시간적으로 존립할 수 있지만, 본래적인 진리는 바로 절멸하는 그런 것이다.

본래적인 자기 존재는 자기 자신만에 의해서는 자기를 유지할 수 없다. 그래서 본래적인 자기 존재는 자신에게 오지 않을 수도 있고 또 무리하게 끌어당겨 올 수도 없다. 본래적인 자기존재의 성공이 결정적이 되면 될 수록 본래적 자기를 거부하는 그것의 한계가 명료화된다. 본래적 자기 존재가 자기 자신을 충족시키고자 하는 욕구가 난파할 때 그 본래적 자기존재에게는 자기의 타자를, 즉 초월자를 만나는 각오가 가능해진다. 그러나 나에게는 초월자가 나타나지 않고 있다는 것, 마침내 나 자신을 초월적 연계에서 만날 수 있다는 나의 기대가 어긋날 때—그때 무엇이 나의 죄책이었던가? 그리고 내가 무엇을 나에게 일어났던 것으로서 감수하지 않으면 안 되었던가를 나는 결코 알지 못한다. 다시 말해서 모든 성실성과 각오가 현존하는 것 같이 보임에도 불구하고 철학적 신뢰가 나를 돕지 못하고 또 신적인 언어나 종교적 보증도 나를 돕지 못하고 **나는 나 자신으로서 난파할 수** 있다.

그러나 난파의 다양성에 있어서는 난파하는 것이 실제로 침몰하는 것이기 때문에 난파 자체가 절멸인지 어떤지, 또는 난파 가운데서 어떤 존재가 드러나게 되는 것인지 어떤지, 난파가 단순히 난파만이 아니고 영원화일 수 있는지 어떤지라고 하는 물음이 생긴다.

난파와 영원화

자연적인 자명성을 가진 생명적 현존은 지속과 항존을 지향한다. 그것은 난파를 피할 뿐만 아니라, 존재 자체가 항존으로서 가능해진다는 것을 전제로 한다. 즉 존재는 제한되지 않는 미래를 가진 하나의 발전 속에서 경험된다. 다시 말해서 존재는 획득된 것을 보존하고 있다. 한편 존재는 어떤 더 좋은 것으로 전진한다. 그래서 존재는 모순이 없는 사유가능성 속에서 남김없이 논리적으로 접근 가능하다는 것을 전제한다. 이와 같은 전제에서 난파는 필연적이 되지 못한다. 위험은 있지만, 그 위험은 극복될 수 없다. 개인이 죽을 때 그의 행위는 남고, 다른 사람들에 의해서 역사 속에 받아들여진다. 모순은 어떠한 경우에도 필연적인 이율배반이 되는 것을 필요로 하지 않는다. 즉 모순은 오류에 의해서 존재하고, 명료성과 더 좋은 경험에 의하여 다시 지양된다.

그러나 단지 의도적인 맹목성만이 이 전제를 고집할 수 있다. 난파는 최후의 것이다.

경험적 현상이 되는 모든 것이 **무상한** 것으로서 입증되었기 때문에 현존은 **본래적 존재를 구하면서** 타당한 무시간적인 것으로서의 **객관적인 것을** 향한다. 그러나 현존에게 이와 같은 것이 가깝게 되는 한 그것은 바로 그 무시간성 가운데서 비현실적으로 존재할 뿐만 아니라 또한 공허하다. 현존은 **주관적인 것을** 향해서 변화하고, 타당한 것에 대해 그 현실에서 충실을 마련하고자 했다. 그러나 현존은 이 충실이 단순한 삶의 흐름 속에 용해되는 것을 본다. 현존은 영원화로서의 존재를 의지하고 이 **영원화를 영속** 가운데서, 즉 자손 가운데서, 삶을 뛰어넘어 가는 영향을 가진 여러 가지 업적 가운데서 탐구한다. 그러나 여기서도 또한 현존은 단지 모든 것이 시간적 존속의 연장을 의미할 뿐 절대적 영속을 의미하지는 않는다고 잘못 생각할 수는 없다. 단지 무사려한 자만이 장기간에 걸쳐서 현존을 불멸과 혼동한다.

모든 것의 무상성—그 모든 것이 또한 수천 년 뒤에 비로소 사라진다고 하더라도—에 직면하여 드디어 **가능실존으로서의 현존**이 고유한 자기존재의 구체적, 현재적 현실 속에서만 본래적 존재를 볼 때 파괴와 몰락 또한, 이것들이 단지 자유롭게만 (전혀 무엇과도 관계없이) 포착된다면, 일종의 존재가 된다. 나의 현존의 난파로서 마치 우연히 일어난 것과도 같이 감수된 것인바 그 난파는 본래적인 난파로서 포착될 수 있다. 영원화의 의지는 난파를 배척하는 대신 그 영원화의 의지의 목표를 난파 자체에서 찾아내는 것 같이 생각된다.

내가 생명적 존재자로서 영속에의 의지를 가질 때, 이 영속을 상실함으로써 어떤 항존하는 것에서의 새로운 발판을 탐구할 때 내가 가능실존으로서 의지하는 것은 몰락에 즈음하여 포착할 수 있는, 그러나 존립하지는 않는 그런 존재이다. 내가 가장 좋아하는 것이 미완성인 채로 나에게서 사라질 때 견뎌 내야 하는 **몰락에 직면하여** 나는 생기하는 것을 나 자신에게 떠맡길 수 있고, 충실한 현재로서의 순간이었던 것이 결코 상실되지 않는다는 것을 분명한 인내에서 경험할 수 있다. 그러나 이윽고 내가 광명으로 가득 찬 상상에 있어—신들의 마음에 드는 것을 신들이 조기에 세계로부터 제거하는 것이라든가 또는 형식이나 형태가 된 것이 영원성을 가지는 것이라는 사상 가운데서—존재를 몰락과 결합시킨다면 실존은 자기를 보호한다. 실존이 단지 수동성에 있어서만 계속 인내한다면 실존은 명상적 위안에 의해서도 만족할 수 없다. 왜냐하면 실존의 본래적 존재의식은 자기 존재의 상실에 대한 순수한 관조에서는 완성될 수 없기 때문이다. 실존은 오히려 우선 자신의 위험을 수반한 능동성에 있어, 그 다음에는 실존 자신을 난파하게 함에 있어 자신을 스스로 난파 가운데로 밀어 넣지 않으면 안 된다. 단지 수용할 뿐인 명상에서는 이미 암호는 결정적으로 드러나지 않고, 오히려 현존으로서 몰락하면서 암호를 자유로부터 생겨나게 하는바 실존에게만 드러난다. 이 자유는 실존으로서 부서지면서, 더욱이 그때 그 실존의 근거를 초월적 존재에서 발견한다.

난파의 모순은 현상으로서 지속한다. 그 해결은 인식되지 않는다. 그 해결은 숨겨진 채로 존속하는 존재 속에 있다. 현실적으로 자기 자신의 고유한 운명에 있어 실존적인 계단들을 걸어서 통과한 자는 이 존재에 직면한다. 이 존재는 전제될 수 없다. 어떠한 권위도 이 존재를 관리할 수도 없고 중개할 수도 없다. 이 존재는 모험을 감행하면서 그 존재에 가까이 간 자에게로 시선을 되돌린다.

존재가 그것에서 다시금 완전히 암흑화하여 무가 되는 도착(倒錯)은 곧 바로 난파를 바라는 그런 것일 것이다. 임의적인 몰락, 모든 경우의 절멸, 자기가 자신을 포기하게 하는 것, 단념, 거부 속에 이미 진정으로 존재를 열어 드러내는 난파는 없다. 난파에 있어 영원화의 암호는 내가 난파하고자 하지는 않지만, 단지 난파를 감행할 때만 명백하게 될 뿐이다. 난파의 암호 해독을 나는 계획할 수 없다. 나는 단지 지속과 항존을 계속하는 것을 계획할 수 있을 뿐이다. 난파의 암호는 내가 그것을 의지할 때에는 드러나지 않고, 내가 그 암호의 현실을 피하기 위하여 모든 것을 행할 때 드러난다. 난파의 암호는 운명애(amor fati) 가운데서 드러난다. 그러나 숙명론은 진실하지 못하다. 숙명론은 너무 이르게 항복하고, 그 때문에 더 이상 난파하지 않는다.

이렇게 해서 내가 임의적으로 추락해 가는바 난파가 공허한 무라고 한다면 난파를 성실히 저지하기 위하여 내가 모든 것을 행할 때 나를 압도하는 난파는 단순히 난파이기만을 필요로 하지 않는다. 그러므로 내가 나 자신을 보호하기 위하여 내가 할 수 있는 것을 현존에서 행했을 때 나는 존재를 경험할 수 있다. 그리고 그것은 또한 실존으로서 내가 나 자신을 완전히 옹호하고 가능한 한 모든 것을 나 자신에게 요구할 때이지만, 내가 초월자 앞에서 나 자신의 피조물로서의 허무 의식에 있어 피조물로서의 나를 존재에 맡길 때는 아닌 것이다.

생존 투쟁에 있어 무기력하게 되는 것이나 자기 존재를 위엄도 없이 포기하는 것이 무 가운데로 돌입하는 것과 같이 만물의 종말에의 직접적인 의지에 있어 종말은 영원성의 존재로서 포착되지 않고, 현존의 절멸로서 포착된다. 이 비참한 세계가 분쇄되는 데서 환희를 느끼는 허무주의적 감각적인 표상들에서는 기만적인 유혹이 있다. 난파에 있어 존재의 암호가 비로소 그것의 목표로서 있는바 그 길은 다음과 같은 태도로 회피된다.

우리는 종말이 있다는 것을 믿고 종말을 바란다. 왜냐하면 우리들 자신은—일종의 종말 또는 적어도 종말의 발단이기 때문이다. 우리들의 눈에는 아직 인간의 눈에 익숙하지 않은 표정이 비치고 있다.

이 말 속에 울리고 있는 하나의 음조는 세계 내에서의 실존적 난파의 비약과 외견상의 유사 때문에 무세계적인 열정의 거짓된 격정을 더욱 두려운 모양으로 드러낸다.

용기 있는 감행과 절멸에서 존재를 경험할 수 있고, 이 경험이 전도하는 예는 현상이 덧없는 것이 될 뿐만 아니라 어떻게 되었든 나와는 상관없이 되는 그런 곳에 존재한다. 따라서 이러한 예는 내가 본래적이기 위해서 어떤 세계현존도 건설하지 않고, **모험**에 나의 몸을 바치는 그런 곳에 존재한다. 즉 나는 비록 아무것도 문제될 것이 없다고 하더라도 용기 있는 감행, 파괴, 몰락을 절대화한다. 나는 이러한 의식을 가지고 존재 가운데로 걸어들어가는 바로 그 경우에도 그것들을 절대화한다. 나는 세계의 모든 진면목, 모든 영속, 모든 무시간성을 존재로 잘못 생각한다.

모험가는 모든 존립하는 것과 마찬가지로 모든 삶의 질서를 경멸한다. 도에 넘치는 것, 모든 결속을 해체해 버리는 것, 방자한 놀이를 하는 것, 깜짝 놀라게 하는 것이나 예기치 않은 것은 자기의 몰락을 환호하면서 꽉 쥐거나 또는 미소를 띠면서 참아내는 모험가에게는 진실한 것이다.

그러나 가능 실존으로서의 현존은 단순히 객관적인 타당성의 공허함이나 가상적 영속의 기만 앞에서와 같이 모험에 있어 가치 없는 단순한 몰락 앞에서도 전율한다. 객관성과 영속성은, 가령 그것들이 그 자체에 있어서는 아무것도 아니라고 하더라도, 시간적 현존에 있어 실존의 현상적 실체인 것에는 변함이 없다. 단순한 몰락은 무가치하다. 즉 본래 세계 내에서의 실현 없이 몰락하는 것은 혼돈된 주체성이다. 그러나 본질적인 것이 현상에 있어 몰락한다는 것이 그리고 몰락을 그 자체에 있어 받아들이는 것이 비로소 본래적 존재의 근저에 시선을 두게 하는 깊이를 드러낸다는 것이 진실한 것으로 존속한다. 그러므로 **영원화**란 규범과 영속에의 의지의 연속성을 수반한, 진정 몰락에의 예감과 각오뿐만 아니라—몰락에 있어 영원성이 시간의 현상으로 들어가는바—몰락의 감행과 예지를 수반한 현존에 있어 세계의 건설일 것이다.

내가 스스럼없이 인식하여 인수하면서 마음을 열고 있는 이 진정한 난파만이 존재의 충실한 암호가 될 수 있다. 내가 나 자신에게 난파의 현실을 덮어 숨기거나 또는 내가 현실 없이 몰락으로 나아가게 하거나 간에,

하여간 이 두 가지 경우에 나는 실제의 난파에 있어 진정한 난파를 놓치고 있다.

실현된 것과 실현되지 않은 것

난파의식으로부터 허무한 것의 수동성이 필연적으로 생겨나오는 것이 아니고, 본래적인 능동성의 가능성이 생겨나온다. 즉 **몰락하는 것은 그 어떤 것으로 되지 않으면 안 된다**. 몰락은 현실에 의하여 비로소 현실적이 되고, 그렇지 않으면 거기에서는 단지 가능성의 소멸이 있을 뿐이다. 그러므로 나는 영속하기 위하여 실현으로서의 현존에 나의 존재의 모든 무게를 두며, 이 영속이라는 것을 하나의 일로서 행해야만 하는 것으로 믿는다. 나는 나 자신에게 존재가 거기에서 비로소 나타나는 충실한 난파를 경험하기 위하여 항존을 의지한다. 나는 세계를 파악하고, 전력을 다해 세계의 풍요 가운데서 손발을 뻗치며, 이것에 의하여 세계의 지리멸렬과 이 근원으로부터 오는 세계의 몰락을 보고자 하지만, 세계를 단지 추상적인 사상들에 의해서 알고자 함은 아니다. 단지 내가 어떤 유보도 없이 무조건 세계 가운데로 들어가고 세계의 파괴가 나에게 가져다주는 것에 시달릴 때만이 나는 난파를 암호로서 현실적으로 경험할 수 있다. 그렇지 않다면 만물의 근거 없는 하찮은 몰락만이 있을 것이다.

가능 실존의 존재의식에게 세계는 본래적인 것을 이 존재의식이 거기에서 경험하는 바의 공간이다. 나는 사회를 지향하고 그 사회 속에서 내가 나 자신에게 가능한 여러 가지의 활동영역을 장악함으로써 삶을 살고 협동해서 일한다. 예를 들어서 나는 가족과 우정에 있어 지속적인 상호소통을 추구한다. 나는 자연의 법칙성과 자연을 기술적으로 지배하는 가능성에 있어 그 객관성을 지향한다. 현존으로서 나는 세계 내에서 숨을 쉰다. 다시 말해서 사람들과 함께 있는 인간으로서 나는 현존의 어떤 종류의 성취를 창출하고 있다. 가령 모든 성취가 단지 무상한 것에 지나지 않더라도 그 모든 성취에는 그 무상성에 의하여 존재의 암호문자가 존재한다.

이 사상은 근거를 가지는 것 같이 생각될 수 있다. 모든 것이 난파한다. 그러므로 어떤 일도 시작할 필요가 없다. 왜냐하면 모든 것이 무의미하기 때문이다. 이 사상은 영속을 가치척도로서 전제하고, 세계 현존을 절대화하고 있다. 그러나 비록 현존에게 그리고 우리들 누구에게도 영속과 항존에의 의지가 불가피하고, 모든 것의 난파라는 사상이 우선 한계상황에 있어서의 절망의 표현이라고 하더라도 그래도 실존은 한계상황으로 들어가지 않고는 자기에게로 올 수는 없다.

그러나 결의된 비실현에 있어서는 의미가 다르고 이 경우에 실존에게는 세계 내의 이 현존을 절대 필요한 것으로서 의무 지우는 어떠한 이유 자체도 존재하지 않는다. 내가 현존 가운데서 나 자신을 발견하면서 **현존 일반과 투쟁한다는 것이 가능하다**. 세계 내의 현존은 부정적인 결의가 문제되어 실존에 접촉할 경우에만 성실한 마음으로 파악될 수 있다. 세계를 적극적으로 세계로서 소유하기 위해서는 우리는 가능성 내에서 세계를 떠났다가 그리고 나서 세계로 복귀하지 않으면 안 된다. 즉 그렇게 할 경우에 세계는 그것의 영광과 문제성에 있어, 즉 실존이 현상하는 유일한 장소로서—실존이 자기 자신 및 다른 실존을 이해할 수 있는 그런 장소로서—그것의 본질에 있어 적극적으로 소유될 수 있다.

나는 홀로 현존 가운데 존재하지 않는다. 이 사실은 세계 현존에 문제를 제기하는 저 부정적 결의를 상당히 의심스럽게 만든다. 왜냐하면 이 결의가 세계도 상호소통도 결여한 채로 단지 초월자의 심연으로 떨어질 뿐이기 때문이다. 그러나 실존은 현존에 있어서는 실존 자신의 존재 조건인 상호소통에의 의지로서 절대적으로 자기 자신 위에 설 수도 없고 직접적으로 초월자에 매달릴 수도 없다. 어떤 사람도 홀로 지극히 행복할 수 없다. 나 홀로 나 자신만으로 그 어떤 진리로 목표를 달성할 수 있는 그런 진리는 없다. 나는 다른 사람들과 더불어 존재하고, 다른 사람들인 것이고 나 바깥에 존재하는 것에 대해서—내가 그것에 말을 걸 수 있고 또 그것과의 적극적인 관계에 들어갈 수 있기 때문에—책임이 있다. 나는 다른 실존에 대한 가능실존으로서 존재한다. 그러므로 나는 나의 현존의 목표를, 단지 내가 나 자신을 둘러싸는 것을 파악할 때에만, 달성한다. 내가 거기에서 가능적 상호소통으로 들어갈 수 있는 세계가 나와 함께 있음으로써 그것 자체가 될 때 비로소 나는 나 자신이 된다. 자유는 다른 사람들의 자유에 결부되어 있고, 자기 존재는 그것의 척도를 이웃 사람들의 자기 존재와, 결국 모든 사람들의 자기 존재 가운데 가지고 있다. 이 **실현**의 최종적인 난파에서 비로소 존재가 무엇인가라는 것이 드러난다.

난파의 필연성에 대한 해석

우리들이 보고 또 손을 뻗치는 그 어떤 곳에도 결국 난파가 있다는 것은 난파가 존재하지 않으면 안 되는지 어떤지를 묻게 한다. 우리가 줄 수 있는 해답은 가능적 통찰이 아니다. 그러나 우리는 (난파의) 암호에 있어 존재의 명석화를 시도한다.

1. 자유가 존재한다면 타당성과 영속은 깨어지기 쉽다

존재의 진리가 무모순적인 사유가능성의 타당 내에 존재한다면 단조로운 자기동등 존재의 부동의 존립은 내가 믿을 수 없는 죽음의 존재와 같을 것이다. 인식 불가능하지만, 본래적인 존재의 진리가 나에게 있어 돌파하기 위하여 논리적인 존립은 여러 가지 이율배반에 있어 난파하지 않을 수 없다.

존재의 진리가 시간에 있어서의 끝없는 영속이라고 한다면 거기에도 또한 단지 죽은 항존만이 있을 것이다. 왜냐하면 단순한 영속은 단조로운 동등성에 있어서는 다른 무시간성이 될 것이기 때문이다. 존재가 존재한다는 것은 시간적 현존에 있어 오히려 난파에의 운동이라는 형태를 취하지 않을 수 없다. 존재가 현존에 있어서의 현상으로서 높은 곳에 도달할 때 이 높은 곳 자체는 곧바로 단지 소멸로 급변하는 한 점에 지나지 않지만, 실은 이것을 위해서 계속 존립할 경우에는 잃어버릴 것의 높은 곳의 진리가 구해진다. 어느 완성도 사라져가는 경우에는 도저히 멈추기 어렵다. 본래적인 것은 아직 존재하지 않았든가 또는 이미 존재하지 않았든가이다. 본래적인 존재에 있어서는 그것에의 길과 그것으로부터의 길 사이의 분기점 이외 다른 어떤 것도 발견되지 않는다. (완성의 정점에) 머무르는 것이 불가능하기 때문에 실존의 어떤 충실한 현실의 전체도 이 소멸하는 듯한 점의 주위를 돌고 있는 것 같이 생각된다. 순간 그 자체가 모든 것이고, 그것은 단지 순간에 지나지 않는다. 현실 속의 진리는 이 정점의 고립화에는 없고, (정점의) 전후의 확장 가운데 있다.

그러나 이 운동은 이것이 없고서는 타당성과 시간적 지속에 있어 죽게 하는 항존으로부터 모든 것의 위로 드리워지는 무제한한 지루함을 배제하는 것으로 이미 이해되는 것은 아니다. 본질적인 것은 오히려 **자유로서의** 존재가 결코 **항존으로서의** 현존을 획득할 수 없다는 점이다. 이 존재는 그 것이 자신을 획득함으로써 존재하고, 그것이 생겨난 이상 존속하고 싶다 고 생각할 때에는 (존재하는 것을) 멈춘다. 완료하는 것은 자유로서의 존재 의 종식이다. 무한한 지속으로서의 그리고 무시간적인 타당으로서의 항존 이 난파한다고 하는 것은 자유의 가능성이다. 이 자유는 현존으로서 운동 가운데 있고, 이 운동 속에서 자유가 만일 본래적이라고 한다면, 현존으로 서는 소멸한다. 초월적 존재도 또한 말하자면 현존의 투명성으로서는 이 현존에 현재하고 있지만, 이 경우 현존은 그것의 투명성 속에서 현존으로 서는 소멸한다. 본래적인 것은 비약에 있어 세계 속으로 걸어 들어가고 그것이 스스로를 실현시킴으로써 세계 속에서 소멸한다. 그러므로 더 열 악한 것이 더 영속적으로 보이고, 반대로 자유에 기초한 고귀한 것이 영 속 가운데 존립하지 못한다. 그러므로 물질의 구성은 생명보다, 생명은 정신보다 영속적이고 대중은 각각의 역사성에 있어서의 개인보다도 영속 적이다.

2. 자유는 자연에 의해서 그리고 자연에 저항해서만 존재하기 때문에 자유 아니면 현존으로서 난파되어야 한다

자유는 단지 자연이 존재할 때에만 존재한다. 자유는 자신[68]에 대한 저 항과 자신 내에서의 어떤 토대가 없이는 존재하지 못할 것이다. 예컨대 정 신병에 있어 우세하게 되고 인간에게 생소한 것으로서 인간을 파괴하는 것

---

[68] 자연이라고 하는 자신.

은 인간을 생겨나게 하는바, 그러나 인간이 투쟁하지 않으면 안 되는바 인간의 어두운 자연으로서 인간의 현존에 속한다. 인간은 그가 행했던 일에 있어서는 자기 자신을 재인식하지 못하는 그런 상황에 이를 수 있다. 이것은 마치 무엇인가가 인간의 마음을 어지럽히는 것 같지만, 인간은 그것을 했고 그것에 대해서 책임을 지지 않으면 안 된다. 확실히 인간의 수호신은 모든 것에 접근하기 쉽고, 그 모든 것에 대해서 받아들이기 쉽도록 마음을 열어젖히고 그것에 의해서 자유로이 자기의 결의에 도달할 것을 요구한다. 그러나 수호신의 소리를 듣는 인간의 본질 존재는 어느 순간에도 인간에게 확실히 현현하고 있는 것은 아니다. 그러므로 선량한 의지는 상호소통에 있어 단지 가능실존의 명백화와 분규해결의 과정에 있어 그것을 기다리는 대망뿐만 아니라, 분규에도 불구하고, 드디어는 분규에 있어 가능실존이 승인되는 것을 갈망한다. 자연과 자유가 투쟁 (관계에) 있는 두 개의 세력일 뿐만 아니라, 자유가 자연에 의하여 비로소 가능하다는 것이 현존에 있어서의 존재의 이 거대한 암호이다. 자유로운 인간성의 이상에 있어 (인간의) 어두운 토대는 제어될 뿐만 아니라, 제어에 있어서의 (인간성의) 동력이다. 이 동력의 과격한 작용은― 실존에 의하여 (인간성의) 거부로서 그리고 (인간성의 과제)로서 받아들여지는 이 동력의 과격한 작용은―근절할 수 없는 결함이며 이 결함의 기초는 그 자체 실존의 토대로서 변함없이 존속한다.

그러므로 초월자는 자유 가운데 존재할 뿐만 아니고 이 자유를 관통해서 자연 가운데 존재한다. 실존의 타자로서의 초월자는 내가 또한 그것에 기초해서 존재하지만, 나 홀로 존재하는 것이 아닌 포괄적 근거를 알리는 암호이다. 가능 실존의 현존보다 많이 포섭하는 세계의 현실은 나에게는 단지 나의 자유의 질료인 것처럼 보이지만, 그 다음에는 나도 또한 그것에 굴복되는 자연의 고유 존재를 알리는 것 같이 생각된다. 통일로서 인식할 수 없는 전체자의 불가해성은 자연을 존재 자체로 되게 하는 것을 금하지만, 또한 실존을 일체의 것으로 간주하는 것도 금한다. 그것은 자기존재를 기반으로 해서 완결한다는 실존철학의 좁음일 것이다. 자연으로서의 현존에 대한 불안 그리고 자연에의 망아적인 퇴락에 대한 불안에 있어 이러한 철학함은 실존 자체에게—실존 자신도 아니고 또 실존을 통한 실재도 아닌 바의—타자로부터의 말들음에 의해서 가능하게 되는 귀의를 포기할 것이다.

실존이 그 좁아짐에 있어 자연을 실존의 자유를 위한 단순한 소재로 전화시키는 경향이 있을 때 자연은 우선 실존의 근저에 있는 자연으로서 반란을 일으킨다. 그러나 자유로서의 실존은 자유의 결단으로 나아가는 길 이외에 다른 길로 나아갈 수 없기 때문에 실존은 현존에서 분쇄될 수밖에 없다. 왜냐하면 실존은 자연에 위반하기 때문이다. 거기에는 다음과 같이 자유의 이율배반이 있다. 즉 자연과 합일하는 것은 자유로서의 실존을 말살시키고, 자연에 위반하는 것은 실존을 현존으로서 난파시킨다.

3. 본래적인 것을 담는 그릇이 유한한 것이어야 한다면 본래적인 것은 파편화될 수밖에 없다

무제약성에 있어서는 실존이 유한성의 척도를 넘어서고자 하기 때문에 현존의 유한성은 실존의 비약에 있어 결국 파멸하게 된다. 그러므로 난파는 현존에 있어 본래적 존재의 귀결로서 있다. 현존은 상호의 가능성과 공간을 허용하지 않으면 안 되는 다자의 공존을 본질로 하고 있다. 다시 말해서 척도, 제한, 만족, 타협에 있어 세계의 정돈은 상대적 존속성을 만들어 내고 있다. 그러나 본래적이기 위해서는 나는 이 존속성을 저해하지 않으면 안 된다. 무제약성은 어떤 척도에 대해서도 알지 못한다. 실존의 제약인바 무제약성의 죄책은 존속하고자 하는 현존에 의한 절멸로서 보상된다. 그러므로 세계를 가로지르는 도덕적 기풍의 두 형태가 존재한다. 하나는 보편타당성에의 요구를 가지고 척도, 현명, 상대성의 윤리학에서 표출됨으로써 난파에 대한 감수성을 결여하고 있는 것이고, 다른 하나는 아무것도 모르고 있는 가운데 질문을 하면서 모든 것을 가능하다고 간주하는 자유의 무제약성에 관한 윤리학으로 일관해 있고, 난파의 암호에 의해서 포착되는 것이다. 이 두 형태[69]는 서로에게 요구하고 한쪽이 다른 쪽을 제한하고 있다. 척도의 윤리학은 자유의 현존을 가능하도록 하기 위한 전제로서 존속과 항존에 대해서 상대적으로 타당하게 된다. 무제약성의 윤리학은 예외로서 본다면 상대적이 되지만, 이 예외의 다른 양태의 존재방식은 예외가 절멸될 때에도 변함없이 승인된다.

실존은 다른 실존들과 자연을 자기의 외부에 가지는 유한적 현존으로서 포착되지 않으면 안 된다. 그러나 가능 실존으로서 실존은 필연적으로 전체적이 되고자 하며, 실현에 있어 실존의 일과 실존 자신의 완성에 도달하고자 한다. 실존의 무제약성은 불가능한 것을 욕구한다. 실존이 결연하게 고유한 태도를 지키고 순응을 배제하면 할수록 실존은 유한성을 폭파하고자 한다. 실존의 최고의 척도는 더 이상 척도를 가지고 있지 않다. 그러므로 실존은 난파하지 않을 수 없다. 실존의 현존과 실존의 일

---

69) 척도의 윤리학(die Ethik des Masses)과 무제약성의 윤리(die Ethik der Unbedingtheit)의 구별은 야스퍼스의 독특한 구별법이다. 무제약성의 윤리는 실존이 유한성의 척도를 뛰어넘어 자유에서 무제약성을 경험하고 행하는 윤리이다. 이에 비해 척도의 윤리학은 유한적인 척도에 사로잡힌 상대성의 윤리이다.

의 단편적 성격은 그 실존을 주시하는 다른 실존에게는 실존의 초월자의 암호가 된다.

4. 암호의 사변적 해독: 단지 현존 기만이라는 길을 통해서만 난파에서 존재가 드러난다

존재가 일자로서, 무한자로서 사유된다면 유한화는 개별화이다. 이 유한화는 전체자가 아니기 때문에 (그것의 생성의 근원으로) 회귀하지 않으면 안 된다. 즉 몰락하지 않으면 안 된다. 유한화 그것이 죄책일 수 있고, 개별 존재에 있어 아집이 이 죄책의 근절할 수 없는 표시일 것이다. 자기존재의 오만은 이반으로 이끌 것이다; 개체화의 원리는 그것 자체 악일 것이고, 죽음과 모든 몰락은 유한존재의 환귀와 죄책에 대한 보상의 필연성이라는 암호일 것이다.

이 신화적 사상은 그것의 추상적 명백성에 있어—그것에 있어서는 자유가 상실되지만—어떤 과정에 대한 객관적 지식과 같다. 유한성은 인간뿐만이 아니고 모든 특수한 현존도 포함해서 보편적이기 때문에 유한성은 본래적인 의미에서 아집의 죄책으로 경험될 수는 없다. 그 이유는 이 아집이 자기보존의 맹목성이 되는 자기 자신의 현존에만 귀속하기 때문이다. 그러나 여기서 아집은 반드시 실존에 대한 최종적인 말을 가져서는 안 되고, 오히려 아집은 실존의 무제약성에의 의존으로 강요될 수 있다. 그때 이 무제약성이 비로소 불가피한 죄책을 경험하고, 이 무제약성에 기초해서 단지 아집이 지배될 뿐만 아니고 유한성의 척도가 초극된다.

이와 같이 존재는 세계 현존에서는 단지 은폐되어 있을 뿐만 아니고 전도되어 있다. 현존에의 의지의 힘이 세계를 부단히 되풀이해서 생산하는 것에 의해서만 세계는 단지 그것의 항존을 유지하기 때문에 그것은 마치 세계에서 실현에의 이 관심이 그것에 있어 존재만이 현존을 가지는바 그런 형태인 것과 같다. 그러나 이 생각에서는 존재에 관해서 그것이 현존 자신 이라고 하는 근본적인 착각이 기초 지어져 있기 때문에, 오히려 존재는 현 존하는 장소인 것의 난파에 있어 비로소 드러나게 된다. 기만은 여러 힘들 의 운동을 작동시키는 불가피한 매개항이며, 이 여러 힘들의 난파에서 기 만이 파기되어짐과 함께 존재가 감지 가능하게 된다. 이 기만이 없었다고 한다면 존재는 우리에게 비존재라는 가능성의 어두움 속에 머물고 있을 것이다.

존재는 유한적 현존에서는 지각에 대해 닫혀져 있다. 따라서 우리는 존 재에의 탐구에 있어 존재를 현존으로서 생산하지 않으면 안 된다고 생각 한다. 반면에 존재는 영원적이다. 왜냐하면 우리에게 존재는 스스로를 현 존의 실현의 길을 통해서 현존의 기만을 폭로하는 데서, 즉 현실 속에서 생기하는 충실을 통하여 난파에서 나타나기 때문이다.

5. 난파에 대한 여러 해석에 있어서 수용되지 않은 것

모든 해석하는 사상도 진실한 것으로 받아들여지고 실현되어져서 난파 속에 존재의 암호를 보게 한다. 이 모든 사상은 절대적 의식의 비약을 표 현한다. 그러나 해석에 들어가는 것은 단지 인간이 품은 사상에 있어 충실 한 내용으로서만 포착될 수 있을 뿐이다.

그러나 첫째로 그 **무의미한 종언**은 해석으로 들어가지는 못한다. 부정성 은 그것의 극복에 의하여 본래적 현실의 근원이 될 수 있다. 다시 말해서 부정성은 깨닫게 될 수 있고 창조될 수 있다. 그러나 단지 파멸시킬 수 있을 뿐인 부정성, 사람을 깨닫게 하지 않고, 단지 위축시키고 마비시킬 뿐인 성과 없는 고뇌, 전혀 관련 없이 다른 것으로부터 다가와서 사람을 단지 완전히 압도할 뿐인 정신병은 해석될 수 없다. 생산적인 파괴뿐만 아니라 단순히 황폐한 파괴도 존재한다.

둘째로 **여러 가능성의 거부**는 아직 완전히 현존하지 않았지만, 그 현존의 가능성을 이미 알렸던 것이 난파할 때 해석에 들어가지 못한다.

더욱이 자기존재는 난파가 새로운, 단지 그 난파로부터만 나오는 존재의 근원이 되는 곳에서는 이 난파의 극복을 통해서 자신에게 거부된 가능성을 다른 방면의 충실로 전환할 수 있다. 실현이 되지 않는 것이 실존적 현실이 되는 것은 운명이 실제의 상황에 있어 어느 실현도 일탈되지 않으면 안 되는 그러한 경우이다. 본질적인 일에 있어서는 어떠한 타협도 행해지지 않기 때문에 실현이 되지 못하는 가능성의 고뇌가 행해진다. 예컨대 겨우 간신히 시작하는 현실이 조기의 파괴에 맞닥뜨리는 곳에서는 새로운 여러 가능성의 확장에 대해서 문을 닫는 성실을 지키는 아픔이 있다. 능력의 부족이 아니라, 헤아리기 어려운 회상의 풍부함이 근원이라는 것은 비실현의 이와 같은 본질 존재의 실체로 하여금 불가사의한 광채를 띠고 빛을 발하게 한다. 여기서 실존은 절대적인 연계를 가지지 않고 융통성 없는 사이비 현실을 선택하는 타협의 태도에 있어서보다 진실하다. 현실을 결여한 이 실존은 그 실존에 주어진 세계에 있어 지극히 소수의 사람에 의해 유일하게 사랑받는다―이 실존은 멈추지 않는 고독한 고뇌 속에서 산다. 왜냐하면 실존의 현실과 대조된 실존의 가능성의 확장이 실존에게는 어떤 평안도 허용하지 않기 때문이다. 다시 말해서 이 실존의 의식은 실존이 단지 현상으로서 세계 현존의 확장에 있어서만 충실해진다는 것에 대해서 스스로를 기만할 수 없다. 그러나 그 대신에 여전히 실존에 속하는 현실은 실존의 완성된 인간성에 의하여 고무되고, 이러한 인간성은 일찍이 단행된 내적 행위의—상황의 현실 앞에서 자제로서의 수동적 거부는 아니고, 오히려 본래적 능동성이었던 바의—성과이다. 만일 이 실존이 다른 실존들에게 이 세계 내에서의 지극히 행복한 정신과 같이 나타난다면, 만일 이 실존이 질곡 속에 내던져지는 어떤 본질 존재와 같이 비밀에 둘러싸인 채로 존속한다면 이 실존 자신은 최후의 인간적 친근함을 이 실존으로부터 빼앗는 신격화를 두려워한다. 이 실존은 부자연과 횡포의 위험을 안다. 그러나 이 실존의 비타협성은 어떤 윤리적인 합리성의 원리가 아니라 실존 자신이었기 때문에 이 실존이 위험에 직면할 경우에 이 실존의 전 본질이 온화와 자연스러운 자명성으로 일변한다—비록 그것이 불가해한 일에 의해서 분쇄되고 합리적인 이유가 없는 어떤 해결 불가능한 죄책의식에 의하여 담지된다고 하더라도 말이다. 이 실존은 자기 자신을 이해하지 못하고, 다른 것을 향해서 요구해야 하는 그 어떤 것도 가지지 못하며, 타인에 의해 인식되기를 바라지도 않고, 따라서 자신을 두드러지게 하고 중요하게 보이도록 하는 그런 무기력과 대조를 이룬다. 그것은 미지의 영웅주의에 서서 부정적 및 가능적인 것을 구성하는 현실 속에서 해결이 없는 인생을 살아간다. 그래서 그것은 다른 실존보다도 존재의 심연을 더 가깝게 보게 할 수 있다. 다른 실존에게 그것은 천리안과 같이 생각된다. 숙명적인 비실현으로서 실존의 현상의 역사성은 이 실존 자신의 현존의 깊이가 된다.

그러나 비실현에 있어서의 이와 같은 난파가 어떤 새로운 실체성을 가진 삶의 현실로 통하는 데 반해서 한편으로 가능성 자체를 황폐화시키는 난파에 대해서는 해석 불가능한 무가 남을 뿐이다.

셋째 해석으로부터 모면해 있는 것은 모든 문서와 유물의 매몰에 의해서 인간적인 것의 연속의 가능성을 배제하는 역사적 종말로서의 절멸이다. 현상에 있어 본래적 존재를 상실하지 않고자 하는 우리들의 정열적인 의지는 이 존재가 역사적 정신 속에 지양되어 존속하도록 존재의 문서를 구출할 것을 재촉한다. 존재했던 것이 회상 가운데 머물고, 더욱이 존재했던 것의 몰락이 그것의 영향을 유지하는 존재에 있어서의 잔존효과로서 그것의 현전을 야기시킨다면 그 궁극적인 파괴는 회상하는 것의 가능성의 근절이다. 어떤 인물의 인간적인 위대, 실존적인 무제약성, 창조적 재능에 있어 현실적이었던 것은 영구히 잊혀져 버리고 말 것이다. 우리가 역사적으로 상기하는 것은 상실된 모든 것을 그때 함께 대표하는 우연한 선택과 같다. 절대적인 망각에 있어서의 폐멸은 해석되지 않는다.

난파에 있어서의 존재의 암호

철학함을 하는 가운데 획득한 모든 것은 해석 불가능한 절멸에 의하여 반복해서 의문시된다. 있는 바의 것을 현실적으로 보는 자는 무의 응고된 어두움을 보지 않으면 안 되는 것 같이 생각된다. 모든 현존은 돌보지 않는 채 내버려질 뿐만이 아니다. 다시 말해서 난파 자신은 무의 존재로서 있고, 이미 암호로서 있는 것은 아니다. 만일 난파가 (무로 추락하는 것을 저지하는) 경계의 목소리에 불과하다면 모든 것은 단지 공허한 밤 속에서 불투명할 뿐이다. 해석 불가능한 난파라는 극단적인 협박은 기만적인 행복이라는 눈가림의 배후에서 인지되고, 고안되고, 건립된 모든 것을 때려 부수지 않을 수 없다. 이 현실로부터는 이미 어떠한 삶도 가능하지 않다.

지금까지 해석되어 왔던 초월함은 우리들을 지탱하는 토대가 거기에 있는 하나의 존재를 포착하는 것 같이 생각된다. 그러나 지금 그것은 하나의 미혹과 같다. 왜냐하면 성실성이 존재에 대한 어떤 상상적인 지식을 가지고 오는 몽상에 대해서 저항하기 때문이다. 성실성은 전체를 맞힘으로써 그 결과 오히려 현실을 덮어 가리는 모든 (사상의) 구성을 배척하지 않을 수 없다. 그러나 초월함이 없이는 단지 무를 방임할 뿐인 철저한 절망 가운데서 살아갈 수밖에 없다.

거기에서 최후의 물음은 모든 해석을 초월하여 난파가 무를 나타내지 못하고, 초월적 존재를 나타내고자 한다면 지금 아직도 가능적 난파의 암호란 어떠한 것일까라고 하는 것이다. 그것은 칠흑 같은 어두움으로부터 하나의 존재가 빛을 발할 수 있는지 어떤지 하는 그런 물음이다.

1. 해석불가능한 암호

유한성은 난파 자체 이외에서는 내가 뛰어 넘어설 수 없는 그런 것이다. 내가 난파를 지향하는 형이상학적 명상에 있어 난파의 현실을 경험함이 없이 시간을 말소한다면 나는 더 결정적으로 유한적인 현존으로 추락한다. 그러나 진정한 난파 속에서 시간을 근절하는 자는 돌아갈 수 없다. 그래서 시간을 난파하지 못함에 머무르는 사람들에게는 접근하기 어렵지만, 그는 유한적 현존에 대해서 초월적 존재를 손대지 않을 것을 요구한다. 왜 세계가 존재하는가를 우리는 알 수 없다. 다시 말해서 아마도 그것은 난파 속에서 경험될 것이지만, 그것은 더 이상 **말하여질 수 없다.** 현존에 있어서는 광범위한 난파의 현상에 직면했을 때 존재 앞에서 언어가 사유와 함께 중지한다. 현존에 있어 침묵에 대한 유일한 답은 침묵뿐이다. 그러나 이 답이 침묵을 깨뜨리고자 한다면 그 답은 그 무엇을 말함이 없이 다음과 같이 말할 것이다.

a) 답은 무의미한 폐멸 앞에서 존재의 단순한 의식이 될 수 있다. 세계의 구성물들의 모든 소멸에 있어 질료가 단적으로 다른, 단지 무관심한 존재로서 잔존하는 것과도 같이 모든 현존과 실존함의 난파에 있어서도 접근하기 어려운 본래적 존재가 잔존하고, 그 존재의 불분명한 의미 속에서 (난파하는 것의—옮긴이) 본질이 빛난다. 거기에 무엇이 존재한다는 것은 내용적으로 공허한 침묵의 진술이다.

b) 맹아 속에서 **파괴된 가능성 앞에서** (실존의) 침묵은 시간 이전의 존재를, 즉 현실화되지 않은 것을 포함하는 존재를 듣고 싶어 한다.

c) 망각에 있어 **회수불가능성 앞에서** 상실한 것을 회상으로 구하고자 하는 의지는 상실이나 구조가 당면하는 것이 망각되거나 상기되는 실존의 존재가 아니고, 실존의 현존이라는 것을 안다. 다시 말해서 그 의지의 침묵에 있어 **단지 초월자 내에서 상실한 것은 결코 초월자 내에 존재하지 않았던 것**에 불과하다.

단지 해석 불가능한 암호 앞에서만 결국 세계의 끝이 존재가 된다. 지식에게는 모든 끝이 세계 내에 그리고 시간 내에 있지만, 세계와 시간의 끝은 결코 없다. 이에 반해서 침묵은 일반적인 난파의 해석 불가능한 암호 앞에 서 있고, 이 해석 불가능한 난파는 그 앞에서 **세계가 사라져가는** 초월자의 존재와 연계되고 있다. 우리가 접근할 수 있는 모든 존재의 비존재가, 난파 속에서 드러나는, 초월적 존재이다.

이러한 정식들 가운데 그 어느 하나도 그 어떤 것을 말하지 않는다. 그것들 각각이 똑같은 것을 말하고 그것들 모든 것이 단지 **존재만을** 말할 뿐이다. 즉 그것은 마치 이러한 정식들이 아무것도 말하고 있지 못한 것과도 같다. 왜냐하면 이 정식들은 깨뜨릴 수 없는 침묵을 깨뜨리는 것이기 때문이다.

2. 모든 암호들에 대한 공명으로서의 최후의 암호

현실적 충실에 있어서의 암호들에 직면하여 존재를 열어 드러내는 것은 해석 불가능한 난파에 의하여 물음이 제기되지 않으면 안 된다. 침묵 가운데서 경험된 존재의 원천으로부터 역행적으로 살든가 또는 시들든가 하지 않으면 안 된다. 왜냐하면 난파는 모든 암호 존재의 포괄적 근거이기 때문이다. 암호를 존재의 현실로서 보는 것은 난파의 경험에 있어 비로소 발원한다. (비진실한 것으로서) 배척되지 않으면 안 되는 모든 암호는 그 암호들의 최후의 보증을 이 경험으로부터 받는다. 내가 절멸 속에 잠기는 것을 나는 암호로서 다시 반환받을 수 있다. 내가 암호들을 해독할 때 나는 그 암호들을 폐멸에의 시선에서 발원시키며, 이 폐멸은 나의 난파의 암호에 있어 비로소 각각의 특수한 암호에 그 암호들의 공명을 준다.

수동적인 비지식이 단지 가능적 무의 고통이나 또는 거짓된 존재론적 지식에 대한 비판적 보존으로 존속하는 데 반해서 해석 불가능한 것의 경험에 있어서는 비지식은 능동적이 되어 존재의 현재를 초래하고, 이 현재는 세계의 경험과 실존의 실현의 무한히 풍부한 암호의 해독에 있어 모든 본래적인 존재의식의 근원을 이루고 있다.

그러나 해석 불가능성으로서 최후의 암호는 더 이상 규정할 수 있는 암호는 아니다. 그것은 미정인 채로 있고, 따라서 그것은 침묵으로 존속한다. 최후의 암호는 절대적 공허가 될 수 있을 뿐만 아니라 궁극적인 충실이 될 수 있다.

3. 현실성에서의 평온

난파를 주시하면서 살아간다는 것은 불가능한 것 같이 생각된다. 현실적인 것에 관한 지식이 불안을 증대시키고 절망이 나를 불안 속으로 용해시킬 때 불가피한 (난파라고 하는) 사실성에 직면하여 불안이 최종적인 것이 되는 것 같이 생각된다. 다시 말해서 본래적 불안은 최종적인 것으로 간주됨으로써 그것으로부터 더 이상 도망쳐 나올 수 없는 길로서의 그런 불안이다. 불안이 없는 존재로의 비약은 불안에 놓여 있는 사람에게는 공허한 가능성과 같이 생각된다. 예를 들어서 나는 비약하고자 하지만, 건너갈 수 없고, 단지 궁극적, 최종적 불안의 밑바닥이 없는 심연으로 침몰할 뿐이라는 것을 나는 이미 알고 있다.

불안으로부터 **평안**으로의 비약은 인간이 할 수 있는 가장 엄청난 비약이다. 인간이 그 비약에 있어 성공할 수 있는 것은 그의 근거를 자기존재의 실존을 넘어서 가지는 데 기인한다. 다시 말해서 인간의 신앙은 인간을 불명확한 방법으로 초월적 존재에 결부 짓는다.

평안에의 비약을 찾는 불안은 인간으로 하여금 비로소 **기탄없이 세계 현실을 볼 수 있게 해준다**. 이와 반대로 단순한 불안과 단순한 평안은 현실을 덮어 가린다. 즉 이 현실 앞에서의 불안은 난파를 불명료하게 만들어 버린다. 다시 말해서 불안은 추정적으로 인식한 현실에 집착하는 가운데 무신앙적이 된다. 그래서 불안이 그처럼 실제상으로 최종적인 것이 될 때 불안은 어떤 위안이 되는 지식 내용을 가짐으로써 자기의 눈을 피해서 숨는다. 그리고 현실을 존립하는 전체로 변화시킨 이 위조에 있어서는 진실하지 못한 조화가 몽상되고, 어떤 이상적인 당위가 공식화되며, 진리가 어떤 유일적인 것으로 간주되고 바른 것으로서 인식된다. 이 평안은 비진리로부터 발원한다. 이 평안이 발생할 수 있었던 것은 불안이 눈을 가렸기 때문이다. 그 때문에 불안은 이 평안의 숨겨진, 단지 극복되지 못한 근거이다.

(우리들의 희망을) 말살시키는 불안을 생겨나게 하는 현실이 불안을 결여하고는 또 평안으로의 불안의 이행 없이는 그것이 본래적으로 있는 그대로 보일 수 없다는 것은 현존에 있어 우리들의 실존의 근본적 사실이다. 인간이 동시에 현실을 보고 자기 자신이 현실적이고, 더욱이 불안 가운데 소멸함이 없이 살아갈 수 있다는 것은 그의 자기존재를 그의 가장 결정적인 현실에 가깝게 결합시킬 수 있지만, 이것은 어떤 완결할 수 없는 과정에서 행해지고, 이 과정에서는 불안도 평안도 최후의 것은 아니고 또 어떠한 현실도 궁극적인 것은 아니다. 현실을 보기 위해서는 극도의 불안조차도 자기 자신의 것으로서 경험하는 것이 필요하기 때문에 이 불안은―현실이 은폐되지 않은 채로 존속하는바―비로소 평안에의 가장 곤란하고 또 가장 불가해한 비약을 가능하게 한다.

성실한 존재의식에는 어떠한 해결도 없고, 침묵 속에는 어떠한 답도 없고, 존재하는 것과 그것이 어떻게 존재하는가라는 것에 대한 어떠한 변호[70]도 없고, 어떠한 위안도 없고, 암호에는 (존재의 명백한) 노정도 없다고 한다면 인내가 평안에의 길이다. 수동적인 인내가 공허하고, 단지 사물들을 있는 그대로 방치해 두는 가운데 무저항으로 자기를 포기하는 형식에 지나지 않는다고 한다면 능동적인 인내는 모든 현존의 난파를 경험할 수 있고, 더욱이 무엇인가의 힘이 존재하는 동안은 (현존의 가능성을) 실현할 수 있다. 이 (난파와 실현의) 긴장 속에서 능동적인 인내는 그 자체 냉정을 취득한다. 현실을 향해서 마음을 열었던 인간의 세계는 인내에 의해서 존립

---

70) 존재방식을 정당화하는 변호를 의미한다.

하고, 이 인간에게 초월적 존재가 감지 가능하게 되었다. 인내 속에는 어떤 우수하고 궁극적인 세계정위를 반드시 가능한 것으로 간주하지 않음으로써 세계 내에서 활동하고 있는 그런 사람의 신앙의 비지식이 있다. 더욱이 이 신앙의 비지식에 의해서 난파의 암호는 퇴색할지 모른다는 것은 난파가 그 비지식에 있어서는 마치 바닥이 보이지 않는 무의미성에 둘러싸여서 그것의 사유하는 비약의 형식에 더 이상 접근할 수 없는 것 같이 생각되기 때문이다. 그러나 인내는 암호가 난파에 **의하여** 탈락할 때 난파에도 **불구하고** 계속해서 존재에 집착한다.

가장 암담한 전환점에서 초월자의 언어를 단념할 수 있었던 이 초월자의 확인은 비로소 현존에 있어서의 토대가 되고, 이 토대는 더 이상 속일 수 없는 하나의 **평안**을 준다. 그런데 이 확신은 실존의 현재에 결부되어 있지만, 시간 내에서는 객관적인 보증으로서 구성될 수 없고, 오히려 항상 사라지지 않을 수 없다. 그러나 그 확신이 있을 때에는 그것에 반대해서 무엇인가를 할 수 있는 것은 아무것도 없다. 존재는 존재하는 것만으로 충분하다. 더욱이 신성에 관한 지식은 미신이 된다. 그러나 진리는 난파하는 실존이 초월자의 다의적인 언어를 가장 간결한 존재확신으로 옮길 수 있을 경우에 존재한다.

단지 이 최종적인 평안에 있어서만 기만 없는 완성의 환상이 소멸하는 순간에 가능하다. 세계에의 본래적인 가까움은 몰락의 암호가 해독되는 곳에서 발원한다. 실존이 세계에 대하여 자기를 드러냄은 (세계 내의) 모든 것의 투명성이 그 모든 것의 난파를 그 자체 내에 받아들일 때 비로소 전적으로 가능해진다. (가능 실존은) 맑은 눈동자가 되고, 현존하는 것과 현존했던 것을 보고, 이것들을 세계정위에 있어 한없이 탐구했다. 다시 말해서 그것은 마치 사물들의 베일이 벗겨지는 것과도 같은 것이었다. 지금 현존에의 (실존의) 사랑은 지칠 줄 모르고 (현존의) 가능성을 실현할 수 있고, 세계는 초월적인 것에 기초를 두었던 그것의 (사물들의) 풍부함 가운데서 이루 말할 수 없을 정도로 아름답게 된다―그러나 세계는 개개인이 명시적으로 참아낼 수 있고 자기의 평안을 찾아낼 때 그것의 공포 가운데서 더욱 의연하게 의문으로 존속하고, 이 의문에 대해서 최종적인 답은 시간적인 현존에 있어서는 어느 누구에 의해서도 그리고 영구히 주어지지 못한다.

입으로 말을 할 때 용이한 것도 결코 완전히 현재하는 것이 아니다. 그것은 단순한 사상의 어느 예상에 있어 비진실이 된다. 완성에 탐닉하는 것에 의해서가 아니고, 고뇌의 도상에서 세계 현존의 비정한 얼굴을 주시하면서 그리고 상호소통에 있어 고유한 자기존재에 기초한 무제약성에 의해서 가능 실존이 계획되어야만 하는 것이 아니며, 열망된다면 사리에 어긋나는 것, 즉 난파 속에서 존재를 경험하는 것을 달성할 수 있다.

지은이

∷ 칼 야스퍼스 Karl Jaspers, 1883~1969

야스퍼스는 '실존철학'이라는 용어를 최초로 사용하고 '실존철학'을 제목으로 하는 책을 최초로 쓴 독일의 철학자이다. 실존철학은 물론 심리학, 정신의학, 정치철학, 세계철학사 등에 대한 열정적인 연구를 기반으로 여러 저작을 남겼다. 그가 28세에 쓴『정신병리학총론』은 아직까지도 정신병리학의 교과서로 자리매김하고 있다. 의학을 먼저 전공하고 심리학, 철학으로 연구 영역을 확장해온 독특한 이력은 그가 철학을 하기 위해 일부러 선택한 과정이었다. 야스퍼스 스스로 의학과 자연과학을 섭렵한 자신에게서는 철학이 살아 숨 쉴 것이라고 말한 바 있다. 이러한 이력 덕분에 야스퍼스는 과학자들에게는 철학자로 여겨지고 철학자들에게는 과학자로 여겨지는 곤란함을 겪었다. 야스퍼스가 보기에 철학자들은 실재를 너무 도외시했고 과학자들은 사유를 충분히 하지 않았다.

야스퍼스의 평생의 화두는 독단에 빠지지 않는 참다운 철학이었다. 야스퍼스는 나치 시절에 부인 거트루드가 유대인이라는 이유로 강제로 휴직을 해야 했을 때 한 마지막 강의에서 "우리의 강의는 중단되지만 철학함의 자세는 앞으로도 계속 이어질 것입니다."라고 말해 그치지 않는 박수를 받았다고 한다. 이러한 야스퍼스의 태도는 나치 통치가 종식된 후 독일에서 대중적 인기를 얻었음에도 불구하고 스위스 바젤로 이주하게 된 이유에서도 엿볼 수 있다. 대중들이 자신을 좋아하면서도 자신의 사상에 동참하지 않는다는 사실에 실망한 야스퍼스에게 대중의 인기는 "우정 어린 마음에서 비롯되었다 해도 참답지 못한 것이어서 유해한" 것이었다. 야스퍼스는 나치 시절을 지나 살아남았다는 것 자체가 죄책이며 인간은 누구나 어떻게 통치되는지에 대해 책임을 가지고 있다는 주장을 펼쳤다. 바젤에서 야스퍼스는 헛된 명성에서 벗어나 인기와는 무관한 자기 자신의 고유한 삶을 살았다.

태어날 때부터 건강이 좋지 않았고 평생토록 죽음의 문턱을 넘나들며 살았던 야스퍼스는 그 덕분에 오히려 삶이란 얼마나 아름다운지를 알았다고 한다. 야스퍼스는 어디에서나 소박함을 유지하기를 바란다는 내용의 유언장을 남기고 세상을 떠났다. 그리고는 생전에 매입해 두었던 조국 독일을 바라볼 수 있는 묘역에 묻혔다. 야스퍼스는 평생 스스로 '다르게는 될 수 없는 자기 자신의 존재'라 묘사했던 그 자기 자신으로 살았다.

주요 저서로『정신병리학총론』(1913),『세계관의 심리학』(1919),『현대의 정신적 상황』(1931),『철학 I II III』(1932),『이성과 실존』(1935),『실존철학』(1938),『죄책론』(1946),『진리에 관하여』(1947),『철학적 신앙』(1948),『역사의 기원과 목표』(1949),『원자탄과 인류의 미래』(1958),『계시에 직면한 철학적 신앙』(1962)이 있다.

옮긴이

:: **정영도**

영남대학교 철학과를 졸업하고(1962), 같은 대학교 대학원에서 석사학위 (1964)와 철학박사 학위(1979)를 받았다. 그후 독일 뮌헨 대학 세니오렌 슈 트디움(1980~1981, 1989~1993)에서 5년간 니체와 야스퍼스 철학을 연구 했다. 동아대학교 철학과 교수(1973~2005)로 32년간 재직하였으며, 현재 동아대학교 철학과 명예교수이다. 저서로는 『현대유럽철학』(1987), 『야스 퍼스 철학의 근본문제』(1988), 『니체의 사랑과 철학』(2006), 『야스퍼스와 사유의 거인들』(2010), 『오르테가의 철학사상』(2013), 『그리스 로마 철학』 (2011), 『칼 야스퍼스 읽기』(2014), 『칼 야스퍼스의 위대한 철학자들 읽기』 (2015), 『칼 야스퍼스의 니체와 기독교 읽기』(2016) 등이 있다. 번역서로 는 『야스퍼스의 철학사상』(1986), 『신의 추구자이냐 반그리스도교도이냐』 (1991), 『초월자의 암호』(1992), 『니체의 차라투스트라에 대한 철학적 해석』 (1994), 『카를 야스퍼스』(1999), 『근원에서 사유하는 철학자들』(1984), 『니체 가 사랑한 여성들』(2015) 등이 있다.

한국연구재단총서 학술명저번역 서양편 592

철학 III

형이상학

1판 1쇄 펴냄 | 2016년 8월 26일
1판 3쇄 펴냄 | 2024년 2월 28일

지은이 | 칼 야스퍼스
옮긴이 | 정영도
펴낸이 | 김정호
펴낸곳 | 아카넷

출판등록 2000년 1월 24일(제406-2000-000012호)
10881 경기도 파주시 회동길 445-3
전화 | 031-955-9511(편집)·031-955-9514(주문)
팩시밀리 | 031-955-9519
책임편집 | 이하심
www.acanet.co.kr

Printed in Seoul, Korea.

ISBN 978-89-5733-506-2 94160
ISBN 978-89-5733-214-6 (세트)

이 도서의 국립중앙도서관 출판시도서목록(CIP)은
서지정보유통지원시스템 홈페이지(http://seoji.nl.go.kr)와
국가자료공공목록시스템(http://www.nl.go.kr/kolisnet)에서 이용하실 수 있습니다.
(CIP 제어번호: CIP2016018010)